Friedemann Beyer

Die Geliebte

Goebbels und die Baarová-Affäre

morisel

Filmgeschichte ist Zeitgeschichte.

Gewidmet meinem Freund und Mentor
Hans Helmut Prinzler (1938–2023)

Friedemann Beyer

Die Geliebte

Goebbels und die Baarová-Affäre

morisel

Ich habe einfach seine Liebe geliebt. Goebbels hat mich wirklich so sehr geliebt, dass ich der Liebe verfallen bin.
Lída Baarová

Der Film ist so ungefähr das Unsolideste und Unzuverlässigste, das man sich denken kann.
Joseph Goebbels am 14.2.1939

Inhalt

Vorwort

Von der Baarová-Affäre las ich zuerst bei Curt Riess. „Das gab's nur einmal" galt jahrzehntelang als Standardwerk und dürfte bis heute das meistgelesene Buch zum deutschen Film sein[1]. Als ich es als Jugendlicher in die Hand bekam, hatte es bereits eine Auflage von 300.000 Exemplaren; die folgenden Taschenbuchausgaben trieben die Auflage nochmals weiter in die Höhe. Allerdings taugte Riess' flott geschriebene Filmgeschichte nicht als ernstzunehmende historische Darstellung: Sein Buch beruhte nicht auf recherchierten Fakten, sondern auf Branchenerzählungen, die oft bloß Klatschgeschichten waren. Ein Kapitel widmete er Lída Baarová, die er so vorstellte: „Vielleicht ist schon das Wort Schauspielerin fehl am Platz. Sicher ist nur, daß Lída Baarová ungewöhnlich schön ist ...".

In diesem Tonfall geht es weiter. „Da sie nicht sehr gescheit ist, überschätzt sie ihre Macht" usw. Gustav Fröhlich habe sie und Goebbels „in einer unmißverständlichen Situation" überrascht. Riess weiß, dass in Filmkreisen die Geschichte ungeheuer aufgebauscht wurde – und beteiligt sich daran, denn sie ist einfach zu gut und als Journalist kann er sie nicht einfach liegen lassen. Er erzählt Filmgeschichte auf Illustrierten-Niveau, und tatsächlich war „Das gab's nur einmal" zuerst eine Fortsetzungsgeschichte in der Illustrierten „Stern".

Die schöne Schauspielerin und der dämonische Minister, die glamouröse Filmwelt und die mörderische Nazidiktatur, das ist ein Stoff, aus dem sich schlüpfrige Romanzen backen lassen. Der Film *Die Geliebte des Teufels* erzählt die Geschichte als reißerisches Melodrama, ist 2016 in die Kinos und anschließend ins Fernsehen gekommen. Eine slowakisch-österreichische Koproduktion: Tatiana Pauhofová als Baarová, Karl Markovics als Goebbels und Gedeon Burkhard als Gustav Fröhlich. Ein Film, den man nicht gesehen haben muss.

Friedemann Beyer hat der Versuchung widerstanden, aus dem Fall Baarová einen Roman zu machen. Nein, er fantasiert nicht, malt sich nicht aus, was die beiden Liebenden im Herzen bewegte. Hier werden keine Emotionen geschildert, keine Dialoge erfunden. Beyer spekuliert nicht, sondern er zitiert. Er zeichnet die Geschichte anhand der in Archiven überlieferten Dokumente nach. Und siehe da: Die daraus gewonnene Erzählung ist voller Dramatik und spannender als jeder Kolportageroman.

Dazu muss man mit den Quellen vertraut sein. Beyer kennt die deutsche Filmgeschichte wie kaum ein anderer. Bereits als er noch Redakteur beim Fernsehen war, veröffentlichte er Bücher wie „Schöner als der Tod – Das Leben der Sybille Schmitz" und „Die Ufa-Stars im Dritten Reich". Als Vorstand bei der Friedrich-Wilhelm-Murnau-Stiftung konnte er seine Passion zum Beruf machen und brachte den Prachtband „UFA in Farbe. Technik, Politik und Starkult zwischen 1936 und 1945" heraus. Seit 2007 ist er freier Autor und Filmpublizist, kuratiert Filmfestivals und Retrospektiven, hat unzählige Radiofeatures geschrieben. Seinem Thema ist er treu geblieben – seine letzten Bücher: „Der Fall Selpin – Chronik einer Denunziation", „Die Gesichter der Ufa" und „Die Ufa – Ein Film-Universum". Kurz, Beyer ist ein Kenner der Materie, er hat für sein Buch die Akten der Reichsfilmkammer, die Ufa-Vorstandsprotokolle und andere Unterlagen im Bundesarchiv ausgewertet. 696 Fußnoten hat sein Buch, keine Anmerkungen, sondern Nachweise – die dokumentarisch unterfütterte Darstellung einer Liaison, die mehr als bloß eine Affäre war.

Michael Töteberg

Einführung

Dieses Buch widmet sich einem Kapitel deutscher Zeitgeschichte, das in keiner Goebbels-Biografie fehlt: der Affäre des NS-Propagandaministers mit der tschechischen Schauspielerin Lída Baarová. Zu Baarová ist – außer einer lesenswerten Autobiographie[2] – bislang wenig, über ihre Filme nichts veröffentlicht worden. Neben die zeitgeschichtliche Beleuchtung der Baarová-Affäre soll die filmgeschichtliche treten. Beide stehen in enger Beziehung zueinander.

Achtundfünfzig Filme hat Lída Baarová gedreht, davon neun zwischen 1934 und 1938 während ihrer Jahre in Deutschland – mehrheitlich Hauptrollen in Melodramen und romantischen Komödien. Neben ästhetischen Aspekten sind es aufschlussreiche Filme von zeitgeschichtlichem Interesse. Filme, die auch aus anderem Grund einen näheren Blick verdienen: findet sich doch in einigen von ihnen eine auffällige Kongruenz zwischen Leben und Kino. Kulminierend in Baarovás letzter Ufa-Produktion, die eben jene Geschichte von Liebe und Verzicht erzählt, die Goebbels und Baarová selbst erlebten. Dass und wie der deutsche „Filmminister" die Tschechin protegierte, dokumentiert dieses Buch ebenso wie die künstlerische Entwicklung, die Baarová durch ihr Ufa-Engagement unzweifelhaft nahm.

Durch seine von ihm begonnene Affäre mit der jungen Tschechin beschwor der Filmminister eine Inszenierung herauf, die Züge eines Kino-Melodrams trägt: eine klassische Dreieckskonstellation; der Konflikt zwischen privatem Glücksstreben und beruflicher Pflicht; Leidenschaft, Verrat, Verzicht und ein tragisches Ende. Ein Drama, das ihn massiv unter Druck setzte, in dem er Amt, Familie und seine Existenz aufs Spiel setzte.
Denn die Liebesaffäre zwischen Goebbels und Baarová, begonnen im Olympischen Sommer 1936 und zwei Jahre später durch ein Machtwort Hitlers beendet, weitete sich 1938 im zeitlichen Umfeld ihres erzwungenen Abbruchs zur Staatsaffäre aus, die zwar in der vom Propagandaminister kontrollierten Presse verschwiegen wurde, dennoch über den Umweg des Auslands die deutsche Öffentlichkeit erreichte und dort hohe Wellen schlug. Das in Diktaturen blühende Gerüchtewesen tat ein Übriges, um das Thema weiter zu verbreiten.

Das Buch zeigt beispielhaft, wie eng in den Jahren vor Kriegsausbruch Politik, Privatsphäre und Film in der Führungsriege des NS-Staates miteinander verknüpft waren. Es streift in diesem Zusammenhang auch ein Stück Sittengeschichte der NS-Gesellschaft, die, entgegen landläufiger Meinung, alles andere als prüde war. Vor allem aber wirft es einen ungefilterten Blick auf Goebbels.

Zu Wort kommen vor allem die beiden Hauptbeteiligten der Affäre. Die Originalzitate aus Goebbels' Tagebüchern und aus den Baarová-Memoiren werden auf Grundlage ihrer weitgehenden chronologischen Übereinstimmung zueinander in Beziehung gesetzt, quasi miteinander verzahnt. Historiker bescheinigen Baarovás Erinnerungen zudem ein hohes Maß an Genauigkeit.

Doch inwieweit ist Goebbels' Tagebüchern zu trauen, wie ehrlich sind sie? Bekanntlich wurden sie im Hinblick auf eine spätere Veröffentlichung zunächst als Materialsammlung verfasst, für die sich der Autor in ein möglichst positives Bild setzen wollte. Dies mag am ehesten auf die regelmäßig wiederkehrenden, überschwänglichen Liebeserklärungen an seine Kinder zutreffen. Weniger schon auf die zahllosen Ehestreitigkeiten mit seiner Frau. Kaum jedoch auf die existenzielle Krise nach der erzwungenen Trennung von seiner Geliebten. Goebbels war für seine mitunter brutale Offenheit bekannt und gefürchtet. Dass er sich dabei nicht ausnahm, belegen seine Tagebücher. Mit einer Ausnahme: neben seinen zahlreichen Affären verschwieg er konsequent seine zweijährige, obsessive Liebesbeziehung, die sich nur über Andeutungen erschließt.

Sehr viel deutlicher wurde Goebbels, als er die Folgen der erzwungenen Trennung ausführlich beschrieb, die ihn über Wochen massiv seelisch wie körperlich belasteten und in einem bedeutsamen Fall nachweislich sein politisches Handeln beeinflussten.
Neben den beiden genannten Hauptquellen wurden aber auch zahlreiche weitere relevante Dokumente wie Ufa-Vorstandsprotokolle, Pressestimmen oder Zeitzeugenberichte und nicht zuletzt Fotos in die Darstellung mit einbezogen.

Zwei weitere Phänomene werden beleuchtet: Zum einen entkräftet die Quellenlage das gängige Narrativ, in Deutschland und seiner Hauptstadt seien in kultureller Hinsicht nach 1933 die Lichter ausgegangen. Berlin galt in den Jahren vor Ausbruch des Zweiten Weltkriegs als eine der elegantesten Städte der Welt mit einem blühenden Kultur- und Nachtleben. Internationale Unterhaltungskünstler und Jazzmusiker gastierten in den zahllosen Clubs und Tanzpalästen. Dies illustriert ein Blick in die Veranstaltungsseiten der damaligen Tageszeitungen. In der Tat wurde das Kulturleben (insbesondere die Kabaretts) politisch kontrolliert und reglementiert. Doch abseits des Ausschlusses jüdischer Künstler, die Bühne, Literatur und Film vor 1933 wesentlich geprägt hatten, bewies es durchaus Vielfalt und Vitalität – auch wenn seine Protagonisten häufig in Konflikt mit der Führung gerieten.

Zum anderen erhellt dieses Buch *en passant* einen leicht übersehenen Aspekt der Ursachenforschung des Zweiten Weltkriegs: Die maßlose Begeisterung der deutschen, ab März 1938 der österreichischen und ein halbes Jahr später dann der sudetendeutschen Bevölkerung für ihren „Führer", der sich dadurch bestärkt fühlte, auf der richtigen Seite der Geschichte zu stehen, wirkte wie ein Brandbeschleuniger für seine immer maßloser werdende Usurpationsgier – mit den bekannten desaströsen Folgen für Deutschland, Europa und die Welt.

Goebbels' Liebesbeziehung zu Lída Baarová fällt in eine Zeit, in der das NS-Regime seine Macht konsolidiert hatte, die gravierendsten Folgen der Weltwirtschaftskrise und des Versailler Vertrags bewältigt waren und sich bei vielen Deutschen ein Gefühl der Zufriedenheit einstellte. Nicht zuletzt bei solchen, die Hitler anfangs ablehnend gegenüberstanden und jetzt hofften, sich mit den Verhältnissen arrangieren zu können. Verstärkt wurde dieses Gefühl durch den allgemeinen wirtschaftlichen Aufschwung infolge der Wiederaufrüstung, durch die

Anerkennung Nazi-Deutschlands vieler ausländischer Staaten und schließlich durch eigenen privaten Wohlstand sowie soziale Wohltaten der Regierung, etwa durch die beliebten KdF-Reisen. Kurzum: Das gesellschaftliche und innenpolitische Klima der Jahre 1936–1939 ist nicht vergleichbar mit dem der Jahre unmittelbar nach der Machtergreifung, in denen sich die neue Regierung etablieren musste. Schon gar nicht ist es vergleichbar mit dem der späteren Kriegszeit, als sich das Regime angesichts der drohenden Niederlage zunehmend radikalisierte. Die Affäre fällt also exakt in die eher überschaubare Zeitspanne des „Tausendjährigen Reiches", in der das NS-Regime im Innern wie nach außen mehr oder weniger akzeptiert bis geduldet wurde. Keine schlechten Voraussetzungen für Goebbels, sich auf eine emotionale Liebesbeziehung einzulassen, die weit über seine flüchtigen sexuellen Eskapaden hinausging. Ohne die durch die Olympischen Sommerspiele von 1936 markierte Phase relativer politischer Beruhigung hätte diese Beziehung schwerlich begonnen werden und nicht so lange halten können.

Obwohl das Buch von (film-)politischen Themen durchdrungen ist, behandelt es vor allem den persönlichen Bereich des NS-Propagandaministers. Dass ein perfider Demagoge wie er auch ein zugewandter Vater und, jenseits seines Rufes als „Bock von Babelsberg", ein romantischer Liebhaber und Freund der Künste war, mag irritieren. Ist es statthaft, einen Menschen, der als Monster in die Geschichte eingegangen ist, von jener (verbürgten) Seite zu zeigen, ohne dabei Gefahr zu laufen, seine verbrecherische Rolle als Politiker zu relativieren? Eine legitime, jedoch moralische Frage, die das Interesse an der historischen Wahrheitsfindung nicht überlagern darf. Denn dass die Verbindung zu Lída Baarová keine Privatangelegenheit blieb, sondern zum folgenreichen Politikum wurde, ist ein wesentlicher Bestandteil der Affäre und daher eingehender Beschäftigung wert.

Die authentischen Stimmen dieses Buches verleihen dem Geschehen nicht nur eine größere Unmittelbarkeit, sie folgen auch dem Ansatz, Geschichte aus sich selbst heraus, quasi als Gegenwart und nicht im Wissen um die späteren, sattsam bekannten Katastrophen zu erzählen. Genährt von der Überzeugung, dass Vergangenheit nur so wirklich verstanden werden kann.

Ich danke Rolf Aurich für seine hilfreichen Hinweise und Richard Kettermann für die großzügige Nutzung seines Bildarchivs. Dieser Dank gilt auch den Kolleginnen und Kollegen der Deutschen Kinemathek – Museum für Film und Fernsehen (Berlin) sowie André Mieles vom Deutschen Filminstitut und Filmmuseum Frankfurt/M. (DFF). Den Fotos in diesem Buch kommt einige Bedeutung zu. Viele von ihnen illustrieren nicht bloß, sondern haben den Charakter von Beweisstücken. Ich danke Ulrich Döge für seine Mithilfe bei der Recherche und für die Schlusskorrektur. William Gillespie danke ich für sein lebhaftes Interesse am Fortgang des Projektes, für die Überlassung kostbarer Fundstücke aus seiner Sammlung zum Zwecke der Illustrierung und seinen nachhaltigen Zuspruch. Danken möchte ich auch Bill Niven für eine substanzielle Information aus einem amerikanischen Archiv. Werner Mohr danke ich für seine detektivische Ermittlerarbeit bei der Identifizierung abgebildeter, nicht genannter Personen. Ebenso danke ich Werner Sudendorf für die Durchsicht des Manuskripts und die stets anregenden Gespräche über das deutsche Kino und seine Protagonisten.

Mein besonderer Dank gilt Daniel Semler, der nicht nur wertvolle inhaltliche Anregungen gegeben, sondern das Manuskript auch lektoriert und grafisch umgesetzt hat und damit einen wesentlichen Anteil am Zustandekommen dieses Buches trägt. Nicht zuletzt danke ich meinen Verlegern Alfred & Lothar Büllesbach für ihr langjähriges Vertrauen und die verlässliche, professionelle Zusammenarbeit.

Berlin, im Frühsommer 2024

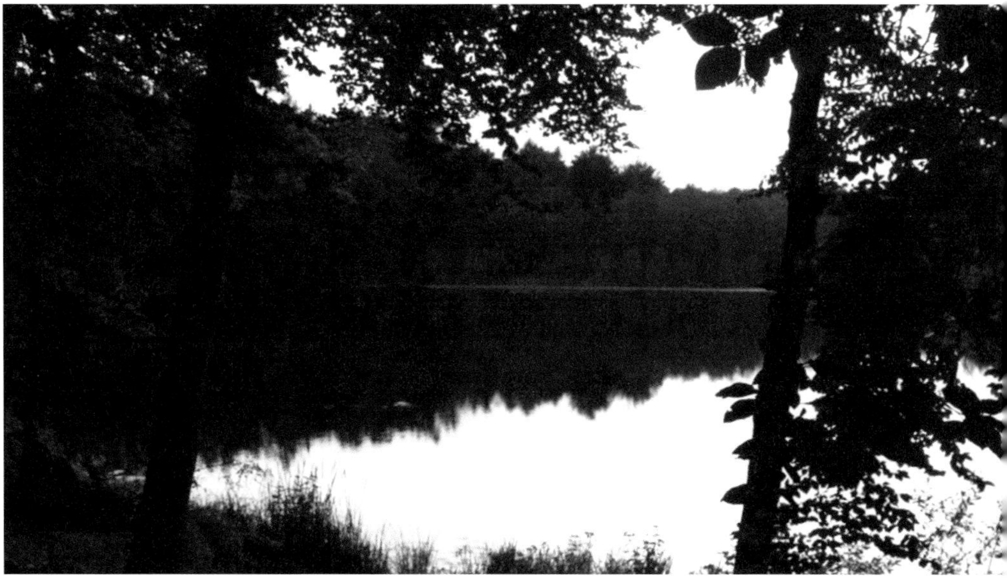

15. Oktober 1938

Am Nachmittag eines trüben Herbstwochenendes nimmt Joseph Goebbels ein halbes Dutzend Tabletten des Schlafmittels Phanodorm, spült sie mit Alkohol hinunter und legt sich ins Bett. Goebbels befindet sich vierzig Kilometer nördlich von Berlin in einem schlichten Holzhaus, das einsam an einem See liegt. Der NS-Propagandaminister, Gauleiter von Berlin, Chef einer Behörde mit zweitausend Mitarbeitern und einem Jahresetat im dreistelligen Millionenbereich sowie mächtigster Mann des deutschen Films will nicht mehr. Von seiner Familie verstoßen, von seiner Geliebten auf Befehl seines Chefs getrennt, von seinem engsten Mitarbeiter verraten, von politischen Weggefährten geschnitten und von seinen Gegnern hinter seinem Rücken – aber spürbar genug – mit einer Mischung aus Häme und Empörung bedacht: Es ist einiges zusammengekommen, dass Joseph Goebbels an diesem Wochenende einen (halbherzigen) Selbstmordversuch unternimmt. Als er vierundzwanzig Stunden später am Sonntagnachmittag erwacht, spürt er einen stechenden Schmerz in der Nähe des Herzens, das manchmal aussetzt. Nach einer kurzen Pause legt er sich erneut hin und schläft wie in Narkose weitere 48 Stunden. Knapp zwei Wochen vor seinem einundvierzigsten Geburtstag steckt der neben Hitler öffentlich präsenteste Politiker Deutschlands in der schwersten Krise seines Lebens. Doch es kommt noch schlimmer.

Rückblende: Eine neue Kraft

28. November 1934
In den Babelsberger Filmstudios beginnen die Dreharbeiten zu einer neuen Großproduktion der Ufa. Titel: *Barcarole*. Titel und Titelmelodie des Films verweisen auf ein bekanntes venezianisches Gondellied, das von Jacques Offenbach in seiner Oper „Hoffmanns Erzählungen" (1881) aufgegriffen und popularisiert worden war.[3] Bereits im Frühjahr hat die Ufa von einem französischen Musikverlag die Verfilmungsrechte erworben.[4] Später wird im Vorspann des Films zwar der Titel der Oper erwähnt werden, nicht aber der Name ihres jüdischen Komponisten Offenbach. Regie führt Gerhard Lamprecht. Er war nach der Absage des ursprünglich vorgesehenen Gustav Ucicky engagiert worden, der „keine Einstellung zu dem Stoff" fand.[5] Der 37-jährige Lamprecht wurde 1923 durch die erste Adaption von Thomas Manns „Buddenbrooks" bekannt. Gemeinsam mit Heinrich Zille inszenierte der Berliner danach halbdokumentarische Milieustudien seiner Heimatstadt mit Titeln wie *Die Verrufenen* (1925), *Menschen untereinander* (1926) oder *Die Unehelichen* (1926). Lamprechts Gespür für Sozialrealismus kam ihm bei der Verfilmung von Erich Kästners *Emil und die Detektive* (1931) zugute, die ihn auch außerhalb Deutschlands bekannt machte. Zuletzt hat Lamprecht für die Ufa *Prinzessin Turandot* (1934) realisiert. Eine, in Anspielung auf die Puccini-Oper, romantische Komödie und Persiflage des orientalischen Märchens. Drehbuch: Thea von Harbou. Willy Fritsch und Käthe von Nagy spielen die Hauptrollen. Der Film kommt am 1. Dezember, drei Tage nach Drehbeginn von *Barcarole* in die Kinos. Die Presse lobt Übermut und Spielfreude der Darsteller, kritisiert jedoch die Konfliktlosigkeit der Handlung und mangelndes Inszenierungstempo.[6] *Barcarole* erzählt die Geschichte einer einzigen Nacht, der Nacht vom 16. auf den 17. Juli 1911, am Rande des jährlich gefeierten venezianischen Versöhnungsfestes Redentore. Es erinnert an das Ende der großen Pest im Sommer 1577, an der fast 50.000 Einwohner Venedigs starben – ein Viertel der Gesamtbevölkerung. Und es erinnert an den Baubeginn der Versöhnungskirche („Il Redentore") auf der Insel Giudecca, die der Sage nach das Wüten des Schwarzen Todes beendete. Vor dem Hintergrund des Redentore-Festes mit seinen feiernden Menschen entfaltet sich ein Drama um die zynische Wette eines Schürzenjägers, der sich ungewollt in sein Opfer verliebt und diesen „Fehler" mit dem Leben bezahlt. Der junge Graf Eugen Colloredo ist ein Playboy, ein vergnügungssüchtiger Don Juan mit hohem Frauenverbrauch. Als der reiche Mexikaner Alfredo Zubaran mit seiner ebenso schönen wie unnahbaren Frau Giacinta in der Lagunenstadt eintrifft, wird Colloredo in seinem Ehrgeiz gepackt. Er wettet mit Zubaran darauf, Giacinta innerhalb einer Nacht zu verführen. Einsatz: Der erste Schuss in einem Duell mit dem eifersüchtigen Ehemann. Beim Streifzug durch die feiernde Stadt gelingt es Colloredo, Giacinta für sich zu gewinnen. Auch er entdeckt – erstmals überhaupt – Gefühle für eine Frau, mit der er eigentlich nur schlafen wollte. Um die Reinheit seiner Liebe zu wahren, verzichtet Colloredo auf Giacinta – verliert die Wette und damit sein Leben.

Für *Barcarole* hat Gerhard Lamprecht in der abgedunkelten Tonmittelhalle von Babelsberg eine Art Klein-Venedig errichten lassen. Bauzeit: achtzehn Tage unter Einsatz einiger hundert Arbeiter. „Warum wir das Ganze nicht in Venedig drehen?" fragt Herstellungsleiter Günther Stapenhorst. „Auf dem Canale Grande gibt es heute mehr Motorboote als Gondeln."[7] Diese treiben daher stimmungsvoll erleuchtet in Babelsberg auf künstlichen Kanälen, für die der Hallenboden mit einer dreifachen Schicht Dachpappe ausgelegt und mit Wasser gefüllt wurde.

Mit einem Etat von 750.000 Reichsmark ist *Barcarole* die aufwendigste Produktion des zu Ende gehenden Jahres 1934. Es ist ein weiteres schlechtes Jahr für die Ufa wie für die gesamte deutsche Filmindustrie, die immer noch unter den Folgen der Weltwirtschaftskrise leidet. Hinzu kommt: Seit der Machtübernahme Hitlers und dem im Oktober 1933 durch ein Referendum beschlossenen Austritt Deutschlands aus dem Völkerbund werden deutsche Filme im Ausland boykottiert. Eine Ausnahme bilden Frankreich und das faschistische Italien. Vor allem die für die Refinanzierung der Filme wesentliche Ausfuhr in die USA ist rückläufig, seit die jüdisch dominierte amerikanische Kinobranche aus Protest gegen die antijüdischen Maßnahmen der NS-Regierung keine deutschen Filme mehr kauft. Hatte der Exportanteil an ihrer Amortisation 1932/33 noch ca. 40 Prozent betragen, so liegt er 1934/35 nur noch bei etwa 12 Prozent.[8] Kaum ein Wirtschaftszweig bekommt den politisch verfügten Ausschluss von Juden deutlicher zu spüren wie die deutsche Filmindustrie. 1932, im letzten Jahr der Weimarer Republik, waren noch 70 Prozent aller Produktionsfirmen und 81 Prozent aller Verleihgesellschaften in jüdischer Hand. Bei den kreativen Berufen wie Autoren, Komponisten und Regisseuren lag der jüdische Anteil bei etwa 50 Prozent. Der erzwungene Exodus von etwa 2000 jüdischen Filmschaffenden, von denen viele zunächst nach Österreich ausweichen, führt zu einem deutlichen Rückgang des Produktionsvolumens: von 129 Titeln (1934) auf 92 Titel (1935). Auch

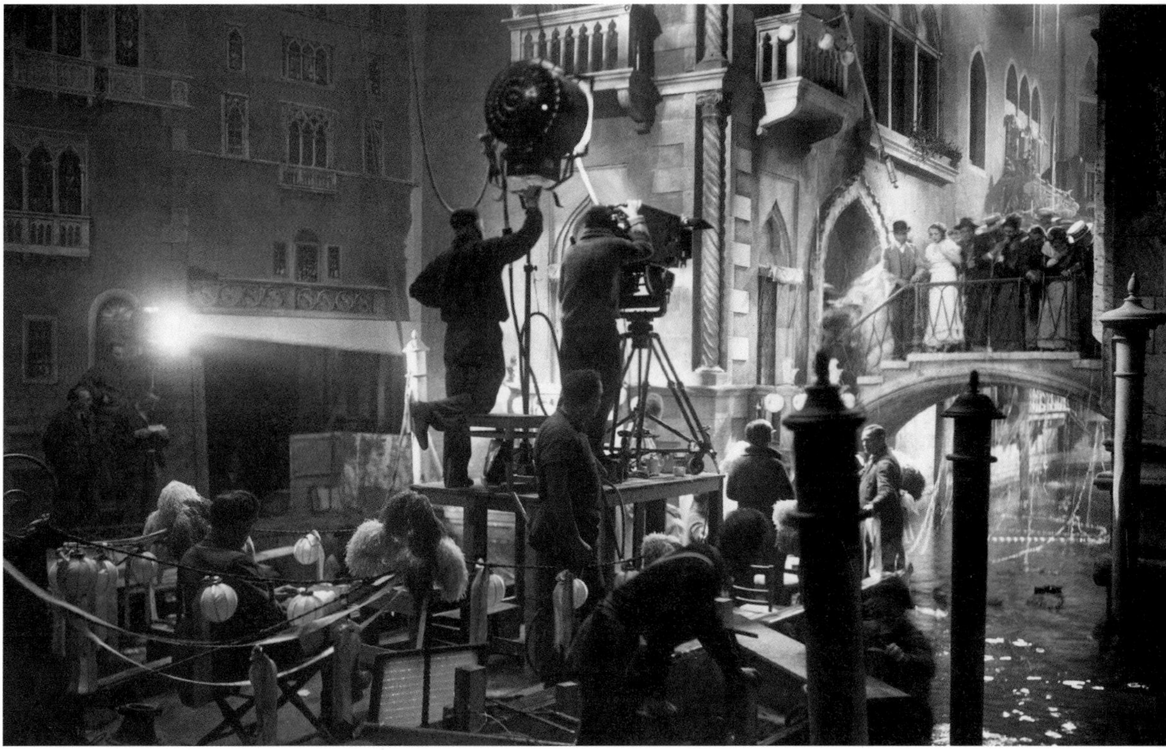

Venedig in Babelsberg: Dreharbeiten zu *Barcarole*

die Ufa leidet unter Personalmangel. Die Studioauslastung sinkt. Gleichzeitig steigen die Gagen der in Deutschland verbliebenen Filmschaffenden, die von der zwangsläufig gestiegenen Nachfrage profitieren. So erhöht etwa Hans Albers zwischen Dezember 1934 und Januar 1935 seine Gagenforderung pro Film um rund 20 Prozent – von 70.000 auf 85.000 Mark.[9] Angesichts dieser Situation bemühen sich die Produktionsfirmen verstärkt darum, den Ausfall durch neue Kräfte zu ersetzen; allen voran die Ufa. Besonders augenfällig wird dieses Bestreben durch die Anwerbung ausländischer Darsteller. Ziel ist, sie zu Stars aufzubauen, deutsche Filme weltläufig erscheinen zu lassen und damit auch ihre Exportfähigkeit zu verbessern. Unter dieser Prämisse ist im November 1934 die ungarische Tänzerin und Sängerin Marika Rökk engagiert worden.[10] Ebenfalls im November 1934, nur eine Woche vor Drehbeginn von *Barcarole*, wird nach der Vorführung von Probeaufnahmen die Hauptdarstellerin des Films gefunden: die 20-jährige Tschechin Lída Baarová.

3. Dezember 1934

Erster Drehtag für Lída Baarová, die bei der Ufa einen Einjahresvertrag mit der Option auf einen weiteren Film unterschrieben hat.[11] Ihre Gage beträgt 2.500 Reichsmark.[12] Für die männliche Hauptrolle ursprünglich vorgesehen war der österreichische Nachwuchsschauspieler Rolf Wanka, der zuvor in zwei tschechoslowakischen Produktionen aufgetreten ist. Ein attraktiver, mandeläugiger junger Mann mit südländischem Einschlag. Doch dann wird wenige Tage vor Drehbeginn Gustav Fröhlich frei und auf Wunsch der Ufa-Verleihabteilung als Partner von Lída Baarová besetzt.[13] Neben Hans Albers, Willy Fritsch und Heinz Rühmann gehört Fröhlich zu den populärsten männlichen Stars des deutschen Films. Mit 38.000 Reichsmark ist seine Gage mehr als sechzehnmal so hoch wie die der Hauptdarstellerin. Dabei ist diese durchaus keine Unbekannte mehr – zumindest in ihrer tschechischen Heimat, wo sie bereits in 18 Produktionen zu sehen war.

Geboren wird Lída Baarová als Ludmila Babková am 7. September 1914 in Nusle, einem aufstrebenden, südlichen Vorort von Prag. Ihr Vater ist Magistratsbeamter, ihre Mutter Ludmila singt im Opernchor des Prager Nationaltheaters und fördert das musische Talent ihrer Tochter. Diese sammelt im Schultheater erste einschlägige Erfahrungen und beginnt mit sechzehn eine Schauspielausbildung in der Theaterabteilung des Prager Konservatoriums. Dort kommt sie in Kontakt zum Film und wird 1931 für *Kariéra Pavla Camrdy* (dt.: Die Karriere des Paul Camrda) als Tochter des Titelhelden besetzt. Im Jahr zuvor erst hat es in Prag die ersten Tonfilmvorführungen gegeben. Der Bedarf an neuen Gesichtern ist groß. Weil es den Schülern des Konservatoriums untersagt ist, vor Beendigung ihres Studiums (außer als Statisten) in Filmen aufzutreten, legt Ludmila Babková sich einen Künstlernamen zu. Auf Vorschlag ihres Vaters, der mit dem bekannten Schriftsteller Jindřich Šimon Baar befreundet ist, nennt sich die 17-jährige künftig Lída Baarová. *Kariéra Pavla Camrdy* startet Ende 1931. Durch Baarovás Auftritt darin wird ihr trotz der Tarnung das Weiterstudium unmöglich. Sie verlässt die Schauspielschule und dreht in rascher Folge weitere Filme, meist Komödien, in denen sie Backfischrollen verkörpert; darunter zwei Produktionen ihres Landsmannes Karel Lamač.[14] Zwischen März und Oktober 1932 ist Lída Baarová in nicht weniger als sechs tschechischen Produktionen zu sehen, bald auch in Hauptrollen.[15] Neben ihrer Schönheit und hellen Stimme vermittelt Lída Baarová in diesen Filmen vor allem jugendliche Unbekümmertheit und Spielfreude. Ihre fortgesetzte Leinwandpräsenz bewirkt, dass Baarová bereits ein halbes Jahr nach ihrem Leinwanddebüt in der Tschechoslowakei den Ruf eines Stars genießt.[16] Dazu führen besonders ihre Erfolge in Lamačs *Lelíček ve službách Sherlocka Holmesa* (dt.: Lelicek in Sherlock Holmes' Diensten) mit der tschechischen Komiker-Legende Vlasta Burian sowie in *Maloštranští muškétýři* (dt.: Die Musketiere von der Kleinseite), einer Romanze über die ungleiche Liebe zwischen einem mittellosen jungen Mann und einer jungen Ärztin.

Ende 1932 debütiert Lída Baarová auch als Theaterschauspielerin. In einer Inszenierung des Prager Ständetheaters spielt sie in Vilém Werners Komödie „Právo na hřích" (dt.: Das Recht auf Sünde) die Rolle einer emanzipatorischen jungen Frau und erntet dafür wohlwollende Kritiken.[17] In dieser Zeit wird die Leiterin der Prager Ufa-Filiale auf Lída aufmerksam und engagiert sie für eine tschechische Ufa-Produktion, die im März 1933 in den Kinos startet.[18] Ein halbes Jahr später folgt die Komödie *Madla z cihelny* (dt.: Magda aus der Ziegelei), in der Baarová die Titelrolle spielt. Mit dabei: ihre zwölfjährige Schwester Zorka, die ebenfalls Schauspielerin werden möchte. Zu den Premieren dieser tschechischen Ufa-Filme kommt der in Wien ansässige Osteuropa-Chef der Ufa, Wilhelm Karol, nach Prag. Er wird später u. a. Zarah Leander und Marika Rökk für die Ufa gewinnen, ehe er als Jude seine Stellung verliert und nach dem „Anschluss" Österreichs ans Deutsche Reich in die USA emigrieren muss. Karol legt Lída nahe, Deutsch zu lernen, weil es ihrer Karriere nützlich sei. Den gleichen Rat gibt ihr Hans Söhnker, den Lída am Rande von Dreharbeiten in Prag kennen lernt.[19] Er lädt Lída nach Berlin ein und vermittelt ihr eine Sprachlehrerin. Im Frühjahr 1934 folgt Lída der Einladung. Begleitet wird sie von ihrer Mutter, die Deutsch spricht und die Karriere ihrer beiden Töchter betreibt, auch selbst gelegentlich in den Filmen ihrer ältesten Tochter auftritt.[20] Die Kompensation für unerfüllte Karriereträume einer Frau, die eigentlich Opernsängerin werden wollte? Mit einer Empfehlung der Prager Ufa-Filiale reist Lída Baarová im September 1934 erneut nach Berlin, um dort Probeaufnahmen für *Barcarole* zu machen.

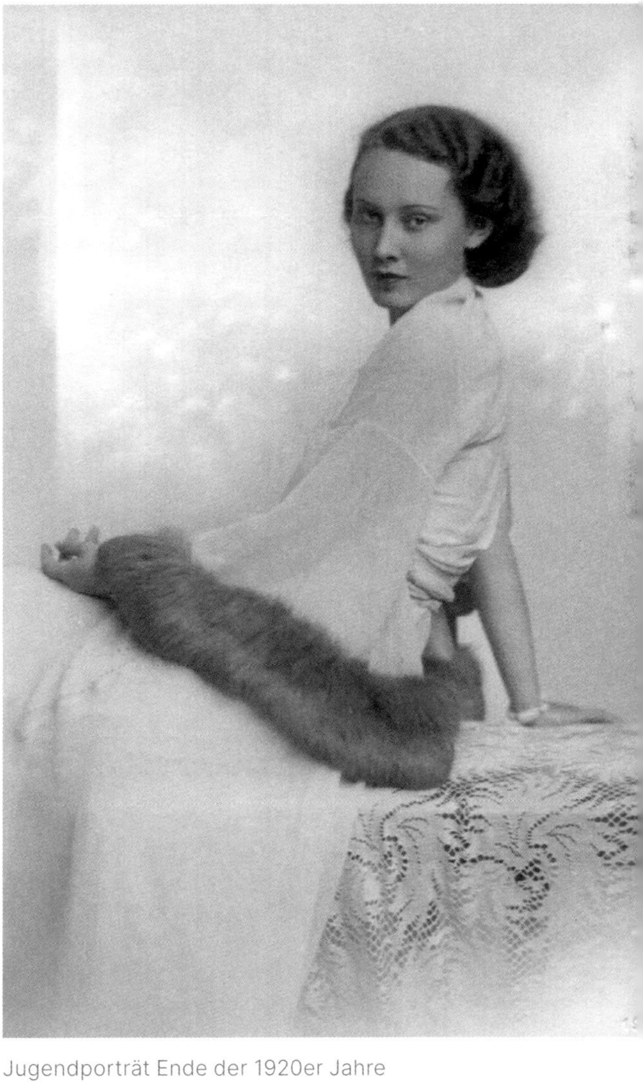

Jugendporträt Ende der 1920er Jahre

6. Dezember 1934

Aus der Aktennotiz eines Mitarbeiters der Reichsfachschaft Film an deren Leiter Carl Auen:[21] „Nach den mir von Prag gemachten Mitteilungen, handelt es sich hier um eine Dame, die in Prager Filmkreisen einen sehr schlechten Ruf genießt. Auch künstlerisch ließe es sich keineswegs rechtfertigen, dass zur Besetzung einer Hauptrolle in einem derartigen deutschen Film Frau Baarová aus Prag geholt werden muss. Die Tschechen sollen sich höhnisch hierüber geäußert haben, dass ‚die Deutschen jetzt schon gezwungen seien, sich solche Schauspieler zu holen, um ihrem Film wieder auf die Beine zu helfen'. Der Nachweis der arischen Abstammung ist auch noch nicht erbracht und würde angeblich Schwierigkeiten bereiten."[22]

11. Dezember 1934

Carl Auen wendet sich in einem vertraulichen Schreiben an den Präsidenten der Reichsfilmkammer, Fritz Scheuermann. Darin wiederholt er den Inhalt der Aktennotiz, über den er Scheuermann zuvor mündlich informiert hat und bittet, die Angelegenheit Baarová auf die Tagesordnung der nächsten Präsidialratssitzung zu nehmen. Am selben Tag füllt Lída Baarová nachträglich den Fragebogen der Reichsfachschaft Film aus, deren Mitgliedschaft für eine Beschäftigung in der deutschen Filmindustrie obligatorisch ist. Als besondere Fähigkeiten gibt sie Französisch und Deutsch, Ballett und Akrobatik sowie Gesang (Mezzosopran) an. Über ihre bisherigen beruflichen Leistungen schreibt sie: „Als erste Filmschauspielerin in Prag habe ich achtzehn Filme gedreht, davon sieben Ufa-Filme (tschechische)".

Lída Baarová kann über die berufliche Chance in Deutschland nur glücklich sein. Die Situation in ihrer Heimat ist bedrückend: Ende November 1934 gibt es in der Tschechoslowakei 672.000 Arbeitslose, Tendenz steigend. Die Wirtschaftskrise schlägt auch auf den Kinobesuch durch, der im Vergleich zum Vorjahr um 12 Prozent gesunken ist. Dies drosselt die Herstellung neuer Produktionen. Ob eine erhöhte Einfuhr amerikanischer Filme die Misere der tschechischen Kinobranche ausgleichen kann, bezweifelt das (deutschsprachige) Fachblatt „Prager Film-Kurier".[23]

12. Dezember 1934

Als Ausländerin unterliegt Lída Baarová der sogenannten Kontingentregelung und benötigt für ihre Tätigkeit in Deutschland eine Sondererlaubnis. Diese beantragt Günther Stapenhorst, Produktionsleiter von *Barcarole*, bei der Reichsfachschaft Film – zwei Wochen nach Drehbeginn. Alle Versuche, eine für die Rolle geeignete deutsche Schauspielerin zu finden, seien fehlgeschlagen. Die zunächst vorgesehene und favorisierte Paula Wessely sei wegen Theaterverpflichtungen ausgefallen, ebenso Käthe Gold. Aufgrund von Erkrankung habe Nora Gregor abgesagt. Die Suche nach einer geeigneten Darstellerin auch außerhalb Berlins sei ergebnislos geblieben. Schließlich sei man auf Lída Baarová gekommen, deren Probeaufnahmen ein günstiges Resultat ergeben hätten. „Die sehr schwere Rolle verlangt bestimmte Voraussetzungen, von denen Fräulein Baarová die meisten erfüllt."[24] Nachdem sie am 7.12. den Nachweis ihrer arischen Abstammung erbracht und damit die Aufnahmevoraussetzungen erfüllt hat, erfolgt die Sondergenehmigung der Reichsfachschaft zwei Tage später. Dort erhält sie die Mitgliedsnummer 3241.

18. Dezember 1934
Regisseur Lamprecht spricht im Presseheft über die besondere Herausforderung von *Barcarole*, „inmitten einer aufgelösten Menschenmenge das Zusammenspiel von Gustav Fröhlich und seiner Partnerin Lída Baarová aufzufangen. Denn nur aus dem Sich-Finden dieser beiden Menschen im Trubel der Barcarolenacht baut sich organisch der dramaturgische Höhepunkt des Filmes auf. (...) Wir fahren von abends 9 bis morgens 6 in der Gondel durch Venedig, steigen an einer weißen Terrasse aus, fahren wieder in der Gondel, aber diesmal zu zweit und erleben am Morgen einen Spielausgang, der alles andere als ein ‚happy end' ist und ein Menschenschicksal auflöst."[25] Gustav Fröhlich ergänzt: „Wir machen Kammerspiel. Liebevolles Dessin. Keine großen Effekte nach außen hin, aber dafür umso geladenere psychische Dramatik. Ganz zart muss man dabei sein, damit der Kontrast zur rauschenden, festtrunkenen venezianischen Nacht plastisch wird und die Liebeshandlung kein Schmachtfetzen wird. (...) Darin liegt die Lyrik des Films, weil er wirkliche Schicksale zeichnet, keine billigen Abziehbilder." Die festtrunkene Atmosphäre einer venezianischen Sommernacht zu erzeugen, fällt den Beteiligten angesichts der herrschenden Außentemperaturen nicht leicht. Die Atelierhalle, durch die das Wasser des Kanal-Systems von außen eingeleitet wird, steht offen. Lída Baarová zittert in ihrem Seidenkleid vor Kälte.[26]

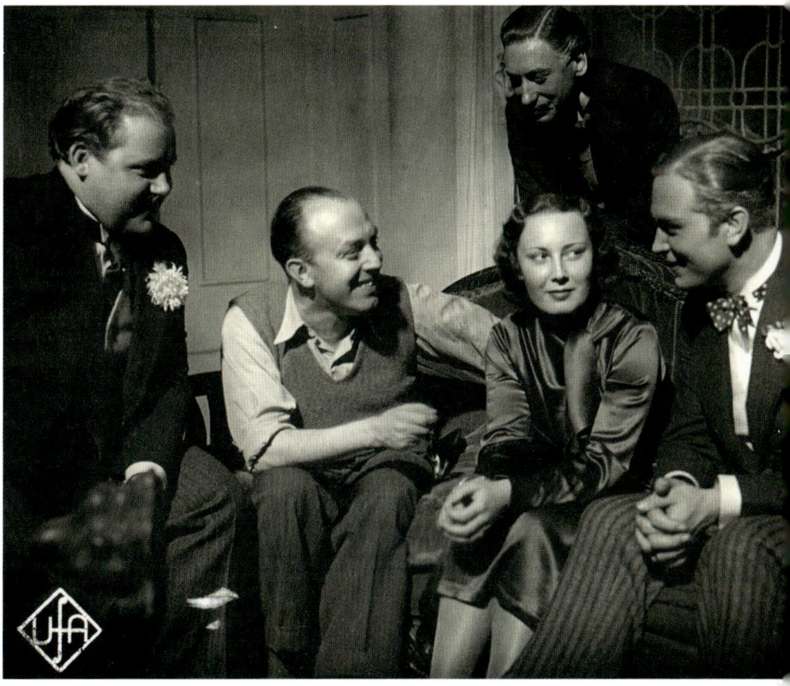

Drehpause. Von links nach rechts: Will Dohm, Gerhard Lamprecht, L.B., Willy Birgel, Gustav Fröhlich

Die junge, attraktive Giacinta Zubaran (L. B.) ist mit einem reichen, um einiges älteren Mexikaner verheiratet. Die beiden sind zum Barcarole-Fest nach Venedig gekommen. Doch Alfredo Zubaran (Willy Birgel) verbringt seine Zeit in den Herrenclubs der Stadt. Ein Macho, der seine Frau als teures Accessoire betrachtet, mit dem Stolz des Besitzers, aber ohne Liebe. Als Reaktion darauf verweigert sich Giacinta ihrem Mann. Damit erregt sie dessen Eifersucht. Etwa auf Eugen Graf Colloredo (Gustav Fröhlich), der als notorischer Schürzenjäger stadtbekannt ist. „Diese ewigen Affären werden dem Jungen nochmal den Hals brechen", spöttelt Alfredo Zubaran über den potenziellen Rivalen. „Unsinn, der hat einen Garantievertrag mit dem Teufel", erwidert ihm ein Mitglied der Herrenrunde. Der kalte, despotische Zubaran hat Grund, misstrauisch gegenüber Colloredo zu sein, zu dessen Lebensweisheiten die Erkenntnis zählt: „Es gibt keine frigiden Frauen. Und wenn sie's sind, dann sind sie es immer nur so lange, bis der richtige Mann kommt". Von Colloredo und dessen promiskuitiver Art provoziert, fordert

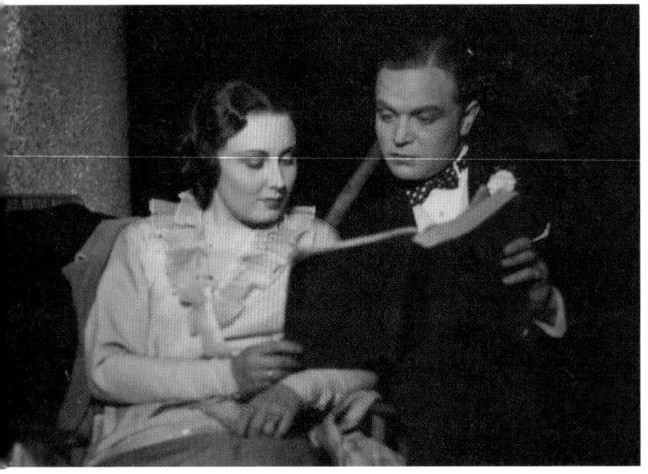

Dialogstudium

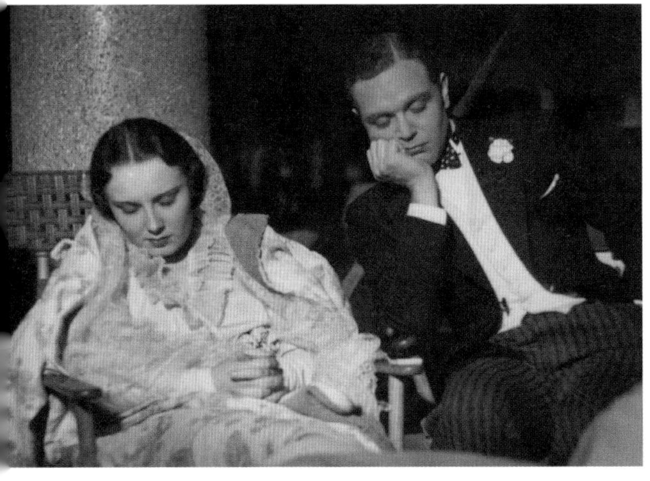

... ermüdet

Zubaran diesen zu einer Wette heraus: Sollte es Colloredo gelingen, seine als uneinnehmbar geltende Frau innerhalb einer Nacht zu verführen, gehöre ihm beim Duell am nächsten Morgen der erste Schuss. Andernfalls Zubaran. Eugen Colloredo geht ans Werk und lässt sich mit Giacinta durch die Festnacht voller feiernder Menschen treiben. Bei einer Gondelfahrt kommen die beiden sich näher, wird ihre Unterhaltung zunehmend anspielungsreicher. Giacinta, die Eugens Avancen pariert und dessen Anzüglichkeiten mit eigenen kontert, erregt dessen Bewunderung: „Wer hätte geglaubt, dass Sie so vorzüglich mit den Wölfen zu heulen verstehen?" Als sich der erste Kuss anbahnt, warnt die Verheiratete ihren Eroberer: „Ich fürchte, diese Küsse werden sauer schmecken". Darauf Eugen: „Saure sind immer noch besser als gar keine". Nachdem erste Zärtlichkeiten ausgetauscht sind, drängt Eugen auf mehr: „Wer A sagt, muss auch B sagen". Darauf Giacinta: „B". Als die beiden an einem Markt vorbeikommen, greift Giacinta nach einem ausliegenden, noch lebenden Fisch. Eugen: „Dass Sie das zuckende Fleisch so in der Hand halten können. Das ist doch etwas Lebendiges." Giacinta: „Und ich halte es in der Hand und freue mich." Eugen: „Ich weiß nicht, ob Sie mich richtig verstanden haben..." Giacinta antwortet nicht, hat ihn aber offenbar sehr wohl verstanden. Colloredo staunt schließlich über sein erstmals empfundenes Gefühl echter Liebe und gerät darüber ins Schwärmen: „Sie wissen, ich habe mich den ganzen Abend gewehrt gegen Sie. Jetzt ist es geschehen. Und mir ist, als wäre vor diesem Abend nichts gewesen. In diesem Augenblick ist mir, als ob das Leben anfängt. Verstehen Sie?" Darauf Giacinta trocken: „Werden Sie das noch vielen Frauen sagen?" Um seine reine Liebe zu Giacinta zu erhalten, lässt Eugen von seinem Vorsatz ab, mit ihr zu schlafen – und verliert die Wette.

Verantwortlich für die Dialoge wie für das gesamte Drehbuch zu *Barcarole* ist Autor Gerhard Menzel. Der Sohn eines Kinobesitzers aus dem niederschlesischen Waldenburg hatte nach seinem Wirtschafts- und Musikstudium selbst ein Kino betrieben, ehe er sich der Schriftstellerei zuwandte und 1927 für sein Theaterstück „Tobbogan" den renommierten Kleist-Preis erhielt. Darin thematisiert Menzel das Aufbegehren eines an der Weltkriegsfront verwundeten

Offiziers gegen seinen unausweichlichen Tod. Der Heldentod in mythischer Überhöhung (wenngleich mit pazifistischen Untertönen) prägte später auch Menzels Drehbuch-Debüt zu Gustav Ucickys Film *Morgenrot* (1932) über die eingeschlossene Mannschaft eines auf Grund gelaufenen deutschen U-Bootes. Auch in *Barcarole* ist der Tod, der schicksalhaft über den Liebenden schwebt, latent gegenwärtig. Colloredo: „Vorhin, da glaubte ich noch an einen Ausweg. Ich dachte an Flucht, mit dir zusammen. Aber jetzt ist das alles ganz unmöglich geworden. Und auch überflüssig. Ich bin auf der ganzen Linie besiegt. Und das komische ist: Ich freue mich darüber." Menzel ist bekennender Nationalsozialist und gehört zu einer Gruppe von Schriftstellern (darunter Gottfried Benn, Max Halbe und Ina Seidel), die im Oktober 1933, nach dem Austritt Deutschlands aus dem Völkerbund, ein öffentliches Treuebekenntnis zu Adolf Hitler unterzeichnet haben.[27]

Parallel zu *Barcarole* entsteht eine französische Fassung des Films – eine gängige Praxis, um den Film auch in Frankreich, dem wichtigsten Exportmarkt der Ufa, abzusetzen. Unter der Co-Regie von Roger Le Bon, der sich seit der französischen Version der Ufa-Komödie *Zwei Herzen und ein Schlag* (1931)[28] auf solche Aufgaben spezialisiert hat, spielen in den Hauptrollen die 27-jährige Edwige Feuillère und der 39-jährige Pierre Richard-Willm.

24. Dezember 1934

Die Hälfte der Dreharbeiten ist geschafft, die Produktion macht Weihnachtspause bis Anfang Januar. Lída Baarová fährt über die Feiertage heim nach Prag. Mit dabei: ihr Filmpartner Gustav Fröhlich. Die beiden haben sich in der ersten Woche ihrer Zusammenarbeit verliebt. Der 32-jährige Fröhlich ist verheiratet und in diesem Jahr Vater einer Tochter geworden. Doch das Ehepaar lebt getrennt. Fröhlichs Frau ist die ungarische Sängerin Gitta Alpár, bis vor einem Jahr die bekannteste Operettendiva im deutschsprachigen Raum. Die Tochter eines Kantors aus Budapest wurde im klassischen Gesang ausgebildet und kam über die Wiener Staatsoper Ende der 20er Jahre nach Berlin. Dort wechselte die Koloratursopranistin das Fach und avancierte mit Erfolgen in Franz Lehárs „Schön ist die Welt", Theo Mackebens „Die Dubarry" oder Paul Abrahams „Ball im Savoy" zum Liebling des Berliner Operettenpublikums. Ihre Popularität nutzend, entstand Anfang 1932 Alpárs erster Film *Gitta entdeckt ihr Herz* (Regie: Carl Froelich). Ein Star-Vehikel über ein singendes ungarisches Bauernmädel, das auf einem Marktplatz vom Vorgeiger einer Zigeunerkapelle entdeckt wird, zum internationalen Gesangsstar aufsteigt, sich mit dem Primas verkracht, inkognito einen jungen Komponisten kennen lernt, ihn bekannt macht und zuletzt heiratet. Eine typische, frühe Tonfilmoperette mit Revue-Szenen und Gesangseinlagen Alpárs, begleitet vom Orchester Dajos Béla. Den Komponisten spielte Gustav Fröhlich. Auch in diesem Fall verliebten sich die beiden Hauptdarsteller während der Dreharbeiten. Öffentlichkeitswirksam heirateten sie am Tag der Premiere von *Gitta entdeckt ihr Herz*, dem 5. April 1932. Doch die Verbindung hielt nur ein Jahr. Bezeichnend für die Entfremdung zwischen Alpár und Fröhlich war ein Empfang bei Goebbels im Frühjahr 1933. Dort sollte das Ehepaar neben anderen Filmschaffenden dem neuen Reichspropagandaminister vorgestellt werden. Während Fröhlich zu Goebbels vorgelassen wurde, hielt ein Adjutant die Jüdin Alpár davon ab, ohne dass ihr Mann dagegen einschritt.[29] Alpár fühlte sich verraten, verließ Fröhlich und Deutschland und brachte in Budapest ihre gemeinsame Tochter zur Welt. Später sollte sie in Wien und London ihre Karriere fortsetzen.

Weihnachten 1934 verbringt Gustav Fröhlich weder bei Frau und Kind noch bei seiner Mutter in Berlin, die ihn unehelich zur Welt gebracht hatte, sondern als Begleiter seiner Filmpartnerin bei deren Familie in Prag. Weil der 32-Jährige und die 20-Jährige noch kein Paar sind, übernachtet er in einem Hotel. Und weil Fröhlichs Entschluss, Lída zu begleiten, offenbar spontan gefallen war, kauft er an diesem Tag in der Prager Altstadt noch Weihnachtsgeschenke für sie und ihre Eltern ein.

31. Dezember 1934

Zum Jahreswechsel sind Gustav Fröhlich und Lída Baarová wieder in Berlin. Den Silvesterabend verbringen sie im Haus des Schauspielerehepaars Veit Harlan und Hilde Körber. Fröhlich ist mit beiden befreundet und stellt ihnen seine neue Partnerin vor. Harlan arbeitet am Staatstheater und tritt gelegentlich als Nebendarsteller in Filmen auf, zuletzt in *Gern hab' ich die Frauen geküsst* (1926) oder *Ein Mädchen mit Prokura* (1934). Dabei spielt er bevorzugt Kriminelle und andere gesellschaftliche Außenseiter. Der Sohn eines bekannten Schriftstellers bereitet am Theater am Schiffbauerdamm gerade seine ersten eigenen Inszenierungen als Regisseur vor: „Hochzeit an der Panke", eine Posse mit Gesang und Tanz in acht Bildern von Wolfgang Böttcher sowie den Berliner Volksschwank „Krach in Hinterhaus" von Maximilian Böttcher. Lída Baarová und ihre acht Jahre ältere Kollegin Hilde Körber, Mutter dreier kleiner Kinder, verstehen sich auf Anhieb. Später verabschiedet sich Hilde Körber, weil sie noch eine Vorstellung von Oscar Wildes „Lady Windermeres Fächer" zu spielen hat. So ziehen Fröhlich und Baarová mit Harlan allein durch Lokale des Berliner Westens und feiern den Beginn des neuen Jahres. Früh am Morgen landen Baarová und Fröhlich in ihrer Pension am Kurfürstendamm 175 und dann in ihrem Bett: „Wir liebten uns zum ersten Mal hemmungslos, ohne Vorbehalte."[30]

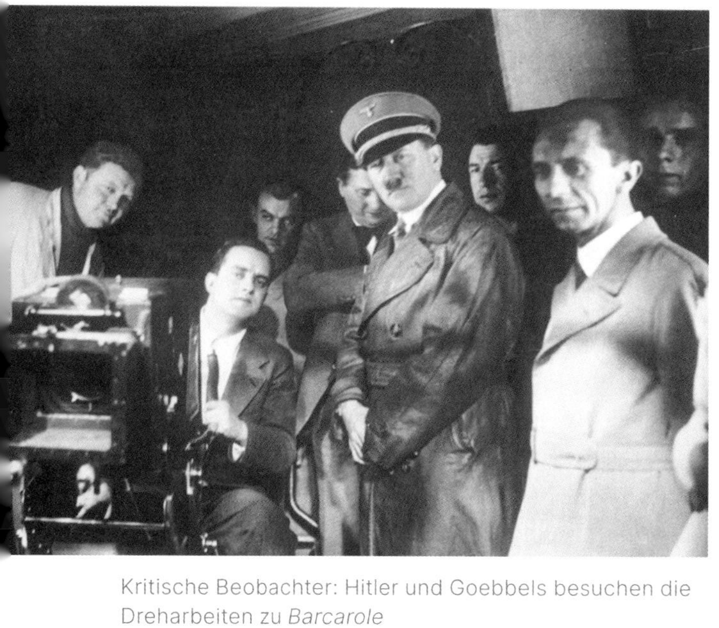

Kritische Beobachter: Hitler und Goebbels besuchen die Dreharbeiten zu *Barcarole*

4. Januar 1935

Nach einem Mittagessen beim „Führer" in einem Kreis enger Vertrauter brechen Hitler und sein Propagandaminister zu einer Besichtigungstour der Ufa-Studios nach Neubabelsberg auf. „Interessanter Besuch. Bauten zu *Barcarole* und *Amphitryon*. Grandios gebaut. Führer sehr begeistert", notiert Goebbels.[31]

Atelierbesuche gehören zum Alltag in Babelsberg und haben dort Tradition. Seit den Gründungsjahren des Ateliers sind sie ein beliebtes Ausflugsziel für Prominente aus Politik und Wirtschaft. Mehrere dieser frühen Besuche sind dokumentiert, so der des Reichspräsidenten Hindenburg bei den Dreharbeiten von Ernst Lubitschs *Anna Boleyn* im Jahre 1920. In der Krisenstimmung des Winters 1934/1935 gewinnt die Realisierung von gleich zwei Großprojekten eine besondere Bedeutung. Sie signalisieren Aufbruch, das Ende geringer Studioauslastung und Antwort auf die Boykottmaßnahmen des Auslands. Die Bauten zu *Amphitryon* stehen kurz vor der Fertigstellung und suggerieren eine weitläufige antike Stadt mit Märkten, Tempeln, Hafenanlagen und Wohnhallen. Diese Bauten stammen, wie bei *Barcarole*, von Robert Herlth und Walter Röhrig. Die beiden gehörten schon in der Weimarer Republik zu den bekanntesten Filmarchitekten Deutschlands und sind mit Sets wie für *Der letzte Mann* (1924), *Asphalt* (1928) oder *Der Kongress tanzt* (1931) erfahren in Großproduktionen. Mit einem Etat von über 1 Million Reichsmark übertrifft *Amphitryon* noch den Aufwand von *Barcarole* und soll Mitte Januar, unmittelbar nach dessen Drehende begonnen werden. Der Regisseur von *Amphitryon*, Reinhold Schünzel, ist nach NS-Terminologie „Halbjude" und kann nur mit einer Sondererlaubnis des Propagandaministeriums arbeiten, die ihm bislang jedoch vor jedem neuen Film erteilt wird. Basierend auf dem Stoff des römischen Komödienautors Plautus (geb. 254 v. Chr.) und der Bearbeitung durch Molière (1668), später durch Heinrich von Kleist (1806), erzählt Schünzel die vergebliche Eroberung der ebenso schönen wie standhaften Alkmene (Käthe Gold), Ehefrau des thebischen Hauptmanns Amphitryon, durch den griechischen Göttervater Jupiter als parodistisches Singspiel in antikem Gewand. Die Titelrolle spielt Willy Fritsch, der zugleich Jupiter verkörpert. Für die Szenen, in denen beide gemeinsam im Bild erscheinen, wird eine neu entwickelte, besonders lichtstarke Rückprojektions-Kamera angeschafft. Schlager des populären Komponisten Franz Doelle mit Versen wie „Arme Alkmene, sie hat Migräne" (Text: Bruno Balz) werden dem Film eine persiflierende Note verleihen; ebenso die teilweise gereimten Dialoge und Nebendarsteller wie Adele Sandrock (als Jupiters Ehedrachen) oder Paul Kemp (in einer Doppelrolle als Amphitryons Diener Sosias und Götterbote Merkur). An satirischen Spitzen über lebende Personen und Vorgänge wird nicht gespart. Dies signalisiert schon der Untertitel des Films „Aus den Wolken kommt das Glück": Eine Anspielung auf Hitler, der bei seinen Wahl- und Parteitagsreisen als erster Politiker das Flugzeug benutzte, mit dem er effektvoll zu seinen Anhängern herniederschwebte.[32] Wie *Barcarole* wird auch *Amphitryon* parallel in einer französischen Fassung gedreht, Titel: *Les Dieux s'amusent*, Hauptdarsteller: Jean Garat und Jeanne Boitel.[33]

Um die Jahreswende 1934/1935 sind die Ufa-Ateliers durch gleich zwei Großfilme also wieder zum Anziehungspunkt geworden. Am Nachmittag dieses Tages besuchen Hitler und Goebbels mit einer größeren Entourage auch die Dreharbeiten von *Barcarole*, begrüßen Regisseur und Hauptdarsteller und beobachten das Geschehen eine Weile, ehe sie weiterziehen. Wochen später beschließt der Vorstand „aufgrund der zahlreichen Besuche der letzten Monate in Babelsberg" sowie den damit hervorgerufenen, „unvermeidlichen Störungen" aus Rücksicht auf die laufenden Aufnahmen Besuche im Allgemeinen bis auf weiteres zu untersagen.[34]

7. Januar 1935

In einer Drehpause wird Lída Baarová von Gerhard Tandar, dem Regieassistent Gerhard Lamprechts, über einen Anruf der Reichskanzlei informiert: Der „Führer" lasse sie für den kommenden Tag zum Tee bitten. Lamprecht habe sein Einverständnis gegeben, der Drehplan werde geändert.

8. Januar 1935
In ihrem Zweisitzer, einem „Praga Baby“, fährt Lída Baarová nachmittags zur Reichskanzlei, wo sie Hitlers Adjutant Julius Schaub empfängt. Schaub führt sie in einen Salon der neu gestalteten Führerwohnung und bereitet Tee. Kurz danach erscheint Hitler und begrüßt die Hauptdarstellerin aus *Barcarole*. In Anwesenheit Schaubs werden Höflichkeiten ausgetauscht. Hitler erkundigt sich nach ihrer Rolle, nach ihrem tschechischen Auto und ob sie nicht Deutsche werden wolle. Dann entschuldigt sich der Adjutant und lässt Hitler mit Lída Baarová allein. Nun gesteht ihr Hitler den Grund für die private Einladung: Sie erinnere ihn an eine Frau, die in seinem Leben eine „große Rolle gespielt“ habe und deren Bild noch immer auf seinem Nachttisch stehe.[35] Abends erfährt Baarová von Gustav Fröhlich, wer damit gemeint war: Hitlers Nichte und Geliebte Geli Raubal, die sich dreieinhalb Jahre zuvor nach einem Streit in seiner Münchner Wohnung erschossen hatte.

Bald darauf lädt Hitler die junge Tschechin erneut zu einer privaten Teestunde und provoziert damit die Eifersucht Gustav Fröhlichs. Glaubt man Baarovás Erinnerungen, setzt Fröhlich sie deshalb dermaßen unter Druck, dass sie Hitler bei ihrem zweiten Treffen mit großer Befangenheit begegnet und sich bald wieder verabschiedet. Hitler sieht daraufhin von weiteren Einladungen dieser Art ab. Immerhin wird Baarová wenige Wochen später mit anderen Filmschaffenden zu einem offiziellen Abendessen in die Reichskanzlei gebeten, darunter Kolleginnen wie Olga Tschechowa, Marianne Hoppe und Käthe Gold. Ihr Geliebter Gustav Fröhlich ist nicht eingeladen, weil er, wie Baarová vermutet, noch mit der Jüdin Gitta Alpár verheiratet ist.[36] Stattdessen anwesend, wenn auch an einem anderen Tisch platziert: Propaganda- und Filmminister Joseph Goebbels in Begleitung seiner Frau.

Mitte Januar 1935
Nach Abschluss der Dreharbeiten von *Barcarole* besucht Lída Baarová ihre Familie in Prag. Anschließend möchte sie mit Gustav Fröhlich Skiurlaub in Davos machen. Fröhlich ist vorausgefahren, um mit seiner Noch-Ehefrau in St. Moritz die Bedingungen ihrer Scheidung auszuhandeln. Doch unterwegs in die Schweiz erreicht sie bei einem Zwischenaufenthalt in München ein Anruf Fröhlichs, der sie als „Hure“ beschimpft und ihr vorhält, ihre bisherigen Rollen nur über „das Bett“ bekommen zu haben. Fröhlich möchte ihr den Laufpass geben. Baarová fährt trotzdem nach Davos und spricht lange mit Fröhlich. Dabei stellt sich heraus, dass Fröhlich offenbar Ziel einer Intrige seiner Frau wurde: In einem, wie Baarová vermutet, letzten Versuch Gitta Alpárs, ihren Mann zur Rückkehr zu bewegen, hatte sie Gerüchte aus Prager Filmkreisen aufgebauscht, um ihn damit gegen seine neue Freundin aufzuhetzen.[37]

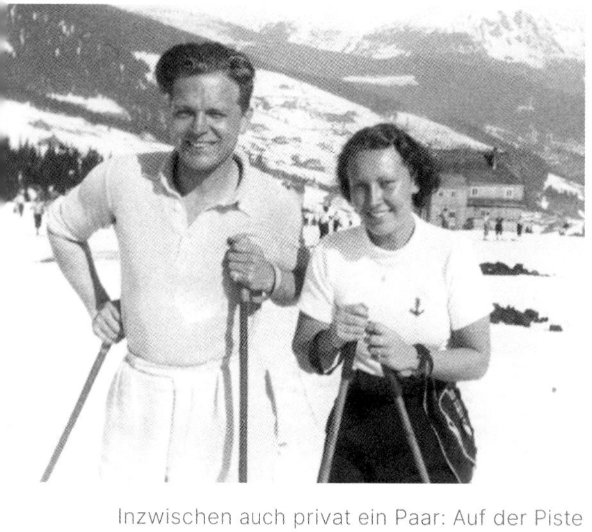

Inzwischen auch privat ein Paar: Auf der Piste mit Gustav Fröhlich

16. Februar 1935

In den Zoo-Festsälen gegenüber der Kaiser-Wilhelm-Gedächtniskirche wird der 7. Deutsche Filmball gefeiert – ein gesellschaftliches Ereignis ersten Ranges, zu dem die gesamte Branche strömt, darunter zahllose Darsteller und Regisseure. Es spielen u. a. die Orchester Bernhard Etté (Marmorsaal), Herbert Strauß (Bankettsaal), die bayerische Trachtenkapelle Menzel sowie Alt-Wiener-Schrammeln im Gartensaal. Dort wird zu vorgerückter Stunde ein „Mitternachtskabarett" dargeboten, bei dem u. a. die Geschwister Höpfner, Jupp Hussels, Werner Finck und Grethe Weiser auftreten. Die Einnahmen des Abends gehen mehrheitlich an den Wohlfahrtfonds der veranstaltenden Reichsfachschaft Film und an das Winterhilfswerk. Die Stimmung ist ausgelassen, es wird viel getrunken und getanzt. Lída Baarová ist mit Gustav Fröhlich erschienen. Die Dreharbeiten zu *Barcarole* sind seit vier Wochen abgeschlossen, der Film ist in der Nachbearbeitung, seine Premiere für Anfang März vorgesehen. Baarová trägt ein schlichtes schwarzes Ballkleid, das Dekolleté geschmückt mit einer Blume. Die junge Tschechin ist hier noch weitgehend unbekannt, anders als ihr Filmpartner: Frauenschwarm Fröhlich wird schon bei der Anfahrt vor den Zoo-Festsälen von weiblichen Fans bedrängt. In der Ballberichterstattung bleibt ihr Name ungenannt. Umso ausführlicher erwähnt werden dafür die Stars und Filmfunktionäre, aber auch politische Prominenz wie der Französische Botschafter François-Poncet oder Joseph Goebbels, der für einige Stunden auf den Ball kommt. „Glücklicherweise hat sich das Publikum an Disziplin gewöhnt, das lästige Massenbilden vor der Ministerloge hielt sich in dezenten Formen. Natürlich war jeder beglückt, einen Blick riskieren zu können, wer gerade in der Ehrenloge mit wem sprach – am beglücktesten waren die Filmschaffenden, die Reichsminister Goebbels immer wieder ins Gespräch zog."[38] Seinen Ballbesuch schließt Goebbels mit einem Rundgang zu den Logen der Produktionsfirmen ab, unter denen die Ufa-Loge zu den bevorzugten zählt.

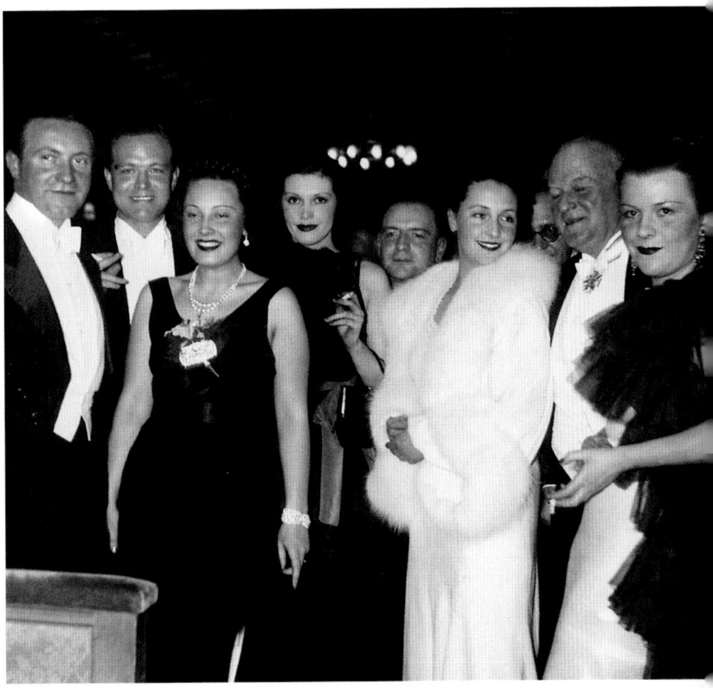

Noch unvertraut (3. v. l.): mit Willy Fritsch, Gustav Fröhlich, Sybille Schmitz, Dorothea Wieck und Renate Müller bei ihrem Debüt auf dem Deutschen Filmball 1935

„Ich glaube, dass wir auf diese Schauspielerin in Zukunft verzichten können"

1. März 1935

Drei Tage vor seiner Berliner Premiere findet im Hamburger Ufa-Palast die Welturaufführung von *Barcarole* statt. Die Fassade des Hauses am Gänsemarkt ist im venezianischen Stil geschmückt. Anlässlich der am gleichen Tag erfolgten Rückkehr des Saargebietes ins Deutsche Reich erheben sich die Zuschauer von ihren Sitzen und singen, von einem Orchester begleitet, mit erhobenem Arm die Nationalhymne. Die Hauptdarsteller zeigen sich nach jeder der ausverkauften Vorstellungen dem Publikum. „Auch Lída Baarová, die durch ihr Spiel und ihren persönlichen Charme die Herzen der Hamburger gewonnen hatte, wurde stark gefeiert. Es gab unzählige Vorhänge und viele Blumen. (...) Der Wagen der beiden Künstler wurde von der begeisterten Menge förmlich gestürmt, ein Fortfahren war anfänglich unmöglich. Erst starke Ufa-Kontrolleur- und Polizistenarme mussten eine Bahn schaffen."[39] Die offizielle Premiere des Films am 4. März im Berliner Gloria Palast verläuft ähnlich spektakulär. Das Publikum feiert die Hauptdarsteller, neben Fröhlich und Birgel auch Lída Baarová. Als sie sich einzeln verbeugt, ertönen von der Galerie Sprechchöre ihres Vornamens. An diesem Abend erlebt sie in Deutschland ihren Durchbruch, darf sich von nun an als Star fühlen. Weniger freundlich reagiert die Kritik auf die Inszenierung von *Barcarole*. Dem Regisseur werden „szenische Unbedachtsamkeiten" und Defizite in der Darstellerführung vorgehalten, dem Autor „unmögliche Dialoge", die durch fortdauerndes Leisesprechen akustisch schwer verständlich seien. Vor allem aber mangele es dem Film daran, „die große Leidenschaft zweier Menschen ausreichend glaubhaft zu machen." Auch Gustav Fröhlich kommt nicht gut weg. Über die weibliche Hauptdarstellerin heißt es dagegen: „Lída Baarová ist eine sehr schöne Frau mit einer warmen, angenehmen Stimme. Der Adel ihrer Erscheinung gibt vielen Szenen Gehalt. Ihr Debüt ist ein Erfolg, an dem Lamprecht nicht unbeteiligt ist."[40] Ungeachtet der negativen Kritik zu *Barcarole* wird der Film ein Publikumserfolg. So werden etwa aus Hamburg in den ersten drei Tagen über 11.000 Besucher gemeldet. Es folgt eine dreiwöchige Verbeugungstournee durch deutsche Kinos, die Lída Baarová mit ihren Schauspielkollegen bestreitet. Allerdings ohne Gustav Fröhlich, der, unter der Regie von Hans Deppe, bereits seinen nächsten Film dreht: *Nacht der Verwandlung* mit Heinrich George. In manchen Städten läuft *Barcarole* in mehreren Kinos gleichzeitig an. Dies bedeutet, dass die Mitwirkenden mehrmals hintereinander die gleichen Auftritte

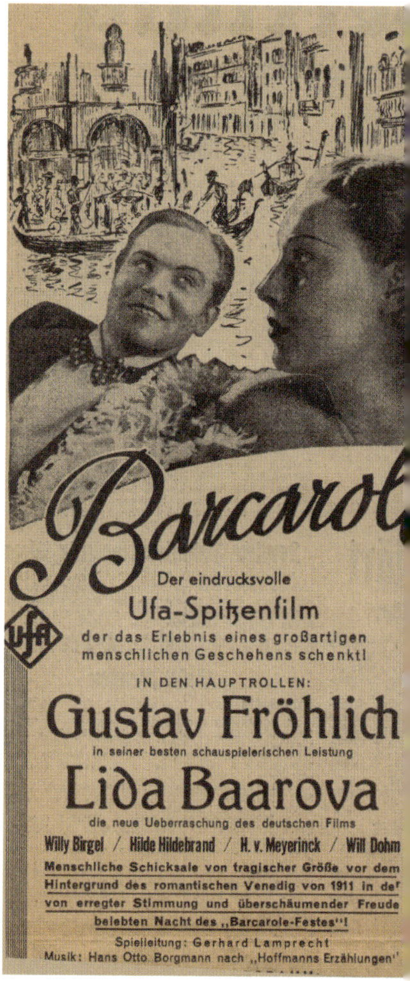

absolvieren, Interviews geben und nach den Vorstellungen zu offiziellen Abendessen mit Bürgermeistern und Honoratioren erscheinen müssen. Im April setzt sich die Verbeugungstournee für Lída Baarová in Prag fort, wo die deutschsprachige Fassung von *Barcarole* in drei Kinos gezeigt wird. Nach den beiden tschechischen Produktionen *Grandhotel Nevada* und *Na růžích ustláno* (dt.: Die Rosenhochzeit) ist es bereits Baarovás dritter Film, der in diesem Frühjahr in ihrer Heimat anläuft. Insgesamt werden in Deutschland 2,95 Millionen Zuschauer *Barcarole* sehen. Das entspricht Platz 19 der erfolgreichsten deutschen Filme des Jahrgangs 1934/35. Kein Kassenhit, aber auch kein Flop.[41]

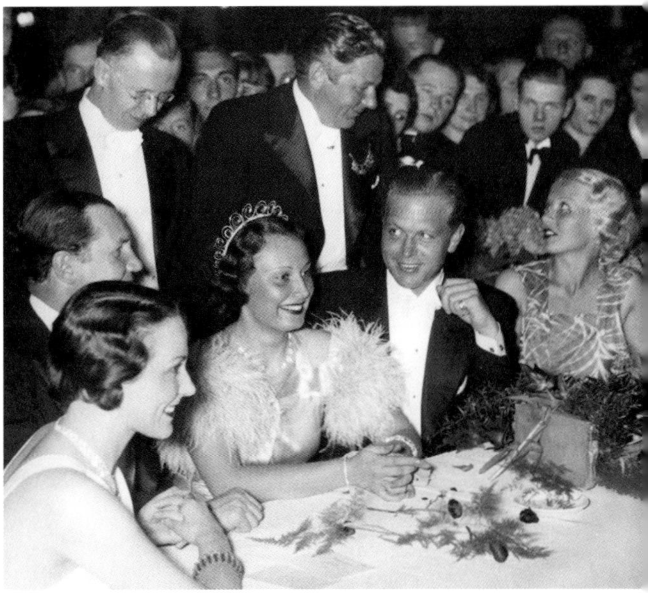

A Star is born. Abschlussball des Internationalen Filmkongresses in Berlin. Stehend: Drehbuchautor Gerhard Menzel (links), Paul Hörbiger. Sitzend: Carola Höhn, Fritz Kampers, L.B., Gustav Fröhlich Dorit Kreysler

27. April 1935

Erneut besucht Lída Baarová einen Filmball in Berlin. Motto: „Der Kongress tanzt". Anlass ist der von der Reichsfilmkammer organisierte, fünftägige Internationale Filmkongress, zu dem 1000 Delegationen aus 40 Ländern in die Hauptstadt gekommen sind. Das Treffen soll helfen, die gegen Nazi-Deutschland herrschende Boykottstimmung aufzubrechen, für Koproduktionen zu werben und den Filmexport anzukurbeln. Holland, Großbritannien und die USA sind der Veranstaltung fern geblieben. Wie schon vor zweieinhalb Monaten findet der Filmball auch dieses Mal in den Zoo-Festsälen statt. Doch wie anders erscheint Lída Baarová diesmal: Sie trägt ein schulterfreies Kleid aus weißer Atlasseide mit extravagantem Federnbesatz und ein Diadem im Haar. Strahlend sitzt sie mit Gustav Fröhlich an einem dicht umlagerten Logentisch, bildet den Mittelpunkt einer Gruppe von Schauspielern, darunter Carola Höhn, Paul Hörbiger und Dorit Kreysler. Wegen der vielen ausländischen Gäste und der Dichte deutscher Filmschaffender ist das Gedränge ungleich größer. Gegen 22 Uhr erscheint der Schirmherr des Festes, Propagandaminister Goebbels, mit seiner Frau. Neben Renate Müller, Dorothea Wieck und Marianne Hoppe wird Lída Baarová wegen ihrer ausgefallenen Garderobe in der Ballberichterstattung besonders erwähnt.[42] Ein Durchbruch auch an anderer Stelle: Auf dem im Frühjahr erscheinenden Ufa-Leihprogramm für die Saison 1935/36 erscheint ihr Porträt als Titelbild.

Anfang Mai 1935

In der Nacht vor ihrer gemeinsamen Abreise nach Wien, wo sie mit Gustav Fröhlich ihren nächsten Film drehen soll, erleidet Lída Baarová einen Blutsturz. Fröhlich bringt sie in eine Klinik. Dort wird eine Schwangerschaft außerhalb der Gebärmutter festgestellt. Ein operativer Eingriff stabilisiert die Zwanzigjährige. Dabei verliert sie ihr Kind, und die Ärzte eröffnen

Baarová, dass sie von nun an keine Kinder mehr bekommen kann.[43] Sie fängt sich aber rasch wieder. Denn in *Leutnant Bobby, der Teufelskerl*, einer Verwechslungskomödie, die sie nun mit Fröhlich unter der Regie von Georg Jacoby in der Donaustadt dreht, wirkt sie schalkhaft bis ausgelassen – eine andere Seite ihres Talents. Einen im Drehbuch vorgesehenen Fallschirmabsprung möchte sie nicht doubeln lassen, sondern selbst durchführen, was die Versicherung verbietet.[44] Ihre unüberhörbaren sprachlichen Defizite überspielt sie einfach, lacht und agiert darüber hinweg. Und sie singt zum ersten Mal in einem deutschen Film: „Denn die Jugend ist es, was einen fröhlich macht, was einen selig macht, das höchste Glück ...". Jugendlichkeit durch und durch verkörpert sie in *Leutnant Bobby* – als Nichte und Gegenpol einer gouvernantenhaften englischen Aristokratin (Adele Sandrock). Bei ihr heuert, als Stallbursche getarnt, Leutnant Bobby (Fröhlich) an, um der Nichte Bessie (Baarová) näher sein zu können. Zuvor hatte er sie, als Kutscher getarnt, nach einem Kostümfest versehentlich geküsst, weil er sie für seine Schwester hielt, die den Wagen verwechselt hatte ...

Bessie: „*Worauf warten Sie noch?*"
Bobby: „*Ich wollte mich nur unter vier Augen entschuldigen, dass ich Sie gestern geküsst habe.*"
Bessie: „*Geküsst? Mich? Sie haben mich nie geküsst!*"
Bobby: „*Doch. Es war ein herrlicher Augenblick!*"
Bessie: „*Bitte nehmen Sie es ein für alle Mal zur Kenntnis, dass Sie mich nie geküsst haben.*"
Bobby: „*Bitte!*"
Bessie: „*Sie sind noch immer da*"?
Bobby: „*Ja, ich denke nämlich die ganze Zeit darüber nach, warum Sie so kräftig auf meiner Brust herum getrommelt haben, wenn ich Sie nicht geküsst habe.*"
Bessie: „*Ich habe nicht getrommelt!*"
Bobby: „*Schade! Es wäre so eine herrliche Erinnerung gewesen!*"

Wiener Operettenseligkeit, englische Aristokratie, ein deutsches Leinwandidol und seine tschechische Filmpartnerin (und Geliebte) sind die Bestandteile dieses Films, die Georg Jacoby zu einer kuriosen Melange vermengt. Baarovás Aufgabe besteht vor allem darin, die Widerspenstige gegenüber Fröhlich zu geben, in den sie sich seit seiner Kussattacke Hals über Kopf verliebt hat, was sie aber nicht zeigen darf. „Die Sensationen werden durch einen überrumpelnden Gewaltstreich der Lustspielverwirrung geschickt herbeigeführt und so unterhaltsam und liebenswürdig durchexerziert, dass man sich keinen Augenblick langweilt, mitzugehen", heißt es dazu in der Presse, als *Leutnant Bobby, der Teufelskerl* im September in Österreich und zwei Monate später unter dem Titel *Ein Teufelskerl* in die deutschen Kinos kommt.[45]

20. Juni 1935

Bruno Duday, Leiter einer Ufa-Herstellungsgruppe, beantragt bei der Reichsfachschaft eine Sondererlaubnis für Lída Baarová, die als Ausländerin der Kontingentregelung[46] unterliegt und nur nach vorheriger Genehmigung besetzt werden darf. Sie soll erneut die weibliche Hauptrolle in einem Film von Gerhard Lamprecht übernehmen: *Einer zuviel an Bord* mit Albrecht Schoenhals, René Deltgen und Willy Birgel. Wenige Tage später leitet Hans Weidemann,

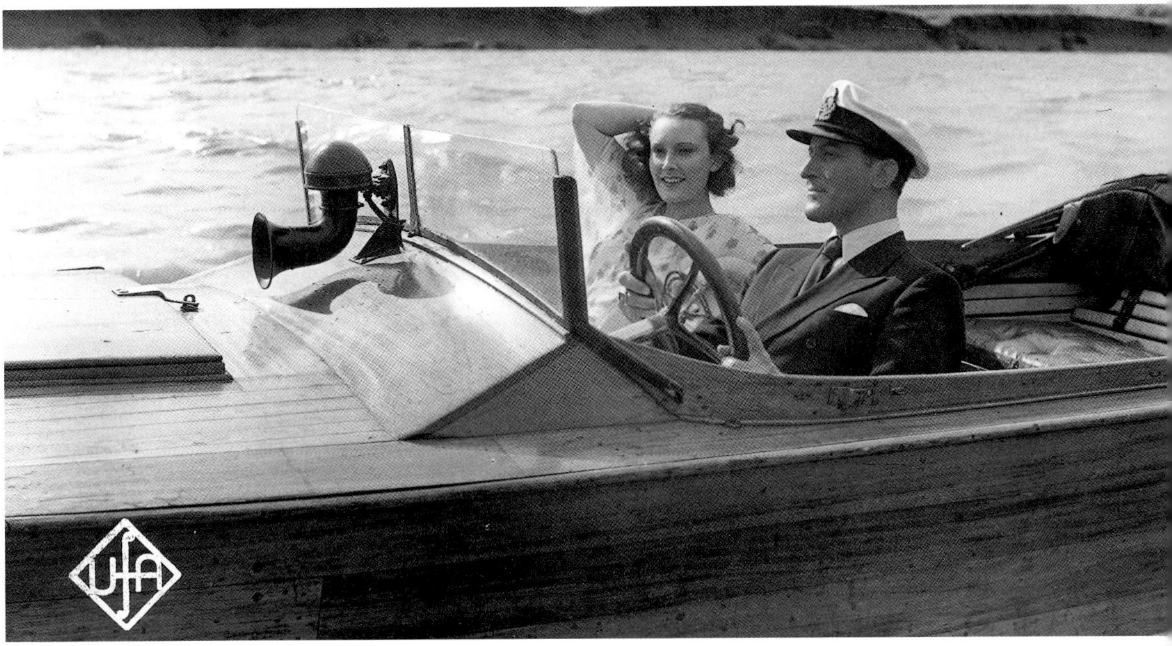

Baarová und Albrecht Schoenhals in *Einer zuviel an Bord* (1935)

Vizepräsident der Reichsfilmkammer, den Antrag der Ufa mit einer Empfehlung an Minister Goebbels zur Entscheidung weiter: „Frau Lydia Barowa (sic!) ist Tschechin und wie aus dem Film *Barcarole* ersichtlich, eine mittelmäßig begabte Schauspielerin, mit einer stark tschechischen Aussprache. Ich glaube, dass wir auf diese Schauspielerin in Zukunft verzichten können, da wir zur Genüge deutsche Schauspielerinnen haben, die solche Frauenrollen, zu der Frau Barowa vorgesehen ist, spielen können." Das Votum Weidemanns ignorierend, vermerkt Goebbels am Rande des Schreibens mit grünem Stift: „Genehmigt!"[47] Wiederum die Anordnung des Ministers ignorierend, teilt die Reichsfachschaft Film am 29.6. der Ufa ohne Angabe von Gründen mit, dass dem Antrag auf Sondererlaubnis zur Mitwirkung Lída Baarovás in *Einer zuviel an Bord* nicht entsprochen werden könne. Über seinen Abteilungsleiter „Film" Ernst Seeger lässt Goebbels drei Tage später Hans Weidemann mitteilen, dass die Ablehnung Baarovás einer bereits vor längerer Zeit getroffenen Entscheidung widerspräche und Baarová von der Kontingentregelung befreit sei. Darüber sei die Kontingentstelle genauestens unterrichtet und bei rechtzeitiger Befragung sei die (falsche) Anordnung vermieden worden. Noch am gleichen Tag widerruft die Reichsfachschaft Film ihr Schreiben vom 29.6. und teilt der Ufa mit, dass gegen eine Mitwirkung Baarovás „keine Bedenken" bestehen.[48] Längst laufen zu diesem Zeitpunkt bereits die Dreharbeiten des Films.

28. Juni 1935

Anhaltender Regen behindert die Außenaufnahmen von *Einer zuviel an Bord*. Sie finden im Hamburger Hafen auf den Frachtschiffen „Vogtland" und „New York" statt, die an etwas abseits gelegenen Kai-Anlagen fest gemacht haben. Die Arbeit kommt schleppend voran, gedreht werden kann nur, wenn der Regen pausiert. Dazwischen stehen Schauspieler und Regisseur den angereisten Journalisten Rede und Antwort. In einem Lagerschuppen gibt Lída Baarová ein Radiointerview. Obwohl der Aufwand mit Lamprechts vorheriger Produktion *Barcarole* nicht vergleichbar ist, steht ihm für *Einer zuviel an Bord* mit 620.000 Reichsmark ein ähnlich großer Etat zur Verfügung. Für die Hauptrolle in ihrer zweiten Ufa-Produktion erhält Baarová 5.375 Reichsmark – mehr als das Doppelte als für ihr Debüt.[49] Vorlage des Kriminalfilms ist ein Fortsetzungsroman aus der „Berliner Illustrirten Zeitung". Sein Autor, Fred Andreas, ist durch die Verfilmung seines Illustriertenromans „Ein Mann will nach Deutschland" (1934) bekannt geworden, auch für *Einer zuviel an Bord* hat er das Drehbuch selbst geschrieben. Erneut entsteht parallel zur deutschen eine französische Fassung mit dem Titel *Un homme de trop à bord*. Lída Baarovás Part spielt darin die 27-jährige Annie Ducaux, die im Jahr zuvor in der französischen Version von Gustav Ucickys *Der junge Baron Neuhaus* (*Nuit de mai*) bei der Ufa debütiert hat. Lída Baarová ist Gerda Hegert, Sekretärin einer Hamburger Reederei, die ein Eifersuchtsdrama zwischen dem Kapitän eines Frachters und dessen Ersten Offizier in Gang setzt. Nach knapp einer halben Stunde des Films erstmals zu sehen, wird Hegert – in einer Rückblende – als „kleine Auslandsdeutsche, die sich von der Filiale aus Buenos Aires hierher versetzen ließ", eingeführt – was ihren holprigen Akzent erklären mag. Sie lernt Kapitän von Moltmann (Albrecht Schoenhals) kennen, unternimmt eine Bootspartie mit ihm.

v. Moltmann: *„So, Sie interessieren sich für mich. Warum eigentlich? Sie können doch gar nicht wissen, wie ich bin."*

Gerda: *„Gerade deshalb, ich bin eben neugierig. Warum lachen Sie?"*

v. Moltmann: *„Ich muss Ihnen etwas gestehen. Vorher, als wir losfuhren, da hab' ich mir etwas ausgedacht. Dass unser Boot mit uns heute noch eine Panne haben sollte. Und wissen Sie, wo? Ausgerechnet hier, in der Nähe vom Steg, wo wir angelegt haben. Dann hätten wir nicht weiter gekonnt und wären so ganz zufällig hier gelandet."*

Gerda: *„Mit einem Wort: Sie wollten eine Panne vortäuschen, um mich in das Haus zu locken. Finden Sie das hübsch"?*

v. Moltmann: *„Aber nein! Ich wollte Sie nur zu 'ner Tasse Kaffee einladen. Ist doch nichts Schlimmes dabei!"*

Gerda: *„Natürlich nicht! Woher wussten Sie, dass ich nicht freiwillig komme?"*

v. Moltmann: *„Ich dachte …"*

Gerda: *Sie dachten, ich bin so ein kleines Provinzmädchen, das Angst hat, mit einem Mann allein zu sein …* "

v. Moltmann: *„Nein! Aber Sie waren immer so unnahbar, so zurückhaltend."*

Gerda: *„Und so was nennt sich Frauenkenner!"*

Sie beginnt eine Affäre mit dem attraktiven Mann. Später verlieren sich die Wege der beiden und sie verlobt sich mit Rohlfs (René Deltgen), dem Ersten Offizier des von Holtmann befehligten Frachters „Ceder". Als der Kapitän bei einem nächtlichen Sturm spurlos verschwindet, gerät Rohlfs unter Verdacht, Holtmann in dessen Kajüte er zuvor ein Foto seiner Verlobten Gerda gefunden hatte, ins Meer gestoßen zu haben.

„Mir scheint, vor Ihnen muss man sich in Acht nehmen"

1. Juli 1935

Für Joseph Goebbels beginnen vierwöchige Sommerferien, die er in Heiligendamm verbringen wird. Der Badeort an der Ostsee, rund drei Autostunden von Berlin entfernt, ist ein bevorzugtes Erholungsziel der Nazi-Elite, u. a. Hitlers und Joseph und Magda Goebbels', die im Hotel Kurhaus absteigen.[50] Nach dreieinhalb Jahren Ehe ist es für Goebbels diesmal der erste Urlaub ohne seine Frau. Magda Goebbels, mit ihrem vierten Kind im sechsten Monat schwanger, bleibt in Berlin. Dafür begleitet Goebbels dessen knapp dreijährige Tochter Helga. Mit dabei: ein Kindermädchen für Helga und Sekretärinnen. Obwohl der Propagandaminister vor allem ausspannen und „in der Sonne aalen" möchte, fällt immer wieder „Kleinarbeit" an, kümmert er sich um akute berufliche Angelegenheiten. Etwa um den Fall des Komponisten und Reichsmusikkammer-Präsidenten Richard Strauss. Der hatte in einem Brief an den im Londoner Exil lebenden Stefan Zweig[51] geschrieben, er „mime" den Musikkammer-Präsidenten nur, weil er „Gutes (...) tun und größeres Unglück (...) verhüten wolle."[52] Der Brief wurde von der Staatspolizei abgefangen und Goebbels' Widersacher Rosenberg zugespielt. Der verwendete das Schreiben gegen Goebbels, der, wie auch Hitler, die Aufführung der Oper „Die schweigsame Frau" zunächst gewünscht und gebilligt hatte, sich nach Bekanntwerden des jüdischen Librettisten Zweig und dem Bekenntnis von Strauss jedoch gezwungen sah, den Komponisten seines Amtes zu entheben und die Oper verbieten zu lassen. Behelligt wird Goebbels ebenso durch einen schwedischen Film, der am 12. Juli in Berlin anläuft und dort heftige Reaktionen auslöst. Die Komödie *Petterson und Bendel* von Per-Axel Branner über einen jüdischen Vagabunden, der im Stockholmer Hafen einen jungen Arbeitslosen kennenlernt und ihn in gaunerische Machenschaften verwickelt, wurde am Startwochenende von jüdischen Besuchern des „U.T. am Kurfürstendamm" durch Zwischenrufe wie „Das ist ja nicht auszuhalten!" und Pfiffe gestört.[53] „Juden demonstrieren gegen einen antisemitischen Film" notiert Goebbels am 15. Juli.[54] Ein Leitartikel gleichen Datums von ihm in „Der Angriff" heizt die Stimmung an: „Wenn die Judenschaft (...) einen von unserem Staat als wertvoll bezeichneten Film auszupfeifen wagt, so wird es für sie bei nächster Gelegenheit selbst einen Anpfiff geben."[55] Am Abend desselben Tages kommt es vor dem Kino zu antisemitischen Ausschreitungen durch Angehörige von SA und Hitlerjugend in Zivil, unter die sich auch gewöhnliche Krawallmacher mischen. Juden werden auf

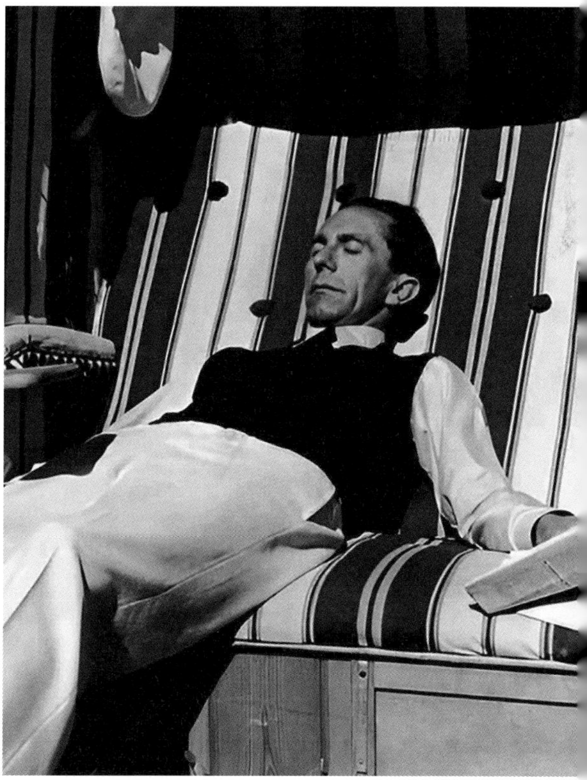

Goebbels 1935 in Heiligendamm

offener Straße zusammengeschlagen, Fensterscheiben gehen zu Bruch. Die „Kurfürstendammkrawalle“ dauern mehrere Tage, die Polizei ist überfordert, die internationale Presse berichtet.[56] Ein Jahr vor Beginn der Olympischen Spiele kommen der Regierung die Vorgänge ungelegen. Sie führen zur Absetzung des Berliner Polizeipräsidenten Magnus von Levetzow, der durch Wolf-Heinrich Graf von Helldorff abgelöst wird.

Abgesehen von einem Heimflug am ersten Wochenende[57] verbringt Goebbels den Juli in Heiligendamm. Im Laufe des Monats empfängt er in dem Ostseebad zahlreiche, bevorzugt weibliche Gäste. Am 3.7. etwa die 24-jährige Schauspielerin Luise Ullrich: „Sie ist ein naives, junges Ding. Wir unterhalten uns den ganzen Nachmittag“.[58] Am gleichen Tag treffen die Schwägerin seiner Frau, Ello Quandt, und deren attraktive Freundin Hela Strehl ein, Chefredakteurin des Modemagazins „Silberspiegel“. Sie gehörte bereits im Mai 1933, anlässlich eines gemeinsamen Heiligendamm-Besuches von Goebbels, zu dessen Begleitstab – sehr zum Missfallen seiner ebenfalls anwesenden Ehefrau.[59] Am 11. Juli kommt dann erneut Luise Ullrich und bleibt vier Tage: „Lange Parlaver (sic!). Sie ist sehr lustig“.[60] Nach ihrer Abreise, über die sie „ganz traurig“ ist, wird Luise Ullrich von der 20-jährigen Marina von Ditmar abgelöst, die bisher in kleinen Filmrollen zu sehen war – zuletzt in *Der eingebildete Kranke*, einem Kurzfilm von Detlef Sierck.[61] Als dann am 21. Juli seine Frau in Heiligendamm auftaucht, ist Goebbels zunächst gar nicht da, sondern bei einer Schiffsbesichtigung. Das Wiedersehen mit ihr ist dann „sehr herzlich“.[62] Bereits am folgenden Tag reist sie wieder ab. Drei Tage später: „Mit vielen Damen schöne Bootsfahrt. Ein Gekicher ohne gleichen.“[63] Zum letzten Urlaubswochenende kommen schließlich die Schauspielerin Else Elster und erneut Luise Ullrich: „Beide sind sehr lustig.“[64]

1. August 1935

Aus dem Urlaub zurück in Berlin, fällt Goebbels in ein seelisches Loch. Nach der Arbeit im Ministerium fährt er abends nicht zu seiner Frau und den Kindern nach Kladow, sondern bleibt allein in seiner Dienstwohnung.[65] Er ist „ganz traurig und deprimiert“, liegt lange wach und grübelt. Die folgenden Tage verlaufen ähnlich: „Im Garten allein spaziert. Und gegrübelt. Es ist alles so schwer und die Menschen sind so schlecht. Trister Abend. Etwas gelesen und dann ins Bett. Und heute wieder ein trostloser Tag.“[66] Die „tausend Gründe“ für Goebbels Niedergeschlagenheit haben einen Auslöser: Magda Goebbels hat ihrem Mann Hausverbot erteilt. Am Abend des dritten Tages in Verbannung hält er es nicht mehr aus und fährt nach Kladow. Auf einer Düne oberhalb der Havel liegt die im neoklassizistischen Stil erbaute Villa, die schon von Hans Albers und Eric Charell bewohnt wurde und jetzt von der Goebbels-Familie als Sommerresidenz genutzt wird. „Spiele mit den beiden Kindern, die so lieb und herzig sind wie noch nie. Zu Hause. Magda weint. Ich kann ihr nicht helfen. Mir ist selbst so traurig zu Mut. Spät ins Bett. Das ganze Haus steht unter einem lastenden Druck.“[67] Die ganze Woche über halten die Spannungen an: „Magda quetscht mich aus. Ich bereue dann, dass ich mich überhaupt auf eine Diskussion auf dieses unliebsame Thema einlasse. Sie wird sich ja nie ändern.“[68]

Das „unliebsame Thema“ ist Goebbels‘ Promiskuität, die er im Urlaub in Heiligendamm ungestört ausleben konnte. Nach seiner Rückkehr wurde er von seiner Frau massiv angegangen, nachdem diese von ihrer Schwägerin und Vertrauten Ello Quandt über Goebbels‘ Seitensprünge informiert worden war. Für Magda Goebbels sind die Eskapaden ihres Mannes nichts Neues. Noch vor ihrer Hochzeit im Dezember 1931 hatte Goebbels seiner künftigen Frau klar gemacht, dass er auf Affären mit anderen Frauen nicht verzichten will. Unter der Voraussetzung, dass er ihr davon berichten werde, akzeptierte Magda und unterschrieb einen entsprechenden Passus im Ehevertrag.[69] Die Praxis erweist sich als schwierig. Nach der Machtübernahme und seiner Bestellung zum Minister dringen die Turbulenzen zwischen Goebbels und seiner Frau auch an die Öffentlichkeit und sorgen in Berliner Gesellschaftskreisen für Gesprächsstoff; etwa wenn die Eheleute kurzfristig offizielle Termine absagen.[70] Was Magda Goebbels' in diesem Sommer gegen ihren Mann aufbringt, ist die Tatsache, dass er ihr seine Urlaubsabenteuer verschwiegen hatte und sie von Dritten davon erfuhr. „Erregte Auseinandersetzung mit Magda. Über Ello und Frau Strehl. Ello hat offenbar gehetzt."[71] Für seine jüngste Ehekrise macht Goebbels nicht sich selbst, sondern Ello Quandt und deren „Klatschsucht" verantwortlich. Darüber rechnet er mit der gemeinsamen Freundin ab, nimmt den Bruch zu ihr in Kauf: „Nun ist es wohl aus zwischen uns. Schad' nichts, eine Feindin mehr."[72] Die nächsten Wochen und Monate halten die Spannungen zwischen Goebbels und seiner Frau an. Trotz seiner Selbstbeschwichtigungen, dass Magdas „Stimmungen" ihrer Schwangerschaft geschuldet sind, beobachtet er eine Entfremdung zu ihr: „Aussprache mit Magda: wir verstehen uns nicht mehr so recht."[73]

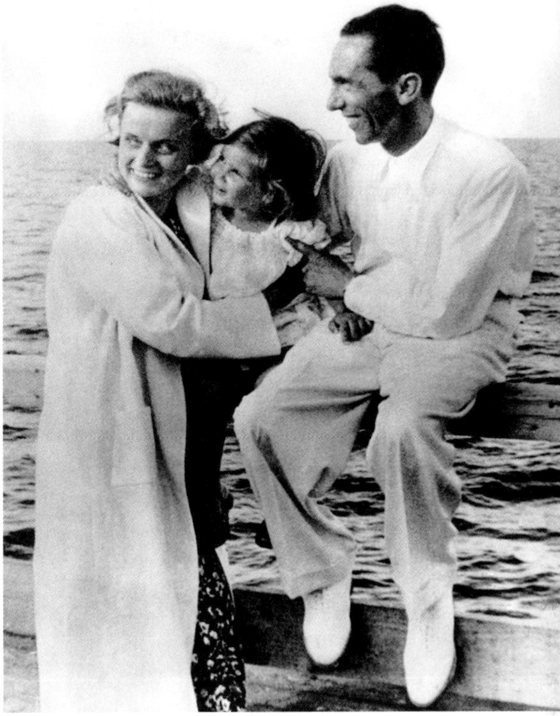

Quelle der Eifersucht: Luise Ullrich mit dem Propagandaminister und dessen Tochter Helga

1. November 1935

Die Reaktionen auf *Einer zuviel an Bord*, dessen Premiere am Abend zuvor im Berliner Gloria-Palast stattgefunden hatte, fallen verhalten bis negativ aus. Lída Baarová werde einer „schwierigen Rolle gerecht", gehört noch zu den positiveren Pressestimmen.[74] Baarovás schauspielerische Qualitäten seien „noch nicht ausgeprägt genug", um zu überzeugen. An ihrem Filmpartner Albrecht Schoenhals wird kritisiert, dass er durch sein Spiel zu viel erkläre und darum die Handlung „nicht unerheblich" behindere. Überhaupt werde das Werk den Anforderungen eines Spitzenfilms, als der er gestartet worden sei, nicht gerecht.[75]

6. Dezember 1935

Der Ufa-Vorstand diskutiert über die weitere Zusammenarbeit mit Lída Baarová. Die nach den Vorschriften der Kontingentregelung benötigte Sondergenehmigung des Propagandaministeriums für ausländische Künstler liegt noch nicht vor. „Frau Baarová hat gebeten, dass sie entweder aus dem Vertrage entlassen wird, da sie wegen Nichtzulassung den Vertrag nicht erfüllen könne, oder dass die Ufa ihr die Gage auszahlt," vermerkt das Sitzungsprotokoll.[76] Die Ufa, die im Fall einer solchen Behinderung der Weiterarbeit seitens höherer Stellen von einer Gagenzahlung befreit wäre, verlängert dennoch Baarovás Vertrag um ein weiteres Jahr mit einer Monatsgage von 2.000 Reichsmark. Allerdings müsse baldmöglichst geklärt werden, ob Baarová freigegeben werde. Ein handschriftlicher Nachtrag vermerkt am Rande: „Durch H.(errn) Klitzsch inzwischen im positiven Sinn geklärt."[77]

Einige Filme des Jahres 1935 und ihre Erstaufführung: *Der alte und der junge König* (5.2.) von Hans Steinhoff mit Emil Jannings. *Knock-out. Ein junges Mädchen – ein junger Mann* (1.3.) mit Max Schmeling und Anny Ondra – Tschechin wie Lída Baarová. *Das Mädchen Johanna* (26.4.) mit Angela Salloker und Heinrich George. *Ehestreik*, ein bayerisches Volksstück mit Trude Marlen, Oskar Sima und Beppo Brem (31.5.). *Episode* (23.8.), der dritte Film mit Paula Wessely, geschrieben und inszeniert von dem jüdischen Autor Walter Reisch, der damit als Regisseur debütiert. *Ich liebe alle Frauen* (30.8.) mit Star-Tenor Jan Kiepura, nach NS-Kriterien ein „Halbjude". *Ein idealer Gatte* (6.9.) nach dem Theaterstück von Oscar Wilde. *Ich war Jack Mortimer* (17.10.), nach dem verbotenen Kriminalroman des Autors Alexander Lernet-Holenia, mit Adolf Wohlbrück, „Halbjude" und homosexuell. *Das Mädchen vom Moorhof* (30.10.) von Detlef Sierck. *Schwarze Rosen* (23.12.) mit Lilian Harvey und Willy Fritsch. Von den insgesamt 130 Filmen des Jahres ist lediglich einer explizit ideologisch: *Friesennot*. Die Debütproduktion der kleinen Berliner Firma Delta-Film, die es nur auf vier Produktionen bringt, darunter *Hans im Glück* (1935/36)[78], schildert den Kampf einer Gruppe von Wolgadeutschen in Russland gegen bolschewistische Tyrannei in ihrem Dorf.

Drei Jahre nach Hitlers Machtergreifung und Goebbels' Installierung als Filmminister dominieren Titel wie *Frischer Wind aus Kanada*, *Das Einmaleins der Liebe* oder *Königswalzer* die deutschen Kinoprogramme. Und amerikanische Produktionen: Mit 56 Tagen Laufzeit in Berlin der erfolgreichste Film ist Frank Capras *It Happened One Night* mit Clark Gable und Claudette Colbert.[79] Auf den Plätzen danach drei weitere Hollywood-Produktionen: *Baboons* (5), *Cleopatra* (9) und *Treasure Island* (10). Insgesamt 35 amerikanische Filme sind in diesem Jahr in deutschen Kinos zu sehen, darunter Joseph von Sternbergs *The Devil is a Woman* mit Marlene Dietrich sowie der Film des deutsch-jüdischen Emigranten Wilhelm (nun William) Dieterle *Madame Dubarry*.

9. Dezember 1935

Ernst Seeger, Leiter der Filmabteilung in Goebbels' Propagandaministerium erteilt in dessen Auftrag offiziell die Befreiung von der Kontingentpflicht für Lída Baarová. Seeger ist seit dem Ersten Weltkrieg in der staatlichen Filmbürokratie tätig: zunächst im Kaiserreich für das Bild- und Filmamt (BUFA) der Obersten Heeresleitung, die das neue Medium für die psychologische Kriegsführung nutzt, ab 1919 dann in der Verwaltung der Weimarer Republik als leitender Zensor der „Filmoberprüfstelle" und maßgeblicher Autor des Reichslichtspielgesetzes von 1920 und dessen Novellierung 1934. Seegers Karriere steht für die Kontinuität von Kreativen und Verwaltungsfunktionären, die unabhängig von ihrer politischen Ausrichtung dem Kaiserreich, der Weimarer Republik und dem NS-Staat dienen. Der neue Vertrag mit der Ufa sieht für Lída Baarová die Mitwirkung in bis zu zwei tschechischen Ufa-Produktionen jährlich vor. Die erste davon entsteht dieser Tage in Prag: *Komediantská princezna* (dt.: Die Komödiantenprinzessin). Unter der Regie von Miroslav Cikán, für den Baarová bereits zwei Filme gedreht hat,[80] spielt sie an der Seite des Komikers Jaroslav Vojta die Tochter eines Puppenspielers, die sich des kranken Jungen eines verwitweten Fabrikanten annimmt, sich in den älteren Mann verliebt und ihn nach einigen standesbedingten Konflikten heiratet. Eine leicht rührselige Geschichte, in deren Mittelpunkt Baarová steht und anmutig, zuweilen aber etwas linkisch agiert. Bevorzugt rückt die Kamera ihr schönes Gesicht mit den Mandelaugen ins Bild. Wenn Baarová lacht, lacht sie ausgelassen und übermütig. Erneut verbringt sie die Weihnachtstage bei ihrer Familie in Prag und kehrt Anfang 1936 nach Berlin zurück. Ein Jahr der Entscheidung.

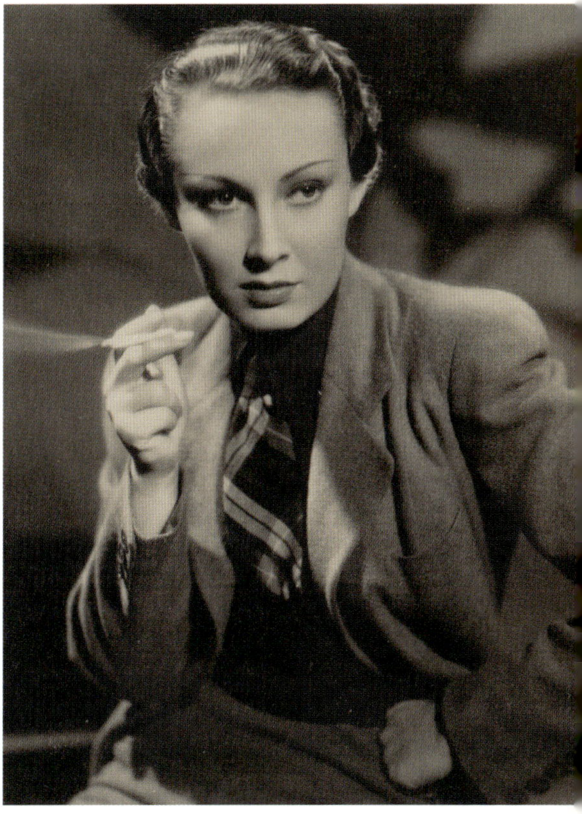

Porträt aus *Die Stunde der Versuchung*

Anfang April 1936

In diesen Tagen beginnen in den Ufa-Ateliers von Berlin-Tempelhof die Dreharbeiten zu einem neuen Fröhlich/Baarová-Film: *Die Stunde der Versuchung*. Die Geschichte Irenes, der jungen vernachlässigten Ehefrau eines Rechtsanwalts (Gustav Fröhlich), der mit seinem Beruf verheiratet ist. In ihrem Reitclub lernt Irene (Lída Baarová) den Playboy MacNorris (Harald Paulsen) kennen:

MacNorris: „*Und dass sie abends manchmal alleine ausgehen, gnädige Frau, kommt wohl nicht in Frage, wie?*“
Irene: „*Allein? Ohne meinen Mann? Ich denke gar nicht daran.*“
MacNorris: „*Ich stünde Ihnen selbstverständlich sehr gerne zur Verfügung.*“
Irene: „*Komische Vorschläge haben Sie manchmal …*“

Das Drehbuch zu dem Gesellschaftskrimi stammt von Erich Ebermayer. Der 1900 geborene Sohn eines hochrangigen Juristen beim Leipziger Reichsgericht hat selbst ein Jura-Studium absolviert und wurde bereits mit 22 Jahren Anwalt. Nach ersten Erfolgen als Roman- und Bühnenautor, u.a. eines Dramas über „Kaspar Hauser“, das 1927 mit Gustaf Gründgens in der Titelrolle aufgeführt wurde, entschied sich Ebermayer für eine Laufbahn als freier Schriftsteller. Seine Verbindungen zu Kollegen wie Klaus Mann und Ernst Toller sowie seine Freundschaft mit Stefan Zweig führten nach der Machtergreifung Hitlers zu einem vorübergehenden Berufsverbot des seine Homosexualität offen lebenden Ebermayer. Durch die Fürsprache seines Vetters Philipp Bouhler, Kanzleichef des „Führers“, wurde Ebermayer rehabilitiert und schrieb u. a. Drehbücher für den Emil Jannings-Film *Traumulus* (1935), für Hans Schweikarts *Befreite Hände* (1939) oder Paul Verhoevens *Philharmoniker* (1944), daneben Boulevardstücke und Romane.

Geheimrat Rüdiger: *„Aber wie schaffen Sie das alles nur mit ihrer Zeit? Der Tag hat doch nur 24 Stunden?"*
Rechtsanwalt Leuttern: *„Aber 24 Stunden richtig eingeteilt, sind enorm viel, Herr Geheimrat."*
Rüdiger: *„Ich bewundere Sie: Ihre Energie, Ihre Tatkraft, Ihre Unermüdlichkeit! Aber viel Zeit für Ihr Privatleben werden Sie dabei nicht übrig haben."*
Leuttern: *„Tja, Privatleben: sowas kenne ich schon seit Jahren nicht mehr."*
Rüdiger: *„Und was sagt Ihre junge Frau dazu?"*
Leuttern: *„Die muss sich damit abfinden. Das Los aller Frauen, deren Männer ihren Beruf ernst nehmen."*

Ein ohnehin seltener Opernbesuch Irenes mit ihrem Mann platzt, als dieser wegen einer dringenden beruflichen Angelegenheit aus der Vorstellung gerufen wird. Die enttäuschte Irene lässt sich nun auf einen Flirt mit MacNorris ein, der gerade eine Geliebte abgestoßen hat, und folgt ihm nach einem Barbesuch in seine Wohnung. Als MacNorris sie vergewaltigen will, fällt ein Schuss...

Regie von *Die Stunde der Versuchung* führt Paul Wegener, der seit der frühen Stummfilmzeit mit Romanadaptionen von Hanns Heinz Ewers wie *Der Student von Prag* (1913) und *Der Golem* (1914/15), aber auch mit Märchenfilmen wie *Rübezahls Hochzeit* (1916) oder *Hans Trutz im Schlaraffenland* (1917) zu einer bekannten Größe der deutschen Stummfilmzeit wurde. Daneben gehört Wegener mit seiner unverwechselbaren Physiognomie zu den profiliertesten Bühnendarstellern Deutschlands. *Die Stunde der Versuchung*, ein Kammerspiel und typischer „Mittelfilm" wird von dem 62-jährigen Wegener konventionell inszeniert. Es ist für ihn eine von vier Auftragsarbeiten in diesem Jahr. Lída Baarová erhält für ihre Rolle eine Gage von 5.375 Reichsmark.

Im Umgang mit dem aufdringlichen Verführer, der nicht von ungefähr einen englischen bzw. amerikanischen Namen trägt, agiert sie unbekümmert. In den Szenen mit ihrem Film-Ehemann Fröhlich, der seit eineinhalb Jahren privat ihr Partner ist, wirken die beiden seltsam befangen, unvertraut. Ein Eindruck, den die weitere Entwicklung bestätigen wird: *Die Stunde der Versuchung* ist der letzte gemeinsame Film von Lída Baarová und Gustav Fröhlich.

12. April 1936
Familie Goebbels feiert das erste Osterfest in ihrer neuen Sommerresidenz auf der Wannseeinsel Schwanenwerder. Das achteinhalbtausend Quadratmeter große Seegrundstück mit Blick auf die Klare Lanke verfügt über drei Gebäude, die Anfang der 20er Jahre im englischen Landhausstil errichtet wurden. Das Anwesen, dessen Erwerb von Hitler durch eine großzügige Zuwendung aus Verkaufserlösen von „Mein Kampf" unterstützt wurde, verfügt neben einem Haupthaus auch über ein eigens für ihn bestimmtes Gästehaus und ein Wirtschaftsgebäude. Charakteristisch für alle drei von Wiesen und Kiefern umgebenen Gebäuden sind barockisierende Elemente

und ein über dem Erdgeschoss hochaufragendes Walmdach. In den kommenden Jahren werden der auf acht Köpfe anwachsenden Goebbels-Familie rund zwei Dutzend Hausangestellte (darunter Kindermädchen, Köchinnen, Gärtner und Chauffeure) zu Diensten sein.

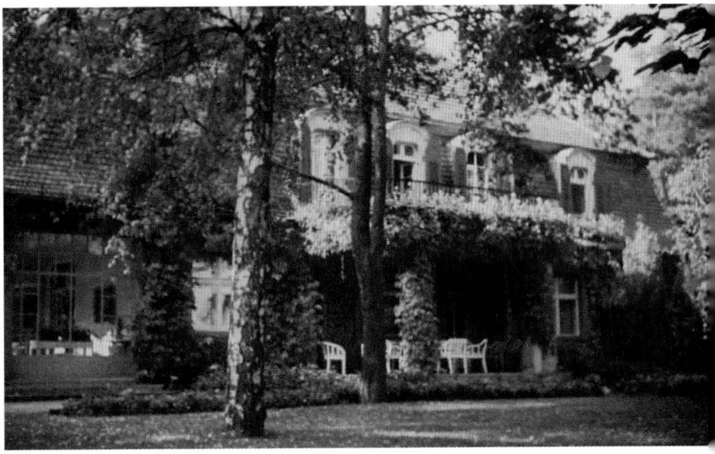

Schwanenwerder, Inselstraße 8-10

Vorbesitzer der Immobilie Inselstraße 8–10 war der Bankier Oskar Schlitter, Aufsichtsratsvorsitzender der Deutschen Bank, der sie für 270.000 Reichsmark (nach heutigem Wert: ca. 1,35 Millionen Euro) an Goebbels verkauft hatte. Hauptsächlich finanziert wurde der Kauf durch Vorschüsse des Amann-Verlages für die Publikation von Goebbels' Tagebüchern, die zwanzig Jahre nach seinem Tod erscheinen sollten. Auch lange nach 1933 sind die Villen auf der Insel, einer der exklusivsten Wohngegenden Berlins, in überwiegend jüdischem Besitz.[81] Ein Lageplan von 1937[82] zeigt die Besitzverhältnisse: Das dem Goebbels-Grundstück gegenüberliegende Anwesen gehört einer Baronin Goldschmidt-Rothschild, das Nachbargrundstück dem Bankier Samuel Goldschmidt. Zuvor war es im Besitz des Finanzjongleurs und Betrügers Julius Barmat.[83] Weitere prominente Villen auf Schwanenwerder, die sich fünf Jahre nach der Machtergreifung noch in jüdischem Besitz befinden: die des Kaufhausbesitzers Berthold Israel bzw. seiner Erben, des Bankiers Eduard Mosler und des Anwalts Arthur Salomonsohn. Im Zuge der „Arisierung" jüdischen Besitzes wird Goebbels 1938 das Goldschmidt'sche Nachbargrundstück über einen Strohmann zum deutlich vergünstigten Preis von 117.000 Reichsmark kaufen und die Villa in eine „familienfreie Burg" mit eigenem Kinosaal umbauen, die er meist an Wochenenden für sich und private Besucher nutzt. In den folgenden Jahren werden sich weitere Nazi-Prominente auf Schwanenwerder niederlassen, so der Architekt und spätere Rüstungsminister Albert Speer oder Hitlers Leibarzt Dr. Theo Morell. Auf dem ehemals im Volksmund genannten „Bonzenwerder" wird 1937 eine „Reichsbräuteschule" eingerichtet, in der junge Verlobte von Parteimitgliedern und SS-Offizieren auf ihre künftige Rolle in der „Volksgemeinschaft" vorbereitet werden. Mit der sukzessiven Inbesitznahme der Insel und der damit einhergehenden Vertreibung ihrer „plutokratischen" jüdischen Eigentümer markiert der NS-Staat die neuen politischen Machtverhältnisse. Ein Verdrängungsprozess, der ab 1936 auch anderweitig vollzogen wird: Bis zum 10. Mai haben im Auftrag des Propagandaministeriums und des Präsidenten der Reichskulturkammer „zur Überwachung der geistig und kulturell tätigen Juden im Deutschen Reich" die Einzelkammern alphabetische Listen aller „Nichtarier und jüdisch Versippter" vorzulegen. Kurz darauf werden diese nicht mehr als Mitglieder der Kulturkammern geführt, was ihrem Ausschluss und Berufsverbot gleichkommt, denn nur Angehörige der Kulturkammern sind im NS-Staat berechtigt, einen entsprechenden Beruf auszuüben.[84]

8. Mai 1936

Nach nur einwöchiger Pause, die auf die Dreharbeiten von *Die Stunde der Versuchung* folgt, steht Lída Baarová bereits für einen neuen Film vor der Kamera: *Verräter*, Regie: Karl Ritter. Ein Thriller um Industriespionage im Rüstungssektor, der der Ufa von Hans Weidemann „angeboten" worden war.[85] Unzweifelhaft kam dieses „Angebot" nicht von Weidemann selbst, sondern wurde mit seinem Chef und Karl Ritter abgesprochen, der die Anregung zu einem Antispionagefilm offenbar vom Leiter der Deutschen Abwehr, Admiral Canaris, erhalten hatte.[86]

Seit 1933, dem Jahr von *Hitlerjunge Quex* und *Flüchtlinge*, ist bei der Ufa kein „nationaler" Stoff mehr realisiert worden. Vielmehr hat es die Unternehmensleitung unter Ludwig Klitzsch verstanden, einschlägige Wünsche des Goebbels-Ministeriums geschickt zu umgehen. Grund: Propagandafilme gelten, zu Recht, als „Kassengift".[87] Bei *Verräter* ist die Ufa gegen ein finanzielles Risiko abgesichert: der Film „ist gefördert und erhält einen Staatszuschuss."[88]

Die dreijährige Abstinenz in Sachen „nationaler Film" endet für die Ufa also mit Beginn dieser Auftragsproduktion. Der Titel *Verräter* umreißt ebenso schlicht wie prägnant das Thema des Films: Es geht um die Weitergabe von Betriebsgeheimnissen an feindliche Mächte, die damit Deutschlands „Landesverteidigung"[89] sabotieren. Im Zentrum des Geschehens steht Brockau, Ingenieur einer Rüstungsfirma, der sich von zwei ausländischen Agenten bestechen lässt und ihnen streng geheime Pläne eines neuen Werkes übergibt. Warum tut er das? Er ist Marion, einer jungen Frau verfallen, die ständig nach neuen Luxusgütern verlangt: „Kleider, Schmuck, Gesellschaften, Tanzen, Reisen, Spielen. Und jetzt einen Wagen!" stöhnt Rudolf Fernau, der den Ingenieur spielt. Darauf sie: „Bin ich dir nachgelaufen, oder bist du mir nachgelaufen? Als du mich vor zwei Jahren auf Schritt und Tritt verfolgt hast, mir täglich Briefe geschrieben hast und mir Blumen, Schmuck und tausend Sachen gekauft hast, da hab' ich angenommen, dass du es kannst!" Ein verkniffener, unfroher Typ ist dieser Brockau, der seelische Druck steht ihm ins Gesicht geschrieben: der Druck seiner konsumsüchtigen Geliebten, der Druck seiner Schulden, seines schlechten Gewissens, seiner Verdacht schöpfenden Vorgesetzten, der immer neue Forderungen stellenden Erpresser und schließlich der Druck der Polizei. Lída Baarová verkörpert Marion, die dunkelhaarige Femme fatale und Freundin des Landesverräters. Eine in die Stirn hängende Ringellocke suggeriert ihre exotische Herkunft, die durch den slawischen Akzent unterstrichen wird. Sie und Rudolf Fernau sind so völlig unterschiedlich, dass ihr Auftreten als Paar schiere Behauptung bleibt. Überzeugender wirkt ein Flirt zwischen Baarová und Morris, dem Chef des Spionagerings (Willy Birgel), der sie in einer Hotelbar anspricht, um sie auszuhorchen.

Marion: *„Warum erzählen Sie mir das alles? Wollen Sie mir den Kopf verdrehen?"*
Morris: *„Ich glaube, selbst wenn ich wollte, das würde mir doch kaum gelingen."*
Marion: *„Mir scheint, vor Ihnen muss man sich in Acht nehmen."*
Morris: *„Nein, nein, ich sage Ihnen das nur, weil ich weiß, dass Sie vom Leben etwas erwarten."*
Marion: *„So, das wissen Sie? Woher wissen Sie denn das so genau?"*

Dass der unglücklich liierte Ingenieur, den seine Freundin ausnimmt und verrät, ein Verlierer ist, wird bis zum Finale des Films, in dem der Verräter unter dem Fallbeil stirbt, in allen Variationen durchdekliniert. Ein Gegenentwurf dazu ist das zweite Paar in Karl Ritters Film,

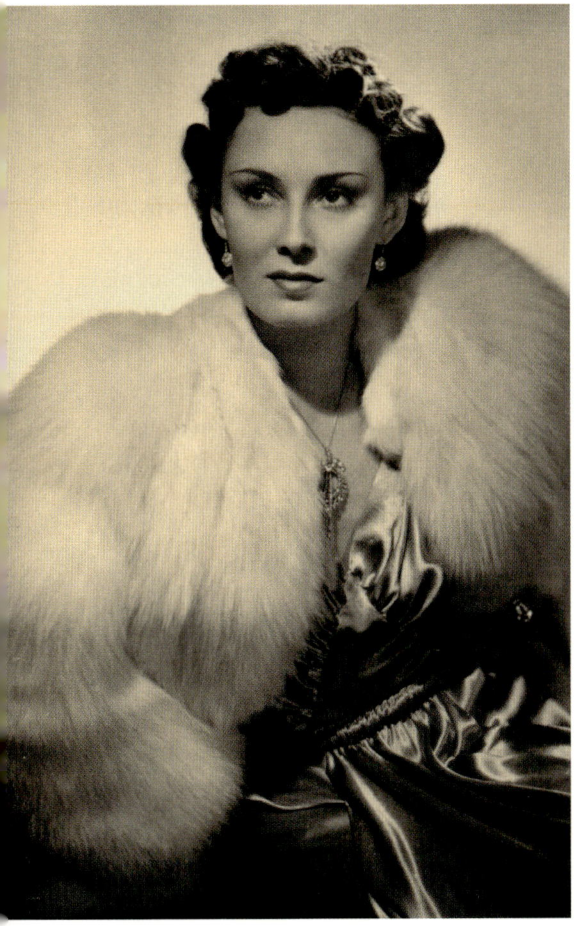

Als Luxusgeschöpf in Karl Ritters *Verräter* (1936)

das ebenso zum Zielobjekt der Auslandsspione wird: Hans Klemm (Heinz Welzel) und Hilde Körner (Irene von Meyendorff), beide blond und frisch verlobt. Er: Bankangestellter, derzeit im Wehrdienst.[90] Sie: Hotelsekretärin und kokett – ein Einfallstor für Morris, der mit ihr flirtet und bald auch das Vertrauen ihres Verlobten gewinnt, ihm eine größere Geldsumme zukommen lässt – und sein Notizbuch mit sensiblen Wehrmachtsinformationen entwendet. Als Hans nach einigen weiteren Wendungen realisiert, dass er in ein Spionagenetz geraten ist, meldet er dies umgehend seinem Kompaniechef und wird dafür dekoriert. Auf eher stereotype Art stellt *Verräter* zwei unterschiedliche Verhaltensweisen vor – die eine korrupt, verwerflich, die andere integer, vorbildhaft. Dies und einiges mehr macht Karl Ritters erste abendfüllende Regie zu einem Propagandafilm. Hans Weidemann, der den Stoff bei der Ufa lanciert hat, ist in Goebbels' Ministerium u.a. für die Wochenschauproduktion verantwortlich. Der 32-Jährige kommt wie sein Chef aus einfachen Verhältnissen, hat durch ein Stipendium Malerei an der Düsseldorfer Kunstakademie studiert und stieß Ende der 20er Jahre zur NSDAP, wo er Propagandaleiter in seiner Geburtsstadt Essen wurde. 1933 machte der Goebbels-Vertraute rasch Karriere als Kulturfunktionär. In dem parteiinternen Richtungsstreit um die „Entartete Kunst" setzte sich Weidemann öffentlich für Maler wie Ernst Barlach, Ernst Schmidt-Rottluff oder Emil Nolde ein, mit denen auch Goebbels zunächst sympathisierte. Nach einem Machtwort Hitlers musste Weidemann als Leiter des Kulturamts der Organisation „Kraft durch Freude" zurücktreten und sich auf Betreiben Rosenbergs sogar einem Parteigerichtsverfahren stellen, wurde aber von Goebbels gedeckt. Die Vermutung liegt nah, dass Weidemann als dessen rechte Hand dafür gesorgt hat, Lída Baarová für die weibliche Hauptrolle zu besetzen; im Auftrag seines Chefs, der ein Auge auf die junge Tschechin geworfen hat. Karl Ritter jedenfalls kann, wie später noch zu sehen sein wird, wenig mit ihr anfangen.

11. Mai 1936

Der Umzug ins neue Heim hat die Spannungen zwischen Goebbels und seiner Frau nicht ausgeräumt. Nach tagelangen Reibereien eskaliert der Streit, kommt es zu einer Aussprache zwischen den Eheleuten: „Sie weint sehr und ist so traurig".[91] Als Grund des Zerwürfnisses lässt er durchblicken: „Ich behandle sie auch manchmal nicht gut."[92] Eine Umschreibung seiner fortgesetzten Untreue? Die Vorwürfe seiner Frau hält er für „Nucken". Als vertrauensbildende Maßnahme nimmt er Magda auf eine Reise nach Leipzig und München mit.

3. Juni 1936

In der Woche nach Pfingsten nimmt Goebbels dienstfrei und genießt bei frühsommerlichem Wetter sein neues Heim auf Schwanenwerder („richtige Ferien"). Nachmittags führt er Gästen seine neuerworbene Motoryacht „Baldur" auf dem Wannsee vor, abends schlendert er, seine vierjährige Tochter Helga an der Hand, die Inselstraße entlang. Dabei begegnet er zufällig neuen Nachbarn: Gustav Fröhlich und Lída Baarová, die nur drei Häuser weiter in eine Villa im englischen Landhausstil eingezogen sind. Nach seiner Scheidung von Gitta Alpár hat Fröhlich das 7000 Quadratmeter große Anwesen als neues Domizil für sich und Lída Baarová gekauft. Der jüdische Vorbesitzer Walter Sobernheim, Generaldirektor der Schultheiss-Brauerei, ist nach Frankreich emigriert. Das Paar bittet den Minister zu einer Besichtigung des Hauses, das mit zwölf Zimmern überdimensioniert ist und von den beiden nur teilweise genutzt wird. So ist ein Raum mit Fröhlichs Modelleisenbahn belegt, einen weiteren hat er als Fitnessraum eingerichtet. Goebbels: „Sie haben es sehr nett."[93] Was er nicht weiß: Baarová, die ihre Wohnung am Kurfürstendamm 175 behält, wohnt nur zeitweise bei Fröhlich. Und sie ist auch nicht, wie Goebbels annimmt, mit dem Ufa-Star verheiratet.
Bei Baarová hinterlässt der Besuch einen nachhaltigen Eindruck: „Zum ersten Mal wurde ich mir der Wirkung der Stimme des Ministers bewusst. (...) Die Stimme schien in mich einzudringen. Im Rücken spürte ich ein leichtes Kribbeln – als wollten seine Worte meinen Körper streicheln."[94]

10. Juni 1936

Zurück im Amt plagen Goebbels Kopf- und Zahnschmerzen. Darüber hinaus hat er Ärger mit dem Finanzamt, das ihn „ausplündert und noch frech wird."[95] Mittags hat er einen Termin bei Hitler, den er über Theater- und Filmfragen informiert. Wegen eines Zahnarzttermins verlässt er früher als sonst sein Ministerium und versucht danach, zu Hause weiterzuarbeiten, fühlt sich aber „müde und abgespannt". Erst abends hellt sich seine Stimmung auf, als er mit seiner Frau und deren Schwägerin Ello Quandt sowie mit der gemeinsamen Freundin Jenny Jugo und ihrem Mann Friedrich Benfer zwei eben fertiggestellte Filme begutachtet: Willi Forsts Komödie *Allotria*, in der Jugo (neben Heinz Rühmann und Renate Müller) eine

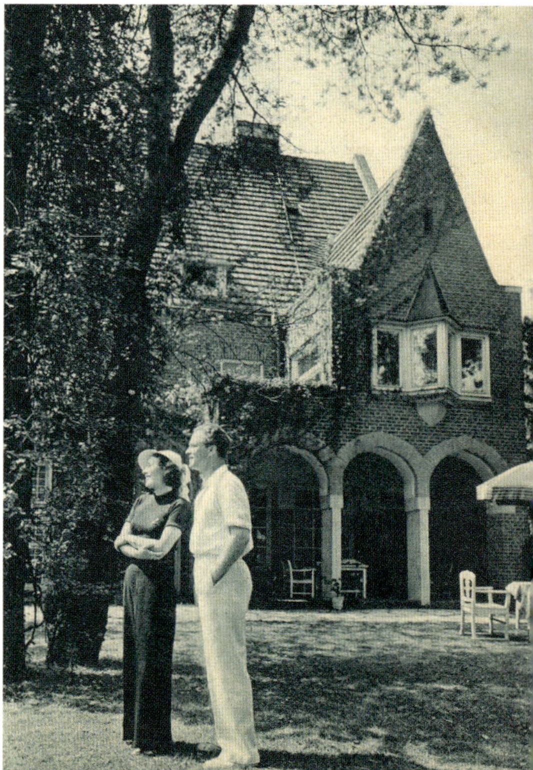

Mit Gustav Fröhlich vor dessen Anwesen auf Schwanenwerder

der Hauptrollen spielt, findet er „sehr flott". Weniger schmeichelhaft fällt sein Urteil über den zweiten Film des Abends, *Stunde der Versuchung*, aus: „Ein üblicher Schmarren, aber die Barowa (sic!) spielt gut".[96] Die Premiere des Films ist für den 14. August in Prag vorgesehen, für Ende September dann in Berlin.

In Prag entsteht in diesem Frühsommer eine weitere tschechische Ufa-Produktion mit Lída Baarová: *Švadlenka* (dt.: Die Näherin). In der von Martin Frič inszenierten Unterhaltungskomödie spielt sie die ehrgeizige junge Schneiderin Lisa, die in ihrer Heimatstadt Prag von einer Designerkarriere in Paris träumt und im Mittelpunkt amouröser Verwicklungen zweier Bewerber um sie steht. Einzige Besonderheit des an ein weibliches Publikum gerichteten Films: Ihre Mutter Ludmila Babková spielt ihre Filmmutter.

22. Juli 1936
Auf seiner wöchentlichen Sitzung beschließt der Ufa-Vorstand, den Vertrag mit Lída Baarová ab 1. Dezember 1936 um ein weiteres Jahr zu verlängern. Die Optionsausübung ist zum 1. August zu erklären. Der laufende Vertrag mit der Schauspielerin sieht ebenfalls vor, dass sich bei Anstellungsverlängerung ihr monatliches Fixum von 2.000 auf 3.000 Reichsmark erhöht.[97]

29. Juli 1936
Abends lässt sich Goebbels in seiner Privatwohnung erstmals Karl Ritters *Verräter* vorführen. Neben dem Regisseur ist auch Hans Weidemann anwesend, der anschließend verlangt, aus „Prestigegründen"[98] als „Künstlerischer Oberleiter" des Films im Vorspann genannt zu werden. Regisseur Ritter kann sich in Goebbels' Anwesenheit diesem Ansinnen nicht widersetzen. Trotz langatmiger Anfangsszenen lobt der Minister das glänzende Furioso des Films, das ihn „brillant" mache[99]. Lída Baarová erwähnt er nicht noch einmal eigens. Er beschließt, *Verräter* zu seinem Start eine große Bühne zu geben.

1. August 1936
Der Eröffnungstag der Olympischen Spiele. Trotz grauen Himmels und leichten Regens herrscht in Berlin Hochstimmung. Die Stadt ist ein Farbenmeer aus rot-weiß-schwarzen Hakenkreuz- und bunten Olympiafahnen, die auch als Wimpel-Girlanden über den Straßen hängen. Hunderttausende, darunter viele ausländische Gäste und Journalisten, säumen die Prachtstraße Unter den Linden. Über die Charlottenburger Chaussee und die Bismarckstraße, welche als „Via Triumphalis" geschmückt sind, gleitet Hitler nachmittags in seiner offenen Mercedes-Limousine zum Reichssportfeld, wo um 17 Uhr die Spiele eröffnet werden; gefolgt von einem Wagentross mit Funktionären und Honoratioren, unter ihnen Goebbels. Zuvor sprach „der Führer" im Lustgarten in einer „Weihestunde" vor Abordnungen der Hitlerjugend und deutschen Athleten. Goebbels erlebt in diesen Tagen ein Wechselbad der Gefühle: „Berlin im Olympia-Fieber. Zu Hause Krach mit Magda."[100] Das neuerliche Ehezerwürfnis belastet die häusliche Atmosphäre so stark, dass Goebbels' Schwester Maria, die aus dem rheinischen Rheydt zur Eröffnungsfeier gekommen ist, vorzeitig wieder abreist. Am Vortag hat Goebbels seinen Rivalen Rosenberg zu einer Unterredung getroffen, um Differenzen in der Kulturpolitik zu beseitigen, die Rosenberg ebenso für sich beansprucht. Goebbels gesteht Rosenberg die

Einrichtung einer neuen Kammer für „Kulturpflege" zu, die dem Konkurrenten unterstellt werden soll. Der Minister erhofft sich von dem Schritt ein Ende der fortwährenden Einmischungsversuche Rosenbergs. Am Rande der Besprechung erfährt Goebbels von Rosenberg seine Frau betreffend „eine unangenehme Sache mit Lüdecke. Ich spreche mit Magda darüber."[101]

Der Berliner Kaufmann Kurt G. Lüdecke wurde Anfang der 20er Jahre ein Gönner und Vertrauter Hitlers, der sich internationaler Kontakte u.a. zu Henry Ford und Mussolini rühmte und für die NSDAP im Ausland Spendengelder einwarb. Außerdem bespitzelte er in Hitlers Auftrag hochrangige Parteifunktionäre, gab seine Erkenntnisse aber offenbar auch an den politischen Gegner weiter. Als Hochstapler und Erpresser beleumundet, der verdächtigt wurde, sein Vermögen durch die Erpressung prominenter Homosexueller erworben zu haben, fiel Lüdecke wiederholt in Ungnade und verschwand dann in die USA, wo er 1926 Günther Quandt und seine Frau Magda kennenlernte. Bei einem Berlinbesuch im Frühjahr 1930 traf er erneut die inzwischen geschiedenen Magda Quandt und begann offenbar eine kurze Affäre mit ihr, was sie Goebbels, den sie im gleichen Jahr kennenlernte, verschwiegen hatte. Auch nach ihrer Heirat mit dem künftigen Propagandaminister unterhielt Magda einen freundschaftlichen Kontakt zu Lüdecke, der 1932 nach Deutschland zurückgekehrt war. Während seines kurzen Comebacks nach dem Machtantritt Hitlers blieb Lüdecke ein undurchsichtiger Charakter, dem die Spitzen der Partei überwiegend misstrauten, den Hitler aber seltsamerweise nicht fallen ließ.[102] Als Goebbels seine Frau bei einer privaten Teestunde mit Lüdecke in einer vertraulichen Situation überraschte, war sein Misstrauen geweckt und er fragte sie auch später noch wiederholt über die Art ihrer Verbindung zu dem langjährigen Auslandsvertreter der NSDAP aus.[103] Mehrmals aus nebulösen Gründen inhaftiert, dann wieder auf höhere Intervention freigelassen, kehrte Lüdecke 1934 endgültig in die USA zurück. Aufgrund seiner Auslandskontakte war er ein gesuchter Berater und Vertrauter Rosenbergs, der ab 1933 das Außenpolitische Amt der NSDAP leitete.

Erfüllt von den Eindrücken der Eröffnungsfeier, einer „triumphalen Rückfahrt" in die Reichskanzlei, auf deren Balkon sich Hitler immer wieder der „tobenden Menge" zeigt, fährt Goebbels später durch ein „jubelndes Menschenmeer" „tief ergriffen und ganz glücklich" nach Schwanenwerder, wo eine Art After-Show-Party für geladene Gäste stattfindet. Nachdem spät die letzten gegangen sind, stellt Goebbels seine Frau zur Rede. Und erfährt von ihr, dass die „Sache Lüdecke" stimmt. „Ich bin darüber ganz deprimiert. Sie hat mir permanent die Unwahrheit gesagt. Großer Vertrauensschwund. (...) Ich werde lange brauchen, bis ich mich davon erhole."[104] Gerade mal fünf Tage später notiert er jedoch: „Zu Hause noch mit Magda ausgesprochen: Alles in Ordnung."[105]

15. August 1936
Am Vorabend der olympischen Abschlussfeier, die durch einen aus zahllosen Flakscheinwerfern gezauberten „Lichtdom“ über dem Olympiastadion gekrönt wird, findet auf der südwestlich von Schwanenwerder gelegenen, doppelt so großen Pfaueninsel des Wannsees eine „Italienische Nacht“ des Propagandaministers statt. Nachdem es Tage vorher Dauerregen gab, klart der Himmel am Morgen des Festes auf und die Sommersonne trocknet rasch den Boden. Geladen sind zweieinhalbtausend Gäste, darunter der Präsident des Internationalen Olympischen Komitees Graf Baillet-Latour, Zar Boris von Bulgarien, ausländische Botschafter, Angehörige des Hochadels, Minister, Militärs und zahlreiche Prominente aus Wirtschaft, Kultur und Sport. Sie betreten die Insel über eine eigens errichtete Pontonbrücke, die von einem Spalier weißgekleideter Pagen gesäumt wird. Dort angekommen, werden sie von Joseph Goebbels und seiner Frau begrüßt. Reichsbühnenbildner Benno von Arent hat die Insel in eine feenhafte Märchenwelt verwandelt: Tausende schmetterlingsförmige Lämpchen schmücken Bäume und Sträucher. Den Gästen bieten sich bunt illuminierte Zelte, ein (künstliches) Glühwürmchenidyll, drei Tanzflächen und eine großen Bar, an der es Wein, Erdbeerbowle und Sekt gibt; Mädchen in Renaissance-Kostümen bedienen. Ab 23 Uhr tritt bei Fackelschein das Ballett der Deutschen Oper zu einer Tanzeinlage auf. Danach erhellt ein gigantisches Feuerwerk den Sommerhimmel, weithin sichtbar bis in die westlichen Stadtbezirke Berlins. Nach Ende des Spektakels, gegen Mitternacht, wollen Gustav Fröhlich und seine Freundin nach Hause aufbrechen und wenden sich der Brücke zu. Auf dem Weg dorthin treffen sie einen blendend gelaunten Goebbels, der mit seiner Frau die Honneurs macht und das Paar bittet, noch etwas zu bleiben. Unweit der Bar nehmen die drei Platz und plaudern.[106] Ein Foto zeigt den charmierenden Gastgeber im hellen Anzug, rechts im Halbrund neben ihm, einen leeren Stuhl Abstand lassend, ein eher reserviert lächelnder Fröhlich, der die Hände gefaltet hält. Goebbels gegenüber in weißer, durchscheinender Rüschenbluse und sich in seine Richtung beugend Lída Baarová, die Goebbels anstrahlt und seinen Blickkontakt sucht. Es ist, nach dem offiziellen Studiobesuch bei *Barcarole* und der Hausbesichtigung bei Fröhlich, das dritte Mal, das Goebbels der 21-Jährigen persönlich begegnet.

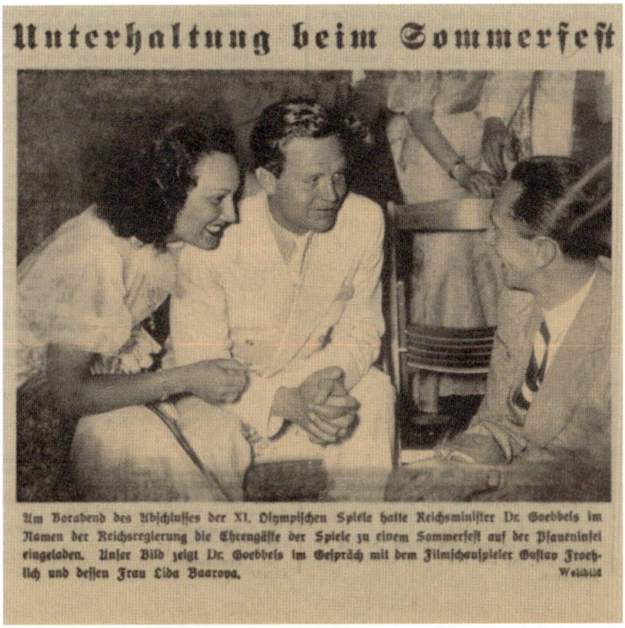

Unterhaltung beim Sommerfest

Am Vorabend des Abschlusses der XI. Olympischen Spiele hatte Reichsminister Dr. Goebbels im Namen der Reichsregierung die Ehrengäste der Spiele zu einem Sommerfest auf der Pfaueninsel eingeladen. Unser Bild zeigt Dr. Goebbels im Gespräch mit dem Filmschauspieler Gustav Froehlich und dessen Frau Lida Baarova. Weltbild

Eine Begegnung, die öffentlich gemacht wurde: Pressebild vom Pfaueninselfest

Als er um 3 Uhr morgens mit seiner Frau die Pfaueninsel verlässt, ist „die Stimmung auf dem Höhepunkt. Das schönste Fest, das wir je veranstalteten. Ich bin ganz glücklich!"[107]

Fünf Tage zuvor hat in Venedig die vierte „Mostra Internazionale d'Arte Cinematografica" begonnen. Die Werkschau aktuellen Filmschaffens wurde 1932 vom Großindustriellen, ehemaligen Mussolini-Minister und Präsidenten der Kunst-Biennale Graf Volpi als deren jährlich stattfindende Auskoppelung ins Leben gerufen und soll vor allem mondäne Touristen in die Lagunenstadt locken, genauer: auf den Lido. Dort finden im Garten des zum gräflichen Besitz zählenden Hotel Excelsior die Abendvorführungen statt. Zwölf Länder sind in diesem Jahr auf der Filmkunstschau, der weltweit ersten ihrer Art, vertreten, darunter, neben den wichtigsten europäischen auch Ägypten, Indien und besonders die USA. „Im Excelsior-Hotel am Lido gibt es keine Halle und keinen Gang mehr, der nicht mit farbigen Plakaten oder Großfotos von Filmen und Filmstars gepflastert wäre", beschreibt der Hauptschriftleiter des „Filmkurier" seine Eindrücke.[108] „In diesem filmischen Rahmen bewegt sich das gesellschaftliche und modische Leben der Gäste des Luxushotels. (...) Der Luxus, der im Excelsior getrieben wird, ist unvorstellbar. Man fühlt sich an amerikanische Gesellschaftsfilme und Filmrevuen erinnert, wenn man nachmittags auf der Terrasse beim Kaffee sitzt und die eleganten und raffinierten Strandkostüme verführerisch vorbeidefilieren sieht. Aus hellen Sandaletten leuchten rotlackierte Zehen. Die braungebrannten Köpfe umflattern bunte Seidentücher. Und die vielen Röllchen und Ringeln der kunstvollen dunklen Frisuren der Italienerinnen, die einen wahren Kult mit ihrem Haar treiben. Aber das muss der Neid ihnen lassen. An äußerer Schönheit gebührt ihnen hier die Krone. (...) Diese Gäste, die aus aller Welt zum Lido gekommen sind, um hier ein paar sorglose Sommertage zu verbringen, stellen abends auch das Stammpublikum im grün umlaubten Excelsior-Garten. (Dort) bietet sich ihnen abends die erwünschte Gelegenheit, noch einmal ihrer Eitelkeit zuliebe in großer Gesellschaftstoilette zu erscheinen – die Amerikanerinnen wetteifern darin mit den Französinnen – und im übrigen Abwechslung und Unterhaltung durch die Filme zu finden."[109] Einer der sechs aus Deutschland gemeldeten Spielfilme ist Karl Ritters *Verräter*, der in Venedig seine internationale Premiere feiern soll.

18. August 1936

Nach den Anstrengungen der Olympischen Spiele mit ihren zahlreichen Repräsentationsverpflichtungen nimmt Goebbels erneut eine Woche Urlaub. Ehefrau Magda ist morgens nach Dresden ins Sanatorium Weißer Hirsch abgereist, wo sie sich regelmäßig zu erholen pflegt. Für den Nachmittag hat Goebbels ein Dutzend Gäste auf seine Yacht zu einer Tour an den südlich von Potsdam gelegenen Schwielowsee geladen, wo die „Baldur" vor Anker geht. Mit dabei: Alfred-Ingemar Berndt, der 31-jährige Pressechef im Propagandaministerium, die prominenten Tanzgeschwister Margot und Hedi Höpfner, beide Anfang zwanzig, die 20-jährige Schauspielerin Irene von Meyendorff sowie Gustav Fröhlich und Lída Baarová. Eigentlich wollte Fröhlich die Einladung absagen, weil er zu einem Nachtdreh des Abenteuerfilms *Stadt Anatol* nach Babelsberg muss, doch Goebbels verspricht, ihn pünktlich zum Set bringen zu lassen. Der Minister genießt den Tag auf dem Wasser: „Geschwommen, gesonnt, geaalt. Es ist herrlich."[110] Spätnachmittags lässt er Fröhlich von einem Boot abholen, das diesen zum nächsten Hafen bringt, wo bereits ein Chauffeur wartet. Baarová, die Fröhlich zu den Dreharbeiten begleiten will, wird vom Filmminister zum Bleiben überredet. Abends kehrt die Gruppe im Dörfchen Ferch zum Essen in einen Seegasthof ein. Bei einem anschließenden Gang durch die Vollmondnacht kommen Goebbels und Baarová abseits der anderen ins Gespräch.[111] Wie es ihr in Deutschland gefalle? Sie lebe gerne hier und spiele schöne Rollen, erwidert sie. Der Minister hört es mit Genugtuung. Zurück auf Schwanenwerder lädt Goebbels seine Gäste noch auf einen Absacker in seine Villa. Eine Einladung, der sich Baarová erneut nicht entziehen kann. Später bringt sie Goebbels' Chauffeur nach Babelsberg, wo sie, kurz vor Drehschluss, einen über ihr spätes Kommen ungehaltenen Fröhlich trifft.

20. August 1936
Zehn Tage nach Beginn der Internationalen Filmkunstschau Venedig wird auf dem Lido Karl Ritters *Verräter* gezeigt. Die Vorführung findet abends auf der Gartenterrasse unter freiem Himmel inmitten der märchenhaften Kulisse des im maurischen Stil erbauten weitläufigen Hotel Excelsior vor zweitausend Zuschauern statt. Regisseur und Hauptdarsteller des Films sind nicht anwesend, was in den ersten Jahren des Festivals allgemein üblich ist.[112] Unter dem Titel *Artigli nell'ombra* (dt.: Krallen des Schattens) angekündigt, läuft *Verräter*, wie die meisten Filme der Mostra, im Original ohne Untertitel und tritt gegen deutsche Mitbewerber wie Detlef Siercks *Schlussakkord*, Carl Froelichs *Traumulus* oder Luis Trenkers *Der Kaiser von Kalifornien* an. Mit Arbeiten von John Ford (*Mary of Scotland*), René Clair (*The Ghost Goes West*) oder Josef von Sternberg (*The King Steps Out*) ist auch die ausländische Konkurrenz stark vertreten. Trotz Verständnisproblemen beim überwiegend nicht-deutschsprachigen Publikum findet der Film „sehr starken Beifall. (...) Die wesentlich auf Dialog gestellte Exposition machte anfangs den ausländischen Besuchern das Verstehen nicht leicht, dann aber, als der Film mit zwingender Bildsprache die reale Materie immer näher rückte und die grandiosen, packenden Aufnahmen von Panzerwagenmanövern, Verfolgungsaktionen durch Flugzeuggeschwader und Kriegsmarine-Einheiten in Zusammenarbeit mit der Funktelegrafie sichtbar wurden, brach der Beifall während der Vorführung hindurch."[113]

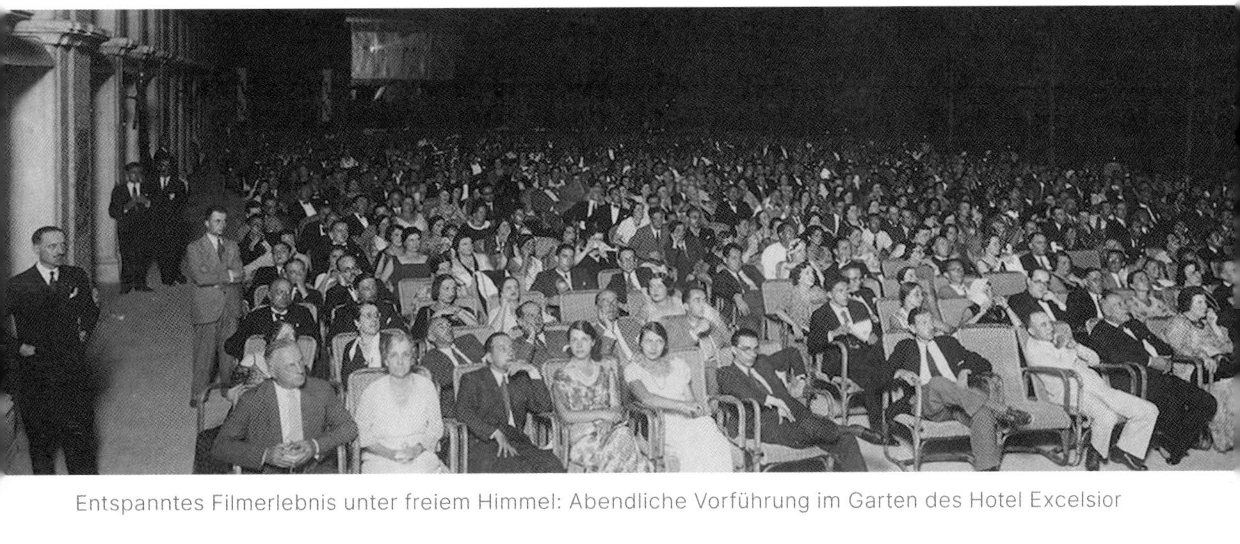

Entspanntes Filmerlebnis unter freiem Himmel: Abendliche Vorführung im Garten des Hotel Excelsior

25. August 1936
Gustav Fröhlich ist aus London zurück. Nach Abschluss der Dreharbeiten von *Stadt Anatol* und vor Beginn seines neuen Projekts *Gleisdreieck* war er für ein einige Tage in die britische Hauptstadt geflogen, um sein Töchterchen und deren Mutter Gitta Alpár zu besuchen, die inzwischen dort in der Emigration lebt. Vor seiner Abreise hat er Lída Baarová darum gebeten, das Haus auf Schwanenwerder zu hüten und ihr versprochen, sie jeden Abend anzurufen. Dass er dies nicht getan habe, wirft ihm Baarová nach seiner Heimkehr vor und provoziert damit Fröhlichs Wut. In dem folgenden Streit nennt er sie versehentlich „Gittuschka" – der Kosename seiner Ex-Frau Gitta.[114] Statt sich für den entlarvenden Fauxpas zu entschuldigen, schlägt Fröhlich seiner Freundin unvermittelt ins Gesicht. Sie nimmt ihr Bettzeug und übernachtet in einem Gästezimmer, dessen Tür sie hinter sich verschließt. Am nächsten Morgen packt sie ihre Sachen, verlässt wortlos das Haus und zieht in ihre Villenetage in der Grunewalder Taubertstraße zurück, wo sie inzwischen zur Miete lebt. Auch wenn es später zur Aussöhnung mit Fröhlich kommt, wird sie bei ihm nicht mehr über Nacht bleiben.

27. August 1936
Lída Baarová ist ins tschechische Franzensbad gefahren, um ihre Mutter zu besuchen, die sich dort zur Kur aufhält, der sie sich anschließt. Bei Moorpackungen, Bädern und einer Wasserstrahltherapie versucht sie von ihrem Film- und Lebenspartner Fröhlich, der sich ihr zunehmend entfremdet und dessen fehlende Empathie ihr mehr und mehr bewusst wird, Abstand zu gewinnen. Sie fühlt sich wie ein Anhängsel des Ufa-Stars, dessen Eitelkeit es schmeichelt, sich öffentlich mit der slawischen Schönheit zu zeigen, der sich privat aber als selbstbezogen und kleinlich erweist und seine Partnerin als potenzielle Konkurrentin behandelt, die es gilt, nicht zu groß werden zu lassen. Außerdem schmerzt Baarová die fehlende Loyalität Fröhlichs: In Alltagskonflikten, etwa mit seiner Haushälterin, fällt er seiner Geliebten regelmäßig in den Rücken. In den kommenden Tagen erreicht Baarová ein Anruf der Ufa aus Berlin, bei dem die Details ihrer Reise nach Nürnberg zur Uraufführung von *Verräter* besprochen werden sollen. Unter Hinweis auf ihre laufenden Kurbehandlungen sagt Baarová den Termin ab. Wenig später meldet sich Goebbels persönlich bei ihr: Die Kur lasse er als Entschuldigung nicht gelten, er erwarte von ihr, dass sie nach Nürnberg komme.[115]

29. August 1936
Auf Einladung seines italienischen Amtskollegen, des Presse- und Propagandaministers Eduardo ‚Dino' Alfieri, fliegt Joseph Goebbels in Begleitung seiner Frau nach Venedig. Am letzten Wochenende der Filmkunstschau wird er die Vorführung von Luis Trenkers *Der Kaiser von Kalifornien* besuchen. Überrascht und geschmeichelt registriert Goebbels, mit welcher Begeisterung er in Venedig empfangen wird. „Vor dem Hotel Exzelsior ebenso wie auf dem Flugplatz hatte sich eine große Menschenmenge eingefunden, die Dr. Goebbels mit lebhaften ‚Eviva!'- und ‚Heil!'-Rufen und lebhaftem Händeklatschen begrüßte. (...) Als dann das Boot der beiden Minister und ihrer Begleitung am Marcus-Platz anlegte, wartete hier dichtgedrängt eine unübersehbare Menschenmenge. Die Minister mussten durch ein rasch improvisiertes Spalier schreiten."[116] Nach einem Besuchsprogramm findet dann abends die Vorführung des

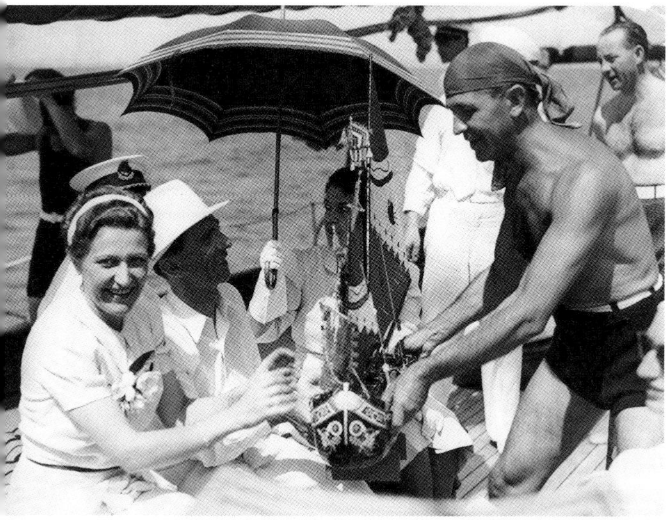

Ehepaar Goebbels auf Bootstour in Venedig

deutschen Beitrags *Der Kaiser von Kalifornien* statt. Trenkers Western über den süddeutschen Siedler Johann August Sutter (1803–1880), der Mitte des 19. Jahrhunderts in Kalifornien zum Großgrundbesitzer aufstieg und den Goldrausch auslöste, erhält mit seinem (ausnahmsweise) anwesenden Regisseur, „stürmische Ovationen".[117] „Danach Kanalfest. Das Traumhafteste, das ich je sah. Eine singende, spielende, leuchtende Stadt."[118] Der Canale Grande ist an diesem Abend ringsum mit Lampions illuminiert, Palazzi, Kirchen und Brücken sind farbig angestrahlt. Auf einem üppig dekorierten Floß, das von der Rialtobrücke zum Markusplatz geschleppt wird, stimmen Sänger venezianische Lieder an, umgeben von hunderten über das Wasser treibenden, illuminierten Gondeln. Was Goebbels in der spätsommerlichen Mondnacht Venedigs geboten wird, übertrifft die noch frischen Erinnerungen an sein Pfaueninselfest.

Die vierte Filmkunstschau endet mit einem Triumph für den deutschen Film: *Der Kaiser von Kalifornien* gewinnt als höchste Auszeichnung die „Coppa Mussolini". Daneben gibt es zwei weitere Preise und fünf Medaillen für deutsche Filme, darunter Karl Ritters *Verräter* mit Lída Baarová.

5. September 1936

Goebbels steckt in den Vorbereitungen des in vier Tagen beginnenden Reichsparteitags, finalisiert seine Rede und führt letzte Abstimmungen „mit dem Obersalzberg"[119] herbei, unter anderem wegen „Uraufführung ‚Verräter'", deren Schirmherrschaft Hitler übernommen hat. Gegen parteiinternen Widerstand von Rosenberg und Heß („mischt sich in alles ein") hat Goebbels durchgesetzt, dass der Film zum Auftakt des Parteitags gezeigt wird.

7. September 1936

Ihren zweiundzwanzigsten Geburtstag verbringt Lída Baarová mit ihrer Mutter in Franzensbad. Gustav Fröhlich gratuliert ihr telefonisch und verspricht seinen Besuch nach Abschluss der Dreharbeiten seines aktuellen Films, Robert A. Stemmles *Gleisdreieck*. Darin spielt er die Hauptrolle eines Berliner U-Bahn-Fahrdienstleisters, der eine jungen Frau vor dem Selbstmord rettet und sich darauf in sie verliebt.

9. September 1936

Von Franzensbad aus nimmt Baarová einen Zug ins zweieinhalb Stunden entfernte Nürnberg, um im dortigen Ufa-Palast gemeinsam mit den Spitzen der Ufa, dem Regisseur und den

Hauptdarstellern an der Premiere von *Verräter* teilzunehmen. Die Vorführung findet nachmittags im Rahmen des am Vorabend eröffneten „Reichsparteitags der Ehre“ statt. Dessen von Hitler gesetztes Thema ist die ideologische Mobilmachung gegen den Bolschewismus. Baarová, die wie die anderen Mitwirkenden des Films im frisch renovierten Grandhotel der Stadt absteigt, wundert sich über das Gewusel dort und die vielen Männer in Uniform. Einige Hunderttausend Menschen sind in der Stadt, um in Massenaufmärschen und Appellen Hitler zu huldigen und Reden der Parteiführung zu hören. *Verräter* läuft vor geladenen Gästen der politischen und militärischen Führung (darunter, neben Hitler, Göring und Heß, auch Himmler, Justizminister Gürtner und Abwehrchef Canaris) und gerät zu einem „beispiellosen Erfolg“;[120] Regisseur und Hauptdarsteller werden gefeiert.

Ritters Film ist eine Mischung aus Spionagekrimi und Werbefilm für die Wehrmacht. Minutenlang werden Manöveraufnahmen von Panzern und Flugzeugen präsentiert. Tatsächlich ist *Verräter* der erste Spielfilm mit Bildern deutscher Kriegswaffen seit dem Ersten Weltkrieg,[121] ein Dokument der Wiederaufrüstung. Die Inszenierung der ohnehin holzschnittartigen Figuren kommt darüber zu kurz. Lída Baarová wirkt ungeführt, ihr Spiel angestrengt. Ritters Augenmerk liegt vielmehr in der tempo- und actionreich gestalteten Handlung, verstärkt durch die treibende, dissonant anmutende Musik Harold M. Kirchsteins. Kirchstein, als Sohn eines deutschen Vaters und einer französischen Mutter in New York geboren, kam Mitte der 20er Jahre zum Musikstudium nach Berlin, wo er als Pianist und Gitarrist rasch Anschluss an die dortige Jazz-Szene fand und mit Größen wie Arthur Briggs und Dajos Belá auftrat. Nach der Machtergreifung Hitlers blieb er in Deutschland und gründete gemeinsam mit Willi Stech „Die goldene Sieben“ – der Versuch, im Einklang mit den Statuten der Reichsmusikkammer und deren Billigung eine gemäßigte deutsche Jazz-Kapelle zu etablieren. Eine Kostprobe dessen ist Kirchsteins langsamem Foxtrott „Mein Herz ist noch frei“ in einer Tanzszene von *Verräter*. Wegen seines jüdisch klingenden Namens geriet Kirchstein 1937 ins Visier der NS-Behörden und kehrte, weil er keinen Ariernachweis erbringen konnte, im selben Jahr in die USA zurück. Dort nahm er den Namen Henry René an und arbeitete als erfolgreicher Arrangeur und Bandleader weiter.[122]

Beim anschließenden Premierenessen lässt Goebbels die beiden Hauptdarstellerinnen Irene von Meyendorff und Lída Baarová rechts und links von sich platzieren. „Sie sind beide sehr nett.“[123] Seit seinem mehr oder weniger unverblümten Befehl, in Nürnberg zu erscheinen, plagen Baarová Magenschmerzen; vielleicht auch eine Spätfolge der Eskalation des Streites mit Fröhlich. Ein Grund mehr für Goebbels, Baarová besonders viel Aufmerksamkeit zu schenken und sich ihr von seiner liebenswürdigsten Seite zu zeigen. Später fährt ein ausgewählter Teil der Premierengesellschaft noch zu einem Umtrunk mit dem „Führer“ in Hitlers Hotel „Deutscher Hof“, darunter auch die Protagonisten von *Verräter*.[124] Hitler steht am Eingang eines Salons und begrüßt die Gäste. Lída Baarová gratuliert er zur Hochzeit mit Gustav Fröhlich und bittet um Entschuldigung, dass sein Adjutant vergessen habe, ihr Blumen zukommen zu lassen. Erschrocken dementiert Baarová: Sie habe doch gar nicht geheiratet. Goebbels, der hellhörig geworden ist, weicht nicht mehr von ihrer Seite. Zu vorgerückter Stunde nehmen die Gäste für einige Gesangsdarbietungen Platz. Eine Sopranistin stimmt Operettenmelodien an, darunter die Arie „Ich bin verliebt, bin so verliebt!“ aus Nico Dostals „Clivia“ (1933). Goebbels, der neben Lída Baarová sitzt, flüstert ihr während des Refrains ins Ohr: „Ich auch!" Baarová ist alarmiert. Als sie sich später von ihm mit dem Hinweis verabschiedet, morgen nach Franzensbad zurückzufahren und anschließend in Prag einen neuen Film zu drehen, bittet Goebbels sie, einen Tag länger in Nürnberg zu bleiben, um seine Parteitagsrede anzuhören. Unsicher, wie sie sich verhalten soll, ruft Baarová ihren Freund an. Der meint, da ihr viel an ihrer Karriere gelegen sei, könne sie dem Minister jetzt keinen Korb geben und rät ihr, die Sache durchzustehen. Baarová fühlt sich erneut von Fröhlich verraten und sieht keine Veranlassung mehr, den Avancen des Ministers zu widerstehen. Der Abend endet morgens um drei mit einem flüchtigen Abschiedskuss auf Goebbels' Wange. Der wischt sich behutsam mit seinem Taschentuch Baarovás Lippenstift ab.

10. September 1936

Nach einem Mittagessen in größerer Runde, zu dem auch Baarová geladen ist, bittet Goebbels sie zur Seite. Das Missverständnis vom Vorabend ist inzwischen geklärt: In einem Porträt über Baarová hatte eine tschechische Illustrierte sie mit den Worten zitiert, eine spätere Heirat mit Fröhlich sei nicht ausgeschlossen. Deutsche Blätter hatten dies als vollendete Tatsache kolportiert. Jetzt will Goebbels Genaueres über Baarovás Beziehung zu Fröhlich wissen und wirkt erleichtert zu hören, dass Fröhlich nach seiner Scheidung von Gitta Alpár vor einer weiteren Heirat zögere. Ehe er sich von ihr verabschiedet, um sich auf seine Rede vorzubereiten, zieht er sein Taschentuch hervor und bittet Baarová, sie möge ihn nachher genau beobachten: „Immer wenn ich das Tuch aus meiner Tasche nehme und mir damit über den Mund fahre, ist das ein Zeichen für Sie, dass ich an Sie denke!"[125] Abends hören Lída Baarová und Irene von Meyendorff auf Ehrenplätzen in der Nürnberger Kongresshalle „zwei Stunden Anklage mit einem tollen Erfolg. Das Publikum rast."[126] Die Anklage gilt dem Bolschewismus und seiner aktuellen Manifestation im Spanischen Bürgerkrieg, wo es zu schlimmsten Misshandlungen katholischer Nonnen und Geistlicher komme: „Es handelt sich bei ihm um einen pathologischen verbrecherischen Wahnsinn, nachweisbar von Juden erdacht und von Juden geführt, mit dem Ziel der Vernichtung der europäischen Kulturvölker und der Aufrichtung einer internationalen jüdischen Weltherrschaft über sie. (...) Der Jude ist ein Schmarotzer, ein Zerstörer der Kultur, ein Enzym der Auflösung."[127] Mehrmals unterbricht Goebbels den Redefluss, greift nach seinem Taschentuch und betupft damit die Lippen.

Als Baarová am nächsten Morgen den Zug nach Franzensbad besteigen will, überreicht ihr auf dem Bahnsteig Goebbels' Adjutant einen Rosenstrauß seines Chefs mit dessen Porträtfoto und dem handschriftlichen Wunsch: „Auf Wiedersehen!" Goebbels notiert dazu in sein Tagebuch: „Ein Wunder ist geschehen!"[128] Wenige Tage später erhält er in Nürnberg bereits wieder „Besuch aus Franzensbad, über den ich sehr erfreut bin."[129] Auf dem Weg zur offiziellen Premiere von *Verräter* in Berlin legt Lída Baarová offenbar einen Zwischenhalt in der Stadt des 8. Reichsparteitags ein, der am 14. September zu Ende geht.

15. September 1936

Im Ufa-Palast am Zoo findet abends die Berliner Premiere von *Verräter* statt. Anders als in Nürnberg sitzen hier Team und Darsteller fast vollzählig im Publikum, das sich neben vielen

Ehrengästen auch aus normalen Kinogängern und Filmkritikern rekrutiert. Nach einer aktuellen Wochenschau über den Nürnberger Reichsparteitag und dem Kulturfilm *Wasser und Stahl*, in dem Wasser umspülte Walzen gewaltige Geschützrohre formen, leitet das Musikkorps des 5. Panzerregiments mit drei Märschen zum Hauptfilm über, der von der Filmprüfstelle das seit der Weimarer Republik eingeführte Prädikat „Staatspolitisch und künstlerisch wertvoll" sowie „Volksbildend" bekommen hat. „Die Prägnanz des Spiels, die unverschnörkelte Straffheit des Rhythmus (...) lässt den männlichen Willen, den ehernen Geist durchklingen, den unser Heer beherrscht, lässt aber auch die Unerbittlichkeit und Schärfe ahnen, mit der sich dieses Heer gegen heimtückische Agententätigkeit zu schützen weiß", kombiniert der Berichterstatter des „Film-Kurier".[130] Ritters Arbeit wird gelobt. Insbesondere die „lebensnahe Atmosphäre" des Drehbuchs, die klare Handlungslinie sowie die „einzigartigen Luftaufnahmen von Fliegerstaffeln" und „wuchtigen Bilder manövrierender Tanks". Hervorgehoben werden auch die schauspielerischen Leistungen von Willy Birgel, Paul Dahlke, Heinz Welzel und Rudolf Fernau. Letzterer als „innerlich haltloser Mensch, der aus Liebe zu seiner verschwenderischen Frau in Schulden gerät, was ihn schließlich dem Geld der Agenten zugänglich macht. Eine packende Charakterstudie Fernaus, der Lída Baarová als leichtlebige Gattin leider darstellerisch nicht ganz gewachsen ist." Die so Kritisierte mag sich damit trösten, dass auch ihre Kollegin Irene von Meyendorff in ihrem zweiten Film nicht gut wegkommt: „So sympathisch sie aussieht, (hat sie) noch nicht die Unfreiheit der Anfängerin ganz überwunden." Trotz dieser Einwände beschert *Verräter* dem Ufa-Palast einen Hausrekord: In der Startwoche sehen den Film 16.000 Berliner. Auch in Wien läuft der Film vor ausverkauften Kinos und stellt im Ufa-Premierentheater den fünfjährigen Hausrekord ein. Mit 6,97 Millionen Zuschauern ist *Verräter* der erfolgreichste deutsche Film des Jahres, gefolgt von *Schlussakkord* und *Moskau – Shanghai*.[131] Für rund 300.000 Reichsmark entstanden, erwirtschaftet der Film mit 1,58 Millionen Reichsmark Reingewinn das Fünffache seiner Herstellungskosten.[132] Als *Verräter* in den nächsten Monaten auch im europäischen Ausland und in den USA anläuft, erhält der Film positive Kritiken. Die „New York Times" attestiert ihm „außergewöhnliche Kraft" und hält die starke Publikumsresonanz für gerechtfertigt.[133]

21. September 1936
Lída Baarová ist nach Franzensbad zurückgekehrt, um ihre unterbrochene Kur fortzusetzen. Sie sehnt sich nach ihrem Freund und bittet ihn, nach Abschluss der Dreharbeiten zu *Gleisdreieck* nachzukommen. Fröhlich ist am Wochenende eingetroffen und hat sich gerade eingelebt, als an diesem Montag ein Anruf für Baarová die Zweisamkeit stört. Am Telefon ist Goebbels, der von Baarová wissen will, ob sie in der kommenden Woche zur Premiere ihres Films *Die Stunde der Versuchung* nach Berlin kommt. Baarová bejaht, versucht bei dem Gespräch, möglichst förmlich zu wirken. Fröhlich ärgert der Anruf des Ministers, der ungeniert in ihrer beider Privatsphäre eindringe, möchte wissen, woher er überhaupt Baarovás Telefonnummer habe und ist verstimmt. Beide fahren Ende der Woche nach Berlin zurück, um ihren gemeinsamen Film erstmals im Kino zu sehen und sich anschließend dem Publikum zu zeigen.

29. September 1936

Im Berliner Capitol am Zoo, dem nach dem Ufa-Palast am Zoo zweitgrößten Uraufführungskino der Hauptstadt, läuft *Die Stunde der Versuchung* an. Das gegenüber der Kaiser-Wilhelm-Gedächtniskirche gelegene, nach Plänen von Hans Poelzig erbaute Kino, zählt mit seinen 1.300 Plätzen und der hochaufragenden, an einen Sakralbau erinnernden Kuppel zu den größten und imposantesten Lichtspielpalästen der Hauptstadt. Mit gleich zwei neuen Filmen innerhalb von vierzehn Tagen ist Baarová in diesem Kinoherbst besonders präsent. Weitere Saisonpremieren: *Gückskinder* (UA: 19.9.), Paul Martins gelungene Version einer deutschen Screwball-Comedy mit Lilian Harvey und Willy Fritsch; Hans Steinhoffs Oscar-Wilde-Adaption *Eine Frau ohne Bedeutung* (UA: 26.10.) mit Gustaf Gründgens und Marianne Hoppe sowie Willi Forsts elegisches *Burgtheater* (UA: 13.11.) über die Liebe eines alternden Schauspielers zu einer wesentlich jüngeren Frau ‚aus dem Volk' mit Werner Krauß und Hortense Raky. Baarová und Fröhlich übernachten heute auf Kosten der Ufa im Eden Hotel, das dem Capitol gegenüberliegt. Als sie sich für den Premierenabend bereit machen, klingelt das Telefon. Goebbels' Adjutant bittet Baarová und Fröhlich im Auftrag seines Chefs um einen Pausenbesuch in einer „La Traviata"-Vorstellung der Deutschen Oper, die Goebbels unterstellt ist. Die beiden fühlen sich vor den Kopf gestoßen und beschließen, die Einladung zu ignorieren. Schließlich sind sie anderweitig gebunden. Bald nachdem Team und Hauptdarsteller von *Die Stunde der Versuchung* im Zuschauerraum Platz genommen haben und der Film läuft, winkt der Kinoleiter Baarová und Fröhlich heraus. Im Foyer eröffnet er ihnen, ein Mitarbeiter des Propagandaministeriums habe angerufen, der Minister erwarte sie. Dann begleitet er sie zu einem wartenden Auto. Nach kurzer Fahrt treffen Baarová und Fröhlich am Charlottenburger Opernhaus ein. Dort hat gerade die Pause begonnen. Die beiden treffen Goebbels in seiner Loge an, der sich über den Besuch freut und drauf los plaudert. Abschließend eröffnet er Fröhlich, er lade ihn übermorgen zur Abnahme seines eben fertiggestellten Films *Stadt Anatol* ein. Und an Lída Baarová gewandt: Sie könne gerne dazu kommen. Fröhlich und Baarová hatten eigentlich vor, gleich nach der Premiere von *Stunde der Versuchung* wieder ihren unterbrochenen Kuraufenthalt fortzusetzen. Jetzt müssen sie ihre Reise verschieben.

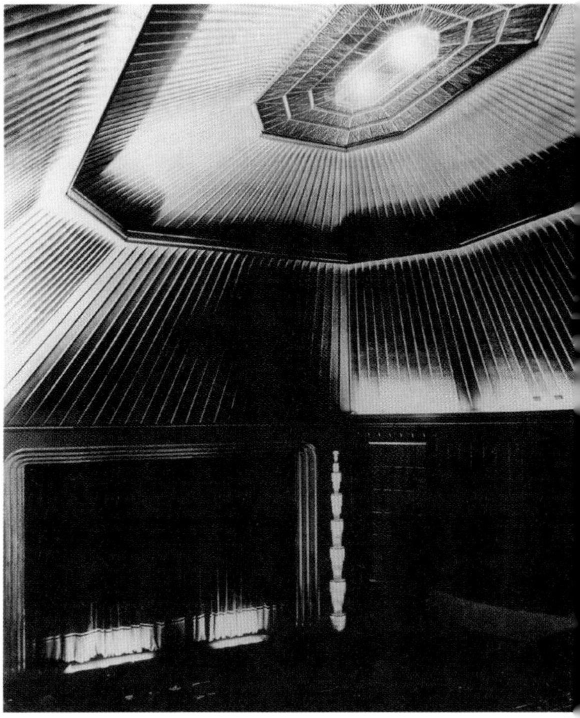

Cine-Dom: Die Capitol-Lichtspiele am Zoo

1. Oktober 1936

Nach einem Vormittag voller Arbeit, Terminen und „einer Unmenge von Fragen" im Ministerium hat sich Goebbels die zweite Tageshälfte für die Sichtung neuer Filme reserviert. Lída

Baarová und Gustav Fröhlich sind heute in seiner Dienstwohnung in der Hermann-Göring-Straße 20 zu Gast, um zunächst einen „reizenden" Kurzfilm von Goebbels' Venedig-Reise zu sichten, danach Viktor Tourjanskys *Stadt Anatol*. Basierend auf einem Roman des Erfolgsautors Bernhard Kellermann („Der Tunnel") zeigt der Film die Folgen eines hemmungslosen Wirtschaftsbooms. Nach jahrelanger Abwesenheit kehrt Abenteurer Jacques Gregor (Gustav Fröhlich) in seine türkische Heimat zurück und trifft dort seine alte Jugendfreundin Franziska (Brigitte Horney) wieder. Gregor hat Hinweise auf große Erdölvorkommen in Anatol, und gemeinsam starten sie ein Förderprojekt. Es macht das verschlafene Nest über Nacht reich, sät aber auch Neid und Missgunst unter seinen Bewohnern und mündet in ein apokalyptisches Finale. Goebbels beurteilt den Film später als „ganz gut, aber zu sehr mit Absicht und zu stark nach dem Amerikaner ‚San Francisco'."[134] Brigitte Horney preist er als „herrlich". Fröhlich dagegen findet er „nicht so gut", was er freilich nur seinem Tagebuch anvertraut. Im persönlichen Gespräch nach der Vorführung lobt er Fröhlichs Leistung vorbehaltslos. Der fühlt sich über die Privateinladung zu Goebbels und dessen Komplimente geschmeichelt. Seine Irritation der vergangenen Tage über die Aufdringlichkeiten des Ministers scheint verflogen.

5. Oktober 1936

Nach einem weiteren Tag voller Arbeit, Besuchsterminen, der Ausarbeitung einer Rede für das Winterhilfswerk und dem Umzug der Familie samt Personal aus der Sommerresidenz Schwanenwerder zurück nach Berlin, notiert Goebbels für den Abend: „Eine kleine Spazierfahrt".[135] Diese unternimmt er nicht alleine. Gustav Fröhlich ist inzwischen wieder nach Franzensbad zurückgefahren, um seine Kur fortzusetzen. Wie schon erwähnt, hatte er Lída Baarová gebeten, über das Haus auf Schwanenwerder zu wachen. Als sie dabei ist, sich dort zu installieren, ruft Goebbels an und fragt, ob er auf eine Tasse Tee vorbeikommen könne. Baarová erwidert, sie sei hier nicht die Hausherrin, sei quasi auf fremdem Terrain. Goebbels versteht und schlägt stattdessen eine Spritztour in seinem Dienstwagen vor. Baarová willigt ein, fährt mit ihrem zweisitzigen BMW-Sportcoupé zu einem verabredeten Treffpunkt am Ende der Avus, parkt es dort und steigt in die wartende Horch-Limousine des Ministers um. Mehrmals gleitet der Wagen die nächtliche Avus rauf und runter und kreuzt durch die angrenzenden Straßen des Grunewalds. Im Innern des Wagens „parlavert" Goebbels verliebt mit seiner Begleitung und drängt auf ein Wiedersehen bald nach seiner Rückkehr von einer einwöchigen Dienstreise.

7. Oktober 1936

Die erste Station seiner Reise führt Goebbels ins Rheinland. Nach Terminen in Köln macht er einen Abstecher in seine Geburtsstadt Rheydt. Dort besucht er seine Mutter und das Grab seines Vaters und lässt sich von lokalen NS-Größen hofieren. Abends steht ein Kinobesuch in Düsseldorf auf dem Programm. Das Apollo-Theater an der Königsallee ist ein plüschiges Operettenhaus im neobarocken Stil der Kaiserzeit. Ab und zu wird es für Filmvorführungen genutzt. Im dreitausend Zuschauer fassenden Saal des ehemaligen Varieté-Theaters sieht Goebbels *Verräter* erstmals vor normalem Publikum. Nachdem er die Berliner Premiere des Films verpasst hat, findet er heute: „... wirkt unvermindert stark auf mich".[136]

„Bis Mitternacht auf. Dann seliger Schlaf"

29. Oktober 1936

Goebbels wird heute neununddreißig. „Die Stadt Berlin hat ihrem Gauleiter Dr. Goebbels ein besonderes Geburtstagsgeschenk gemacht. Es ist ein äußerlich schlichtes Blockhaus an einem der stillen Seen in der Umgebung Berlins", berichtet „Der Angriff", die Gauzeitung der Berliner NSDAP.[137] Das Geschenk der Reichshauptstadt ist das Musterhaus einer sächsischen Holzhausfirma. Es liegt auf einem Seegrundstück aus ehemals jüdischem Besitz am Ufer des Bogensees, inmitten eines ausgedehnten Naturschutzgebietes nahe dem Dorf Lanke und ist eine Autostunde vom Regierungsviertel entfernt. In seinem Amtssitz am Wilhelmplatz lässt sich Goebbels vormittags von seinen Mitarbeitern feiern, empfängt verdiente Parteigenossen und staunt über „Berge von Blumen, Briefen und Geschenken."[138] Später kommt Hitler aus der benachbarten Reichskanzlei herüber und tritt zusammen mit dem Jubilar auf den Balkon: „Tolle Menschenmassen. Das Volk jubelt". Nachmittags dann: „Heraus zum Bogensee. Ich bin so gespannt! Und dann: Das Haus ist wunderbar geworden. Ein Schmuckkästchen. Hier lässt sich ausruhen und arbeiten. Welch ein Idyll! So romantisch und still! Ich bin ganz glücklich!" Am folgenden Wochenende unternimmt Goebbels mit seiner Frau einen Ausflug, um sich mit seinem neuen Refugium inmitten des nebelverhangenen Waldes vertraut zu machen. Das Blockhaus ist der Prototyp eines Fertighauses, das Goebbels zwei Jahre zuvor auf einer Bauausstellung in Berlin gesehen und das ihm spontan gefallen hat.[139] Es enthält zwei größere und zwei

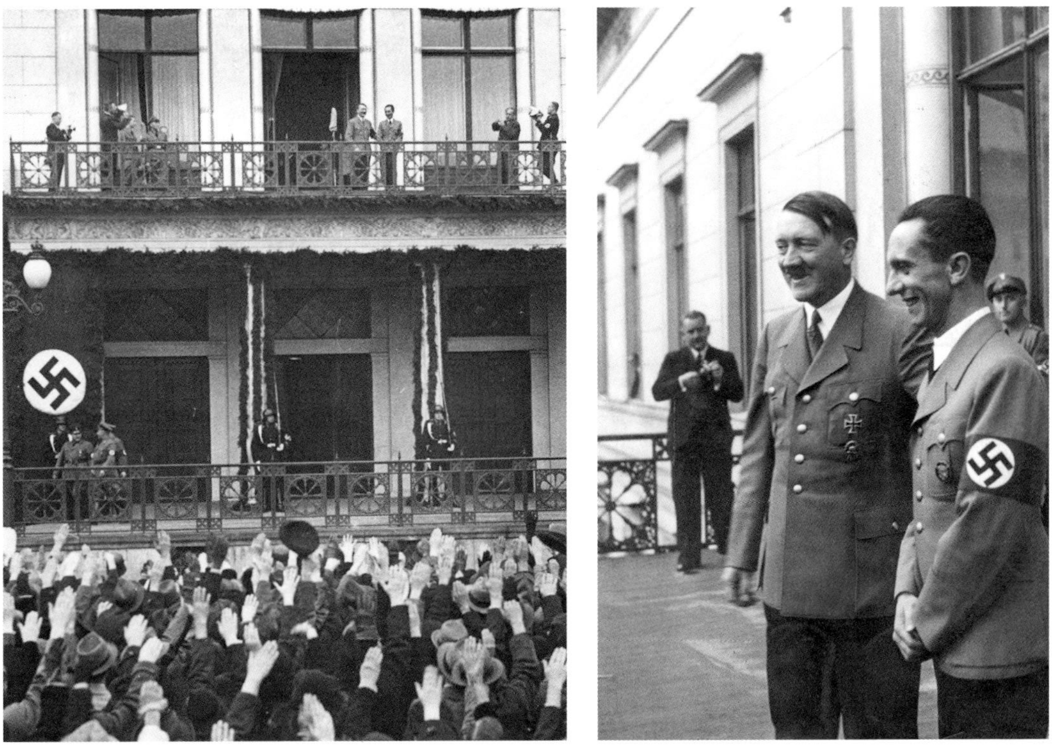

Berliner bejubeln den Propagandaminister an seinem 39. Geburtstag

kleinere Zimmer mit teilweise unterkellerten Nebenräumen. Hinzu kommt ein Nebengebäude für Bedienstete und eine Garage. Grundstück und Haus verbleiben weiterhin im Eigentum des Landes Berlin, werden Goebbels nur zur freien Nutzung überlassen.[140] Seiner Freude tut dies keinen Abbruch. Gemeinsam mit seiner Frau hängt er Bilder auf, setzt sich ans Klavier und singt Schubertlieder.[141]

2. November 1936

Am Allerseelentag, der auch im Dritten Reich ein staatlicher Feiertag bleibt, lässt sich Goebbels von seinem Chauffeur Alfred Rach bereits wieder nach Lanke fahren: „Dann im Regen zum Bogensee. Ganz alleine. Ich bin so glücklich. Es ist ganz still und ruhig hier. Ich arbeite, lese, schreibe, und bin glücklich. Rings um mich Wald, welkes Laub, Nebel, Regen. Ein Idyll in der Einsamkeit. Es ist so still und verlassen hier. Man kann denken, arbeiten, in Ruhe lesen, keine Telephonanrufe und Briefe. Ganz sich selbst überlassen."[142] Entweder Goebbels verschweigt seinem Tagebuch, dass er heute nicht alleine ist, oder er ist es tatsächlich, aber nur für einen Teil dieses Tages. Denn es folgt: „Wir (!) kochen uns selbst etwas, draußen rauscht der Wald, peitscht der Regen der Nebel braut." An das von Goebbels erwähnte, selbstgekochte Essen erinnert sich auch Lída Baarová: „Da Goebbels' Diener eigentlich nicht kochen konnte, gab es außer Bratkartoffeln eigentlich nichts anderes, und die ließ er auch noch regelmäßig anbrennen. Uns hat das aber nichts ausgemacht, die verbrannten Bratkartoffeln schmeckten trotzdem, und wir lachten darüber."[143]

6. November 1936

„Zu Hause ist es unerfreulich. Drum gleich ins Büro und dann zum Bogensee".[144] Sooft er sich von dienstlichen und privaten Verpflichtungen frei machen kann, flieht Goebbels in sein Refugium und lädt Lída Baarová dorthin ein. Wenn er sie anruft, um sich mit ihr zu verabreden, meldet er sich mit „Herr Müller". Welche Bewandtnis es damit hat, erfährt sie erst später. In Lanke empfängt Goebbels sie zum Tee, die beiden plaudern, streifen durch den Wald oder hören gemeinsam Musik aus Goebbels' Schallplattensammlung. Auch spielt er ihr auf dem Klavier Schubert- oder Beethoven-Sonaten vor. Baarová schätzt die Nachmittage bei Goebbels, der sich ihr gegenüber „stets korrekt" verhält, beim förmlichen „Sie" bleibt, ihr auch sonst offenbar nicht mehr abverlangt. Baarová fasst Vertrauen zu dem zierlichen Mann, mag seine melodische Stimme, die, wie sie findet, im privaten Gespräch so anders klingt als in seinen öffentlichen Reden. Auch mag sie seine Schlagfertigkeit, seinen rheinischen Humor. Dabei bleibt es erstmal. Anders als der selbstbezogene Gustav Fröhlich zeigt Goebbels lebhaftes Interesse an Baarovás Arbeit und Herkunft; so jedenfalls ihr Eindruck. In den folgenden Wochen vergehen oft nur wenige Tage zwischen diesen kleinen Fluchten aus der Stadt.

Am 11. November beschenkt er seine Frau „reich" zu ihrem fünfunddreißigsten Geburtstag und konstatiert euphemistisch, sie sei „so wandelbar" (gemeint ist wohl eher launenhaft): „manchmal gut, manchmal böse. Aber so sind Frauen wahrscheinlich alle". Fünf Tage später, am 16. November, verbringt er den Montag nach einem Wochenende wieder am Bogensee: „Etwas gearbeitet. Parlaver. Es ist so schön ruhig und einsam hier draußen."[145] Den Eindruck, er sei allein in Lanke, widerlegt das Wort „Parlaver". Denn mit wem „parlavert" Goebbels, der sonst nie mit der Nennung von Namen geizt? Weitere fünf Tage später, am 21. November, sucht er für ein paar Stunden erneut Abwechslung am Bogensee: „Der Wald duftet, und es klirrt vor Kälte. Ich sitze und lese, schreibe, musiziere, faulenze."[146] Ebenso wie am 27. November: „Schnell zum Bogensee heraus. Dort eine Stunde Ausruhen." Und dafür nimmt er zwei Stunden Fahrtzeit in Kauf? Immerhin hat er an diesem Wochenende eine dienstliche Verpflichtung. Bei einer gemeinsamen Tagung von Reichskulturkammer und der NS-Gemeinschaft „Kraft durch Freude" in der Berliner Philharmonie verkündet Goebbels, dass es künftig statt Kunstkritik nur noch Kunstbetrachtungen geben soll. Auf diese Weise beugt er indirekt der Kritik an seiner eigenen kulturpolitischen Arbeit vor, so als Schirmherr des deutschen Films.

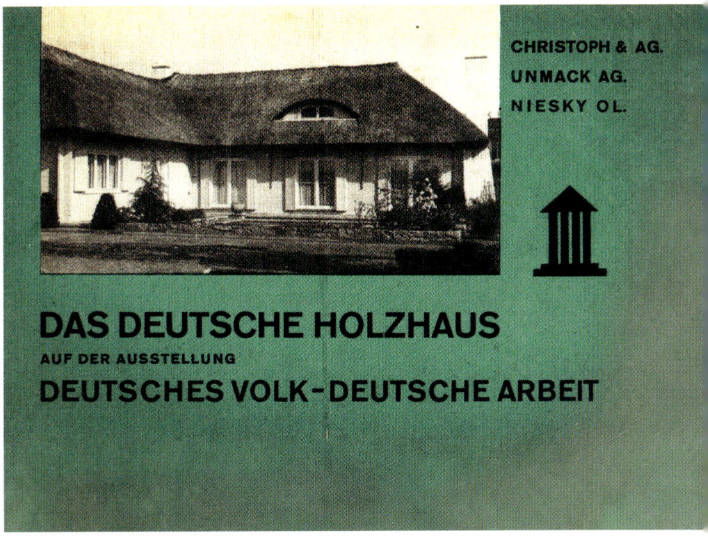

Musterhaus-Prospekt der Bauausstellung von 1934. Ein Haus dieses Typs wurde Goebbels zum Geschenk gemacht

30. November 1936

Inmitten der intensiver werdenden Verbindung zu Lída Baarová, den regelmäßigen Teestunden und Spaziergängen in Lanke, überkommen Goebbels plötzlich Zukunftsängste: „Nur eine Sorge um den Krieg. Der darf jetzt nicht kommen. Das wäre das größte Unglück, das geschehen könnte. Bewahre uns Gott davor!"[147] Goebbels Sorge ist nicht unbegründet: Der Spanische Bürgerkrieg wird immer offener zu einem Stellvertreterkrieg zwischen faschistisch regierten Staaten wie Deutschland und Italien und der kommunistischen Sowjetunion: Hitler und Mussolini unterstützen die Putschisten um General Franco mit ihren Luftwaffen (darunter Geheimoperationen der deutschen ‚Legion Condor') während Stalin Waffen und Truppen auf die Iberische Halbinsel schickt. Goebbels mag sich auch deshalb sorgen, da er im Fall einer Ausweitung des Konflikts als Propagandaminister ungleich stärker gefordert sein und weniger Zeit für Privates haben würde.

Um bei seiner Frau und seinem Nebenbuhler keinen Argwohn zu erregen, lädt er am Sonntagnachmittag eine Runde gemeinsamer Freunde und Bekannter zum Tee ins Haus der Familie: Ello Quandt, die Schauspieler Erika Dannhoff, Lída Baarová und Gustav Fröhlich, die Geschwister Höpfner und den Kunstmaler Conrad Hommel, in der Weimarer Republik bekannt geworden mit Porträts von Albert Einstein und Friedrich Ebert. Der Spätimpressionist Hommel wird in den nächsten Jahren neben Goebbels, Himmler und Göring auch Adolf Hitler in Öl porträtieren und regelmäßig in der Großen Deutschen Kunstausstellung in München vertreten sein. „Es ist nett und amüsant, draußen klirrender Frost. Ich feiere oben mit den Kindern Advent. Dann kommt auch der Führer."[148]

3. Dezember 1936

Kurz nach der quasi offiziellen Begegnung beim Sonntagstee möchte Goebbels seine privaten Treffen mit Lída Baarová in Lanke fortsetzen, doch dringende Dienstgeschäfte halten ihn davon ab. Dafür intensiviert er sie in der Adventszeit, so am 8., 11. und 13. Dezember. Anfangs bleibt Baarová nur zwei bis drei Stunden, dann auch bis in den Abend hinein, fährt aber stets noch nach Hause. In Baarovás Erinnerung verhält sich Goebbels nach wie vor strikt „kameradschaftlich". Er nimmt sie zur Wildfütterung mit. Schweigend sitzen sie auf einer Bank im lautlosen Wald und beobachten, wie die Rehe sich langsam nähern, ihre Scheu ablegen und das ausgelegte Futter fressen. Auch versucht Goebbels, Baarová das Bogenschießen beizubringen, wobei er sich allerdings ungeschickt anstellt. Bei soviel Nähe und Vertrautheit kommt es wie von selbst, dass Goebbels ihr das „Du" anbietet. Sie fährt aber zunächst noch abends nach Berlin zurück, wo Freund Fröhlich wartet, während Goebbels schon mal die Nacht über in Lanke bleibt.[149]

Als Minister feilt er derweil am „Neuaufbau des deutschen Films," freut sich über einschlägige Fortschritte: „Unsere Aufkaufpläne der ganzen deutschen Filmindustrie schreiten auch rüstig vorwärts. Bald gehört sie uns."[150] Über die Cautio Treuhand und ihren Chef Max Winkler lässt Goebbels nach und nach verdeckt in staatlichem Auftrag die Aktienmehrheiten deutscher Produktionsfirmen aufkaufen. Was ihm dabei in die Hände spielt, ist die wirtschaftliche Krise vieler Studios. Aktuell die der Bavaria-Film in München, die kurz vor dem Konkurs steht, im Frühjahr 1937 ihre Zahlungen einstellen muss und danach vom Reich übernommen wird. Stolz notiert Goebbels auch, dass es ihm gelungen sei, La Jana für Berlin zu gewinnen. Die Tänzerin und Schauspielerin, die eigentlich Henriette Hiebel heißt und aus Wien stammt, hat unlängst im Berliner Wintergarten für die Tobis den Artistenfilm *Truxa* gedreht. Auf Goebbels macht sie einen „netten und lieben Eindruck."[151]

Im nächsten Jahr wird sie unter der Regie von Richard Eichberg in einem Remake des Stummfilmzweiteilers *Der Tiger von Eschnapur* und *Das indische Grabmal* eine der weiblichen Hauptrollen spielen. Privat setzt Goebbels sein Doppelspiel fort und lädt heute zu einem Filmabend ein: den Schauspieler und Intendanten der Volksbühne Eugen Klöpfer, den Regisseur und Intendanten des Deutschen Theaters Heinz Hilpert, den Sänger und Generalintendanten der Deutschen Oper Wilhelm Rode, seinen engen Mitarbeiter Alfred-Ingemar Berndt, Ello Quandt und die Schauspielerinnen Erika Dannhoff – und Lída Baarová. Die Gäste sehen den eben fertig gestellten Kurzfilm *Erbkrank* (Regie: Herbert Gerdes). Mit drastischen Aufnahmen aus psychiatrischen Anstalten wirbt der Film für das Sterilisationsgesetz der Regierung.[152] Goebbels hat den Film bereits vor einer Woche abgenommen: „Grauenhaftes Material. (...) Das Blut gefriert einem bloß beim Anschauen. Da ist die Unfruchtbarmachung nur ein Segen."[153] Der Film findet laut Goebbels bei den Gästen „starken Beifall."[154] Die sehen darauf einen „schlechten französischen Film" *Prends la route*, der abgebrochen wird[155] und schließlich *Der Hund von Baskerville* (Regie: Carl Lamač): „guter Kriminalfilm, spannend und unterhaltend".

9. Dezember 1936

Auf der wöchentlichen Ufa-Vorstandssitzung wird u. a. das nächste Projekt von Karl Ritter mit dem Titel *Patrioten* diskutiert. Der Film handelt von einem deutschen Kampfpiloten, der während des Ersten Weltkriegs über Frankreich abgeschossen und verwundet wird. Eine junge Französin, Mitglied einer Wanderbühne, findet den Mann, pflegt ihn und verliebt sich in ihn. Damit zieht sie Ablehnung und Hass ihrer Landsleute auf sich. Für die weibliche Hauptrolle der Thérèse, genannt Jou-Jou, favorisiert Ritter in der Reihenfolge ihrer Nennung drei Schauspielerinnen: die Deutsch-Amerikanerin Brigitte Horney, die Österreicherin Jenny Jugo und die Ungarin Käthe von Nagy. Das Sitzungsprotokoll vermerkt: „Höheren Orts wird gewünscht, dass die Rolle des französischen Mädchens Lída Baarová wegen ihres ausländischen Akzents spielen wird. Herr Ritter hat sich dagegen ausgesprochen."[156]

16. Dezember 1936

Trotz intensiver Arbeit im Ministerium und Weihnachtsvorbereitungen verschafft sich Goebbels immer wieder Zeit, nach Lanke zu fahren. So auch an diesem Mittwochnachmittag. Neue Möbel sind angekommen, er fühlt sich „rundum wohl". In Baarovás Erinnerung sind es diese Vorweihnachtstage, in denen der Knoten platzt: „Eines Abends hörten wir Musik von Bach, das Kaminfeuer verbreitete eine wohlige Wärme – und mit einem Mal küssten wir uns."[157] Danach gesteht ihr Goebbels: „Liduschka, sicher hast Du vieles über mich gehört und denkst Dir alles mögliche. Aber ich schwöre Dir, dass ich noch nie in meinem Leben so von Liebe zu einer Frau entflammt bin wie jetzt zu Dir!"[158] Vielleicht ist es eben dieser Abend des 16. Dezember, über dessen Ausklang Goebbels am folgenden Tag notiert: „Bis Mitternacht auf. Dann seliger Schlaf."[159] Wenige Tage später erwähnt er: „Mit Magda Parlaver. Sie ist wie immer gut und verständig."[160] Denkbar, dass Goebbels einmal mehr und ohne konkret zu werden, seinen Hang zur Promiskuität thematisiert und ihn seine Frau, die im siebten Monat schwanger ist, exkulpiert. Weiterhin wirft Goebbels Nebelkerzen: „Nachmittags viel Besuch: Die Höpfners, Baarová, Dannhoff."[161] Während Magda Goebbels mit Weihnachtsvorbereitungen beschäftigt ist, fährt ihr Mann am 22. Dezember zum Bogensee. Das Weihnachtsfest selbst wird von seiner Frau in diesem Jahr besonders groß aufgezogen. Doch bei Goebbels will keine Festtagsstimmung aufkommen, er verbringt Weihnachten in „Trauer und Melancholie". Am ersten Weihnachtsfeiertag zieht es ihn „heraus aus dem Festkitsch" und nach Lanke in sein Blockhaus, wo er die nächsten Tage ohne Familie und vermutlich zumindest teilweise mit seiner Geliebten verbringt: „Ein herrlicher Nachmittag und Abend. (...) Ich bleibe zu Nacht am Bogensee. Bis spät abends parlavert ..."[162] Am folgenden Vormittag verlässt er Lanke spät, um schon nach wenigen Stunden wieder dort zu sein, diesmal mit Teilen der Abendrunde vom 3. Dezember: neben seiner Frau und deren Schwägerin Ello Quandt sind es Erika Dannhoff und der Maler Conrad Hommel. Lída Baarová fehlt. Sie ist unterwegs nach Prag, um bei ihren Eltern Weihnachten zu feiern und sich auf ein neues Filmprojekt vorzubereiten.

Auch ihre Rivalin, die Frau des Propagandaministers trifft Reisevorbereitungen: Hitler hat Familie Goebbels zu einem Urlaubsaufenthalt auf den Obersalzberg geladen. Es ist nicht das erste Mal, dass der Familie dieses Privileg zuteil wird. Bereits im vergangenen Juli hatten Joseph und Magda Goebbels drei Tage auf dem Berghof verbracht. Am Abend vor der Abreise „parlavert" Goebbels mit seiner Frau „lange über Liebe, Ehe usw. Sie ist so nett und klug,"[163] vermerkt er erstaunt über ihre offenbar tolerante Haltung. Das Thema wird Goebbels zwei Wochen später erneut mit Ello Quandt und Erika Dannhoff ausgiebig diskutieren.[164]

Am 4. Januar fährt das Ehepaar mit den Kindern nach Berchtesgaden, wo sie Hitler auf der Treppe des Berghofs empfängt und ihnen alle Aufmerksamkeit schenkt. Mit Goebbels unternimmt er einen langen Spaziergang „durch Schnee und Sonne“ und weiht ihn in seine Umgestaltungspläne Berlins ein. Vier Tage später verabschiedet sich Goebbels schon wieder und kehrt allein nach Berlin zurück.

9. Januar 1937

Zurück im Ministerium erwartet ihn jede Menge Arbeit. Goebbels lässt eine Reihe von Artikeln der Auslandspresse dementieren, die über die nachrichtenarme Zeit erscheinen sind und von einem gemeinsamen Komplott Görings und Goebbels‘ berichteten sowie die baldige Abdankung Hitlers vorhersagen. Außerdem hat er eine Reihe von Film- und Theaterfragen zu bearbeiten. Abends fühlt er sich ohne Familie „etwas einsam in dem großen Haus“. Er telefoniert mit seiner Frau, die sich „gut erholt“, aber nach der offenbar überraschenden Abreise Hitlers „alleine oben auf dem Berge mit den Kindern ist.“[165] Nachmittags sichtet er Probeaufnahmen des neuen Karl Ritter-Projekts *Patrioten*, die ihm gefallen. Ritter hat seinen Widerstand gegen die Besetzung der weiblichen Hauptrolle mit Lída Baarová aufgegeben. Goebbels kommentiert: „Dieser Film verspricht etwas.“[166]

Drei Tage später bestellt er Ritter und den Leiter der Ufa-Herstellungsgruppe C. M. Köhn zu sich, um noch einmal den Stoff von *Patrioten* durchzusprechen. Der Propagandaminister

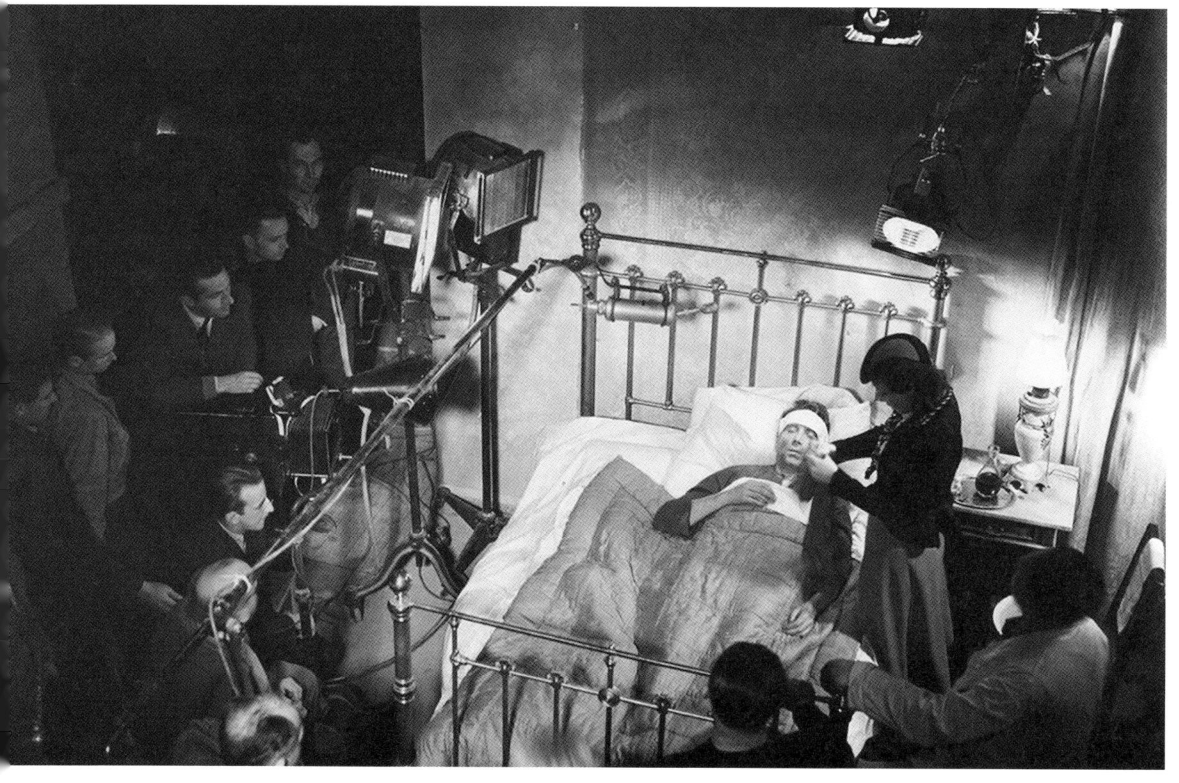

Eine Liebe in Frankreich: Dreharbeiten zu *Patrioten* (1937)

verfügt: „Er muss nationalistisch umgebogen werden, ganz scharf und klar".[167] Weil er dies Ritter offenbar nicht zutraut oder dessen Änderungen ihm nicht weit genug gehen, setzt er sich selbst hin und arbeitet das Drehbuch in seinem Sinne um, bis er es für „brauchbar" hält. Was dies im Kern heißt, fasst eine Zeitungsmeldung zusammen, die den Drehbeginn von *Patrioten* ankündigt: „In diesem Film werden ein deutscher Flieger und eine französische Schauspielerin vor die innere Auseinandersetzung mit sich selbst gestellt: Liebe oder Pflicht – das Ich oder das Vaterland."[168]

Im Frühjahr 1918 wird im französischen Kriegsgebiet der deutsche Kampfpilot Peter Thormann (Mathias Wieman) abgeschossen. Als einzig überlebendes Besatzungsmitglied kann er sich schwer verwundet aus den Trümmern retten, wird von einer vorbeiziehenden französischen Theatertruppe aufgelesen und auf Drängen der Enkelin des Direktors in die nächste Unterkunft gebracht. Dort pflegt Thérèse (Lída Baarová) den Fremden, der sich Pierre nennt, und in den sie sich verliebt. Wieder genesen, möchte Peter die misstrauisch gesinnte Gauklertruppe verlassen, um sich zu den deutschen Linien durchzuschlagen. Thérèse fängt ihn ab und überredet ihn stattdessen, gemeinsam mit der Gruppe deren nächstes Reiseziel anzusteuern: ein Fronttheater. Während Peter selbst dort mit einer kurzen Mundharmonikanummer auftritt, kommt es zu einem deutschen Fliegerangriff, bei dem sein patriotisches Bewusstsein erwacht. Er schließt sich zwei deutschen Kriegsgefangenen an, die ihre Flucht planen. Doch das Vorhaben scheitert und Peter, von Thérèse zur Rede gestellt, gesteht ihr seine wahre Identität. Thérèse, zwischen patriotischem Gebot als Französin und ihrer Liebe zu dem Deutschen hin- und hergerissen, zeigt Peter an. Er wird als Spion vor ein Kriegsgericht gestellt und soll hingerichtet werden. Verzweifelt kämpft Thérèse darum, die Unschuld ihres Geliebten zu beweisen. In einer Vorankündigung des Projekts für Verleiher und Kinobesitzer, das noch den Arbeitstitel *Gebrochene Flügel* trägt, heißt es zur Botschaft des Films: „Das Gefühl muss der Pflicht weichen!"[169]

Seine ministeriellen Pflichten mit seinem geheim gehaltenen Liebesleben in Einklang zu bringen, wird für Joseph Goebbels in diesen Tagen zunehmend zur Herausforderung. Immerhin entfallen die familiären Pflichten, nachdem seine hochschwangere Frau mit den Kindern noch immer auf dem Obersalzberg weilt und sich ohne Hitlers Anwesenheit einsam fühlt. Wann Goebbels tatsächlich alleine ist und wann in Gesellschaft Lída Baarovás, darüber geben seine Tagebuchaufzeichnungen keine Auskunft. Dies kann nur aus versteckten Hinweisen abgeleitet werden. Tatsächlich dreht Lída Baarová über den Jahreswechsel in Prag für den tschechischen Ufa-Ableger einen neuen Film. Inszeniert von Baarovás Lieblingsregisseur Martin Frič erzählt *Lidé na kře* (dt.: Menschen auf der Eisscholle) das Drama um den Zerfall einer bürgerlichen Familie angesichts drückender wirtschaftlicher Not: Der älteste Sohn, Ingenieur, ist seit zwei Jahren arbeitslos, die älteste Tochter, eine unterbezahlte Ärztin (Lída Baarová), heiratet, um abgesichert zu sein, einen Kollegen, den sie nicht liebt. Die zweite Tochter gibt ihre Stelle als Stenotypistin auf und fällt auf einen Hochstapler aus der Filmbranche herein. Ihr jüngerer Bruder findet nach langer Suche einen Job als Buchhalter in einer Brauerei, der weit unter seinen Möglichkeiten liegt. *Lidé na kře* zeigt Angehörige einer verunsicherten, entwurzelten jungen Generation ohne Zukunft, die, so die Metapher des Titels, wie Schiffbrüchige auf einer Eisscholle treiben. Ein Film zur aktuellen sozialen Situation der Tschechoslowakei, die, als kleines Land und exportabhängig, die Folgen der Weltwirtschaftskrise besonders hart zu spüren bekommt.

Auch nach der Weihnachtspause hat Lída Baarová noch in den Prager Barrandov-Studios mit *Lidé na kře* zu tun, kehrt aber in der zweiten Januarwoche nach Berlin zurück, ohne dass sich hierzu in Goebbels Tagebuch ein Hinweis findet. Wiederholt und wie zur Tarnung preist er vielmehr sein Alleinsein und findet es „manchmal ganz wunderbar: Das ewige Gequatsche der Gesellschaften hängt mir zum Halse heraus."[170] Dafür genießt er die Erholung „ganz ohne Form und Etikette".[171]

12. Januar 1937

Der Ufa-Vorstand berät abermals über *Patrioten*, dessen Drehbeginn unmittelbar bevorsteht.[172] Es wird berichtet, dass der Propagandaminister erneute Änderungen am Drehbuch und besonders an der Besetzung wünscht. So soll der Protagonist kein Offizier, sondern Unteroffizier sein, der bei einem Fronttheatergastspiel nicht als Gaukler, sondern als Musiker auftreten möge. Außerdem werde für die männliche Hauptrolle nicht Gustav Fröhlich, sondern Mathias Wieman empfohlen. Was den letzten Punkt betrifft, informiert Produktionschef Correll seine Vorstandskollegen darüber, dass Fröhlich die Rolle ohnehin abgelehnt habe. Die Ufa hätte ihn auch nur vorgeschlagen, um Engagement-Verpflichtungen ihres Vertragsschauspielers nachzukommen. Von Vertriebsseite wird eingewandt, dass die Besetzung mit Mathias Wieman „nicht zweckmäßig" sei. Dennoch beschließt der Ufa-Vorstand, den „Empfehlungen" des Ministers zu folgen. Durch die Umbesetzung der männlichen Hauptrolle mit dem weniger populären Wieman entsteht der Ufa eine Kostenersparnis von 30.000 Reichsmark. Die Gesamtherstellungskosten des Films von 586.000 Reichsmark werden gebilligt. In der bis zum Drehstart verbleibenden Zeit spricht Goebbels das Projekt detailliert mit Karl Ritter durch, bis es seinen Vorstellungen entspricht und lässt auch Mathias Wieman wissen, was er von ihm erwartet: „Mehr Stein (...) und weniger Gelee".[173]

25. Januar 1937

Am ersten Drehtag von *Patrioten* unternimmt der Filmminister einen Studiobesuch in Babelsberg. Begleitet wird er vom französischen Botschafter André François-Poncet und dessen Frau, die Goebbels wegen des deutsch-französischen Themas eingeladen hatte. Doch der medienwirksame Auftritt wird atmosphärisch getrübt: François-Poncet ist irritiert über die ablehnende Haltung der deutschen Presse gegenüber dem französischen Premierminister Léon Blum, der für die deutsch-französische Verständigung eintritt, sich als Chef der sozialistischen Volksfront aber auch den Sowjets verbunden fühlt. Goebbels ist beeindruckt von den Aufnahmen zu Ritters Film, findet sie „groß und pompös". In den nächsten Wochen wird er sich regelmäßig die Muster des Films vorführen lassen.

„Wer möchte nicht mal Fröhlich sein!"

27. Januar 1937
Abends findet im Ufa-Palast am Zoo die Premiere von Robert A. Stemmles *Gleisdreieck* mit den Hauptdarstellern statt. Fröhlich nimmt ohne Begleitung daran teil, seine Freundin möchte heute nicht dabei sein, was Fröhlich „komisch" vorkommt.[174] Zwischen zwei Vorstellungen, an deren Ende sich jeweils Team und Hauptdarsteller dem Publikum präsentieren, fährt Fröhlich entgegen seiner sonstigen Gewohnheit mit seinem Sportwagen nach Schwanenwerder, eine Strecke von 17 Kilometern, für die er mit dem Mercedes Kompressor etwa 20 Minuten braucht. Als er dort seine Villa ansteuert und am Beginn der Inselstraße das Goebbels-Anwesen passiert, bemerkt er in dessen Einfahrt Goebbels' schwarze Dienstlimousine – und den Minister, der in Begleitung Lída Baarovás offenbar gerade sein verwaistes Sommerhaus verlässt und sich anschickt, seinen Wagen zu besteigen. Er stoppt sein Cabrio schräg vor der Limousine, dieser den Weg abschneidend, springt heraus und herrscht den Minister an: „Jetzt weiß ich endlich, woran ich bin!"[175]

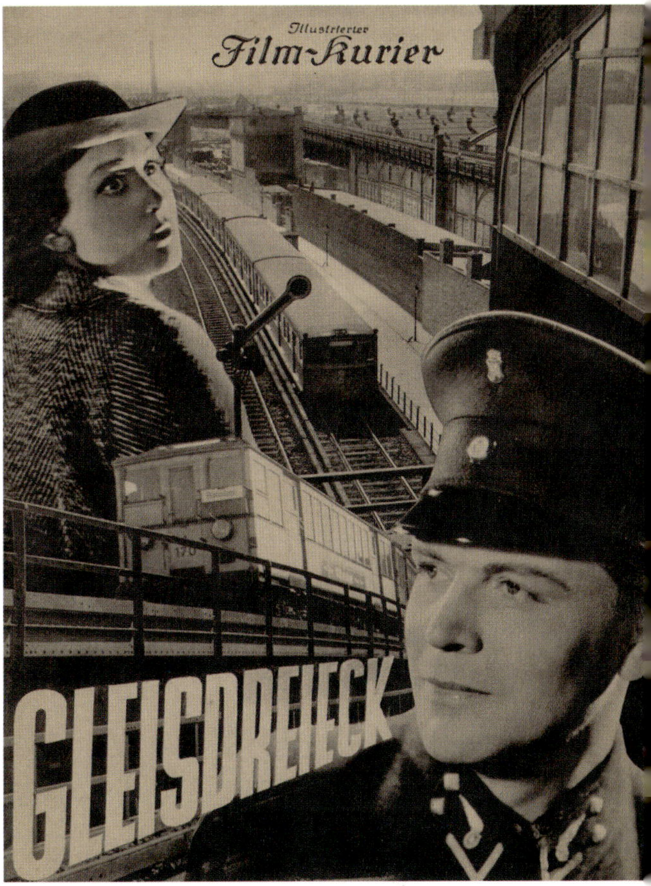

Gustav Fröhlich in *Gleisdreieck* (1937)

Lída Baarová erlebt die Situation anders: Demnach ist sie an dem Tag länger mit Dreharbeiten zu *Patrioten* beschäftigt und verabredet sich anschließend mit Fröhlich in dessen Haus auf Schwanenwerder. Als sie dort zur verabredeten Uhrzeit eintrifft, ist er noch nicht von der Filmpremiere zurück. Sie beschließt, ihm entgegenzugehen, winkt bald darauf den Scheinwerfern eines entgegenkommenden Autos zu, in dem sie Fröhlich vermutet, in dem aber Joseph Goebbels mit seinem Fahrer sitzt und vor dem Ministeranwesen hält. Überrascht fragt sie Goebbels, was er hier vor seinem Sommerhaus suche, wo er derzeit doch in der Stadt wohne. Er müsse auf die Schnelle eine Rede konzipieren und nur hier habe er die nötige Ruhe dazu, erwidert Goebbels. Im selben Moment taucht Fröhlichs Wagen auf und entdeckt die beiden. Ebenso wie Fröhlich erinnert sich auch Baarová der gleichen Worte ihres Noch-Partners: „Jetzt weiß ich endlich, woran ich bin!"[176] Und zu ihr gewandt: „Wir sprechen uns später!"[177] Baarová will noch einige Minuten bei Goebbels geblieben sein, der einen Moment brauchte, die Fassung wieder zu gewinnen und sich von ihr mit den Worten verabschiedete, dass Fröhlich für ihn ab jetzt nicht mehr existiere.[178] Dass

Fröhlichs Affront gegen seinen obersten Dienstherrn negative Folgen für ihn haben würde, lässt sich jedoch nicht belegen. Im laufenden Jahr wird er vier weitere Filme drehen, in den Jahren 1938/39 insgesamt sechs. 1940 wird er sogar in Veit Harlans *Der große König* neben Otto Gebühr die zweite männliche Hauptrolle spielen. Ein Film, von Goebbels persönlich beauftragt, über dessen Besetzung er entscheidet, und der das Prädikat „staatspolitisch besonders wertvoll" erhalten wird. Zwar lässt Goebbels keine Gelegenheit aus, über den populären Leinwandhelden zu lästern, den er für „ausgemacht dumm" hält.[179] Doch wird es nach dem abendlichen Eklat auf Schwanenwerder vier Jahre dauern, bis der Minister einen Anlass findet, gegen seinen Rivalen vorzugehen: Nachdem Fröhlich sich während der Dreharbeiten zu *Der große König* abfällig über Wehrmachtssoldaten geäußert haben soll, lässt Goebbels seine Unabkömmlichstellung (UK) aufheben und schickt ihn für 18 Monate zur Wehrmacht – allerdings ohne Fronteinsatz.[180]

Zunächst nur in Kreisen der Film- und Theaterschaffenden, danach auch in Teilen der Berliner Bevölkerung macht in den folgenden Tagen das Gerücht über den als Schürzenjäger notorischen Goebbels die Runde, er sei von einem Nebenbuhler auf offener Straße geohrfeigt worden. Lída Baarová vermutet, dass es Fröhlich selbst gewesen sei, der sich nach seiner Verbalattacke auf Schwanenwerder vor Kollegen damit brüstete und so eine Klatschlegende in Umlauf brachte, die in immer kühneren Ausschmückungen immer weitere Kreise zog; sogar von einem blauen Auge und zwei ausgeschlagenen Zähnen des Ministers sei die Rede gewesen.[181]

5. Februar 1937

Tatsächlich ist Goebbels dieser Tage wegen eines Gesundheitsproblems in ärztlicher Behandlung. Zwar begleitet er pflichtgemäß die Feierlichkeiten zum vierten Jahrestag der Machtergreifung am 30. Januar, zieht sich danach aber wieder aus der Öffentlichkeit zurück. „Ich bin weiterhin krank. Sehr schmerzhaft," vermerkt sein Tagebuch.[182] Der Grund ist eine Nieren-/ Beckenentzündung, die von Prof. Sauerbruch behandelt wird. Auch Magda Goebbels, im neunten Monat schwanger, muss wegen akuter Herzbeschwerden ins Krankenhaus. Bei einem abendlichen Treffen mit Hitler kommt Goebbels auf eine Reform des Eherechts zu sprechen. Ein aktuelles Thema, seit NS-Größen immer häufiger mit außerehelichen Affären von sich reden machen und Scheidungen Konjunktur haben. Goebbels schlägt vor, nach dem Scheidungsantrag ein obligatorisches Probejahr einzurichten, ehe ein erneuter Antrag gestellt werden müsse. Viele Ehen würden dann nicht mehr geschieden.[183] Seine eigene Ehe besorgt Goebbels derzeit eher durch die Erkrankung seiner Frau, die Verlustängste in ihm aufkommen lässt.

14. Februar 1937

Zehn Tage später befindet sich Magda Goebbels immer noch in der Klinik, doch ihr Zustand hat sich gebessert. Erleichtert konstatiert ihr Mann nach einem Besuch: „Wir plaudern lange und sehr nett miteinander. Ich freue mich, wenn Magda wieder ganz gesund, munter und frisch ist. Sie ist doch mein Liebstes."[184] Nachmittags sieht er sich die neuesten Muster von *Patrioten* an, der seit dem 9. Februar abgedreht ist und die ihn begeistern: „Sie sind gottlob sehr gut geraten. Wiemann (sic!) und Barowa (sic!) spielen wunderbar. Regie gut. (...) Ich bin sehr zufrieden. Abschieds- und Schlußszene tief ergreifend."[185] Was Goebbels besonders auffallen muss: Die

Hauptdarstellerin tritt selbstbewusster als in ihren bisherigen Filmen auf, ihr Deutsch ist hörbar besser geworden. Goebbels könnte zurecht beides seinem Einfluss zuschreiben.

22. Februar 1937

Vor drei Tagen ist Goebbels erneut Vater geworden. Nach Helga (1932), Hilde (1934) und Hellmuth (1935) ist Holde das vierte Kind, das seine Frau zur Welt gebracht hat. Bei einem Klinikbesuch gemeinsam mit Hitler findet er die Mutter „überglücklich" vor. Möglicherweise unter diesem Eindruck erzählt Hitler von der „unglücklichen Ehe" seines langjährigen Pressereferenten Otto Dietrich, inzwischen Reichspressechef, und als solcher einer von Goebbels' größten Konkurrenten.[186] Goebbels echauffiert sich über Dietrichs „unmögliche" Frau: „Jetzt will sie ihren Mann durch den Führer zur weiteren Ehe kommandieren lassen! Welch ein unmögliches Verfahren! Führer sagt: ‚Ich habe sie nicht getraut, ich kann sie nicht zusammenhalten!'"[187]

Nach den Anspannungen der vergangenen Wochen fährt Goebbels wieder mal zum Bogensee: „Ein gemütlicher, netter Abend mit Musik und Lektüre. Das tut so wohl und ist so beruhigend." An solch sorglosen Abenden unterhält Goebbels seine Geliebte schon mal mit Parodien seiner Ministerkollegen, besonders Hermann Görings oder auch anderer Nazi-Größen wie Robert Ley, Führer der Deutschen Arbeitsfront. Selbst Hitler wird nicht verschont und von seinem glühendsten Verehrer imitiert.[188]

In der geschützten Umgebung des Blockhauses kommt es auch vor, dass Goebbels in Skepsis verfällt und offen an der „ganzen Idee" des Nationalsozialismus zweifelt. Käme es zu einer Katastrophe, wäre dies ein Zeugnis dafür, dass sie sich alle diese Idee nur einredeten und eigentlich einem „Irrweg" folgten. In Phasen der Schwächen, so gesteht er ihr, baue er nur auf einen einzigen Menschen: Hitler. Ihn vergöttert Goebbels geradezu. So wie er es auch ist, der für die propagandistische Pflege des Führerkults verantwortlich zeichnet, der sein Idol in die Nähe eines neuen Messias bringt und der dessen Auftritte auf dem jährlichen Reichsparteitag wie ein Hochamt inszeniert.[189] Die ins Vertrauen Gezogene staunt nicht schlecht über ihren Geliebten, den sie in solchen Momenten als einen „ganz anderen" Menschen erlebt.[190]

„Ich bin ganz glücklich. (...) Über Nacht draußen geblieben."[191] Den ganzen folgenden Tag ist er „sehr müde"[192] und gerät mit dem „Führer" in Konflikt, der mittags nach München reist und ihn „unbedingt mithaben" will. Goebbels aber kann nicht, „muss in Berlin arbeiten". In der Tat: Er liquidiert den 1931 vom rechtskonservativen Alfred Hugenberg gegründeten Reichsverband deutscher Rundfunkteilnehmer (R. d. R.), der im gleichgeschalteten, dem Propagandaministerium unterstellten Rundfunkwesen keinen Platz mehr hat; schaltet sich in die Personalpolitik des „Berliner Tageblatt" ein; befasst sich mit „schweren Klagen" gegen den „Stürmer" („Dieses Blatt macht uns die meisten Sorgen"[193]); bespricht die bevorstehende Gaukulturwoche in Danzig, die „ganz groß" aufgezogen und mit der „beste Deutschtumsarbeit" geleistet werden soll; leitet eine Konferenz über die Neuorganisation der Tobis, an der u. a. Emil Jannings, Gustaf Gründgens und Willi Forst teilnehmen und mit der der künstlerische Einfluss gestärkt werden soll; besucht in der Klinik seine Frau und Töchterchen Holde, denen es „wunderbar" geht, sieht „Berge von Blumen und Glückwünschen"; legt selbst Blumen am Grab Horst Wessels, des „Märtyrers der Bewegung", an dessen Todestag nieder; tollt nachmittags zu Hause mit seinen Kindern herum, hält danach ein Nickerchen und sieht sich abends zwei Filme an: *Der Etappenhase* („kein Geist, kein Witz, kein Elan") sowie *Barcarole*, Lída Baarovás erste deutsche Ufa-Produktion. Verblüffenderweise hat Goebbels den Film seit seiner Fertigstellung vor zwei Jahren noch nicht gesehen. Sein Urteil: „Das Thema etwas unglücklich, aber die Barowa (sic) spielt wunderbar. Ergreifend und ans Herz rührend." Hingegen über Gustav Fröhlich: „Ein kleiner Tausendsassa ohne Gestaltungskraft. Falsche Besetzung."

26. Februar 1937
In einem „vertraulich!" überschriebenen Bericht gibt die Reichsfachschaft Film der übergeordneten Reichsfilmkammer „wunschgemäß" Auskunft zur Personalie Lída Baarová. Dort heißt es u. a.: Baarová sei seinerzeit Mitglied der tschechisch-nationalen Wehrorganisation Sokol (Adler) gewesen, die die Verdrängung und Bekämpfung von dreieinhalb Millionen Sudetendeutschen vertreten würde. Unter ihnen habe sie als „fanatische Tschechin" gegolten, die fast kein Wort Deutsch sprechen konnte. Bei einem Aufenthalt in Karlsbad im Sommer 1936 habe Baarová „Verkehr vorwiegend in tschechischen Kreisen gesucht". Als tschechische Zeitungen meldeten, sie sei mit Gustav Fröhlich verheiratet, habe ihre Mutter dies mit der Begründung dementiert, „ihre Tochter denke gar nicht daran, einen Deutschen zu heiraten". Offensichtlich hat die Reichsfachschaft Film wenig für ausländische, insbesondere tschechische Kollegen übrig und sicher nichts für Lída Baarová, auf die keine der Informationen zutrifft. Noch die falsche Berufsbezeichnung ihres Vaters verrät die Absicht der Fachschaft, Baarovás Familie sozial herabzusetzen. Über ihn heißt es: „Revisionsschlosser auf dem Prager Masaryk-Bahnhof." Tatsächlich ist Karel Babka städtischer Verwaltungsbeamter und Mitglied des Prager Magistrats. In diesen Zusammenhang fällt eine Anfrage, die die Reichsfilmkammer fünf Monate später aus Königsberg erhält: Ein gewisser Horst Weide möchte wissen, ob Lída Baarová Tschechoslowakin ist. „Geboren ist sie jedenfalls in Prag und ihr Name ist tschechoslowakisch. (...) Die Ufa hat mir leider keine Antwort gegeben."[194] Eine Antwort der Reichsfilmkammer ist nicht überliefert.

7. März 1937
Regelmäßig verbringt Goebbels nun verlängerte Wochenenden am Bogensee, zumal seine Frau wegen Herzproblemen noch immer in der Klinik ist. Dort hat sie von Hitler einen Auftrag für die Zeit nach ihrer Entlassung bekommen: Sie soll mit Walter Granzow reden. Das Parteimitglied Granzow war Verwalter des Quant'schen Gutshofs in Severin, nahe Parchim (Mecklenburg), auf dem Magda und Joseph Goebbels im Dezember 1931 geheiratet haben. Inzwischen zum Landesbauernführer von Mecklenburg-Schwerin und leitenden Funktionär im Berliner Reichsagrarministerium aufgestiegen, möchte sich Granzow, der sich „in so einen Filmstern verliebt"[195] hat, von seiner Frau trennen. Hitler aber befindet über den fast Fünfzigjährigen: „Granzow soll sich nicht scheiden lassen! Alter Esel! Letzter Frühling!"[196] Alternativ könne auch Goebbels mit dem Freund der Familie reden, findet Hitler. Goebbels stöhnt: „Ein saures Amt, und hier zumal!" Als Goebbels später am Tag seine Frau in der Klinik besucht, kommt das Thema zur Sprache: „Wir unterhalten uns über Ehe, Treue, etc. Magda ist lieb und vernünftig."

In einer weiteren privaten Angelegenheit interveniert Hitler: Die Schauspielerin und Ansagerin des ersten deutschen Fernsehsenders „Paul Nipkow“ Else Elster erwartet vom Berliner Polizeipräsidenten Wolf-Heinrich Graf von Helldorff ein Kind. Der verheiratete, fünffache Vater ist aufgrund seiner Spiel- und Verschwendungssucht hoch verschuldet und hat bereits sein ererbtes Rittergut verloren. Hitler springt ein und hilft der 27-Jährigen „die jetzt bald ihre schwere Stunde hat“ und bald darauf ein Mädchen zur Welt bringen wird, „sehr großzügig“. Zwei Wochen später kommt es zwischen Goebbels und seiner noch immer rekonvaleszenten Frau während des gemeinsamen Mittagessens in der Klinik zu einem „kleinen Krach wegen Helldorff-Elster. Das ist für Magda ein Greuel. Da wird sie unduldsam, ausfällig, ungerecht und hemmungslos. Eine typische Frau und Mutter.“[197] Goebbels‘ Reaktion: Während Magda mit dem nun auch kränkelnden Kind weiter in der Klinik verbleiben muss, fährt er erstmal „zum Bogensee heraus.“

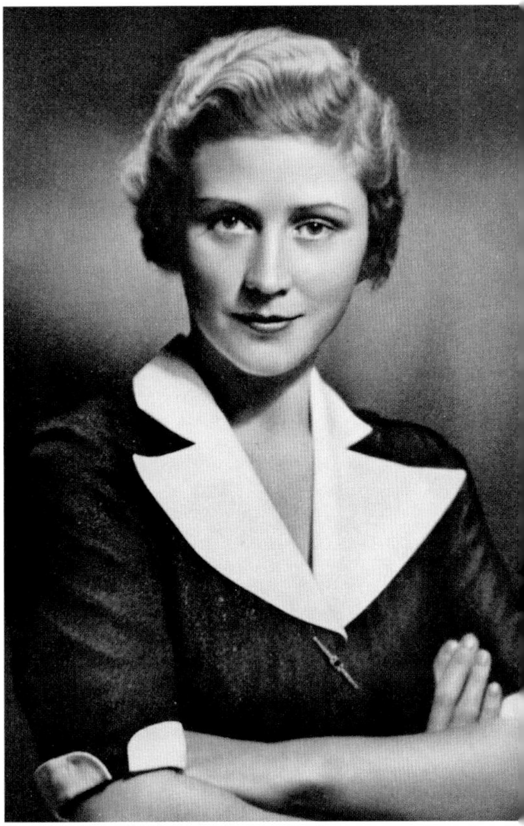

Else Elster

24. März 1937

Nach achtwöchiger Abwesenheit kehrt Magda Goebbels mit Töchterchen Holde aus der Klinik zurück. Ihr behandelnder Arzt rät dringend dazu, in den nächsten zwei Jahren keine Kinder mehr zu bekommen und die Herzbeschwerden auszukurieren. Magda Goebbels‘ Gesundheitsprobleme überschatten die kommenden Monate. Eine auf Hitlers Einladung für Frühjahr geplante Rheinfahrt zu dreien, muss deshalb abgesagt werden. Stattdessen prägen Kuraufenthalte und damit verbundene wochenlange Abwesenheit von Mutter und Ehefrau die kommenden Monate der Goebbels-Familie.

1. April 1937

Ganze Tage und Nächte verbringt Goebbels während seines Osterurlaubs am Bogensee, schläft dort „lange und herrlich“[198] oder erlebt „einen gemütlichen Morgen mit Arbeit und Parlaver.“[199] Nicht nur privat ist er derzeit mit „Filmfragen“ beschäftigt. Seit er vor vierzehn Tagen von Alfred Hugenberg („hat sich bis zum letzten Augenblick gesträubt“)[200] die Ufa für den NS-Staat erwerben ließ, hat Goebbels nun „ein Instrument in der Hand, mit dem ich arbeiten kann“ und schwelgt in Projekt- und Reorganisationsplänen, denen er sich „mit Liebe und Sorgfalt“ widmet. Gleiches erfährt nach ihrer Genesung auch seine Frau und die Familie: „Magda hat sich ausgeruht und sieht blendend aus“. Mit ihr und den Kindern unternimmt er „eine Spazierfahrt durch den Grunewald. Die Kinder sind süße Gebilde Gottes, voll Anmut und Grazie, Geschenke des Himmels“.[201] Er spielt mit ihnen, entdeckt: „Helmut wird nun ein richtiger kleiner Mann, manchmal sehr lieb, manchmal aber auch ausgemacht frech",[202] liest ihnen Märchen der Gebrüder Grimm vor („Sie sind so herrlich, richtige Volkskost"), sorgt sich um seine jüngste, noch immer kränkelnde Tochter und sieht mit Helga, der ältesten, die Hollywoodkomödie *One in a Million* (Regie: Sidney Lanfield), ein Starvehikel um die mehrfache norwegische Olympiasiegerin im Eiskunstlauf Sonja Henie: „Wie leicht die Amerikaner sowas hinlegen. Man kann das nur bewundern, Helga ist ganz begeistert und möchte sich am liebsten kranklachen."[203] Nach einer größeren Tafelrunde am Abend des Ostermontags mit den Ehepaaren Veit Harlan/Hilde Körber, Willy Birgel/Carola Cajetan, Will Dohm/Heli Finkenzeller, den Geschwistern Höpfner und seiner Geliebten Lída Baarová schwärmt Goebbels: „Magda ist wieder die Schönste unter allen."[204] Als entdeckte er seine Frau gerade mit neuen Augen.

10. April 1937

Der weitere Fall einer zerrütteten Ehe kommt vor Hitler. Ilse Terboven ist seit 1934 mit dem Gauleiter und Oberpräsidenten der Rheinprovinz Josef Terboven verheiratet. Zur Hochzeit von Goebbels' ehemaliger Sekretärin waren seinerzeit ihr ehemaliger Chef und Hitler eigens nach Essen gereist, um Terboven, einem frühen „Kämpfer der Bewegung" und Putschteilnehmer von 1923, als Trauzeugen die Reverenz zu erweisen. Nun scheint die Ehe, die gleichsam unter dem besonderen Schutz und Segen des „Führers" steht, am Ende. Ilse Terboven schreibt vertraulich an Hitler. Goebbels: „Ein kluger Brief. Macht Führer sichtlich Eindruck."[205] Der Minister rät zu Stillschweigen über den Brief und dessen Inhalt gegenüber Josef Terboven, mit dem Hitler sprechen wolle: „Führer auch gegen ewige Ehescheidungen. Ehe ist für unsere Leute doch ein gewisser Halt. Er erzählt uns, wie er nach der Festung (d. i. Landsberg) eine Frau wahnsinnig liebte und sie durch viele andere Frauen zu vergessen suchte. Das sei auch nicht gut gewesen. Die Frauenfrage ist unser schwerstes Problem."[206]

11. April 1937

Während der Propagandaminister an diesem Wochenende mit Hitler in dessen Sonderzug mehrere Städte des Ruhrgebiets bereist, folgt seine daheim gebliebene Frau einer Einladung des Ehepaars Helldorff ins „Kabarett der Komiker". Das Haus liegt am oberen Kurfürstendamm und gehört zu dem von Erich Mendelsohn Ende der 20er Jahre entworfenen neusachlichen WOGA-Komplex aus modernen Wohnungen, Geschäften und Kultureinrichtungen, unter ihnen das elegant geschwungene Kino Universum.[207] Geleitet wird das „KadeKo" von dem Schauspieler und Kabarettisten Willi Schaeffers. Weil er tagespolitische Ereignisse, wenn überhaupt, eher humorvoll kommentiert als sie zu kritisieren, hat er es im fünften Jahr des NS-Regimes erfolgreich geschafft, sein Haus vor staatlichen Repressionen zu bewahren. Seit Schließung von Werner Fincks „Katakombe" im Mai 1935 gehört das „KadeKo" zu den wenigen Berliner Kabaretts, in denen ohne Reue gelacht werden darf. Was Wunder, dass das, laut Eigenwerbung, erste Rauchtheater Berlins mit seinen 800 Plätzen, die sich um Einzeltische gruppieren, allabendlich ausverkauft ist. Das aktuelle Erfolgsprogramm des „KadeKo" heißt „3000 Jahre Kabarett" und versammelt einige der besten Kräfte ihres Fachs, darunter Lizzi Waldmüller, Willi Schaeffers, Paul Heidemann, Loni Heuser und Tatjana Sais. Conférencier des Abends ist Hellmuth Krüger, der sich 1931 mit seinem Couplet „Der Bücherkarren" und

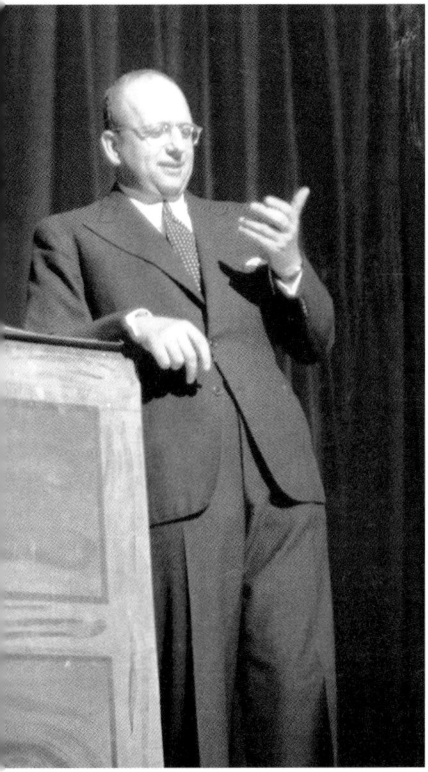
Kompromittierendes im „Kabarett der Komiker“: Werner Finck (1937)

dessen Refrain: „Wenn ich wüsste, was der Adolf mit uns vorhat“ bei diesem und seiner Partei keine Freunde machte. Auf dem Plakat aus gutem Grund nicht genannt wird der scharfzüngigste Kollege des KadeKo: Wortakrobat Werner Finck ist nach eineinhalbjährigem Auftrittsverbot wieder zurück und wird, um nicht den Argwohn der Behörden zu wecken, dem Ensemble quasi untergeschoben. Finck ist ein Meister doppeldeutiger Anspielungen, etwa: „Man kann alles sagen, was man denkt – man muss nur das Richtige denken“ oder: „Ich stehe hinter jeder Regierung, bei der ich nicht sitzen muss, wenn ich nicht hinter ihr stehe“. Als Teil seiner Conférence kommt Finck auf die berüchtigte abendliche Begegnung von Baarová, Goebbels und Gustav Fröhlich auf Schwanenwerder zu sprechen. Finck kann voraussetzen, dass sein Publikum von dem Vorfall ebenso weiß wie von dessen kolportiertem Ausgang: Fröhlichs Minister-Ohrfeige. Unter Beifall und Gelächter des Saales setzt Finck seine Pointe: „Wer möchte nicht mal Fröhlich sein!“

Goebbels‘ hinter vorgehaltener Hand verbreiteter Ruf als „Bock von Babelsberg“ ist damit nicht nur öffentlich geworden, er ist auch Gegenstand allgemeiner Belustigung – und dies nun sogar in Gegenwart seiner Ehefrau. Goebbels reagiert sofort nach seiner Rückkehr: „Ich lasse das Kabarett der Komiker überwachen. Dort werden Witze gegen den Staat gerissen. Das darf man nicht dulden. (...) Leider ist gerade am Sonntag noch Magda mit Helldorffs in dieses Kabarett gegangen. Das fehlte mir noch. Ich habe eine Granatenwut. Magda macht allein nur Dummheiten.“[208] Von seiner Frau wegen ihrer „dummen Eifersüchteleien“ aufgehalten, kann sich Goebbels abends nur schwer von zu Hause losmachen („Alles geht daneben“), hetzt dann spät abends noch zum Bogensee, wo er offenbar verabredet ist und die Nacht über bleibt. Auch die nächsten Tage halten die häuslichen Spannungen an und münden in eine Generalaussprache, bei der Magda Goebbels ihrem Mann erklärt, dass sie nicht länger seine Frau sein will („Nahe am Bruch“[209]). Nach zermürbenden Diskussionen bis tief in die Nacht gelingt es Goebbels dann doch, seine Frau umzustimmen. „Nun ist alles wieder gut“. Nicht ganz: Das „Kabarett der Komiker wird ernsthaft verwarnt. Wenn das nicht hilft, gehe ich mit Konzentrationslager vor. Und zwar gründlich.“

Zu Bruch geht in diesen Wochen Gustav Fröhlichs Traum vom gemeinsamen Heim mit Lída Baarová, die vor dem Hintergrund der jüngsten Entwicklungen nicht bereit ist, ihre Wohnung in der Taubertstraße aufzugeben. Fröhlich wird sein Haus zum Kauf anbieten. Dagegen verfolgt Magda Goebbels Pläne für den Bau eines eigenen Hauses[210] und zum Zeichen, dass im Hause Goebbels vorerst wieder Normalität eingekehrt ist, lädt das Ehepaar zu einer sonntäglichen Teerunde („sehr nett und gemütlich“[211]), an der neben den Schauspielern Maria Bard, Hilde Krüger, Jenny Jugo und Ehemann Friedrich Benfer auch Lída Baarová teilnimmt. Am

Rande der Gesellschaft nimmt Goebbels Jenny Jugo zur Seite und hält ihr „all ihre Sünden vor. Sie ist sehr klein." Denkbar, dass Jugos „Sünden" auf Indiskretionen der Schauspielerin zurückzuführen sind, die in den vergangenen Tagen dazu beigetragen haben, dass die Goebbels-Ehe kurz vor dem Aus stand. Zu vorgerückter Stunde stößt dann auch noch „der Führer" zu der Runde, die er in seine Umgestaltungspläne für Berlin einweiht und damit „große Begeisterung erweckt". Auch den Eheleuten Goebbels rät er: „‚Haus wegreißen und ein ganz neues bauen.' Bravo!" Allein: „Wir wettern sehr gegen die Baubürokratie, die uns sämtliche Pläne vermasselt."

20. April 1937
Bei strahlendem „Führerwetter" feiert Hitler seinen achtundvierzigsten Geburtstag. Berlin ist heute ein Flaggenmeer. Als Goebbels vom Bogensee kommend in der Reichskanzlei eintrifft, um zu gratulieren, findet er „einen Riesenbetrieb"[212] vor – und seine Frau, die mit den Kindern bereits auf ihn wartet. Als Geburtstagsgeschenk überreicht das Ehepaar dem Jubilar zwei Spitzweg-Gemälde, die ihm eine „Riesenfreude" machen. Später verfolgt die Gesellschaft von den Fenstern der Reichskanzlei aus ein Defilee von Hitlers Leibstandarte: „Riesenkerls!" vermerkt bewundernd der kleinwüchsige Propagandaminister. Als Höhepunkt des Tages nimmt Hitler gegenüber der Technischen Hochschule vor hunderttausend Zuschauern eine Wehrmachtsparade ab: „Ein imposantes militärisches Schauspiel. Unbeschreiblich in seiner Kraft und Pracht. Und das bei strahlender Sonne. So weit also sind wir nun." Während Hitler nachmittags nach München fliegt, lässt sich Goebbels gemeinsam mit seiner Frau Karl Ritters eben fertiggestellten Film *Patrioten* vorführen. Er findet: „Er ist wunderbar geworden. Ganz klar und nationalistisch in der Tendenz. Wiemann (sic!) Barova (sic!) Dahlke, Hübner, Körber, alle spielen ganz einzigartig. Ich bin auf das Tiefste ergriffen."[213] Was Goebbels besonders gefällt, ist die Natürlichkeit, die Souveränität, mit der seine Geliebte inzwischen vor der Kamera agiert. Zuweilen wirkt sie übermütig und versteht es, ihren Liebreiz auszuspielen. Beim Auftritt der Gauklertruppe im Fronttheater singt sie „Paris, du bist die schönste Stadt der Welt", tanzt Can-Can und gibt sich kokett. Mit Genugtuung erkennt der Filmminister seine Mitwirkung an den Schlüsselszenen des Drehbuchs:

Peter: *„Du weisst doch gar nicht, was ich für ein Mensch bin."*
Thérèse: *„Ich hab' Dich so oft gesehen, wenn Du geschlafen hast. Du bist kein schlechter Mensch. Bist Du denn verheiratet, Pierre? Hast Du eine Frau?"*
Peter: *„Nein, ich hab' keine Frau. (…) Ich bin Soldat, Thérèse, und ich brauche keine Sicherheit als den Mann, der rechts von mir fliegt und der links von mir fliegt. Du sagst, ich bin am Leben geblieben. Aber mir ist, als wäre ich tot. Das kann eine Frau nicht verstehen, aber ich werd' erst wieder leben, wenn ich drüben bin, an der Front, bei meinem Geschwader, an der deutschen Front. Der Krieg braucht jeden Mann!"*
Thérèse: *„Ach, welch ein Unglück ist dieser Krieg, und dass Du ein Deutscher bist!"*

Obwohl in den Presseankündigungen des Films von einem Konflikt der Liebenden zwischen privatem Glücksverlangen und patriotischer Pflichterfüllung die Rede ist, trägt diesen Konflikt ausschließlich Thérèse aus. So bedingungslos ihre Leidenschaft für den Deutschen ist

(„Der Mann gehört mir – im Guten wie im Schlechten“), so unerwidert bleibt sie. Ihr Kümmern um seine Genesung nimmt er hin, ohne dass er Gefühle zeigen würde, die über ein dankbares Lächeln hinaus gehen. Dies passt zum stets unterkühlt-distanzierten Spiel Mathias Wiemans, der nur dann wirklich emotional wird, wenn es um Werte wie Deutschland, Fronterlebnis und Kameradschaft geht, zu denen er sich pathetisch bekennt. Die Liebe zwischen Thérèse und Peter bleibt ebenso behauptet wie deren Dilemma. Karl Ritters Inszenierung fehlt jegliche Psychologie, zumal in den romantischen Szenen. Mit ihren stereotypen Gefühlsausbrüchen gegen Ende des Films wirkt Lída Baarová überfordert, von der Regie allein gelassen. *Patrioten* wechselt von überdrehtem Klamauk und plakativer Dramatik, wie ihn die Chargendarsteller des Wandertheaters einbringen, zu bemüht wirkendem Melodram und schließlich zu virtuos choreografierter Kriegs-Action in den Fliegerszenen – Ritters eigentliche Stärke. Dass auch Magda Goebbels mit dem Film „sehr zufrieden“[214] ist, vergisst Goebbels nicht zu erwähnen. Was angesichts der Hauptdarstellerin wie eine Absolution wirkt. Das deutsche Kinopublikum wird *Patrioten* erst fünf Monate später zu sehen bekommen. Nach dem Willen des Ministers soll der Film zunächst in Venedig, dann, als Auftakt einer deutschen Kulturwoche in Paris, im Rahmen der dortigen Weltausstellung gezeigt werden.

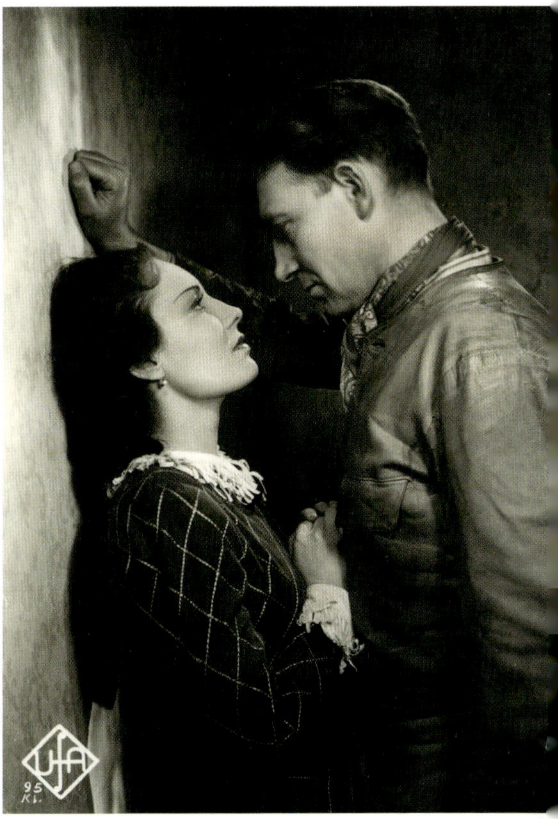

Mit Mathias Wieman in *Patrioten* (1937)

26. April 1937
Auf Anraten Heinrich Himmlers, als Chef der deutschen Polizei auch für die Sicherheit der Regierungsmitglieder verantwortlich, wird ab heute das Waldstück in Lanke, das Goebbels‘ bislang ungeschützt stehendes Landhaus umgibt, erweitert und eingezäunt. Ebenso wird ein kleiner Privatstrand mit Bootssteg angelegt.

27. April 1937
Die von Goebbels veranlasste Umgestaltung der Kammerspiele des Deutschen Theaters ist abgeschlossen. Foyer und Zuschauerraum haben ein klassizistisches Dekor bekommen. Zur Wiedereröffnung gibt es, vom Intendanten Heinz Hilpert selbst inszeniert, die Premiere einer englischen Erfolgskomödie: „Der erste Frühlingstag“ von Dodie Smith. In einer, wie die „Neue Zürcher Zeitung“ findet, „buntscheckigen Truppe“[215] spielen u. a.: Ursula Grabley, Lizzi Waldmüller, Blandine Ebinger, Hans Brausewetter, Axel von Ambesser – und Lída Baarová als älteste Tochter einer bürgerlichen englischen Familie. Es ist Baarovás erster Theaterauftritt seit

drei Jahren und ihr Debüt auf einer deutschen Bühne. Otto Ernst Hesse, Feuilletonchef der „B.Z. am Mittag" und späterer Textdichter des Filmschlagers „Die Nacht ist nicht allein zum Schlafen da",[216] schreibt: „Eine reizende Novelle in Rondo-Form läuft in neun Bildern vorüber. Ein Ehepaar steht auf. In der Küche hat das Dienstpersonal seine Sorgen. Die drei Kinder gehen ihrer eigenen Wege. Und an alle tritt der erste Frühlingstag mit seiner eigenen Erregung heran. Der Vater, Rechtsanwalt, wird von einer Schauspielerin beinah verführt. Die Mutter wird in eine Liebesverwechslung hineingerissen. Zum Sohn klettert aus dem Nachbargrundstück ein keckes Mädchen in den Garten. Die ältere Tochter (L. B.) erlebt ihr erstes Liebesleid mit einem unentschlossen verheirateten Maler. In typisch englischer Manier wird ein bisschen Ernst mit viel Humor gemischt. Die Realitäten des Alltags dämpfen die Erregungen. Reizende Dialoge plätschern daher und werden da besonders reizend, wo sich der Ernst mit der Heiterkeit kreuzt. (...) Die Stimmung im Publikum ist ausgezeichnet. Es wird viel gelacht und auch so gelächelt, so wie Heinz Hilpert es in diesem Hause gerne haben will. Es wird in dem Ensemble lange gefeiert. In der neuen, dem Hause schwungvoll angepassten Loge wohnte Reichsminister Dr. Goebbels der Aufführung bei."[217] Dieser ergänzt: „Das Theaterchen sieht festlich und einladend aus und erweckt allgemeine Begeisterung. Das Stück ist süß und zu Herzen gehend, lebenswahr und menschenecht. (...) Ein großer Erfolg. Wir sind alle ganz beglückt davon."[218] Der Rezensent des „Berliner Lokalanzeigers" lobt die „Geschmeidigkeit" Baarovás und deren „reizvolles Schwanken zwischen Überspanntheit und Gefühl".[219] Erich Pfeiffer-Belli schließlich findet im „Berliner Tageblatt" Lída Baarová als unglücklich verliebte Tochter: „schön und sehr tränenreich".[220]

15. Mai 1937

Nachmittags empfängt Goebbels im Büro seines Ministeriums am Wilhelmplatz Gustav Fröhlich zu einer Unterredung. Es geht um „Rollenfragen, Steuersachen und gesellschaftlichen Klimbim." Wie andere Spitzenverdiener plagt auch Fröhlich die hohe Steuerlast im NS-Staat, der hohe Einkommen schröpft, während er niedrige entlastet. Bei einem Jahreseinkommen des Filmstars von zuletzt 200.000 Reichsmark (nach heutigem Wert rund 1 Million Euro) eher ein Luxusproblem. Bei Goebbels stößt sein Rivale denn auch auf taube Ohren: „Diese Künstler haben täglich was Neues."[221]

18. Mai 1937

Der durch Werner Finck ausgelöste Ehekrach des vergangenen Monats im Hause Goebbels scheint fürs Erste beigelegt. „Mit Magda parlavert. Es geht ihr jetzt wieder gut",[222] stellt ihr Mann zufrieden fest. Was seine Stimmung an diesem Pfingstmontag ebenfalls hebt, ist Hitlers Urteil über *Patrioten*: Ihm habe der Film „gut gefallen". So genehmigt sich der Minister einen entspannten Nachmittag am Bogensee mit „Sonne, Ruhe, Erholung. Die Tiere laufen über die Terrasse. Ein Idyll dicht bei Berlin. Hier fühle ich mich ganz glücklich. Bis abends spät auf der Terrasse gelegen und geträumt."[223] Anders als es sonst seine Art ist, hebt er heute nicht eigens hervor, alleine in Lanke zu sein. Offenbar sieht er keinen Grund mehr, sich in seinem Tagebuch zu tarnen. Wahrscheinlich also verbringt er die erwähnten unbeschwerten Stunden in Gesellschaft seiner Geliebten. Was ihn noch glücklicher stimmt, ist die Aussicht auf einen weiteren

Ferientag, über den er ins Schwärmen gerät: „Sonne über dem See, der wie wallendes Silber aussieht. Und eine Ruhe, die unbeschreiblich süß und wohltuend ist. (...) Mit dem Boot auf den See heraus gerudert. Ins Schilf hinein. Eine einzigartige Erholung. Und wie glücklich ich dabei bin."[224] Lída Baarová erinnert sich an ein Detail dieser Ausfahrten: „Goebbels ruderte, und ich erschrak jedes Mal, wenn etwas von dem Seewasser hochspritzte, das voller Algen war."[225]

25. Mai 1937

Goebbels hat ein weiteres verlängertes Wochenende am Bogensee verbracht und trennt sich am heutigen frühen Dienstagmorgen „schweren Herzens".[226] Über so viel Freizeit seines sonst so präsenten Ministers ärgert sich sein Chef. „Beim Führer Mittag. Er ist ungehalten, dass ich am Tage vorher mich nicht habe blicken lassen."[227] Hitlers Ärger verraucht, als Goebbels ihm die Grundzüge seiner bevorstehenden Rede darlegt, in der es um die „Pfaffenprozesse" gehen wird. Seit Monaten beschäftigen Missbrauchsfälle in der Katholischen Kirche die deutschen Gerichte. Rund zweihundertfünfzig Gerichtsverfahren laufen derzeit gegen katholische Ordensleute und Priester. Die Partei nimmt den „Sexualsumpf" in Klöstern und Internaten zum Anlass für einen orchestrierten, sich sukzessiv steigernden Propagandafeldzug gegen Kirche und Klerus.[228] Drei Tage später (und einen Tag nach Fronleichnam) wird Goebbels auf einer von allen Reichsrundfunkstationen übertragenen Massenkundgebung in der vollbesetzten Deutschlandhalle die „planmäßige sittliche Vernichtung Tausender von Kindern und Kranken" anprangern und von einer „himmelschreienden Verantwortungslosigkeit" der bischöflichen Aufsichtsbehörden sprechen. Es wird der Höhepunkt der von dem Katholiken Hitler angestrengten und befeuerten Kampagne, mit der er Goebbels, (dem er den Austritt aus der Katholischen Kirche verweigert) und nicht dessen protestantischen Rivalen Rosenberg betraut hat. Nachmittags kommt der „Führer" nach Schwanenwerder zu einer Bootsfahrt mit Familie Goebbels und ist „ganz lieb zu uns". Dabei bespricht er Details der „Pfaffenrede" seines Propagandaministers und gibt ihm noch einige Tipps. Die Terminologie seines „Führers" übernehmend, gipfelt später Goebbels' zweistündige Suada darin, dass „diese Sexualpest mit Stumpf und Stiel ausgerottet" werden müsse.[229] Am Abend dieses sonnigen Tages steigen weitere vertraute Gäste zu, die die Runde um die Goebbels-Familie und Hitler erweitern und den Abend vor Anker auf dem Schwielowsee verbringen, darunter Veit Harlan, Harald Paulsen, Anny Ondra und die Geschwister Höpfner. Lída Baarová fehlt heute. Erneut und zu Goebbels' großer Freude „schwärmt der Führer sehr von *Patrioten* und Spiel Baarová."[230]

„Du weißt ja gar nicht, was du an deiner Frau hast"

5. Juni 1937

Wegen ihrer fortgesetzten Herzbeschwerden fährt Magda Goebbels auf einen vierwöchigen Kuraufenthalt nach Dresden. Das Lahmann-Sanatorium im Stadtteil Weißer Hirsch, gegründet 1888 von dem Arzt Heinrich Lahmann und nach dessen Tod von seiner Familie weitergeführt, ist vor dem Ersten Weltkrieg eine der ersten Adressen für Rehabilitationsmedizin. Zur Therapie gehören neben vegetarischer Kost Wasseranwendungen, „Luftbäder" und eine allgemeine Stärkung des Immunsystems durch viel Bewegung in freier Natur. Zu den Gästen des weltweit bekannten Hauses gehörten vor 1914 neben Angehörigen des Hochadels und des Großbürgertums auch Schriftsteller wie Rainer Maria Rilke, Franz Kafka und Thomas Mann. In den 20er und 30er Jahren kam Kulturprominenz wie Paul Lincke, Kurt Tucholsky, Gustaf Gründgens, Heinrich George und Heinz Rühmann hinzu.

Bereits vor der Abreise seiner Frau hat bei Goebbels ein Entfremdungsprozess zu ihr eingesetzt, der sich in zunehmender Abwesenheit von zu Hause zeigt. Noch am Tag vor ihrer Abreise vermerkt er: „Magda erwartet Teebesuch von Damen. Ich haue gleich wieder ab."[231] Nach langen Arbeitstagen spart er sich die Fahrt nach Schwanenwerder zur Sommerresidenz der Familie und schläft dafür meist in seiner Dienstwohnung. Die Wochenenden verbringt er allein oder mit seiner Geliebten am Bogensee. Mit ihr fühlt er sich inzwischen so stark verbunden, dass er unter Entzugserscheinungen leidet, wenn er nicht bei ihr sein kann. Als ihn einmal Arbeit daran hindert, Lída zu treffen, trägt er ihr auf, den Wilhelmplatz zu einer bestimmten Uhrzeit zu überqueren, damit er sie vom Fenster seines Büros aus sehen kann.[232] Ein andermal ruft Goebbels sie abends an einer Rede schreibend an und bittet sie, am Ende der offenen Leitung zu bleiben. Dann legte er den Hörer auf den Tisch und nimmt ihn ab und zu auf, um sie atmen zu hören. Sie hört ihn mit Papier rascheln. Zwischendurch vergewissert er sich: „Liduschka, bis du noch da?" So harrt sie aus, bis er fertig ist.

Einmal mehr registriert Baarová, dass er sich am Telefon als „Herr Müller" meldet. Als sie ihn darauf anspricht, antwortet er ausweichend. Bei einem dieser Telefonate in ihrer Wohnung kommt überraschend Gustav Fröhlich hinzu. Mit einer beschwichtigenden Geste bittet sie Fröhlich um Geduld. „Plötzlich riss mir Gustl den Hörer aus der Hand und schrie hinein: ‚Wer ist da?' Es kam keine Antwort. ‚Aha', sagte Gustl, und knallte den Hörer auf die Gabel, ‚jetzt weiß ich endgültig Bescheid. Das war bestimmt Goebbels, ich habe es geahnt!' Er packte mich an den Schultern, schüttelte mich und brüllte: ‚Wie oft habt ihr euch in letzter Zeit getroffen? Es ist aus zwischen uns!'"[233] Diese Szene markiert die endgültige Trennung Baarovás von Fröhlich, der äußere Vollzug einer Trennung, die emotional längst vollzogen ist. Gustav Fröhlich wird in den kommenden Wochen sein Haus auf Schwanenwerder aufgeben und verkaufen.

19. Juni 1937

Goebbels durchlebt rastlose Wochen voller Arbeit, Dienstreisen und Empfänge. In den ersten zwei Wochen dieses Monats ist er in München, Regensburg, Frankfurt und Köln. Täglich telefoniert Goebbels mit seiner Frau, die sich in Dresden rasch erholt. Berlin stöhnt unter einer Hitzewelle mit Temperaturen mit bis zu 37 Grad. Er versucht die Stadt zu meiden, verbringt halbe Tage im Ministerium, die Nächte in Lanke und schaut immer wieder auf Schwanenwerder bei den Kindern vorbei: „Die Kinder, die süßen Kinder. Ich habe ihnen einen wunderschönen neuen Ponywagen gekauft, der mit lautem Jubel begrüßt wird. Ich hatte so Sehnsucht nach den Kleinen, dass ich es gar nicht mehr aushalten konnte, sie zu sehen."[234] Er fühlt sich müde und abgespannt, klagt über Arbeitsüberlastung, sehnt sich nach Urlaub. Bei so viel Stress scheint er wenig Zeit und Muße für seine Geliebte übrig zu haben. Immerhin lässt er es sich nicht nehmen, am 17. Juni die fünfzigste Aufführung von „Der erste Frühlingstag" zu besuchen und danach seine Freundin zu sehen – allerdings in Gesellschaft: „Ein beschwingter Abend, lustig und witzig wie beim ersten Mal. Danach mit den Darstellern noch in der K. d. d. K. (Kameradschaft der deutschen Künstler) gesessen und geplaudert. Abschiedsstimmung. Alles fährt in Ferien!"[235]

„Ich habe Sehnsucht nach ihr", notiert er in sein Tagebuch – über seine Frau, die er mit den Kindern in Dresden besuchen will.[236] Einmal mehr beschäftigt ihn das Thema Ehescheidung, für die Hitler neue gesetzliche Regelungen schaffen will. Über diese tauscht er sich mit seinem Propagandaminister aus: „Es ergeben sich da noch viele Schwierigkeiten. Führer ist selbst noch nicht ganz klar. Auch über Strafen bei Ehebruch."[237] Wenige Tage später dann: „Wiedersehen mit Magda. Wir freuen uns alle sehr. Das ist ein Jubel. Sie sieht blendend aus. Ich liebe sie wie am Anfang. Sie ist mein bester und treuester Kamerad."[238] Während die Kinder über das Wochenende bei ihrer Mutter bleiben, hat es Goebbels eilig, noch am gleichen Abend nach Berlin zurückzufliegen. Von dort folgt nach kurzer Arbeitsunterbrechung eine Reise zum Gautag der Partei nach Gelsenkirchen, wo ihn Zehntausende am Straßenrand bejubeln und ihn für seine Hetzrede gegen den Münsteraner Bischof von Galen feiern. Nach seiner Rückkehr am 27. Juni lässt er sich vom Flugplatz direkt nach Lanke fahren. „Ich bin so müde und abgespannt, dass ich wie tot hinfalle."[239] Ehe am 29. Juni abends seine Frau aus Dresden zurückkehrt, wird er nach einem verkürzten Bürotag vom Ministerium aus abermals zum Bogensee fahren. Dort genießt er die letzten Stunden ohne Familie – aber offensichtlich nicht allein: „... ausgeruht, parlavert. Ein wenig Ruhe und Ausspannung."[240] Dann holt er seine Frau mit den Kindern am Anhalter Bahnhof ab: „Das ist eine unbeschreibliche Freude. Ich selbst bin ganz gerührt. Die Kinder plappern und Magda lacht. Das ist mein Schatz und mein Glück."[241] Vor Goebbels liegen vier Wochen Ferien – und zunächst noch das Sommerfest seines Ministeriums.

1. Juli 1937

Erneut ist die Pfaueninsel festlich geschmückt wie vor einem Jahr. Wieder haben Pioniere eine Pontonbrücke über den schmalen Seearm geschlagen, werden die Gäste von einem Spalier schöner junger Mädchen in weißer Pagentracht empfangen, hat Benno von Arent die Insel in eine märchenhafte Erlebniswelt verwandelt. In der Mitte eines applanierten kreisrunden Festplatzes ist ein Lichterbaum errichtet worden, von dem aus ein Netz mit tausenden bunten Lampions das Areal wie ein leuchtendes Dach überspannt. Auf dem weitläufigen, den Platz einfassenden Rasen erwarten chromgelbe Sitzgelegenheiten an blumengeschmückten Tischen die zahlreichen internationalen Gäste. Wie vor einem Jahr bangt Goebbels um das Wetter, das seit einer Woche kalt und regnerisch ist und das ihn fast dazu bringt, die Veranstaltung abzusagen. Als der Minister und seine Frau am frühen Abend an der Pfaueninsel eintreffen, regnet es noch leicht. Dann klart der Himmel auf, „es wird lauwarm und schön, ein bezauberndes Fest mit Tanz, Feuerwerk, Jubel und Frohsinn."[242] Doch nicht die Jugend der Welt samt Kultur- und Politprominenz ist in diesem Jahr Gast beim „Sommerfest der Reichsregierung", sondern die Delegierten eines Kongresses der Internationalen Handelskammer, die sich Berlin als Tagungsort ausgesucht haben. Die meisten der 1.600 Gäste aus 40 Ländern kommen, ebenso wie Goebbels, in Begleitung ihrer Ehefrauen. Eine eher förmliche, weniger glamouröse Gesellschaft mit höherem Durchschnittsalter und geringerem Flirtfaktor als beim unvergessenen Olympischen Sommerfest 1936. Lída Baarová, die Goebbels in jener Nacht zum ersten Mal offen umwarb, fehlt in diesem Jahr. Angesichts der bevorstehenden vierwöchigen Sommerferien ihres Geliebten, die er mit seiner Familie verbringen wird, zieht es Baarová vor, nach Prag zu ihren Eltern und ihrer Schwester zu fahren, ehe nach ihrer Rückkehr im September die Dreharbeiten zu einem neuen Film beginnen.

3. Juli 1937

Bei einem Kurzurlaub im Ostseebad Heiligendamm kommen Joseph und Magda Goebbels sich wieder näher. Dafür stehen Sätze wie: „Geschlafen, mit den Kindern gespielt, mit Magda geplaudert."[243] „Lange mit Magda parlavert. Sie ist sehr lieb und auch klug. Sie erzählt mir aus ihrer Jugend. Ich bin froh, dass ich sie habe."[244] „Magda ist unentwegt lieb und gut zu mir. Ich bin froh, dass ich sie habe. Und die Kinder sind mein Juwel."[245] Während der Sonnentage am Meer besucht Goebbels' Schwester Maria die Familie, begleitet von dem Regisseur und Drehbuchautor Max W. Kimmich. „Er hält um ihre Hand an. Etwas schüchtern und unbeholfen. Aber wohl anständiger Charakter. Ich muss mich nun zuerst einmal nach ihm erkundigen. Auch ist er schon etwas alt für Maria."[246] Maria Goebbels ist siebenundzwanzig, ihr Freund vierundvierzig. Goebbels kommt sich „etwas dumm vor in der Rolle des Schwiegervaters. Aber zu meinem Gram sehe ich auch, wie mein Haar grau und grau wird."[247]

Kimmichs spätere Heirat mit Maria Goebbels wird ihm keine beruflichen Vorteile bringen: Zwischen 1938, dem Jahr seiner Eheschließung, und 1945 dreht Kimmich lediglich fünf Mittelfilme propagandistischen Inhalts, von denen die antibritischen *Der Fuchs von Glenarvon* (1939/40) und *Mein Leben für Irland* (1940/41) noch die bekannteren sind, aber erst nach mehrmaligen Umarbeitungen von Goebbels akzeptiert werden.[248] Dieser wird nach anfänglich „sehr gutem Eindruck" in den folgenden Jahren zunehmend abfällig über den Regisseur urteilen, den er nicht für sonderlich begabt hält, ihn zunächst „nett, aber nicht überschlau"[249] nennt, später „Trottel"[250] oder gar „Waschlappen".[251]

9. Juli 1937

Bereits nach einer halben Woche an der Ostsee werden die Koffer wieder gepackt. Familie Goebbels ist von Hitler eingeladen, die weiteren Ferien auf dem Obersalzberg zu verbringen. „Der Führer erwartet uns schon an der Treppe. Er ist sehr froh, dass wir da sind. Helga und Hilde dürfen mit uns am großen Tisch essen und benehmen sich wie Damen."[252] Goebbels wird jedoch nur drei Tage bleiben. Einen davon verbringt er mit Hitler in München, besichtigt dort das kurz vor der Einweihung stehende „Haus der Deutschen Kunst", das den 1931 abgebrannten Münchner Glaspalast ersetzen soll, und den ebenfalls fast vollendeten „Führerbau" am Königsplatz. Beide von Paul Ludwig Troost im neoklassizistischen Stil entworfenen Projekte werden nach dessen Tod 1934 von seiner Witwe Gerdy und seinem Schüler Leonhard Gall weitergeführt.

Ebenso stellen Goebbels und Hitler in dessen Münchner Wohnung die Filmauswahl für die in vier Wochen beginnende Biennale in Venedig zusammen. Zurück auf dem Berghof wird sich Goebbels am Abend des folgenden Tages wieder Richtung Berlin verabschieden. Ehe er zum Flugplatz Ainring gefahren wird, überkommt ihn ein fürsorgliches Gefühl für seine älteste Tochter, die an Angina erkrankt ist: „Nochmal nach Helga geschaut, die still und friedlich in ihrem Bettchen liegt. Sie ist ein süßes Etwas. Magda ist sehr lieb. Sie bleiben alle oben.“[253] Nach seiner Ankunft in Berlin befallen Goebbels „wahnsinnige Unterleibsschmerzen“, sodass er den Arzt kommen lassen muss. Vermutlich ein Wiederaufflackern seiner Nieren-/Beckenentzündung, die ihn die nächsten Tage im Bett verbringen lässt. Von dort aus dirigiert er die Ministeriumsgeschäfte. Dabei zur Hand geht ihm sein engster und emsigster Mitarbeiter Karl Hanke. Dieser „hat noch eine Unmenge von Kleinigkeiten, die alle erledigt werden müssen – vom Bett aus.“[254] Es zeigt Goebbels‘ Vertrauensverhältnis zu seinem Staatssekretär, dass er diesen in seinem Schlafzimmer empfängt. Knapp vier Wochen vor Beginn der Filmfestspiele in Venedig sichtet Goebbels noch mögliche Beiträge: „*Revolutionshochzeit* mit der Horney, Hartmann, Minetti und Benfer. Gut gespielt, aber manchmal etwas unglaubwürdig. Die Handlungsführung nicht

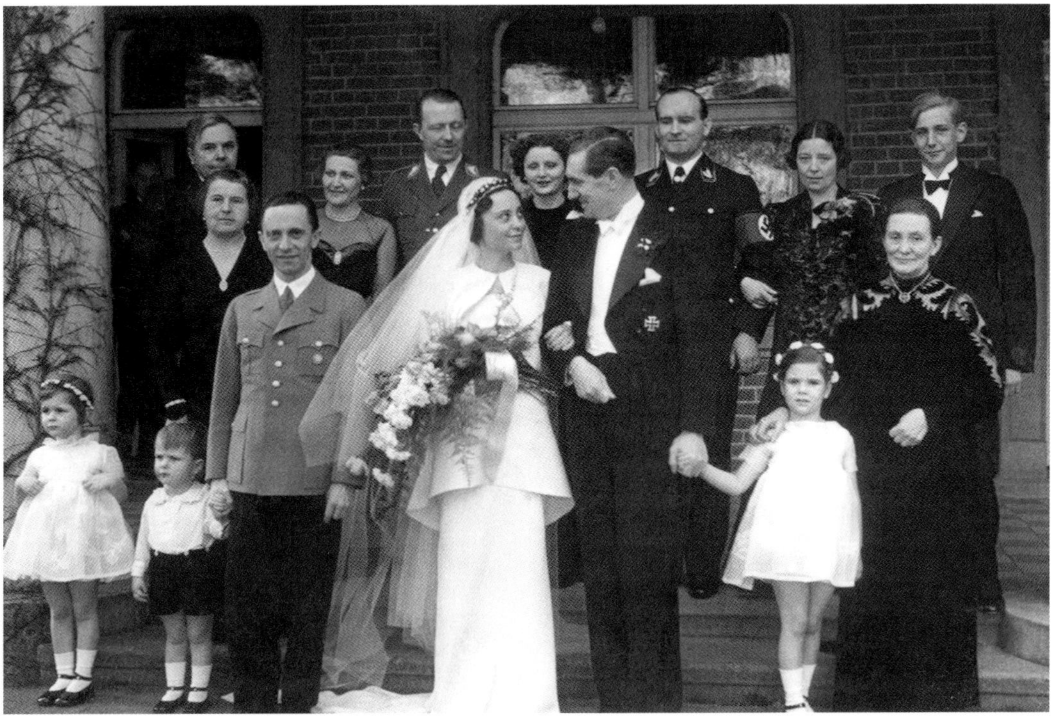

Goebbels' Schwester Maria heiratet den Regisseur Max W. Kimmich. Rechts von ihm: Helga Goebbels und Goebbels' Mutter Katharina. In der zweiten Reihe neben Magda Goebbels von links nach rechts: Wolf-Heinrich Graf von Helldorf, Ello Quandt, Karl Hanke, Helldorfs Ehefrau Ingeborg und Goebbels' Stiefsohn Harald Quandt.

immer logisch. *Capriolen*, (...) mit Hoppe, Gründgens, Bard, Benkhoff etc. Typisch Gründgens. Kalt, intellektuell, überpointiert und eisiger Witz. In manchen Partien direkt peinlich. Beide Filme kommen für Venedig nicht in Frage.“[255] Sobald es Goebbels gesundheitlich besser geht, lässt er sich an den Bogensee fahren. Dort sind Angehörige der Deutschen Arbeitsfront damit beschäftigt, das Gelände weiträumig einzuzäunen und einen Bootssteg zu bauen.

16. Juli 1937

Goebbels fliegt erneut nach Bayern, um in München an den Eröffnungsfeierlichkeiten des „Hauses der Deutschen Kunst“ teilzunehmen. Nach nur vier Tagen Abwesenheit erwartet ihn seine Frau am Flughafen. „Sie ist so glücklich, mich wiederzusehen. Und ich erst.“[256] Einträchtig besucht das Ehepaar mit Hitler abends im Nationaltheater eine Aufführung von „Tristan und Isolde“ unter Clemens Krauss und wählt am nächsten Morgen im „Haus der Deutschen Kunst“ bei einem privaten Rundgang vor seiner offiziellen Eröffnung Gemälde im Wert von 50.000 Reichsmark zum gemeinsamen Erwerb aus. Nachmittags findet die Jahrestagung der „Reichskammer der bildenden Künste“ statt, abends ein großes Fest auf der Theresienhöhe und am folgenden (Sonn-)tag bei strahlendem Wetter ein Staatsakt zur Eröffnung des lang gestreckten, von Säulen getragenen Ausstellungstempels der NS-Kunst, des ersten fertiggestellten architektonischen Prestigeprojekts des Dritten Reichs. Es folgt ein Festumzug tausender Münchner Künstler und Kunsthandwerker und abschließend ein Terrassenfest unter den Arkaden des neuen Museums.

Einen Schatten auf die Feierlichkeiten wirft das Befinden von Magda Goebbels, die während des Mammutprogramms zweimal in Ohnmacht fällt: „Die alte Herzgeschichte. Sie muss sich mehr schonen.“[257] Ihr Dresdener Kuraufenthalt und die anschließenden Urlaubstage an der Ostsee und in den Alpen haben ihr Gesundheitsproblem offenbar nicht behoben; ein Anlass zur Sorge. Am folgenden Abend fliegt Familie Goebbels „mit Kind und Kegel“ nach Berlin zurück. Dort stürzt sich der Minister trotz Ferien wieder ins Tagesgeschäft. Und feilt weiter an der Filmauswahl für Venedig, mit der er auch zweieinhalb Wochen vor Beginn der Biennale noch immer nicht zufrieden ist: „Es fehlt an Uraufführungsfilmen.“[258] Unzufrieden ist Goebbels dieser Tage auch mit der Situation des Reichsfilmarchivs, das sich „in einem skandalösen Zustande“ befindet und das er neu strukturieren wird.

26. Juli 1937

Die Trennung des Glamour-Paares Baarová-Fröhlich und ihre Folgen erreichen etwas verzögert auch die oberste Staatsführung. Bei einer langen Aussprache am Rande der Bayreuther Festspiele, die Goebbels ohne seine Frau besucht, informiert dieser den „Führer“ u. a. über den aktuellen Stand der „Pfaffenprozesse“, von denen er Aktenauszüge an die Kulturprominenz des Reichs verschicken lassen will. Dann leitet er über zu Gustaf Gründgens, den homosexuellen Generalintendanten des in Görings Zuständigkeit liegenden Staatstheaters („Führer ist sehr bestürzt über Sumpf am Staatstheater. Gründgens soll sich bald ins Ausland verdrücken“) und schließlich zu Lída Baarová, deren Entzweiung mit Gustav Fröhlich eine weitere Zusammenarbeit der beiden vor der Kamera unmöglich mache. „Für Baarová soll ich einen guten Partner suchen“[259] notiert der Filmminister.

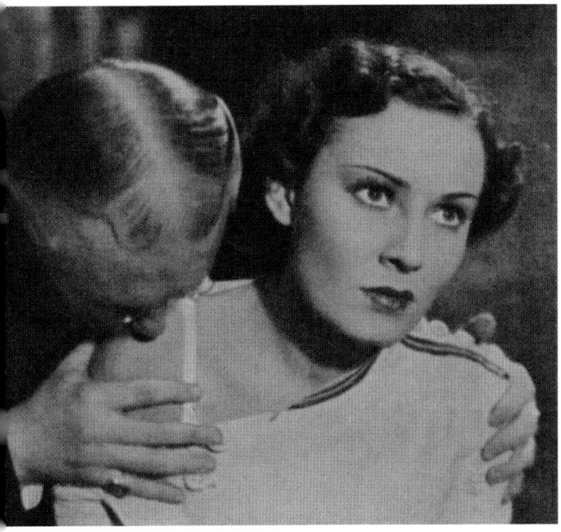

Mit František Kreuzmann als Stiefvater in *Panenství* (1937, dt.: Jungfernschaft)

1. August 1937

In den Prager Barrandov-Studios beginnen in diesen Tagen die Dreharbeiten zu einem neuen tschechischen Film mit Lída Baarová in der Hauptrolle: *Panentsvi* (dt.: Jungfernschaft). Es ist seit Beginn ihrer Karriere die zweiundzwanzigste Produktion für ihr Heimatland, der sechs deutsche und eine österreichische gegenüberstehen. Dies zeigt, dass Baarová vor allem in der Tschechoslowakei verankert ist und dort als Star wahrgenommen und entsprechend gewürdigt wird. Außerdem enthält ihr Ufa-Vertrag die Klausel, jährlich zwei tschechische Filme drehen zu dürfen. *Panenství* ist die Verfilmung des gleichnamigen Romans der kommunistischen Prager Schriftstellerin Marie Majerová (1882-1967). Erzählt wird die autobiographisch gefärbte Geschichte Hanas, einer jungen Frau, die von ihrer Mutter aus dem Haus geworfen wird, als ihr Stiefvater sie sexuell missbraucht. Sie findet Arbeit in einem Prager Café, teilt sich mit drei Kolleginnen eine primitive Dachwohnung und ist den ständigen Avancen von Kunden wie von Vorgesetzten ausgesetzt, obwohl sie sich seit der Erfahrung mit ihrem Stiefvater vor Männern ekelt. Dann lernt sie unter den Gästen einen jungen Komponisten kennen (Ladislav Boháč), verliebt sich in ihn und ist gerade dabei, ihr Trauma zu überwinden, als dieser schwer erkrankt. Nur eine kostspielige Behandlung kann helfen. Hana beschließt, ihren Körper zu verkaufen, um ihren Geliebten zu retten. Regie bei *Panentsvi* führt der 26-jährige Otakar Vávra, der sich mit seinem erst zweiten abendfüllenden Film an französischen Vorbildern des poetischen Realismus orientiert, etwa an René Clairs *Sous les toits de Paris* (1930).

Während der Dreharbeiten in Prag taucht in den Barrandov-Studios ein bekannter Talentscout von Metro-Goldwyn-Mayer auf. Bob Ritchie lädt Lída Baarová zu Probeaufnahmen nach London ein.[260]

10. August 1937

Im neu erbauten Festivalpalais auf dem Lido in Venedig beginnt die fünfte „Mostra Internazionale d'Arte Cinematografica“. Deutschland hat in diesem Jahr für die Leistungsschau des internationalen Filmschaffens neben fünfzehn Kurzfilmen sieben abendfüllende Produktionen angemeldet, darunter Veit Harlans *Der Herrscher* mit Emil Jannings, Detlef Siercks ersten deutschen Zarah Leander-Film *Zu neuen Ufern*, Karl Hartls Krimikomödie *Der Mann, der Sherlock Holmes war* mit Heinz Rühmann und Hans Albers sowie Karl Ritters *Patrioten*. Frankreich ist ebenso wie Italien und Großbritannien mit jeweils vier Filmen vertreten. Größter Konkurrent ist, wenig überraschend, die USA mit acht Spielfilmen, darunter *Shall we Dance?* (Regie: Mark Sandrich) und *A Star is born* (Regie: William A. Wellman). Ritters Film läuft am ersten Festivalwochenende und hat damit einen der besten Programmplätze der dreiwöchigen Veranstaltung, die, neben einheimischem Publikum, erneut für den gehobenen

Lido-Tourismus konzipiert ist. Alle Filme laufen in ihrer Originalsprache. Die wichtigsten deutschen Beiträge haben in diesem Jahr Untertitel in der Weltsprache Französisch bekommen, so auch *Patrioten*. Dennoch gibt es beim überwiegend fachfremden Publikum der Biennale Sprachhürden. Auch in diesem Jahr bleiben, der allgemeinen Gepflogenheit des Festivals folgend, Regisseur und Hauptdarsteller der Premiere fern. Ebenso der deutsche Filmminister, der im vergangenen Jahr noch zum letzten Wochenende anreiste, sich dieses Mal aber vom Präsidenten der Reichsfilmkammer Oswald Lehnich vertreten lässt. Auch Lída Baarová fehlt, obwohl, neben *Patrioten*, ihre aktuelle tschechische Produktion *Lidé na kře* (dt.: Menschen auf der Eisscholle) in Venedig läuft. Als einziger deutschsprachiger Regisseur ist der letztjährige Gewinner Luis Trenker anwesend, der seine jüngste Arbeit *Condottieri* präsentiert.

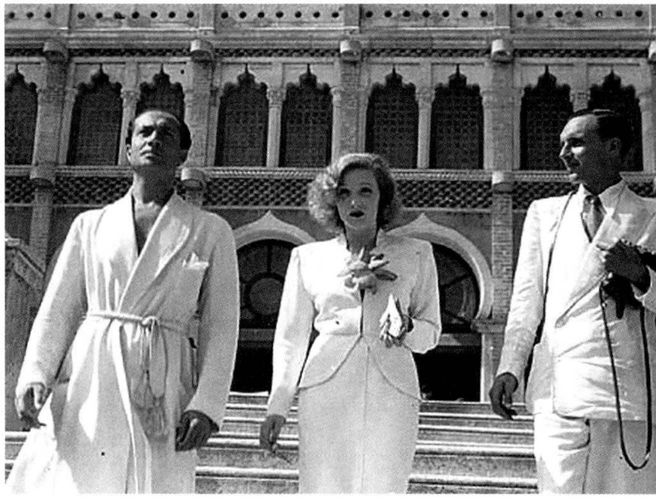

Auch sie war da: Marlene Dietrich mit Conrad Veidt (links) und Kameramann Ted Pahle vor dem Hotel Excelsior

Unter den wenigen in Venedig anwesenden Stars befinden sich Joan Crawford, Marlene Dietrich und aus Deutschland Brigitte Helm. Doch keine von ihnen spielt in einem der hier gezeigten Filme mit. Die Damen verbringen publicityträchtig lediglich ihren Urlaub in der Lagunenstadt. „Man sieht zum großen Abendkleid wie im Vorjahr vielfach seidene Sandalen, zu denen man keine Strümpfe trägt, sondern nur dunkelrot polierte Zehennägel. Bei den Herren herrscht der weiße Smoking fast auf der ganzen Linie. Ein weißer und ein hellblauer Abendmantel, die wie Arabermäntel geschnitten sind und mit der rassigen, Italienerinnen angeborenen Grandezza getragen werden, erregen sogar hier Aufsehen. Im Excelsior-Hotel, das den Mittelpunkt des mondänen Badelebens bildet, spielt nachmittags und abends auf der Terrasse am Meer eine argentinische Tango-Kapelle schmachtende Weisen. Und abends, wenn die Bäume im Scheinwerferlicht hellgrün leuchten und die in maurischem Stil gehaltene Hotelfassade an noch südlichere Zonen gemahnt, erscheint das Ganze mit dem im Mondschein glitzernden Meer im Hintergrund ganz unwirklich, wie eine mit großen Mitteln im Atelier gebaute Märchenarchitektur.“[261] Die Abendveranstaltungen der Biennale finden bei schönem Wetter also nach wie vor im Garten des Hotels Excelsior statt.

„Von Anfang an begann die packende Dramatik des Films die Zuschauer zu fesseln“, schreibt der „Film-Kurier“ über Karl Ritters *Patrioten*. „Wer die Atmosphäre dieser Filmvorführungen in Venedig kennt, weiß, wie sich gespanntes Interesse bei den Besuchern äußert. Allzu leicht werden (...) Privatgespräche bei den Vorführung laut, wenn ein Film nicht zu fesseln vermag. Bei *Patrioten* bleibt von Anfang an keine Zeit für Privatunterhaltungen. Die sonst so redseligen Italiener und die allzu rasch zu glossierenden Randbemerkungen aufgelegten Angelsachsen blickten gepackt und ergriffen auf die Leinwand.“[262] Als gegen Ende des Films ein

Gewitter aufzieht und die ersten Regentropfen fallen, verzieht sich ein Teil des festlich gekleideten Publikums unter die Hotel-Arkaden, die Mehrheit bleibt aber bis zum Abspann sitzen. Lída Baarová spiele ihre Rolle „mit starken dramatischen Akzenten, die man ihr gar nicht zugetraut hätte", schreibt ein deutscher Korrespondent.[263] Auch die ausländische Presse lobt den Film und seine Darsteller: „Besonders erweckten Lída Baarová und Mathias Wieman Bewunderung. Sie haben die ihnen zugedachten Rollen mit Leidenschaft und rührender Echtheit verkörpert. Der Film wurde vom Publikum mit stärkstem Beifall aufgenommen."[264] Allerdings läuft mit Jean Renoirs *La grande illusion* ein französischer Film im Wettbewerb, der vor dem Hintergrund des Ersten Weltkriegs ein ähnliches Thema wie *Patrioten* quasi umgekehrt behandelt: Zwei aus deutscher Gefangenschaft entflohene französische Soldaten versuchen sich zu ihren eigenen Linien durchzuschlagen. Dabei begegnen sie einer deutschen Bäuerin, die sie bei sich versteckt und in die sich einer der beiden verliebt. Die deutsche Presse reagiert wohlwollend auf Renoirs Film, enthält er doch, ebenso wie *Patrioten*, keine hetzerische Haltung gegen den früheren Kriegsfeind. Sogar das im Münchner Eher-Verlag erscheinende NS-Organ „Die Bewegung" schreibt: „Wenn nun hier ein Film wie *La grande illusion* die Deutschen nicht nur (...) anständig und menschlich, sondern (...) darüber hinaus (...) ritterlich und fair zeigt, dann soll das eine Anerkennung wert sein."[265]

26. August 1937
Goebbels verbringt einen Tag in Einsamkeit am Bogensee, über dem „ein tolles Gewitter tobt. Eine Art Naturschauspiel."[266] Pausenloser Regen und die Abwesenheit seiner Geliebten machen ihn melancholisch. So lässt er sich abends in die Stadt zurückfahren und in seiner Dienstwohnung erneut *Patrioten* vorführen. „Ich bin wieder sehr davon eingenommen."[267] Der Film wird in wenigen Tagen die Deutsche Kulturwoche in Paris eröffnen.

31. August 1937
Der Ufa-Vorstand befasst sich auf seiner heutigen Sitzung mit dem Vorschlag des von Goebbels frisch berufenen Tobis-Produktionschefs Hans H. Zerlett. Dieser ist eigentlich Regisseur und hat mit intelligenten Unterhaltungsfilmen wie *Arzt aus Leidenschaft* (1935/36) oder *Truxa* (1936/37) das Wohlwollen des Ministers geweckt. Außerdem gibt es über die mit Zerlett befreundete Schauspielerin Anny Ondra und ihren Mann Max Schmeling, Protagonisten in Zerletts romantischer Komödie *Knock-out. Ein junges Mädchen, ein junger Mann* (1934/35), einen privaten Kontakt zu Goebbels.[268] Kurz nach seinem Amtsantritt bei der Tobis schlägt Zerlett dem Vorstand ihres größten Konkurrenten vor, Lída Baarová neben ihrem Engagement für die Ufa auch in jährlich zwei Tobis-Filmen als Hauptdarstellerin zu besetzen. Den Ufa-Vorstandsmitgliedern dürfte bewusst sein, dass Zerlett mit seinem Ersuchen einem Wunsch „höherer Stelle" folgt. Das Vorstandsprotokoll der seit Frühjahr verstaatlichen, also Goebbels unterstellten Ufa vermerkt lapidar: „Soll abgelehnt werden."[269]

3. September 1937
Im Kino der Pariser Weltausstellung am Trocadéro wird mit Karl Ritters *Patrioten* die „Deutsche Kulturwoche" eröffnet. Sie ist Teil der von Mai bis November stattfindenden internationalen

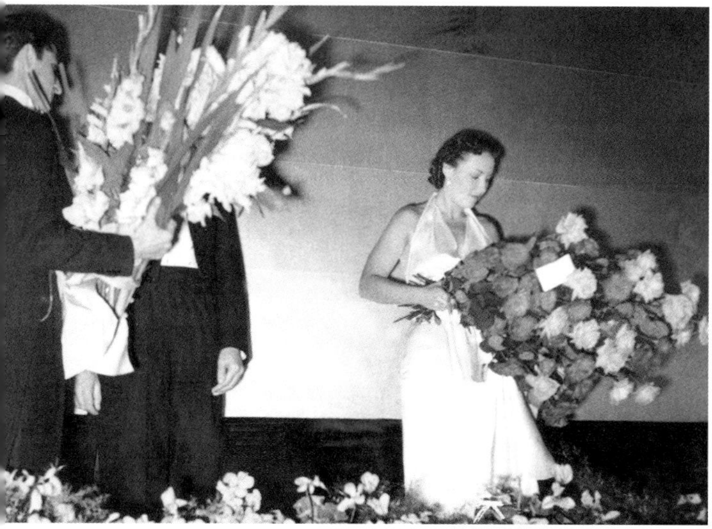

Baarová bei der Pariser Premiere von *Patrioten*

Leistungsschau, an der sich auf dem Marsfeld rund um den Eiffelturm fünfzig Länder beteiligen und zu der 34 Millionen Besucher aus aller Welt kommen werden. Mit seinen 50 Metern Höhe überragt der von Albert Speer entworfene und mit einem Reichsadler gekrönte klassizistische Pavillon die übrigen Gebäude der Weltausstellung deutlich, insbesondere den direkt gegenüberliegenden sowjetischen Pavillon. Auf dem Programm der Kulturwoche stehen zahlreiche Konzert- und Opernaufführungen, darunter Beethovens Neunte, dirigiert von Wilhelm Furtwängler, „Der Rosenkavalier" von Richard Strauss sowie, mit „Tristan und Isolde" und „Die Walküre" zwei Wagner-Opern in aktuellen Bayreuther Inszenierungen. In den kommenden zehn Tagen werden 1.200 beteiligte Künstler nach Paris kommen, unter ihnen, zur heutigen Eröffnungsgala, die beiden Hauptdarsteller von *Patrioten* Lída Baarová und Mathias Wieman. Der „Photo-Cine-Phono"-Saal der Weltausstellung ist ein stationärer Pavillon, der direkt unter dem Eiffelturm errichtet wurde: „Eine Sinfonie heller Leuchtfarben ergießt sich von oben aus unendlich vielfarbigen Lichtquellen auf dieses Kino, während direkt davor kunstvoll und ebenso vielfarbig schillernde Wasserkünste beinah lautlos ineinanderfließen: Ein Anblick, wie man ihn nie zuvor erlebt hat."[270] Der Saal ist von einer eleganten Zuschauermenge bis auf den letzten Platz gefüllt, „darunter zahlreiche bekannte Persönlichkeiten aus kulturellen und diplomatischen Kreisen Deutschlands, Frankreichs und der internationalen Welt."[271] Der Abend beginnt musikalisch mit dem „Wanderlied" von Hugo Wolf, gesungen von dem Bariton Heinrich Schlusnus. Es folgt, als Zeugnis deutscher Neuentwicklung auf dem Gebiet des Farbfilms, der nach dem Farbfilmverfahren Agfacolor entstandene Kurzfilm *Deutschland* von Svend Noldan mit Musik von Walter Gronostay. Schließlich, im Hauptprogramm des Abends und in Anwesenheit der beiden aus Berlin angereisten Hauptdarsteller, *Patrioten*, der am Schluss mit „überaus starkem Beifall" bedacht wird: „Das Werk ist wie kein anderes geeignet, der Verständigung zu dienen. Es zeigt, dass über alle Trennungen der Politik, des Krieges und der Schützengräben hinweg die Menschen zusammenfinden können, wenn sie den Menschenwert auch im anderen erkennen und achten."[272] Das sieht die französische Presse ebenso: „Ein Film voller Feingefühl" findet „Le Figaro."[273]

4. September 1937

Ebenso wenig wie nach Venedig ist der Schirmherr des deutschen Films nach Paris gekommen, um die prestigeträchtige Präsentation deutscher Kultur im Rahmen der Weltausstellung durch seine Anwesenheit politisch aufzuwerten. In Vertretung hat Goebbels seinen Staatssekretär

Walther Funk geschickt. Er selbst muss den jährlichen Reichsparteitag vorbereiten, der in zwei Tagen beginnt und auf dem der Propagandaminister traditionell einer der Hauptredner ist. Außerdem steht Ende des Monats der Staatsbesuch Mussolinis in Berlin an, dem propagandistisch große Bedeutung zukommen soll. Aus der Ferne freut sich Goebbels über den (offenbar von Funk berichteten) „beispiellosen Erfolg", den *Patrioten* in Paris gehabt habe, wo der Film eine Goldmedaille gewann.[274] Unzufrieden ist er dagegen mit dem dürftigen Abschneiden deutscher Filme in Venedig. Von den Hauptpreisen der Biennale hat lediglich Emil Jannings die „Coppa Volpi" für seine Darstellung in *Der Herrscher* bekommen. Zwei weitere Pokale gingen an Produktionen untergeordneter Kategorien: Walther Ruttmanns *Mannesmann*. Ein Film der Mannesmannröhren-Werke wurde als „Bester Dokumentarfilm" aufgezeichnet, *Röntgenstrahlen* von Hermann Pfeiffer als „Bester wissenschaftlicher Film". Den Pokal „Bester ausländischer Film", einer der Hauptpreise, erhielt Julien Duviviers *Un carnet de bal*.[275] Goebbels' Herzensprojekt *Patrioten* ging dagegen leer aus. Er droht: „Das Statut der Biennale muss geändert werden. Sonst ziehen wir uns zurück".[276]

Auf dem Rückzug befindet sich Goebbels in diesen Wochen von seiner Familie. Äußerer Grund ist sein erhöhtes Arbeitspensum angesichts der bevorstehenden Großereignisse, das ihm keine Zeit lässt, täglich nach Schwanenwerder zu fahren. Andererseits schaffen die sich verstetigende Liebe zu Lída Baarová und die regelmäßig aufflammenden Spannungen mit seiner Frau zunehmend Distanz. Ein tägliches Zusammenleben mit ihr und den Kindern findet de facto nicht mehr statt. Unter der Woche schläft Goebbels meist in seiner Ministerwohnung. Die freien Stunden verbringt er – allein oder mit seiner Geliebten – am Bogensee. Seine Familie sieht er nur noch besuchsweise. So wie an diesem Wochenende, da Lída Baarová nicht verfügbar ist: „Heraus nach Schwanenwerder. Dort wartet schon alles auf mich. Es ist doch schön, ein Heim und eine Familie zu besitzen."[277] Zum Abendessen kommt Besuch: Birgitta Nestler, die 24-jährige, attraktive schwedische Frau des Fabrikanten Alfred Nestler, dessen Unternehmen Marktführer für Rechenschieber und Zeichenbretter ist: „Sie haben hier auf Schwanenwerder Fröhlichs Haus gekauft. Es ist sehr nett. Eine reizende neue Nachbarin."[278] Damit ist die Inselepisode von Fröhlich/Baarová mit ihren seismischen Auswirkungen auf das Goebbels'sche Anwesen erstmal beendet.

6. September 1937

Einen Tag vor Lída Baarovás dreiundzwanzigstem Geburtstag beginnen in den Grunewalder Tobis-Studios die Dreharbeiten für ihren siebten deutschsprachigen Film: *Die Fledermaus*. Eine von der Berliner Imagoton-Film ausgeführte Auftragsproduktion der Tobis, in der Baarová unter Paul Verhoevens Regie und unter der Künstlerischen Oberleitung des Tobis-Produktionschefs Hans H. Zerlett, die weibliche Hauptrolle spielt. Es ist, nach einigen „Tonbildern" von 1908/09 mit Auszügen populärer Arien, einer Stummfilmversion (1923) und einer frühen Tonfilmfassung (1931), die dritte abendfüllende Verfilmung der gleichnamigen Operette von Johann Strauss, die in eine moderne Rahmenhandlung integriert wird. In deren Mittelpunkt steht Hans Weigel (Hans Söhnker), glücklich verheirateter Operettentenor und Star einer erfolgreichen „Fledermaus"-Inszenierung, deren dreihundertste Aufführung bevorsteht. Obwohl Weigel glücklich mit seiner jungen Frau Maria (Lída Baarová) verheiratet ist, sehnt er sich nach einem Seitensprung. Sein Freund Rommel (Harald Paulsen) zeigt dafür keinerlei Verständnis.

Rommel: „*Du weißt ja gar nicht, was Du an deiner Frau hast!*"
Weigel: „*Hauptsache sie weiß, was sie an mir hat!*" (...) „*Was willst Du eigentlich, ich liebe ja meine Frau! Ich liebe sie wirklich. Ich brauche sie. Ich könnte mir ein Leben ohne Maria nicht mehr vorstellen. Aber ich brauche auch noch etwas anderes. Ich bin Künstler. Ich brauche etwas, das mich aufpeitscht. Ich sehne mich ganz einfach.*"
Rommel: „*Wonach?*"
Weigel: „*Nach dem großen, trunken machenden Rausch!*"

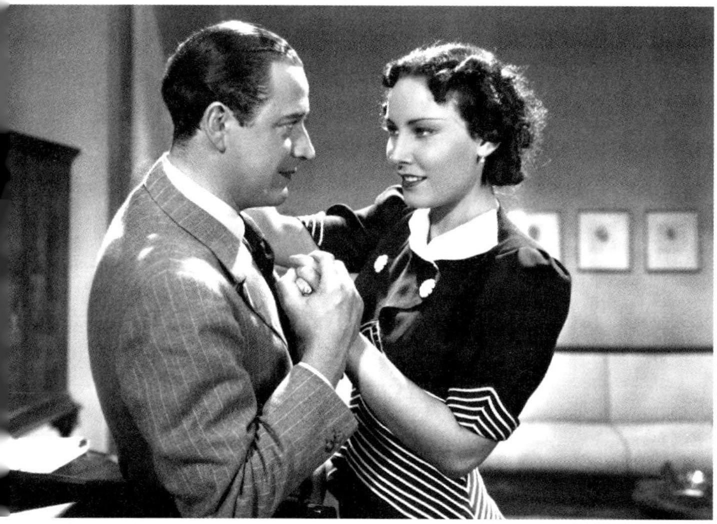

Lust auf Seitensprung trotz glücklicher Ehe.
Mit Hans Söhnker in *Die Fledermaus* (1937)

Das Objekt von Weigels Begierde ist eine verschleierte Schönheit, die regelmäßig zu seinen „Fledermaus"-Aufführungen erscheint, und der er in einem Billett mitteilt, er wolle sie während der bevorstehenden, dreihundertsten Vorstellung in ihrer Loge besuchen. Nur Weigels Freunde wissen, dass seine eigene Frau die Rolle der Unbekannten eingenommen hat, da diese längst abgereist ist. Amüsiert beobachten sie, wie Weigel sie tatsächlich während der Jubiläumsvorstellung aufsucht. Seltsamerweise scheint seine Frau davon zu wissen und bedeutet ihrem Mann:

Maria: „*Du bist ein entzückender Kerl. Und wenn ich so nachdenke, hast Du eigentlich nur einen einzigen Fehler: Immer, wenn Du was ausfrisst, lässt Du Dich dabei erwischen.*"
Weigel: „*Aber Maria, ich hab' noch nie bemerkt, dass Du was bemerkt hast...*"
Weigel kommt der schönen Unbekannten näher ...
Sie: „*Was wollen Sie?*"
... und küsst sie. Nachdem sie seinen Kuss erwidert hat:
Weigel: „*Donnerwetter, das nenn' ich Temperament!*"
Sie: „*Das ungarisch Blut schlägt in meinen Adern!*" (...) *Ich bin auch Künstlerin*"
Weigel: „*Wirklich?*"
Sie: „*Gerade jetzt spiel ich eine ganz große Rolle. Sind Sie verheiratet?*"
Weigel: „*Nein, aber verliebt!*"

Weigel verabredet sich mit der schönen Unbekannten für die Nacht. Ehe er die anlässlich der Jubiläumsvorstellung steigende Feier in seinem Haus für das Rendezvous verlässt, schläft er ein und träumt: „Die Fledermaus“ von Johann Strauss. Die bis jetzt eingeführten Personen spielen die Rollen der Operette, Weigel den Eisenstein, seine Frau die Rosalinde, sein Dienstmädchen die Adele. Im Traum verschwimmt die Erlebnisebene Eisensteins, der in der Operette um eine schöne Ungarin wirbt, mit seinem realen Leben. Als er seinen Chauffeur alias Alfred, den Sänger, mit seiner Frau alias Rosalinde in der Gefängniszelle antrifft, wird er eifersüchtig:

Weigel alias Eisenstein: *„Ist weiter nichts geschehen?“*
Maria alias Rosalinde: *„Mein Herr, was denken Sie von mir!“*
Weigel alias Eisenstein: *„Ich frage Sie auf Ehre und Gewissen: Ist weiter nichts geschehen? Antworten Sie!“*
Maria alias Rosalinde: *„Ich habe den Eindruck, als ob Sie mit meinem Mann sympathisieren! (...) Wissen Sie, was mein Mann ist? Ein Ungeheuer! Ein treuloses Ungeheuer! Aber er soll mir nur nach Hause kommen. Erst kratze ich ihm die Augen aus. Und dann lass' ich mich scheiden!“*
Eisenstein: *„Sehr gut, das hat er auch verdient, dieser alberne Bursche!“*

Weigel erwacht aus seinem Traum und hat die Lust auf einen Seitensprung verloren. Dennoch geht er zum Rendezvous mit der schönen Unbekannten:

Weigel: *„Sie hätten nicht hierherkommen sollen, gnädige Frau!“*
Sie: *„Ich verstehe Sie nicht!“*
Weigel: *„Verstehen Sie doch!“*
Sie: *„Oh, heiße Liebe, schon verglüht? Ich verstehe!“*
Weigel: *„Gnä' Frau, ich muss Ihnen ein Geständnis machen. Ich weiß, dass ich mich sehr schlecht benommen habe, aber ich habe eingesehen, dass ... ich liebe meine Frau!“*
Maria (ihren Schleier lüftend): *„Aber Hans! Du machst mir ja direkt eine Liebeserklärung!“*

8. September 1937
Keine Liebeserklärung ist es, was Magda Goebbels in einem scharfen Brief ihrem Mann nach Nürnberg schickt, der sich dort gerade auf dem Reichsparteitag aufhält. Während ihm bei seinen öffentlichen Reden „Stürme des Beifalls“[279] entgegenbranden, holen Goebbels privat einmal mehr seine Eheprobleme ein. Magda Goebbels ist die neueste, im Pariser Exil erschienene Ausgabe der kommunistischen Zeitung „Rote Fahne“ mit einem Artikel zugespielt worden, der sich genüsslich über die erotischen Eskapaden des NS-Propagandaministers auslässt. Goebbels ruft seine Frau an und beschwichtigt sie, nennt den Text „Eine freche Mystifikation“ und einen „Sack verdammter Lügen.“[280] Um sie zu beschwichtigen, lässt Goebbels ihr ein silbernes Kaffeeservice zukommen. Am nächsten Tag scheinen die Wogen geglättet: „Mit Magda telefoniert. Sie ist sehr nett, lieb und glücklich.“[281]

Unangenehme Nachrichten erreichen den Filmminister dieser Tage auch aus München: dort war es in einem Kino zu Störungen des Marlene Dietrich-Films *Desire* (1937, Regie: Frank Borzage) gekommen, nachdem radikale NS-Blätter wie „Der Stürmer“ und „Das schwarze Korps“ gemeldet hatten, die Wahlamerikanerin werbe im Spanischen Bürgerkrieg für die von der Sowjetunion unterstützten Republikaner. Das ist für den Filmminister umso peinlicher, als er sich seit geraumer Zeit darum bemüht, Marlene Dietrich nach Deutschland zurückzuholen. Dem parteiinternen Druck folgend, lässt er „die letzten Reste von Filmen aus der Vergangenheit, in denen noch Juden zu sehen sind, in Bausch und Bogen verbieten. Auch den Marlene Dietrich-Film, bis ihr Fall restlos aufgeklärt ist."[282] Der „Fall" klärt sich dann zwei Monate später: „Marlene Dietrich hat alle gegen sie vorgebrachten Anschuldigungen entkräftet. Ich lasse sie in der Presse rehabilitieren."[283]

14./15. September 1937

Als nach dem achttätigen Programmmarathon des Nürnberger Reichsparteitags Goebbels gegen Mitternacht in Berlin landet, erwartet ihn seine Frau auf dem Flughafen Tempelhof. Gemeinsam fahren sie durch die menschenleere Stadt. Er schläft sich aus, isst mit Magda zu Mittag und verabschiedet sich danach, um zum Bogensee zu fahren. Dort bleibt er den Nachmittag, Abend und die Nacht und fährt erst am nächsten Mittag nach Berlin zurück. Geschätzte zwei Wochen sind seit Goebbels' letzter Begegnung mit Lída Baarová vergangen. Da liegt es nahe, dass er seinen Lanke-Ausflug nutzt, um sie wiederzusehen. Dies jedenfalls suggerieren Sätze wie: „Ich bin ganz glücklich. Und dann Ruhe, Ausspannung, Schlaf. Was will man mehr nach solchen Tagen!"[284]

Doch diesmal scheint Goebbels tatsächlich alleine zu sein. Lída Baarová steckt mitten in den Dreharbeiten zu Paul Verhoevens *Die Fledermaus*. Und am selben Abend, als Goebbels am Bogensee sich von den Strapazen der vergangenen Wochen erholt, ist Baarová nach Drehschluss mit Verhoeven und ihrem Filmehemann Hans Söhnker privat bei dem Kollegen Georg Alexander eingeladen. Als die Radionachrichten den Tod Tomáš Masaryks melden, der nach dem Ersten Weltkrieg zu den Gründervätern der unabhängigen demokratischen Tschechoslowakei gehörte, und deren Präsident er bis 1935 war, bricht Baarová in Tränen aus.[285] Anders die Reaktion ihres Geliebten: „Er war sehr überschätzt. Vor allem in Deutschland. Ein philosophierender Staatsmann, hinter dessen Reden keine Taten standen. Und schon vor seinem Tode tot."[286]

Während der Stunden in Lanke vergisst Goebbels nicht, seine aktuelle Lektüre zu erwähnen: „Die Frauen um Napoleon", erschienen 1912, geschrieben von der Historikerin Gertrude Kircheisen (eigentlich: Aretz). Biographische Essays über die Frauen, mit denen Bonaparte, neben seiner Ehefrau Joséphine de Beauharnais, Beziehungen hatte: Hofdamen, Herrscherinnen, Mätressen, Offiziersfrauen und Schauspielerinnen. Ihr Fazit: Napoleon hielt nicht viel von der Liebe. Für ihn war sie „verderblich", eine „Geißel der Tugend". Dennoch unterhielt er zahlreiche Affären.[287] Goebbels findet: „Ein interessantes Buch, das mir beweist, dass in diesem Punkte auch die größten Männer nur Sterbliche sind. Eine Beruhigung für mich!"[288]

Von seinem Kurzausflug zurück in Berlin, besucht Goebbels abends mit seiner Frau und den Ehepaaren von Helldorff und von Arent in den Kammerspielen eine Aufführung von „Er soll dein Herr sein!". Die Erfolgskomödie des irischen Autors Michael Egan (1895–1956) heißt im englischen Original „The Dominant Sex" und handelt von zwei experimentierfreudigen, modernen Ehepaaren. Das eine Paar hat (keine Selbstverständlichkeit im puritanischen England) schon vor seiner Heirat zusammengelebt. Das andere versucht, eine „offene Beziehung" zu leben, was in Scheidung endet. Die Protagonisten gehören der unteren Mittelschicht bzw. dem Bürgertum an und die Beziehungen richten sich am Anspruch der Beteiligten aus, fortschrittlich zu sein. Ein Gutteil des Stücks wird darauf verwendet, die Unterschiede der

Geschlechter herauszustellen, insbesondere was deren jeweilige Bedürfnisse und Erwartungen an eine gute Ehe betrifft. Mit über 400 Aufführungen im Londoner Westend ist das Stück seit seiner Premiere 1936 ein Dauerbrenner, ebenso läuft es in anderen Weltstädten, nicht zuletzt am New Yorker Broadway. Es ist die zweite Berliner Erstaufführung eines zeitgenössischen englischsprachigen Autors innerhalb weniger Monate an den in Goebbels' Zuständigkeitsbereich fallenden Kammerspielen. In den Hauptrollen: Gustav Fröhlich, Lizzi Waldmüller, Franz Pfaudler und Ursula Grabley. Das erneut von Hans Hilpert inszenierte Stück findet Goebbels „lange nicht so gut wie der ‚Erste Frühlingstag'. Und in manchen Passagen auch etwas zu frivol. (...). Die individualistischen erotischen und Eheprobleme interessieren heute kaum noch. Die regelt und löst das Leben selbst."[289]

Unabhängig von seinen regelmäßigen Kurzbesuchen am Bogensee, wo er häufig über Nacht bleibt, zeigt sich Goebbels in den folgenden Tagen immer wieder mit seiner Frau in der Öffentlichkeit, etwa bei weiteren Theaterbesuchen, einem Pferderennen in Hoppegarten mit anschließendem Abendessen in Berlins Prominentenlokal „Horcher";[290] als ob ein Kalkül dahinterstecken würde. Die Treffen seiner Geliebten dagegen verschweigt er seinem Tagebuch konsequent.

23. September 1937

Die Vorbereitungen für den in zwei Tagen beginnenden Mussolini-Besuch laufen auf Hochtouren. Das Gros seiner Organisation ist dem Propagandaministerium aufgetragen. Goebbels stöhnt unter der nicht abreißenden „Schufterei"[291]. Gleichzeitig findet die gesamte Woche über in Berlin und Umgebung eine von langer Hand geplante Luftschutzübung statt. Geprobt wird die Verdunkelung der Stadt, ein Angriff feindlicher Bomber simuliert: „Mein Ministerium in ‚Brand geschossen'. Der ganze Wilhelmplatz ‚vernichtet'. Ein tolles Schauspiel. Hoffentlich wird es niemals ernst."[292] Nach einem seiner inzwischen routinemäßigen Übernachtungsbesuche am Bogensee, bei dem er wahrscheinlich nicht allein ist („Arbeit und etwas Musik"[293]) fährt Goebbels heute anschließend an seinen Bürotag nach Schwanenwerder hinaus. Dort erfährt er von seiner Frau: „Sie erwartet wieder ein Kindchen. Aber wir freuen uns beide sehr."[294]

Bereits nach der Geburt ihrer jüngsten Tochter Holdine im Februar wurde Magda Goebbels wegen ihrer fortgesetzten Herzprobleme dringend von einer weiteren Schwangerschaft abgeraten. Sieben Monate später sieht sich die werdende Mutter erneut einem schweren Gesundheitsrisiko ausgesetzt, das nur durch radikalen Verzicht gelindert werden kann. Ihr Gynäkologe Dr. Walter Stöckel verlangt, dass sie sich aus der Öffentlichkeit komplett zurückzieht, alle repräsentativen Pflichten aufgibt und die kommenden Monate auf Schwanenwerder verbringt. „Und hätte jetzt doch wirklich verdient, dass sie einmal wieder dem Leben zurückgeschenkt würde. Aber dafür haben wir auch die Freude der Kinder. Sie toben draußen im Garten herum und sind wahre Engelchen."[295]

Die Ehefrau festgesetzt und ein öffentliches Schattendasein führend: trotz der demonstrativen Empathie ihres Mannes eröffnet ihm dies auch neue Freiheiten mit seiner Geliebten. Dass Lída Baarová einen kurzen Draht zu Goebbels besitzt, hat sich in Berliner Filmkreisen längst herumgesprochen. Schon bei den Vorbereitungen zu *Die Fledermaus* war Paul Verhoeven mit der Bitte an sie herangetreten, sich bei Goebbels für eine Kollegin zu verwenden. Es ging um die Wiener Schauspielerin Friedl Czepa, die sich der Regisseur für die Rolle des Dienstmädchens Adele wünschte, was

„höheren Orts" jedoch abgelehnt wurde, weil angeblich aufgrund einer neuen, internen Regelung nicht so viele Österreicher in reichsdeutschen Produktionen besetzt werden sollten. Baarová ließ sich einen Termin im Ministerium geben und erreichte, dass Goebbels sein Verbot widerrief; Czepa durfte mitspielen.[296] Ein weiteres Mal wendet sich Verhoeven, nun zur Hälfte der Dreharbeiten, an Baarová und bittet sie, sich bei Goebbels für einen Nachtragsetat des unterfinanzierten Films einzusetzen. Obwohl Goebbels diesmal abweisend reagiert und sie auffordert, mit dergleichen Anliegen künftig nicht mehr zu ihm zu kommen, signalisiert er Unterstützung.[297]

24. September 1937

Am Tag der deutschen Premiere von *Patrioten* im Berliner Ufa-Palast ist Goebbels auf dem Weg nach München, wo am folgenden Tag Mussolini eintrifft, dem Hitler in der „Hauptstadt der Bewegung" einen großen Empfang bereiten will. Auch Magda Goebbels, die den Zug nimmt, wird noch einmal dabei sein; eine ihrer letzten repräsentativen Reisen, ehe sie sich zurückzieht.

Drei Wochen nach der Pariser Galapremiere von *Patrioten* sind die Protagonisten des Films in Berlin versammelt, um seinen deutschen Kinostart zu flankieren. Die deutsche Presse lobt besonders die Hauptdarstellerin: „Eine Überraschung: Lída Baarová in der Rolle der Französin, lebendiger, temperamentvoller als in ihren bisherigen Filmen. Von zärtlicher Weichheit in ihrer Hingabe an den dt. Offizier, voll sprühender Ausgelassenheit auf der Fronttheaterbühne und leidenschaftlichem Gefühlsausbruch fähig in der Kriegsberichtsszene. Karl Ritters Regie hat etwas Neues, Besseres aus ihr gemacht, das auf der Leinwand bestehen kann. (...) Der Film fand eine sehr starke Resonanz. Das Publikum verharrte nach dem dramatischen Schluss einen Moment in Ergriffenheit und spendete dann sehr starken Beifall, für den sich die Hauptdarsteller und der Regisseur auf der Bühne bedankten."[298] Mit insgesamt 5,51 Millionen Zuschauern wird *Patrioten* in den kommenden Wochen die Liste der besucherstärksten Filme der Kinosaison 1937/38 anführen.[299]

In Zeiten längerer Trennung von ihrem Geliebten, wo er wie in den bevorstehenden Tagen des Mussolini-Besuchs unerreichbar scheint und nicht an ihrem Erfolg teilhaben kann, denkt Lída Baarová verstärkt über die Natur ihrer Beziehung zu ihm nach. Seit der endgültigen Trennung von Gustav Fröhlich hat Goebbels sie für sich allein. Mit dem Umstand, dass er kaum noch Zeit mit seiner Familie verbringt und meist in Lanke übernachtet, scheint sich seine Frau abgefunden zu haben. In dem Maße, in dem er nicht mehr um seine Geliebte werben muss, registriert sie bei Goebbels jedoch eine Änderung seines Verhaltens. Hieß es früher: „Bitte, komm hinaus zum Tee!", so ordnet er jetzt an: „Komm sofort!"[300] Es kann auch schon mal mitten in der Nacht sein, dass er sie nach Lanke beordert. Weil sie am nächsten Morgen früh raus muss, und sie sein ‚Befehl', noch zu später Stunde zu ihm zu kommen, gegen ihn aufbringt, bleibt sie nicht bei ihm, sondern fährt wieder zurück nach Berlin. Als sie die Müdigkeit übermannt, hält sie auf einem Parkplatz, legt sich neben ihr Auto ins Gras und nickt für kurze Zeit ein. Wieder erwacht, quält sie sich die restliche Strecke nach Hause, duscht und hetzt anschließend ins Atelier. Vom Bogensee zu ihrer Wohnung in der Grunewalder Taubertstraße sind es immerhin 80 Kilometer oder eineinhalb Autostunden.

Seine Angewohnheit, sie nachts aus seiner Ministerwohnung anzurufen, weil er nicht schlafen könne und an einer Rede arbeiten müsse, um dann den Hörer auf Tisch zu legen und sie stundenlang zum Ausharren zu zwingen, empfindet sie als Nötigung. Überhaupt fühlt sie sich zunehmend benutzt und gegängelt. Das weckt Fluchtgedanken in ihr.

Ein Angebot

25. September – 5. Oktober 1937
Noch mehr Zeit, über die steile Entwicklung ihrer Karriere in Deutschland, deren begünstigende Umstände sowie deren Schattenseiten nachzudenken, hat Lída Baarová in den kommenden zehn Tagen. Goebbels ist in dieser Zeit aufgrund zweier Großereignisse durchgehend unterwegs und von beruflichen Pflichten völlig absorbiert. Heute trifft Mussolini mit dem Zug in München zu dem seit Wochen vorbereiteten Staatsbesuch in Deutschland ein. Hitlers Ziel ist es, den Duce als Freund und Verbündeten für seine Expansionspläne zu gewinnen. Dafür soll ihm ein möglichst pompöses Bild der Leistungen des NS-Staates präsentiert werden. Dessen Führung zeigt ihm die neu errichteten Ehrentempel und Parteibauten am Königsplatz, anschließend das zwei Monate zuvor eröffnete „Haus der Deutschen Kunst“ am Englischen Garten mit den Gemälden und Statuen der Großen Deutschen Kunstausstellung; stets in Verbindung mit Aufmärschen und unter Beteiligung tausender Schaulustiger. Über einen Manöverbesuch im mecklenburgischen Lalendorf (26.9.) geht es weiter nach Essen (27.9.) zur Besichtigung der Krupp-Werke und ihrer Rüstungsproduktion. Hunderttausende säumen die Straßen. Schließlich, als Höhe- und Schlusspunkt des Besuchs, eine fünfstündige Militärparade in Berlin und, am Abend des 28.9., eine gemeinsame Kundgebung Hitlers, Goebbels‘ und Mussolinis auf dem dortigen Maifeld vor geschätzten 700.000 „jubelnden“ Menschen[301] – die dafür einen bezahlten Urlaubstag bekommen haben. Die Linden sind mit Pylonen geschmückt und präsentieren sich als buntes Meer italienischer und deutscher Fahnen. Unmittelbar nach Mussolinis Abreise am 29. September folgt am 3. Oktober das „Reichserntedankfest“ am Bückeberg nahe Hameln mit 1,2 Millionen Teilnehmern. Obwohl die jährliche Großveranstaltung die Verbundenheit der Bauernschaft mit dem „Führer“ demonstrieren soll, gibt es auch hier wieder „eine halbe Stunde dröhnende Wehrmachtsdarbietungen. Ein stolzes Bild unserer Kraft.“[302] Zurück in Berlin, führt Goebbels‘ erster Weg nach Schwanenwerder zu seiner Familie. Und er klagt: „Die Arbeit nimmt allmählich überhand. Man kommt nicht mehr zum Verschnaufen. Von Erholung überhaupt nicht mehr die Rede. Das ist ein Hundeleben!“[303] Er übernachtet auf Schwanenwerder, wo es in Strömen regnet und wo ihn, bei aller Freude über seine Kinder, eine „graue, melancholische Stimmung“ befällt. „Das legt sich schwer aufs Herz.“[304] Abhilfe könnte seine Geliebte schaffen. Warum ist er nicht bei ihr?

Lída Baarová nutzt Goebbels Abwesenheit und folgt heimlich der Einladung des MGM-Talentscouts Bob Ritchie nach England. Goebbels spielt sie eine Magenverstimmung vor und sagt, sie wolle sich in Prag bei ihren Eltern ein paar Tage erholen. Stattdessen fliegt sie nach London. Dort empfängt sie Ritchie, stellt sie dem Produzenten Michael Balcon vor, lässt Fotos und Probeaufnahmen von ihr machen und arrangiert eine Begegnung mit dem Hollywoodstar Robert Taylor, der gerade mit Maureen O’Sullivan in den MGM-Studios von Denham (Buckinghamshire) *A Yank at Oxford* (*Der Lausbub aus Amerika*) dreht. Am Schluss ihres Aufenthalts wird ihr MGM einen Siebenjahresvertrag mit jährlich vier Filmen anbieten. Anfangsgage: 450.000 Dollar, im siebenten Jahr: 1,9 Millionen Dollar.[305] Baarová bittet sich Bedenkzeit aus und fliegt zurück nach Berlin.

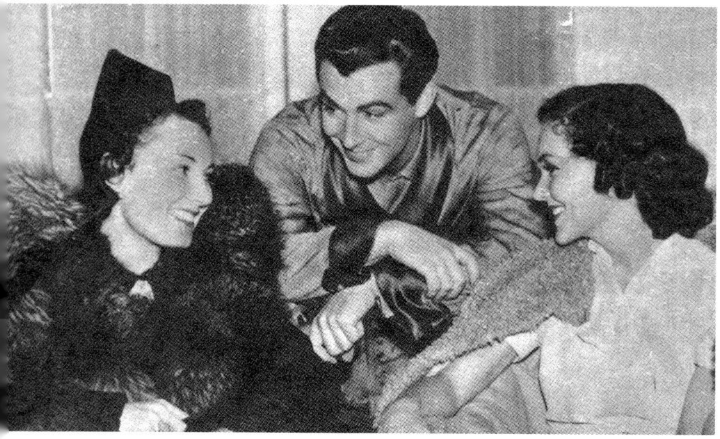

Auf dem Weg nach Hollywood? Mit Robert Taylor und Maureen O'Sullivan in London

7. Oktober 1937

Ihr Geliebter bekommt von ihrem London-Besuch zunächst nichts mit. Er stürzt sich erneut in Arbeit, die er als probates Mittel gegen Trübsal preist, eröffnet am 5. Oktober in der überfüllten Deutschlandhalle das diesjährige Winterhilfswerk und mischt sich am folgenden Abend mit Mitarbeitern seines Ministeriums unter das Publikum der „Scala", um eine Sittenkontrolle durchzuführen. Dort ist, im Rahmen der jährlichen „Scala-Festspiele", die Revue „Piccadilly" angelaufen. Eine von „Scala"-Intendant Eduard Duisberg arrangierte Reminiszenz an den berühmten Londoner Hotspot des dortigen Theater- und Nachtlebens, bestehend aus Operette, Komödie, Kabarett, Artistik und etlichen Tanznummern. Duisberg hat neben bekannten heimischen Größen wie La Jana und Trude Hesterberg oder Erik Ode eine Reihe internationaler Unterhaltungskünstler aufgeboten, so eine Original-Rumba-Band aus Kuba („Havanna-Ciro-Rimacs"), einen spanischen Flamenco-Gitarristen, vor allem aber eine Reihe britischer und amerikanischer Tanzvirtuosen, darunter Eleanor Etheridge, eine Schülerin Eleanor Powells. Für Musik sorgen u. a. Peter Kreuder, Franz Grothe und Peter Igelhoff. Goebbels findet: „Ein dummer, geistloser Quatsch, dazu noch gemein und obszön. Ich ärgere mich halbkrank. Da werde ich nun dazwischenfahren, dass die Fetzen fliegen. Ich mache dieser Schweinerei ein Ende. Meinetwegen 1 000 nackte Frauen. Aber keine gemeinen, zweideutigen Witze. Oder die Ehre der Frau in den Dreck gezogen."[306] Was bringt Goebbels so auf?

Der Schauspieler Ernst Dumcke, dessen Rollenfach elegante Respektspersonen wie Direktoren oder Grafen sind, führt als Conférencier „Lord Henry" durchs Programm der „Piccadilly"-Revue. Seine Moderationen garniert Dumcke mit Bonmots eines Briten, der im Deutschland der 30er Jahre zu den meistrezipierten ausländischen Autoren gehört: Oscar Wilde. Allein in den vergangenen zwei Jahren sind drei seiner bekanntesten Theaterstücke prominent verfilmt worden.[307] Mit seinem, wie die „B. Z. am Mittag" findet, „trockenen, snobistischen, angelsächsischen Witz"[308] ist Wilde also „höheren Orts" wohlgelitten. Ernst Dumckes Lord Henry ist eine Anverwandlung von Lord Henry Wotton aus Wildes „Das Bildnis des Dorian Gray" mit dem dieser über die Themen Liebe, Ehe und die Frauen räsoniert. Doch mit Wotton-Zitaten wie: „Morgenstunde ist aller Laster Anfang", „Das schlechte Gewissen der Männer ist der beste Kunde der Juweliere" oder „In der Ehe ist man zu kurz gefesselt und zu lange gebunden", hört sich für Goebbels der Spaß offenbar auf – sieht er sich doch mit der Figur des frivolen wie zynischen Verführers einmal mehr öffentlich adressiert. Was Goebbels richtig in Rage bringt, ist eine als „hoher Besuch aus Hollywood" angekündigte Nummer: Mae Best (sic!) alias Trude Hesterberg schlägt mit ihren Chansons einen Bogen von Adam und Eva bis zu den schlüpfrigen Seiten der amerikanischen Filmindustrie, gekrönt von einem Abgang, bei dem sie, umringt von fünfzehn lüsternen Verehrern, die sie nach Hause begleiten wollen, zwei wegschickt, weil sie heute ‚müde' sei. Die „B.Z. am Mittag" nennt Hesterbergs West-Parodie „am prominentesten, am großartigsten und einfach erschlagend: Von den Koloraturen bis zum Marlene Dietrich-Bass, vom neckischen Augenplinkern bis zur großspurigen Armbewegung, von den ironischen Nadelstichen bis zu drastischen Keulenschlägen beherrscht Trude Hesterberg wieder alle Effekte mit einer unnachahmlichen Sicherheit und hat einen Bombenerfolg."[309] Goebbels sieht das anders, lässt am nächsten Tag Eduard Duisberg vorladen und ihm durch seinen Staatssekretär Hanke die Meinung geigen: „Jetzt wird es wohl besser werden. Die Obszönitäten sind jetzt zu Ende. Ich werde aufpassen und durchgreifen."[310] Die Entschärfungen tun dem Erfolg der Revue offenbar keinen Abbruch: Nach sechs Wochen haben sie bereits zweihunderttausend Zuschauer gesehen.

11. Oktober 1937

Fast eine Woche lang ist Goebbels mit der Aufarbeitung der zurückliegenden Besuchs- und Festtage beschäftigt, die er viel von zu Hause aus erledigt. Er studiert Akten, liest Denkschriften, dass ihm die Augen brennen. Zwischendurch „kommt Magda auf einen Sprung herein. Rosig und frisch. Ich hab' sie so gerne."[311] Bei so viel Arbeitseinsatz freut sich der Minister über eine stattliche Gehaltserhöhung seines Chefs. Heute lässt er sich nach Dienstschluss mal wieder an den Bogensee fahren, um zwei Tage auszuspannen. Lída Baarová ist sehr wahrscheinlich bei ihm. Jedenfalls erinnert sie sich, wie er ihr an seinem neuen Schießstand Pfeil- und Bogenschießen beibringt.[312] Er selbst übt „tüchtig Pistolenschießen."[313]

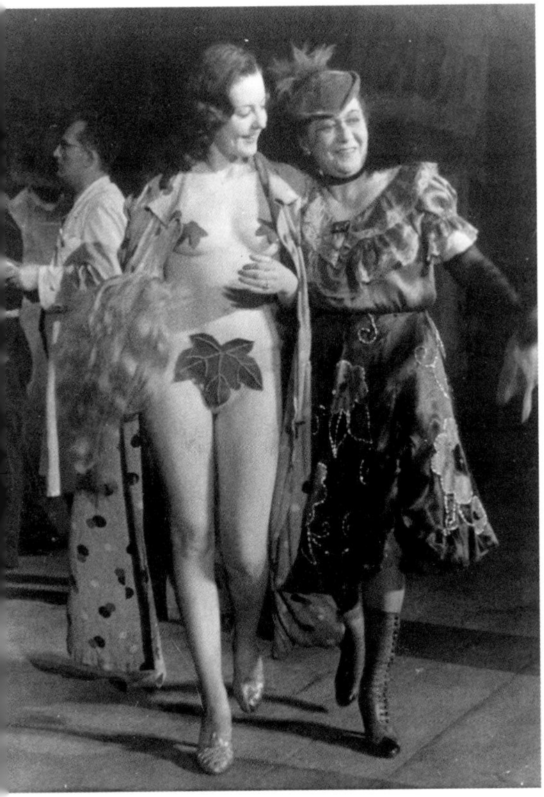

Trude Hesterberg mit unbekannter Eva-Darstellerin bei einer Probe für „Piccadilly"

14. Oktober 1937

Goebbels liest das Manuskript eines neuen Filmprojekts: *Der Spieler* nach dem Roman von Dostojewski. Im Mittelpunkt: ein pensionierter, spielsüchtiger General. Er ist dem Hochstapler Vincent (im Roman: de Grieux) ausgeliefert, der ihm zu Wucherzinsen Geld leiht, um seine Spielschulden zu tilgen. Gleichzeitig hat es der Franzose auf Nina, die Tochter des Generals abgesehen (in der Romanvorlage: Stieftochter Polina). Weiß er doch, dass Nina einmal das Vermögen ihrer Großmutter erben wird. Der General wiederum wirbt um die vermögende Französin Blanche, die seine Geldprobleme mit einem Schlag lösen könnte. Um die Schulden ihres Vaters abzutragen, setzt sich Nina selbst an den Roulette-Tisch, verliert jedoch. Sie bittet den Sekretär ihres Vaters, für sie zu spielen. Alexej ist in Nina verliebt und ihr hörig. Nachdem er anfangs verliert, gewinnt er überraschend eine große Summe, wird überheblich und behandelt Nina wie eine Prostituierte. Nina flieht zu ihrem Arzt Dr. Tronka, dessen Avancen sie bisher abgelehnt hat. Ninas Großmutter, auf deren Erbe alle gesetzt hatten, trifft ein, verspielt ihr gesamtes Vermögen und reist wieder ab. Ein Drama um Gier, Hörigkeit, zerschlagene Hoffnungen, Zynismus. Die Protagonisten: Russen und Franzosen, gleichermaßen Getriebene. „Muss noch sehr überarbeitet werden," notiert Goebbels.[314]

Auch erfährt der Propagandaminister heute von einer offiziellen Ausstellung in Prag, in der „gemeine Karikaturen gegen uns" gezeigt werden. „Ich hetze die Presse darauf".[315] Es ist der Startschuss eines medialen Trommelfeuers, das in den kommenden Monaten auf die Regierung der Tschechoslowakei niedergehen wird, die Angliederung der sudetendeutschen Gebiete im Herbst 1938 vorbereitet und schließlich in der Zerschlagung der Rest-Tschechei im März 1939 gipfelt. Im Abstand weniger Tage heißt es: „Die Tschechen haben brutal unsere Sudetendeutschen misshandelt. Ich lasse dagegen unsere Presse los. Mit massivem Geschütz wird nun geschossen. Dieses Prager Pack scheint die Zeit verschlafen zu haben."[316] „Ich wiegle nochmal die Presse gegen die tschechische Willkür auf. Jetzt sitzen aber die Hiebe. Henlein richtet einen sehr scharfen offenen Brief an Benesch: Forderung der Autonomie. Arme Tschechei! Sie wird in näherer und weiterer Zukunft nichts zu lachen haben."[317]

20. Oktober 1937

Ein goldener Oktobertag in Berlin. Goebbels nutzt diesen Mittwochnachmittag zu einer privaten Spazierfahrt mit seiner tschechischen Geliebten, zeigt ihr Stationen seiner jüngeren Vergangenheit: „Durch den Grunewald, Zehlendorf, Teltow, Lankwitz, Steglitz. Wie viele Erinnerungen verbinden mich doch mit dieser Stadt. Fast in jedem Viertel habe ich etwas Denkwürdiges erlebt. Ich liebe Berlin wie meine Heimat."[318]

Wie ein Echo darauf wirkt, was Lída Baarová dieser Tage einer deutschen Filmzeitschrift anvertraut: „Ich denke deutsch, träume deutsch, bin mit dem deutschen Volk zusammengewachsen."[319] Aus seiner beruflichen Sphäre berichtet der Minister unter dem gleichen Datum: „Die Tschechenkampagne geht in der deutschen Presse wie angeordnet weiter. Wir werden diese Brüder doch bald mürbe haben. Man muss nur unentwegt zuschlagen."[320] Die Berliner Herbstidylle mündet in einen arbeitsfreien Freitag, wohl erneut in Gesellschaft seiner Geliebten am Bogensee: „Hier ist alles so bunt

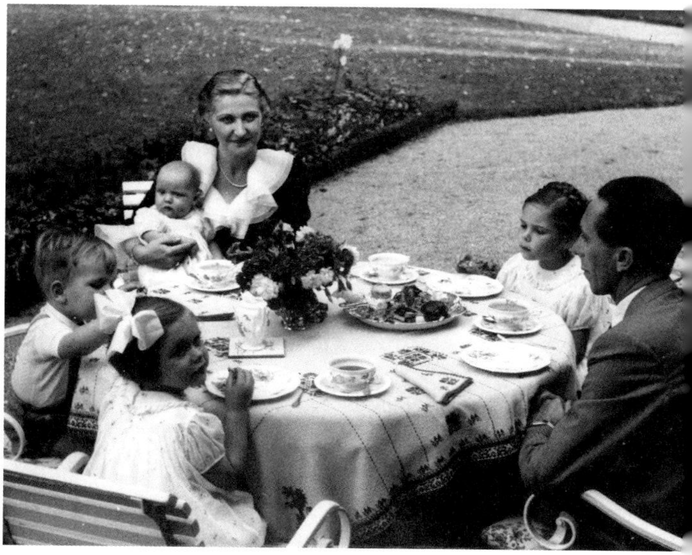

„Magda ist sehr lieb" - Familienfrühstück auf Schwanenwerder, aufgenommen am 15.10.37

und schön. Und aller Ballast der Stadt fällt ab. Ich lese, schreibe, musiziere. Ein schöner, beglückender Tag."[321] Daneben widmet er sich ausführlich Frau und Kindern: „Das ist eine Freude. Magda ist sehr lieb."[322] Gemeinsam fährt er mit der Familie in die Stadt, um Spielsachen für die Kinder einzukaufen. Zu Magdas Geburtstag am 11. November sucht er ein neues Auto für sie aus. Was seinen eigenen, bevorstehenden vierzigsten Geburtstag betrifft, so möchte er ihn am liebsten nicht feiern. „Alle planen Gott weiß was für meinen Geburtstag. Ich stoppe ab. Ich will allein sein."[323]

Die harmonische Stimmung dieser Tage wird kaum getrübt durch den kuriosen Tod eines Journalisten: Der Mann war für zwei Jahre beruflich ins Ausland gegangen und hatte seine Frau zurückgelassen. Diese beginnt eine Affäre mit einem HJ-Führer, die nach der Rückkehr ihres Mannes auffliegt. Der Journalist fordert den Liebhaber seiner Frau zum Duell. Der schießt ihm eine Kugel in den Bauch, an der der betrogene Ehemann stirbt. Goebbels Reaktion: „Na, prost! Ich sage Himmler unverhohlen meine Meinung darüber. Er ist ganz kleinlaut. Wir stehen da sehr weit vom Volk entfernt. Aber die von der SS spielen ja in vielen Dingen verrückt."[324]

Bei einem seiner Schwanenwerder-Besuche ist der zu Kaffee und „Parlaver" erschienene Goebbels dann auch mal als Vater gefordert: „Helmut ist trotzig und frech und muss zum ersten Mal Prügel bekommen. Aber er gibt nicht nach. Kein schlechtes Zeichen! Helga liegt noch krank zu Bett. Ich muss ihr Märchen vorlesen. Sie ist lieb und gut."[325] Abends verabschiedet sich der Besuchspapa wieder und fährt nach Berlin zurück: „Filme geprüft: *Fledermaus*, ist wunderbar geworden, mit Tempo, beschwingt, lustig und musikalisch. Besonders gut Baarová, Söhnker, Moser, Paulsen, Czepa. Eine große erste Leistung von Verhoeven.[326] Bei allem privaten Glück, das er im Vorfeld seines vierzigsten Geburtstages nicht zuletzt dem Zusammensein mit seiner tschechischen Geliebten zu verdanken hat, trennt er beruflich klar davon: „Ich instruiere die Presse: gegen Prag. Ganz scharf wieder."[327]

29. Oktober 1937

Es wird dann doch nichts aus Goebbels' Wunsch, seinen vierzigsten Geburtstag alleine zu verbringen. Morgens gratuliert ihm die Familie in Schwanenwerder. Es gibt „Berge von Geschenken, Blumen, Briefen, Telegrammen." Ein Film über den Alltag seiner Kinder macht ihn „ganz glücklich" – und wird künftig zur jährlichen Geburtstagstradition, um ihre jährliche Entwicklung zu dokumentieren: 1940 wird Heinz Rühmann mit den spielenden Goebbels-Kindern einen solchen Film drehen. Später im Ministerium gratulieren die Abteilungsleiter. Ein Empfang schließt sich an, zu dem auch Hitler kommt: Dessen Geschenk ist ein „prachtvolles" Gemälde von Albert von Keller (1844-1920). Die meisten Motive des in München wirkenden Schweizer Impressionisten sind Frauen: Frauen als Akt, als Porträts, vor Landschaften oder in Salons. Zu Kellers besonders bevorzugten, immer wieder variierten Sujets gehören mondäne Frauen in lasziven Posen.

1. November 1937

Unter der Überschrift „Lída Baarová nach Hollywood" berichtet die Prager Illustrierte „Montag" in ihrer aktuellen Ausgabe über das Angebot von MGM. Die Zeitung „Večerní Moravské Slovo" (dt.: Mährisches Abendwort) legt einen Artikel nach, der von Verhandlungen über den

„Abschluss eines langfristigen Vertrages“ berichtet. „Wenn dieser Vertrag realisiert wird und die Baarová nach Amerika geht, dann vergrößert sich die Gruppe der Tschechoslowaken in Hollywood um ein weiteres Mitglied, das noch würdiger den Namen der Tschechoslowakei im Ausland vertreten wird.“[328]

2. November 1937

Paul Verhoevens *Die Fledermaus* feiert seine Berliner Uraufführung im Capitol am Zoo. Die Idee, den historischen Operettenstoff mit einer aktuellen Rahmenhandlung zu versehen, verzaubert das Publikum: Immer wieder erntet das Ensemble um Hans Söhnker, Lída Baarová, Georg Alexander und Friedl Czepa Szenenapplaus. Umjubelt wird besonders Hans Moser, dessen schnapselnder Gefängniswärter Frosch wie von der Leine gelassen wirkt und die Stimmung des gesamten Films prägt: beschwingt, rauschhaft, enthemmt. Auch Lída Baarová spielt unter Paul Verhoevens Regie übermütig auf und beweist, dass sie nicht nur als Femme fatale, sondern auch als Komödiantin überzeugt: „Temperamentvoll, schön anzusehen, sicher und geschmeidig jeden Ausdruck treffend.“[329] Überhaupt findet die Presse, *Die Fledermaus* sei nicht nur abgefilmte Operette, sondern ein „filmischer Film“.[330] Der dramaturgische Kunstgriff: Ihr Inhalt werde innerhalb der Rahmenhandlung als Traum inszeniert: „In diesem Traum erscheinen alle Menschen, die einem eingeschlafenen Tenor sonst im Privatleben lieb und wert sind, als Gestalten der Operette. Selbst die eigene Frau, die er mit sich selbst betrügt. Kommt es schon dadurch zu amüsanten Parallelen, so erhält der Regisseur durch diesen glücklichen Einfall (...) die Möglichkeit, die Operettenhandlung durch eine Brille zu sehen, durch die ihr Singsang, ihr Verwechslungsspiel, ihre operettenhafte Unwahrscheinlichkeit den Echtheitsreiz einer Traumwirklichkeit bekommt.“[331] Wobei der Regisseur und sein Kameramann Bruno Mondi die surrealistische Brechung als gezieltes Stilmittel einsetze: „Manche Duette und Terzette lässt er sogar mit parodistischem Einschlag spielen und singen. Eisenstäbe von Gefängnisgittern werden von eifersüchtigen Ehemännern wie Gummitaue auseinandergebogen und ein Ballsaal füllt sich plötzlich von einer wie durch Geisterhand sich gewaltig erweiternden Freitreppe mit immer neu herabströmenden Tänzerinnen und Tänzern, die sich, unten angelangt, zum ausgelassenen Walzer formieren. Selbst die Wachskerzen wiegen mit den Strauß’schen Rhythmen mit und im Garten erhält ein Steinputto plötzlich Leben und weist einem Liebhaber plötzlich den Weg zum Versteck der vor ihm geflüchteten Schönen.“[332] Diese Schöne, genannt Rosalinde alias Lída Baarová erlebt die Wochen des zu Ende gehenden Jahres selbst wie einen Rausch, an Arbeit, beruflichem Erfolg und persönlichem Glück. Alles scheint zu gelingen.

3. November 1937

Auf der turnusmäßigen Sitzung des Ufa-Vorstands trägt Produktionschef Correll den Stand der „seit längerer Zeit laufenden Verhandlungen“ über eine Verlängerung des Vertrages mit Lída Baarová vor, der am 30. November ausläuft. „Die Ufa hat drei Filme à RM 20.000 angeboten. Frau Baarová hat die Mitwirkung in 4 Filmen verlangt, was ihr auch zugestanden wurde. Frau Baarová verlangt jetzt, dass sie im Rahmen des Vertrages in je 2 Filmen bei der Ufa und bei der Tobis mitwirkt. Aus Gründen, die außerhalb der Ufa liegen, könne sie den vorgelegten Vertragsentwurf nicht unterzeichnen. Frau Baarová soll angeblich von amerikanischer Seite ein

Wohin nach der Jagd-Ausstellung?

CAFE · TANZ-BAR · KABARETT · THEATER · KINO

Staats-Theater
Staatsoper
Mittwoch, 3. November
Anfang 7 Uhr — Ende 11¾ Uhr
In der Neuinszenierung:
TRISTAN UND ISOLDE
Dirigent: Elmendorff. Leider, Klose, Hartmann, Großmann, v. Manowarda

Schauspielhaus a. Gendarmenmarkt
Mittwoch, 3. November
Anfang 7 Uhr — Ende 11¼ Uhr
WALLENSTEIN
von Schiller
Werner Krauß, Weißner, Franck, Holtz, Laubenthal, Lola Müthel, Florath

Staatstheater Kleines Haus
Nürnberger Straße 70/71 — B5 3478
Mittwoch, 3. November
Anfang 8 Uhr — Ende nach 10½ Uhr
Lauter Lügen
Komödie von Schwaikart
Bard, Claudius, Haack, v. Collande, Mjöen

Deutsches Theater
Direktion: Heinz Hilpert
42 52 01 — Schumannstr. 13a — 8 Uhr
Viel Lärm um nichts
Lustspiel v. Shakespeare / Regie: Heinz Hilpert
Balser, Brausewetter, Dahlke, Dønhoff, Fersch, Hübner, Karchow, Marlow, Mengel, Pfaudler, Salloker, Skoda, Seelbeer, Spalinger, Thormann, Volk, Zeilbeck

42 52 01 **Kammerspiele** 8¼ Uhr
Oel ins Feuer
Komödie von Franz Woertz / Regie: Paul Otto
Karl Ludwig Diehl, Gisela v. Collande, Evans, Holsten, Ziha, v. Ambesser, Dimroth, Loos, Malkowsky, Paul Otto, Schultze, Schweizer, Seyferth, Woegerer

VOLKSOPER i. Th. d. Westens — Kasse C 1 2681
Anfang 20.15 U. **Cosi fan tutte**
Dirigent: Erich Orthmann — Spielltg.: Möller

Th. am Kurfürstendamm
Kurfürstendamm 209 — Tgl. 8½ — 91 13 13
Ueber 50 X
Paul Wegener
Totentanz
Maria Schanda · Kai Möller

8½: Komödie
Kurfürstendamm 206 — Tel. 92 09 40
Ueber 150 X
Primanerin
Sabine Peters
Zesch-Ballet · W. Süßenguth

KOMISCHE OPER
Am Bhf. Friedrichstraße · 16 88 06
Tgl. 8¼ — Sonntag auch 5
Die 8 Entfesselten
in ihrer neuen heiteren Szenenfolge „Gute Besserung!"
Jeden Mittw. u. Sonnabd. 4½, jeden Sonntag 2½ Uhr
Kasperles Fahrt ins Märchenland

Deutsches Opernhaus
Berlin, Bismarckstraße 34/37 — 30 02 31
Mittwoch, 3. Novbr. Runde II 19.30–23
Der Widerspenstigen Zähmung
Stiegler, Bettelheim, Baucher, Reinmar, Kandl, Börle, Heyer, Florian, Spering, v. Raffin. Dirigent: Lange

Volksbühne
Theater a. Horst-Wessel-Platz
41 65 36 — Heute 20½ bis 22½ Uhr
JUGEND
Schauspiel von Max Halbe
v. Ditmar, Gervenus, Hahn, Rasp, Sattler, Thau

Theater am Nollendorfplatz
27 23 26 — Täglich 20½ bis 23½ Uhr — Sonntags auch 15½ Uhr
CLIVIA
Operette
von Ch. Amberg · Musik v. Nico Dostal
Claus, v. Sachnowsky, Zonewa, v. d. Bongart, Gondi, Schorlemmer, Süßenguth

Theater in der Saarlandstraße
19 21 31 — Täglich 20¼ bis 22¼ Uhr
ZWEIGESPANN
Die Komödie einer Ehe
von E. P. Montgomery
Carstens, Elster, v. Platen, Sessak, Tetzlaff, Alexander, Grunwald, Heßling, Schnell

THEATER DES VOLKES
Am Zirkus 1 — Telefon 42 33 66
Täglich 20.15 Uhr
Hotel in Schönbrunn
Operette
Musik von August Pepöck
Preise 1 bis 6 Reichsmark

RENAISSANCE 8¼
THEATER 31 67 80 U-B.KNIE
Fedora
von Sardou
mit Agnes Straub
Albrecht Schoenhals
Roma Bahn, Tina Eilers, Ingeborg Grahn, H. v. Cleve, H. Rudolph, K. Meixner, E. Brosig, H. Frank, H. Flink, H. Adolfi, E. Walter, P. Walther, K. Richards, F. Marner
Sonntag, 4½ Uhr
Schauspielerin
mit Agnes Straub

ROSE
Gr. Frankf. St. 132 57 34 22
Täglich 8.15 Uhr
Stg. u. Mittw. auch 3.30
Der Biberpelz
Theater für Kinder
Jedes Sonnabend 3.30
Der verzauberte Bär
Jeden Sonntag 2.15 U.
Hänsel u. Gretel

Wer von Berlin abreist, benutzt den ABC-Fahrplan.

Berlins Vergnügungsstätten benutzen zur Werbung die BZ am Mittag

Kammerspiele des Deutschen Theaters
Direktion Heinz Hilpert
Montag, den 8. November, 8¼ Uhr
Erstaufführung
Flucht vor dem Reichtum
Komödie von Adelbert Alexander Zinn
Regie: Ernst Karchow
Fita Benkhoff · Hilde Volk
Axel von Ambesser · Ernst Karchow
Günter Langenbeck · Armin Schweizer
Adolph Spalinger · Robert Taube
Bühnenbilder: Ernst Schütte
Vorverkauf täglich 10 bis 18 Uhr
Preise der Plätze: 2.— bis 8.— Rm.

Unbestritten, auch von Fachleuten:
„FRIEDE IM TIERREICH"
Courts Raubtier-Sensation ist einmalig!
Solche Schau hat Berlin noch nicht gesehen!
Ferner: Lang's Musikal-Mädels · Senta und Hans Dabelstein · Der Jongleur Rebla · Rich. Kistenmacher · Gordon und Lester · Niko und Alex usw.
8 Uhr 15 :: Telefon: 12 34 34
Heute auch 4 Uhr 15 zu kleinen Preisen
Winter-Garten

Volksbühne
Generalintendant Eugen Klöpfer
Theater am Nollendorfplatz
Ruf: 27 23 26
Täglich 8¼ Uhr
Ueber 50 Mal
Clivia
Operette in 3 Akten von C. Amberg
Musik von Nico Dostal
Spielleitung: Bernhard Graf Solms
Musikalische Leitung: Dr. Wilhelm Schönherr — Ausstattung: Friedrich Prätorius
Tänze: Edmond Leslie
Lillie Claus
Margitta Zonewa / Lula von Sachnowsky
Robert v. d. Bongart / Hermann Groote
Harry Gondi / Heinz Schorlemmer
Arnim Süßenguth

„Glanzvolle Aufführung" — B. B. Z.
„Rückhaltlose Begeisterung der dankbaren Berliner. Fast jede Nummer muß wiederholt werden." — B. Z. am Mittag
„Man lacht Tränen, selbst die Palmen biegen sich." — Morgenpost

KOMÖDIENHAUS
Schiffbauerdamm 25, an der Neuen Wilhelmstraße · Tel. 426304
Direktion: HANNS HORAK
Täglich 8¼ Uhr
Blaufuchs
Komödie von Franz Herczeg
OLGA TSCHECHOWA
Elvira Erdmann — Karl Günther
Walter Janssen — Karl Schönböck
Inszenierung: Hans Carl Müller — Bühnenbild: Bernhard Klein
„Ganz große Premiere! Man war vergnügt, man freute sich des Stücks, der Aufführung und des Wiedersehens mit Olga Tschechowa, dieser rätselhaft-reizenden, dieser stets scharmanten Frau."
(Dr. Krünes-Nachtausgabe)

SCALA
BERLIN W. — Lutherstr. 24
Nur noch bis 30. November
täglich 5 und 8³⁰ Uhr
Das Tagesgespräch Berlins!
Die große SCALA-REVUE
„Piccadilly"
Inszenierung: Eduard Duisberg
in der Premieren-Besetzung!
La Jana, Trude Hesterberg
Ernst Dumcke
Eric Ode · Tibor v. Halmay
Antonie Jaeckel · Erich Walter
und die internationalen Attraktionen
Havanna-Ciro-Rimacs
Die echte Rumba-Band aus Cuba
Marie Hollis · Ben Dova
George Campo
Mary und Erik · St. Clair & Day
2 Singsangs · Scala Girls usw.
La Jana und Ernst Dumcke spielen nur in der Abendvorst. Sonnab. u. Sonnt. auch nachm. 5
Vorverkauf 25 92 56!

8¼ Uhr — 42 08 46 **LESSING-THEATER**
Das Hahnen Ei
Lustspiel von Hans Fitz
Bruno Fritz · Günther Lüders
Lepa · Koch-Riehl · Maack · Völkel
Wessner · Parge
Sonntag auch 5 Uhr, Orig.-Bes., kl. Preise

Metropol-Theater
12 50 21 — Tägl. 8.15 Uhr
Maske in Blau
Ausstattungs-Operette — 8 Bilder
Sonntags 3.30 Nachm.-Vorst.
ungekürzt, kleine Preise

8½ Th. i. d. Behrenstr.
Ralph Arthur Roberts
Kämmerchen vermieten!
Lustspiel von Leo Lenz
Haerlin — v. Möllendorff — Hille

zur JAGD AUSSTELLUNG IN BERLIN anschliessend und ins HAUS VATERLAND
Abends:
Großes Kabarett-Programm
KARL OTTO BROCKER sagt an
Little Knox, Komischer Jongleur
2 Marfranos, Elastic-Equilibristik
3 Favorits — Das schönste Tanztrio der Welt
Karl Otto Brocker in seinem Solo
Bühnenschau
Kapelle Peter Rose-Petösy
Irmgard Fried-Weidlich
Marianne Piquardt — Deutschl. beste Tanzhumoristin
Joe Milton, Drahtseilkünstler
Julian u. Charmaine — Perch-Akt
Kapelle Peter Rose-Petösy
Kaffee Vaterland: Donnerstag, abds. 7¼
Gastspiel des Musikkorps des I. Flak-Regiments 32
Musikleiter: Arthur Windgassen
Betrieb KEMPINSKI

KOMISCHE OPER
Am Bhf. Friedrichstr. · Dir.: Hanns Horak · Tel.: 16 83 08
Ab heute — Jeden Mittw. u. Sonnab. 4½ Uhr — Jeden Sonntag 2½ Uhr
Rotkehlchen sucht ins Märchenland
Eine lustige Märchenrevue mit Gesang und Kinderballett in 15 Bildern von Valy Arnheim
Regie: Valy Arnheim
Tänze: Hellmuth Zehnpfennig. Ausstatt.: Bernhard Klein

Theater i. d. Friedrichstr. 236
19 42 32 (Lustspielhaus) U-Bahn Hall. Tor
8²⁰ **Roter Mohn**

Theater im Europahaus
Zum Besten der Künstler-Altershilfe am Mittwoch, dem 3. und Donnerst., 4. Novbr., nachmittags 4 Uhr (Einlaß 2 Uhr 30), spricht
Ida Wüst über die „Frau und Mode vom Jahre 1 bis 1937".
Verse von CARA GYL. — Die historischen Bilder stellt Bühnenbildner Goetz Roethe, Volksbühne. Moderne Modenschau: Besprochen von Maria Paudler. Einleitende Worte: Willi Schaeffers.
Kleider von der Firma Paskert. Morgenanzüge „Jevens".
Kolleginnen und Kollegen von Bühne und Film haben sich in selbstloser Weise zur Verfügung gestellt, die historischen Kostüme und modernen Kleider vorzuführen, ebenso für die Tänze die Damen des Balletts des Deutschen Opernhauses unter Leitung von Ines Mesina. Am Flügel: Kapellmeister Kessner
Gesamtleitung: Elly Müller-Renee — Modeleitung: Hella Opalla
Eintritt: Mk. 2. — Vorverkauf: Europahaus, A. Wertheim, KaDeWe, Karstadt

Kabarett der Komiker
8³⁰ KURFÜRSTENDAMM 156 — 97 76 21
Die Sport-Revue:
Gib ihm!
20 Runden von Günter Neumann
auch im November in der Premieren-Besetzung
4³⁰ Täglich werktags
Nachmittag der Hausfrau
Vorverkauf ab 11 Uhr ununterbr.

SOMMERLATTE / Shanghai
Albrechtstr. 11 bei Friedrichstr.
TANZ-BAR

UHU-BAR
Lutherstraße 19a (nahe Scala)
Deddy Dallsson / Irma Urbschat
Raimund Vogt / Otto Berco

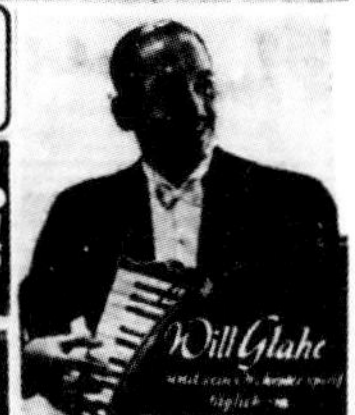

„B.Z. am Mittag" vom 3.11.1937

Angebot erhalten haben. Der Vorstand ermächtigt Herrn Correll, die Verhandlungen in der Weise weiterzuführen, dass wir Frau Baarová möglichst ausschließlich erhalten, erforderlichenfalls kann eine Gage von bis zu RM 35.000 pro Film bei 3 Filmen im Jahr gewährt werden."[333]

4. November 1937

Zwei Tage später findet in Prag bereits die nächste Premiere eines Baarová-Films statt: Otakar Vavras im Sommer entstandener *Panenství* (dt.: Jungfernschaft). Auch hier werden Regisseur und Hauptdarsteller gefeiert. Goebbels bekommt den Film vier Wochen später zu sehen und findet ihn „Wunderbar gespielt, herrlich in der Regie, aber das Milieu etwas schmierig und unsauber. Typisch tschechisch. Ich habe keinen Spaß daran. Aber gekonnt ist das alles doch!"[334]

Was der deutsche Filmminister „schmierig und unsauber" nennt, ist Vávras ungeschönte Milieu-Zeichnung einer Welt zwischen Provinzkleinbürgertum, urbanem Angestelltenmilieu und einer Protagonistin, die in einer dunklen, mit schwerem Mobiliar überfrachteten Wohnung ihren Körper hingibt, um ihren Geliebten zu retten. Lída Baarová spielt diese moderne Passionsgeschichte mit großer emotionaler Eindringlichkeit und Reife. Vergessen die Backfischrollen ihrer frühen tschechischen Filme, für die sie bis Mitte der 30er Jahre in ihrer Heimat bekannt war. Unverkennbar der Gewinn an schauspielerischer Bandbreite und ihres dosierten Einsatzes. Eine neue Stufe ihrer Entwicklung, die Baarová unübersehbar ihren Erfahrungen in Deutschland zu verdanken hat. Obwohl ihr Deutsch in Verhoevens *Fledermaus*-Film flüssiger klingt, ist es längst nicht akzentfrei. Umso mehr bei sich ist Baarová in *Panentsvi*: ein Film, in dem der Gebrauch ihrer Muttersprache die Rolle abrundet und ihre künstlerische Leistung vollends zur Geltung bringt.

5. November 1937

Und noch eine Premiere steht an: Der Deutschlandstart des US-Melodrams *Camille* (*Die Kameliendame*). Regie: George Cukor, Produktion: MGM, Irving Thalberg. In den Hauptrollen: Greta Garbo, Lionel Barrymore und Robert Taylor, der Lída Baarová ermutigt, dem MGM-Angebot zu folgen und nach Hollywood zu kommen. Das Schicksal einer Pariser Kurtisane des 19. Jahrhunderts in prekären Verhältnissen, hin und her gerissen zwischen einem jungen Mann, der sie liebt und einem wohlhabenden Baron, der sie besitzen will, bietet Greta Garbo das perfekte Tableau, um einmal mehr ihren Ruf als große Tragödin zu bestätigen. Als die tödliche Krankheit der Protagonistin und ihr absehbares Ende eine Entscheidung zwischen Liebe und sozialer Sicherheit hinfällig macht, zieht Cukor alle Register großen Gefühlskinos. Dies lässt auch Hitler und Goebbels nicht unberührt, die den Film vorab zu sehen bekommen und denen in diesem Fall egal ist, dass sowohl Produzent und als auch Regisseur Juden sind: „Alles versinkt vor der großen, einsamen Kunst der göttlichen Frau. Wir sind auf das Tiefste ergriffen und benommen. Man schämt sich der Tränen nicht. Idealer Partner: Taylor. Der Führer begeistert."[335] Eigentlich soll Robert Taylor den Kinostart von *Camille* durch seine Anwesenheit aufwerten. Doch Dreharbeiten hindern ihn daran, heute nach Berlin zu kommen. Er wird es erst drei Wochen später schaffen.

Camille ist bei Weitem nicht der einzige ausländische Film, der in diesem Herbst in der deutschen Reichshauptstadt anläuft. Aus Hollywood kommen die Screwball-Komödie

I Met Him in Paris (*Pariser Bekanntschaft*) mit Claudette Colbert und Melvyn Douglas sowie Robert Floreys Kleinstadtdrama *Outcast* (*Geächtet*). Slapstick bieten Laurel und Hardy mit *Way Out West* (*Ritter ohne Furcht und Tadel*). In der Charlottenburger Kurbel am Kurfürstendamm ist die Wiederaufführung von F. W. Murnaus *Tabu* zu sehen. Frankreich ist in den Berliner Kinos mit Sascha Guitrys Komödie *Les Perles de la couronne* (*Die Perlen der Krone*) und Julien Duvuviers Jean-Gabin-Film *La belle equipe* (*Größer als die Liebe*) vertreten. Im Dezember schließlich startet die romantische US-Komödie *Love is News* (*Der Liebesreporter*) mit Loretta Young und Tyrone Power. Weitere Berlin-Premieren amerikanischer Filme in diesem Herbst sind Henry Kings *Seventh Heaven* (*Im siebenten Himmel*) mit James Stewart und Simone Simon sowie John Fords Rudyard-Kipling-Adaption *Wee Willie Winkie* (*Rekrut Willie Winkie*). Hollywoodproduktionen wie diese schätzt das Berliner Publikum besonders wegen ihrer attraktiven Schauspieler, ihrer pointierten Drehbücher und ihrer souveränen Inszenierung und befördert sie regelmäßig auf die Spitzenplätze der Besucherlisten.[336]

Auch sonst ist das Kultur- und Unterhaltungsprogramm der Reichshauptstadt alles andere als provinziell. Im Theater am Nollendorfplatz läuft Charles Ambergs und Nico Dostals Erfolgsoperette „Clivia", im Komödienhaus am Schiffbauerdamm „Blaufuchs" mit Olga Tschechowa,[337] im Lessingtheater „Das Hahnen Ei". Ähnliches bietet das Theater in der Saarlandstraße mit „Zweigespann", einer Beziehungskomödie des englischen Autors E. P. Montgomery oder das Renaissancetheater mit Victorien Sardous „Fedora". Ob in Komischer Oper („Die 8 Entfesselten"), Metropol-Theater („Maske in Blau"), den Kammerspielen („Öl ins Feuer") oder im Staatstheater („Lauter Lügen"): Es dominiert das Heitere, Leichte. Doch nicht nur:

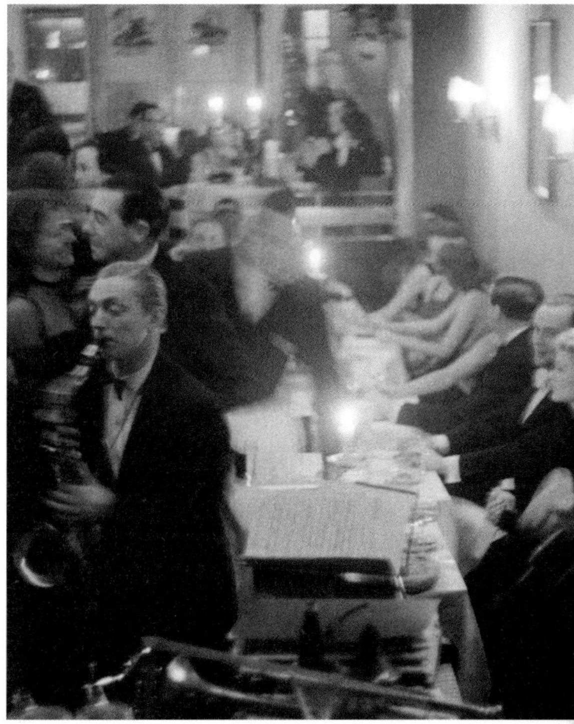

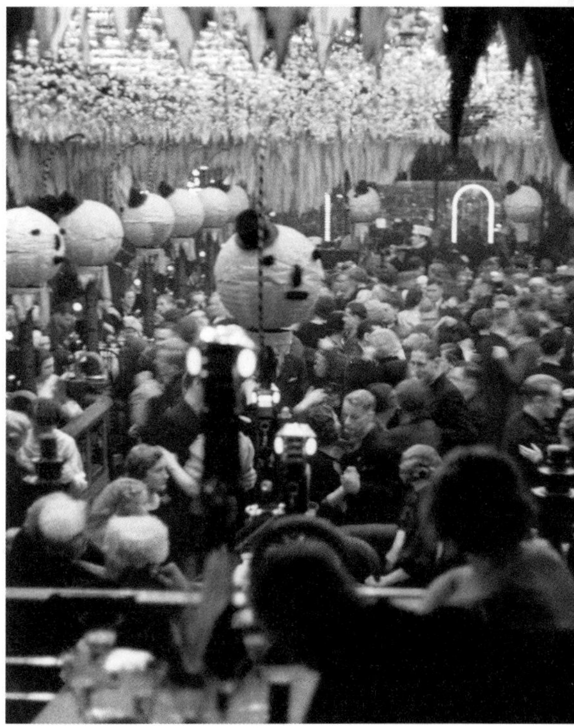

Berliner Nachtleben 1937. Oben: Die Ciro-Bar in der Rankestraße. Unten: Ballhaus Resi in der Kreuzberger Hasenheide

In der Staatsoper gibt es eine Neuinszenierung von „Tristan und Isolde“, im Schauspielhaus am Gendarmenmarkt Schillers „Wallenstein“ mit Werner Krauß, gefolgt von „Hamlet“, in der Volksbühne Max Halbes naturalistisches Drama „Jugend“,[338] im Theater am Kurfürstendamm Strindbergs „Totentanz“ mit Paul Wegener. Wer bloße Unterhaltung sucht, findet im Wintergarten „Friede im Tierreich“ mit „Courts Raubtiersensation“, im Theater im Europahaus Polo und René Rivel, die „herrlichsten Clowns und Artisten der Welt“. Danach geht es noch in die zahllosen Ballhäuser, Bars und Tanzpaläste der Hauptstadt, so ins Femina („Bernhard Etté und sein Orchester“), Delphi („Bis zur Polizeistunde geöffnet“) oder Resi („Das Ballhaus der Technik – Schönste Wasserfeerie der Welt, Tischtelefon, Rohrpost“), in die Oase am Potsdamer Platz („origineller Nachtbetrieb“), ins Atlantis in der Behrenstraße („Tanz, Kabarett, 4 Kapellen, 2350 Plätze“), ins Bajadere, in die Königin („Nachtleben, Barbetrieb, schöne Tänzerinnen“) oder in den Efti-Pavillon am Tiergarten („3 Tanzflächen“). Im Tabasco in der Uhlandstraße werden „ab sofort Bardamen gesucht“.[339] In diesen Orten des Amüsements wird eine gepflegte Form des Jazz gespielt, von Tanzorchestern, die den Vergleich mit Metropolen wie London, Paris oder Chicago nicht zu scheuen brauchen. Im Gegenteil. Der Londoner Bandleader Henry Hall, der ab Mitte der 30er Jahre regelmäßig in Berlin gastiert, konstatiert über das unterschiedliche Nachtleben der beiden Hauptstädte: „Die besten unserer Tanzstätten sind halb leer, und es kommt keine richtige Stimmung auf. Im Gegensatz dazu sind die Tanzsäle in Berlin sensationell – sensationell voll und sensationell ausgelassen. Überall, wo ich war, konnte man kaum Luft holen.“[340]

18. November 1937
Die Reichsfilmkammer, Fachschaft Film, schreibt an Lída Baarová:
„Betrifft: Winterhilfswerk 1937/38
Leider habe ich feststellen müssen, dass Sie meine Aufforderung zur Mithilfe am Winterhilfswerk des Deutschen Volkes bisher unbeantwortet gelassen haben und bitte Sie daher noch einmal, sich nicht von dem großen sozialen Werk des Führers auszuschließen.
Wenn Sie jedoch die Absicht haben, sich in einer anderen Form an diesem Hilfswerk zu beteiligen, bitte ich um entsprechende Mitteilung.
Gez. Auen.“[341]

Seit Wochen wird in der Presse die Werbetrommel für die große, staatlich organisierte Spendenaktion gerührt, um die Solidarität der Volksgemeinschaft mit ihren sozial benachteiligten Mitgliedern unter Beweis zu stellen, und der diese Kampagne leitet und befeuert, hat den allerkürzesten Draht zur Adressatin des Schreibens, die aber den Aufruf zu ihrer Teilnahme bislang ignoriert hat. Vielleicht weil sie derzeit mit anderem beschäftigt ist. Denn die Adresssatin probt im Theater in der Saarlandstraße für eine neue Inszenierung, die in vier Wochen Premiere haben soll und in der sie die Titelrolle spielt: „Josephine“ des österreichischen Dramatikers Hermann Bahr (1863–1934). Im Mittelpunkt des 1897 uraufgeführten „Spiels in vier Akten“ steht Napoleons Ehefrau Joséphine de Beauharnais. Noch keine sechs Wochen ist es her, dass Goebbels die Lektüre von Gertrude Kircheisens „Die Frauen um Napoleon“ beeindruckt hat.[342] Gibt es da einen Zusammenhang?

23. November 1937
Der Ufa-Vorstand tagt und gibt zu Protokoll: „Die von Herrn Correll geführten Verhandlungen mit Frau Baarová haben zu folgendem Ergebnis geführt: Die Darstellerin steht in der Zeit vom 1.12.1937 bis 30.11.38 für vier Filme gegen eine Pauschalgage von RM 35.000 pro Film der Ufa und den Konzerngesellschaften einschließlich Terra und Tobis zur Verfügung. Die Ufa übernimmt die Gewähr für die Auszahlung der Gesamtgage von RM 140.000 innerhalb der Vertragszeit. Die Gage ist in 12 gleichen nachträglichen Monatsraten auszuzahlen. Frau Baarová ist verpflichtet, auf Verlangen der Ufa in der Vertragszeit auch in einem tschechischen Ufa-Film mitzuwirken gegen eine Gage von 50.000 tschechischen Kronen einschließlich Garderobenzuschuss."[343] Damit ist Baarová innerhalb von zwei Jahren in die Gruppe der Spitzenverdiener des deutschen Films aufgestiegen, in einer Riege mit Hans Albers, Zarah Leander oder Heinz Rühmann. 1935 betrug ihr Jahresverdienst noch 7.875 Reichsmark, jetzt garantiert ihr die Ufa eine Monatsgage von 11.666 Reichsmark, unabhängig davon, ob sie die vertraglich vereinbarten vier Filme dreht oder nicht. Zum Vergleich: Johannes Heesters erhält im selben Jahr 5.000 Reichsmark pro Film plus eine Monatsgage von 2.000 Reichsmark. Ein Staatssekretär verdient jährlich 20.000 Reichsmark, eine viertürige Mercedes Benz-Limousine kostet 38.000 Reichsmark, ein Kilo Mischbrot 30 Pfennig.[344] Obwohl es keinerlei schriftlichen Hinweis gibt, steht außer Frage, dass Goebbels über die Verhandlungen informiert war und seine Zustimmung zu der Vertragsverlängerung und ihren Konditionen gab. Einen Monat später wird er mit seinem Reichsfilmdramaturgen Ewald von Demandowsky eine Gagenliste für Filmkünstler zusammenstellen.[345] Doch was hält er davon, dass seine Geliebte mit einem Hollywood-Angebot pokert, genauer: ihn damit erpresst hat, das in der Auslandspresse Niederschlag fand? Hierüber verrät das Tagebuch nichts. Ein Anflug von Katzenjammer auf die erreichte Einigung vermittelt ein Eintrag des folgenden Tages: „Überhaupt steht es finanziell mit dem Film garnicht gut. Ich werde nun eingreifen. Größter Erfolg: *Patrioten*".[346] Und wenig später bekräftigend: „Die finanzielle Lage des Films ist sehr schlecht. Wir müssen unbedingt etwas tun."[347] Tatsächlich ist die Kapitalkraft der meist auf Bankkredite oder Verleihgarantien angewiesenen deutschen Produktionsfirmen so schlecht, dass im Laufe des zu Ende gehenden Jahres lediglich 94 abendfüllende deutsche Filme in die Kinos gekommen sein werden – ein Rückgang um einundzwanzig Produktionen. Mit insgesamt 171 Filmen (davon 38 Titeln aus den USA) ist es das geringste Jahresangebot seit Bestehen des Kinos.[348] Ob die teure Weiterbeschäftigung der tschechischen Schauspielerin Teil von Goebbels' Vorsatz ist, „etwas zu tun"?

25. November 1937
Auf seiner verspäteten PR-Tour für *Die Kameliendame*, die ihn durch europäische Hauptstädte führt, macht Robert Taylor für vierundzwanzig Stunden Station in Berlin. Er gibt Interviews, schwärmt von der Zusammenarbeit mit Greta Garbo („wunderbar kameradschaftlich") und bedauert, nicht mehr Zeit zu haben, um sich Berlin genauer anzusehen.[349] Das führende Boulevardblatt der Hauptstadt schreibt: „Der junge Robert Taylor ist gar nicht solch ein überragender Schauspieler. Er ist ein schöner Liebhaber."[350] Nach Absolvierung seiner Pressetermine trifft Taylor bei „Horcher" neben einigen deutschen Schauspielkollegen (darunter Viktor de Kowa, Luise Ullrich und Maria von Tasnady) auch Lída Baarová zum

Abendessen. Danach in kleinem Kreis drängen er und MGM-Agent Bob Ritchie den tschechischen Ufa-Star erneut zur Annahme des US-Angebots. Baarová erwidert, es sei ihr unmöglich, Deutschland jetzt zu verlassen. Ihr Vertrag mit der Ufa laufe noch – und verschweigt, dass er gerade erst verlängert wurde. Stattdessen bietet sie an, in einem Jahr zu kommen. Taylor und Ritchie bestehen darauf: es gelte, jetzt eine Entscheidung zu treffen. Die kann sie ihnen nicht geben. Am nächsten Tag fliegen Taylor und Ritchie unverrichteter Dinge weiter. Mit ihrer Vertragsverlängerung bei der Ufa ist für Lída Baarová die Hollywood-Option hinfällig geworden. Hat sie diese je ernsthaft erwogen? Möglich, dass sie sie nur eingesetzt hat, um bessere Konditionen für sich herauszuholen. Damit kann sie eigentlich wunschlos glücklich sein: Sie gehört zu den Spitzenstars des deutschen Kinos, hat attraktive Theaterengagements, kann nebenbei in Produktionen ihrer tschechischen Heimat auftreten, weiß ihre Familie wenige Zugstunden von Berlin entfernt und genießt die Protektion (und einiges mehr) des deutschen Filmministers. Warum also soll sie all dies für eine ungewisse Zukunft in den USA aufgeben? Monate später wird sie bitter bereuen, das Momentum des Novembers 1937 nicht genutzt zu haben und aus der Distanz von sechs Jahrzehnten schreiben: „Wenn ich heute auf diese verpasste Möglichkeit, nach Amerika zu gehen, zurückblicke, könnte ich mich selbst verfluchen."[351]

26. November 1937

Goebbels spricht vor der Jahrestagung der Reichskulturkammer. Sein Thema ist die Herausdrängung der Juden aus dem deutschen Kulturleben. „Wir haben die Juden beseitigt und Führung und Repräsentanz des deutschen Geisteslebens (...) wieder in deutsche Hände gelegt. Was das bedeutet, kann nur der ermessen, der eine Vorstellung davon besitzt, wie tief der jüdische Einfluss gerade in das deutsche Kulturleben eingedrungen war. Nirgendwo herrschte und dominierte der Jude so uneingeschränkt und ungestört wie gerade hier.[352] Wenn man sich vergegenwärtigt, dass wir (...) seit 1933 annähernd dreitausend Juden aus dem deutschen Kulturleben entfernt, gleichzeitig aber die leer gewordenen Stellen mit Deutschen besetzt haben, ohne dass bei diesem riesigen Personenschub auch nur eine in Betracht kommende Stagnation im deutschen Kulturleben eintrat; wenn man weiterhin dabei bedenkt, dass es sich hier in der Hauptsache selbstverständlich um ausschlaggebende Stellen handelte – die übten ja im allgemeinen führende Funktionen im öffentlichen Leben aus – so kann man sich hier ungefähr eine Vorstellung davon machen, wie viel Arbeit hier geleistet wurde."[353]

Die durch den Exodus jüdischer Filmschaffender „leer gewordenen Stellen" wurden mitnichten nur mit Deutschen besetzt, sondern an ihrer sichtbarsten Stelle, auf der Leinwand, mit zahlreichen ausländischen Kräften. So die Chilenin Rosita Serrano (ab 1937), der Italiener Benjamino Gigli (1935), die Schwedinnen Zarah Leander (1937) und Kristina Söderbaum (1936), die Norwegerin Kirsten Heiberg (ab 1938), die Ungarinnen Marika Rökk (1935) und Maria von Tasnady (1936), die Niederländer Johannes Heesters (1935) und Ilse Werner (ab 1938), der Luxemburger René Deltgen (1935) oder eben die Tschechin Lída Baarová (1934). Sie allerdings ist Bürgerin eines Staates, gegen den die deutsche Führung seit Monaten einen schonungslosen Propagandakrieg führt. Dessen Befehlshaber ist ihr Geliebter, der offenbar zwischen Beruf und Privatleben zu unterscheiden versteht. Noch.

4. Dezember 1937

„Am heutigen Sonnabend stehen auf allen Straßen und Plätzen des Reiches die führenden Männer von Partei und Staat, von Kunst und Wissenschaft, um, ausgerüstet mit der roten Sammelbüchse des Winterhilfswerks, für dieses größte Sozialwerk der Welt zu sammeln."[354] In einem Zusammenschluss verschiedener Wohlfahrtsverbände erstmals 1931 unter dem Namen „Winterhilfe" als halbjährige Sammelaktion durchgeführt, wurde sie vom NS-Staat übernommen und durch einen öffentlichkeitswirksamen „Tag der Nationalen Solidarität" erweitert: Eine Erfindung des Propagandaministers, bei der sich prominente Parteifunktionäre und Künstler an öffentlichkeitswirksamen Straßensammlungen beteiligen, um die Verbundenheit zwischen Führung und Volk, Eliten und Unterschicht zu demonstrieren, als großes Fest der Volksgemeinschaft. Wirtschaftlich positiv wirkt sich das Winterhilfswerk auf den Sozialhaushalt des Staates aus, der durch das jährliche Spendenaufkommen im dreistelligen Millionenbereich spürbar entlastet wird.[355] Dafür kann sich die politische Führung gegenüber der Arbeiterschaft erkenntlich zeigen und lässt durch den Beauftragten des Vierjahresplans Hermann Göring just heute die Lohnfortzahlung an Feiertagen verkündigen.

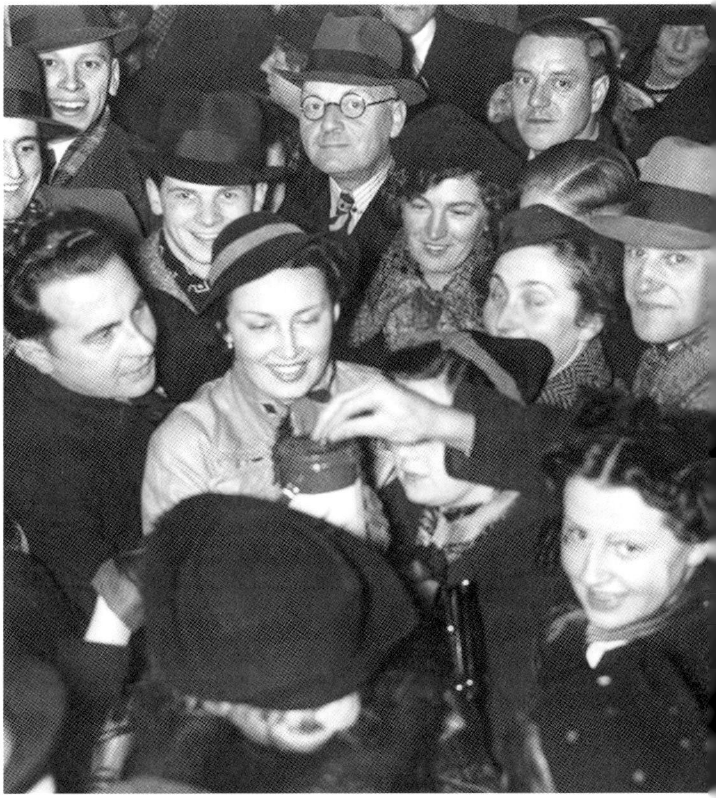

Sammeln nach Aufforderung: Baarová umringt von Fans beim „Tag der Nationalen Solidarität".

Nachdem ihr Berufsverband sie offiziell daran erinnert und ihr Geliebter nachgeholfen haben dürfte, entschließt sich Lída Baarová zur Teilnahme am „Tag der Nationalen Solidarität". Zwischen vier Uhr nachmittags und halb acht Uhr abends sammeln einige Tausend Freiwillige auf Straßen, in Gaststädten, vor Kinos und Theatern Geld ein. Die zentralen Stadtgebiete Berlins sind prominenten Funktionsträgern und Berufsgruppen zugeteilt. Der Preußische Ministerpräsident Göring etwa hat seinen Stammplatz vor der Lindenpassage, Goebbels und weitere Kabinettskollegen stehen am Pariser Platz vor dem Hotel Adlon. „Es herrscht ein unbeschreiblicher Trubel. Ergreifendste Szenen spielen sich ab. Welch ein Glück, so vom Volk geliebt zu werden. Helga hilft mir. Sie ist der Star. Und Geld gibt es die Menge. Viele, viele Ausländer."[356] Die Filmschaffenden treten, ebenso wie ihre Kollegen vom Theater, als Gruppe in der Friedrichstraße auf. Dort werden in der Konditorei Aschinger Sammelbüchsen an Regisseure, Produktionsleiter, Kameraleute und Schauspieler ausgegeben. Gegen vier Uhr nachmittags hat sich vor der Konditorei eine große Menschenmenge gebildet, die den Eingang versperrt und auf die Stars wartet. „Großes Hallo auf der Straße, als die ersten herauskommen und sich mit Mühe durch die Menge zwängen. ‚Sima, Rühmann, Lingen, Baarová!' rufen die Leute jedes Mal, wenn wieder ein neues Gesicht auftaucht. (…) Von der Jägerstraße bis zu den Linden verteilen sich die Filmleute auf die verschiedenen Plätze auf beiden Seiten der Friedrichstraße. Die bekannten Darstellerinnen und Darsteller sind im Nu umringt. Sie verteilen Autogramme gegen klingende Münze."[357] Darunter Marika Rökk, Magda Schneider, Willy Birgel, Anny Ondra, Hans Söhnker, Paul Hörbiger, Grethe Weiser, Albert Matterstock: alles, was im deutschen Film Rang und Namen hat, so scheint ist, beteiligt sich heute. Einige jedoch fehlen: Hans Albers, Zarah Leander, Emil Jannings (dafür kommt ein Double) und Johannes Heesters. Abends empfängt Hitler in der Reichskanzlei eine Gruppe beteiligter Künstler, darunter Lída Baarová, bedankt sich für ihren Einsatz und steckt jedem zusätzlich einen Schein in die Sammelbüchsen.

Der diesjährige „Tag der Nationalen Solidarität" erbringt in diesem Jahr das Rekordergebnis von 7,6 Millionen Reichsmark, 35 Prozent mehr als 1936. Goebbels, der diesen Erfolg auf sein Konto verbucht, sieht darin „eine soziale Volksabstimmung."[358] Auch sonst kann er zum Jahresausklang eine Reihe positiver Nachrichten für die Propaganda nutzen: „Die Zahl der neugeschlossenen Ehen ist sehr gestiegen"[359] Deutschland rangiere nun an der Spitze aller europäischen Länder. Am Flughafen Tempelhof wird achtzehn Monate nach Baubeginn Richtfest gefeiert. Er ist für sechs Millionen Passagiere jährlich angelegt „der größte der Welt. Ein tolles Gebäude". Schließlich sind Ende des Monats die ersten zweitausend Kilometer Autobahn fertiggestellt, bewegen sich auf deutschen Straßen rund 1 Millionen Kraftfahrzeuge. Für den Propagandaminister ganz klar: „Ein Verdienst des Führers!"[360] Nach den Strapazen des Wochenendes nimmt Goebbels sich montags eine Auszeit und verbringt Nachmittag und Abend am Bogensee. Höchstwahrscheinlich nicht allein, denn er notiert: „Musik und Entspannung".[361]

10. Dezember 1937

Auf der turnusmäßigen Kabinettssitzung wird eine Reihe von Gesetzen diskutiert, darunter die Novellierung des Strafgesetzes. Beim Thema Ehebruch gibt es eine kontroverse Diskussion: „Ob unter Strafe oder nicht. Ich bin dagegen und fast alle anderen auch. Schließlich einigen wir uns: nur Strafe auf Antrag des Betrogenen, wenn öffentliches Interesse vorliegt. Auch unsittliche Schriften, die die Jugend ‚überreizen' scharf debattiert. Auch da Abmilderung. Keine Keuschheitskommissionen. Führer spricht scharf gegen Moralheuchelei."[362]

Am folgenden Tag nimmt sich Goebbels auf Schwanenwerder Zeit für ein Gespräch mit seiner Frau, die im fünften Monat schwanger ist: „Magda ist lieb und nett. Wir parlavern uns aus. Die Kinder toben und juchzen. Ich werde nun, um etwas Ruhe zu bekommen, ins Kavalierhaus umziehen."[363] Ursprünglich als Gästehaus von Magda Goebbels für Übernachtungen Hitlers eingerichtet, steht es, da diese bislang nicht stattfanden, meist leer. Obwohl nur wenige Meter vom Haupthaus der Familie entfernt, signalisiert Goebbels' Ankündigung eine Trennung von Tisch und Bett. Dafür sucht er in dieser Woche gleich zweimal nach „harten" Arbeitstagen „Musik und Entspannung am Bogensee. Das tut so gut."[364]

18. Dezember 1937

Einen Tag vor seinem sechsten Hochzeitstag fährt Goebbels nachmittags nach Schwanenwerder, um dort einen neuen Abschnitt seines Ehe- und Familienlebens zu beginnen. Seine Frau unterstützt diesen Schritt: „Magda hat mir ein gemütliches Heim im Kavalierhaus eingerichtet. Das ist so gemütlich; ich bin hier sehr glücklich. Die Kinder spielen und lachen."[365] Doch er denkt schon weiter, bespricht mit Magda „Pläne für ein neues kleines Studier- und Wohnhaus auf dem Grundstück, das wir nun erwerben wollen." Goebbels ist mit der neuen Wohnsituation „sehr glücklich", seine Frau scheint ebenso „sehr glücklich (...) Wir sind alle so froh. Die Kinder spielen um uns herum. Ich sitze in meiner neuen Wohnung im Kavalierhaus. Draußen liegt hoher Schnee." Einzig getrübt wird dieses Familienidyll durch zwei eben fertiggestellte Filme, die der Minister abends zusammen mit der fünfjährigen Helga prüft. Sein Kommentar zu Luis Trenkers *Der Berg ruft*: Helga ist damit sehr unzufrieden, und ich auch. Mir liegen diese ewigen Bergkraxeleien nicht. Und Trenker ist doch keiner von den großen Gestaltern. Und über Hubert Marischkas romantische Komödie *Ihr Leibhusar* mit Magda Schneider und Pál Jávor als leichtlebiger Militär, der sich in eine Millionärstochter verliebt: „Eine ungarische Blödelei, die verboten gehört."

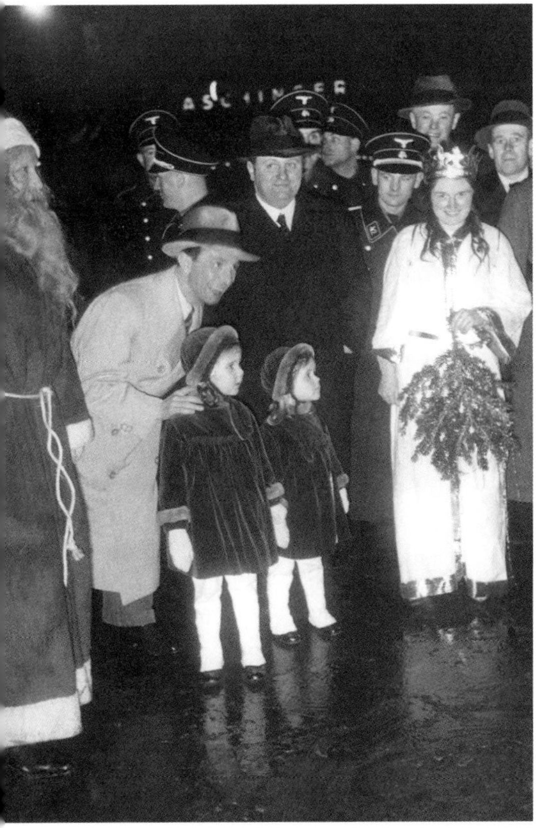

Vorweihnachtsrummel: Goebbels mit Töchtern Helga und Hilde am „Goldenen Sonntag"

19. Dezember 1937

Zum sechsten Hochzeitstag schenkt Goebbels seiner Frau ein wertvolles Schmuckstück. Nachmittags fährt die ganze Familie ins Theater am Kurfürstendamm, um sich „Schneeweißchen und Rosenrot" anzusehen. Dort treffen sie die Familien Harlan und Arent mit ihren Kindern. Diese „haben Riesenspaß daran. Es ist aber leider nicht gut gemacht. Zuviel Klamauk und zu wenige Poesie."[366] Veit Harlan, der in zweiter Ehe mit der Schauspielerin Hilde Körber verheiratet ist, hat gerade die Dreharbeiten zu seinem Film *Jugend* (nach Max Halbe) beendet und sich dabei in die Hauptdarstellerin Kristina Söderbaum verliebt; die erste große Rolle der 25-jährigen Schwedin. Noch ist das alles zu frisch, um nach außen als Ehekrise wahrgenommen zu werden.

Nach der Vorstellung zieht es Familie Goebbels in ein Spielwarengeschäft an der Leipziger Straße, wo die Eltern ihre vier Kinder beschenken. Nach einer Idee des Berliner Einzelhandels trägt dieser verkaufsoffene, vierte Adventssonntag den Namen „Goldener Sonntag". Ganz Berlin scheint auf den Beinen, um in den leicht verschneiten Hauptgeschäftsstraßen „das strahlende Bild der weihnachtlich geschmückten Läden zu genießen. (...) Nur schrittweise konnte man sich vorwärts kämpfen und die Verkehrs-Schupos hatten alle Hände voll zu tun, um diese weihnachtlich gestimmte Menge in geordnete Bahnen zu lenken. Tausende scharten sich vor den Geschäften, und es musste ein besonderer Absperrdienst eingerichtet werden. Auf dem Weihnachtsmarkt war der Andrang ungeheuer, haben doch gestern ungefähr 450.000 Menschen die Buden- und Lichterstadt aufgesucht, so dass der diesjährige Weihnachtsmarkt schon zweieinhalb Millionen Besucher verzeichnen kann."[367] „Ein Riesentrubel" staunt Goebbels, der sich mit seiner Familie ohne jeden Personenschutz durch die Massen bewegt.[368]

20. Dezember 1937

Im Theater in der Saarlandstraße findet die Premiere von Hermann Bahrs „Josephine" statt. Inszeniert von Richard Weichert,[369] spielen neben Lída Baarová u.a. René Deltgen (als Napoléon), Hans Quest und Jakob Tiedtke. Die Komödie des Wiener Naturalisten ist vier Jahrzehnte alt und erntete schon nach seiner Wiener Uraufführung 1899 viel Widerspruch. Inhalt und Tonalität des Stückes hatte Rudolf Steiner, Rezensent der Berliner Erstaufführung am dortigen Lessingtheater im November 1898 und späterer Begründer der Anthroposophie so skizziert: „Bonaparte ist grenzenlos verliebt in die schöne Josephine Beauharnais – so verliebt, dass er den ganzen Tag nichts tun möchte, als mit dem süßen Weib kosen. Sie aber möchte ihn mit Barras betrügen. Deshalb schickt sie ihn von Paris fort zum Heere. Er denkt, während rings um ihn der Sturm der Schlachten tobt, an nichts als an seine Josephine. Wenn sie ihm zu selten schreibt oder wenn ihre Briefe zu kurz sind, da wird er wütend, stürzt sich in das Kampfgetümmel und erringt einen seiner glänzenden Siege. So wird er, ohne dass er was dafür kann, ein Held. Die Franzosen machen ihn zum Konsul. Jetzt denkt er auch ein bisschen darüber nach, was sich für einen großen Mann schickt. Es schickt sich nicht für ihn, den ganzen Tag zu liebeln. Also vernachlässigt er die gute Josephine, der er doch seinen Ruhm verdankt. Es schickt sich aber auch für ihn, sich „anständige Manieren" anzueignen. Deshalb lässt er sich den Schauspieler Talma kommen, der sie ihm beibringt. So wurde aus dem kleinen verliebten Bonaparte der große Napoleon."[370] Diese Art von bemühtem Humor wirkte bereits bei Erscheinen des Stücks deplatziert, sodass sich Bahr zu einer Rechtfertigung veranlasst sah: „Man hat mir nachgesagt, dass ich in meiner Komödie den Bonaparte verspotten wollte. (...) Mir ist das seltsam zu vernehmen gewesen: denn daran hätte ich niemals gedacht, sondern ich habe gerade an einem unzweifelhaft großen Menschen zeigen wollen, was das Leben ist."[371] Wie auch immer: Das Stück lässt ob seiner pathetischen Sprache „keine rechte Komödienstimmung" aufkommen, sondern hinterlässt ein „peinliches Gefühl".[372] „Richard Weichert, der Regisseur, unterstrich die heimliche Pathetik

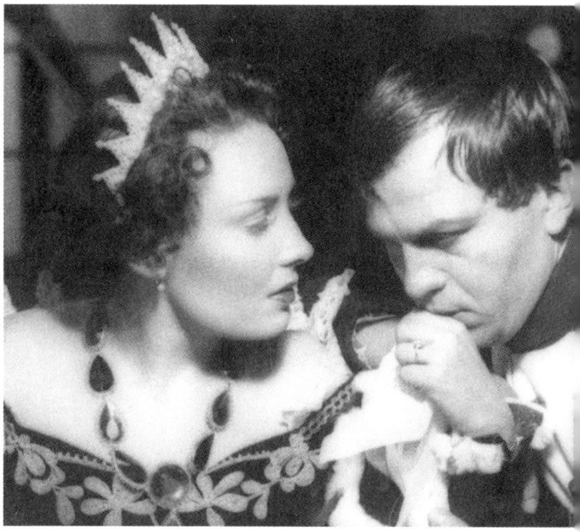

Titelheldin in Hermann Bahrs „Josephine"
(mit René Deltgen als Napoleon)

des Stückes. Der spielerische Anfang verlief sich rasch und der Abend ging in ein Problemstück über, dessen Heiterkeit von Sentimentalität überdeckt und von den Schatten der wirklichen Historie bedroht wurde."[373] Über die Titelheldin heißt es: „Strahlend schön (...) gab Lída Baarová die Josephine, auch sie bald mehr eine leidende Frau als die düpierte Spielerin, die sie hier sein soll."[374]

Joseph Goebbels befindet sich nicht unter den Premierengästen, sondern muss sein Kommen kurzfristig absagen. Er ist mit den Vorbereitungen des Staatsbegräbnisses für Erich Ludendorff beschäftigt, der morgens in München verstorben ist. Seine Geliebte als „Josephine" zu erleben, muss warten. Immerhin lässt er sich von Staatssekretär Hanke über den Ausbau seines Refugiums am Bogensee berichten: „Es wird immer schöner draußen."[375]

21. Dezember 1937

Auf der turnusmäßigen Ufa-Vorstandssitzung teilt Produktionschef Correll mit, dass Lída Baarová ihren nächsten Film mit dem Titel *Der Spieler* für die Tobis drehen wird. Mit dem zweitgrößten deutschen Studio gibt es eine entsprechende Vereinbarung, nach der Schauspieler gegenseitig „ausgeliehen" werden können. Eine auch in Hollywood gängige Praxis. Danach, so Correll, werde Baarová wieder in einer Ufa-Produktion mitwirken, für die bereits mehrere Drehbücher zur Auswahl vorlägen. „Eine Einflussnahme auf die Gestaltung des Films steht Frau B. nach dem Vertrage nicht zu."[376] Für ihren Ausflug zur Tobis, um dort in einer Verfilmung des gleichnamigen Dostojewski-Romans mitzuwirken, erhält Baarová 35.000 Reichsmark – nach 12.000 Reichsmark für ihren vorherigen Film *Die Fledermaus*. Das kommt fast einer Verdreifachung ihrer Gage gleich. Im folgenden Jahr wird ihr Einkommen die Summe von 140.000 Reichsmark erreichen, eine Steigerung um das Sechsfache seit 1935.

22. Dezember 1937

Gleich nach seiner Rückkehr aus München, wo Erich Ludendorff mit einem Staatsakt an der Feldherrnhalle verabschiedet wurde, lässt sich Goebbels nach Lanke fahren, um „nach all dem Lärm" den Abend und die Nacht nach der Lesart seines Tagebuchs allein doch vermutlich eher mit seiner Geliebten zu verbringen. Wieder fühlt er sich bei Lektüre und Musik „ganz glücklich".[377] Die kommenden Tage sehen nur öffentliche und familiäre Verpflichtungen vor. So am 23. Dezember die „großen Volksweihnachten im Saalbau Friedrichshain. Ich rede kurz, aber ganz wirksam. Und dann beschere ich die 1000 Kinder mit wunderbaren Spielsachen. Das ist eine Freude! Der ganze Saal ist erfüllt von hellstem Jubel. Die Kinder sind unbeschreiblich. Und die Eltern so dankbar. Ich bin sehr glücklich. Mitten unter allen sitzen unsere Kinder, Helga, Hilde, Helmut. Und sehen so rosig und aufgeregt aus. Ein beglückender Abend. In Deutschland haben Millionen Kinder ein frohes Weihnachten erlebt. Schenken ist viel schöner als Beschenktwerden."[378] Dies zeigt er neben seiner Familie nicht nur seinem Chauffeur Kaiser, der ein kleines Auto zum privaten Gebrauch bekommt, sondern auch seinem Chef: „Ich schenke dem Führer 32 Klassefilme der letzten 4 Jahre und 12 Micky Maus-Filme mit einem wunderbaren Kunstalbum zu Weihnachten. Er freut sich sehr darüber. Ist ganz glücklich über diesen Schatz, der ihm hoffentlich viel Freude und Erholung spenden wird."[379]

27. Dezember 1937

Die arbeitsfreie Zeit zwischen den Jahren nutzt der Propagandaminister für Theaterbesuche. Er sieht in den Kammerspielen die Komödie „Also gut, lassen wir uns scheiden“ des französischen Autors Victorien Sardou (1831–1908). In der Inszenierung (und Neuübersetzung) von Heinz Hilpert gibt Luise Ullrich eine lebenslustige junge Frau, die nach zweijähriger Ehe nur noch die Trennung von ihrem um einiges älteren, ruhebedürftigen Mann wünscht, um ihren neuen Liebhaber heiraten zu können. Karl Ludwig Diehl als Ehemann kommt dahinter, doch statt sich mit dem Nebenbuhler zu duellieren, willigt er in die Scheidung ein – in weiser Voraussicht, dass die Beziehung seiner Frau mit einem vom Liebhaber zum Ehemann domestizierten Nachfolger sehr bald den prickelnden Reiz des Abenteuers verlieren wird. Goebbels‘ lakonischer Kommentar: „So ist es meistens im Leben“[380] Am folgenden Abend dann holt er den Besuch von „Josephine“ nach: „Das Stück ist etwas verstaubt und pietätlos. Die Regie eine Idee zu laut. Weichert hat keine weiche Hand. Er macht zu viel Krach.“[381] Allerdings: „Sehr gut gespielt vor allem Deltgen und Barova (!). Goebbels‘ Urteil über Baarová deckt sich durchaus mit dem der Presse: „Es ist ihr nicht nur gelungen, die amüsante erotische Atmosphäre (...) mit bezauberndem Temperament und überlegenem Witz zu treffen, sie hat besonders auch für die Wandlung zur ehrlich liebenden und enttäuschten Frau so echte Töne gefunden, dass der begeisterte Beifall neben dem vorzüglichen Bonaparte René Deltgen mit in erster Linie ihr galt. (...) Lyda (sic!) Baarová hat mit ihrer „Josephine“ einen großen Schritt vorwärts gemacht.“[382]

Goebbels, das zuende gehende Bühnenjahr bilanzierend: „Ich bin ganz glücklich, wie gut jetzt wieder in Berlin Theater gespielt wird. Und alles ist ausverkauft. Das hätten wir also geschafft.“[383] Nach der Vorstellung geht es dann wieder – und wahrscheinlich in Begleitung der Hauptdarstellerin – zum Bogensee: „Schnee, Eis, Frost. Dann ist es hier draußen am gemütlichsten. Ein bisschen Ferien für mich gemacht.“[384] Auch die folgenden beiden Tage wird er dort bleiben. Den Silvesterabend verbringt er in der Deutschen Oper bei der Silvesterpremiere von „Die Fledermaus“. Danach, „in großer Gesellschaft“ zu Hause, wo der Jahreswechsel gefeiert wird. „Beim Bleigießen bekomme ich einen Vollsegler. Also mit allen Segeln ins neue Jahr.“[385]

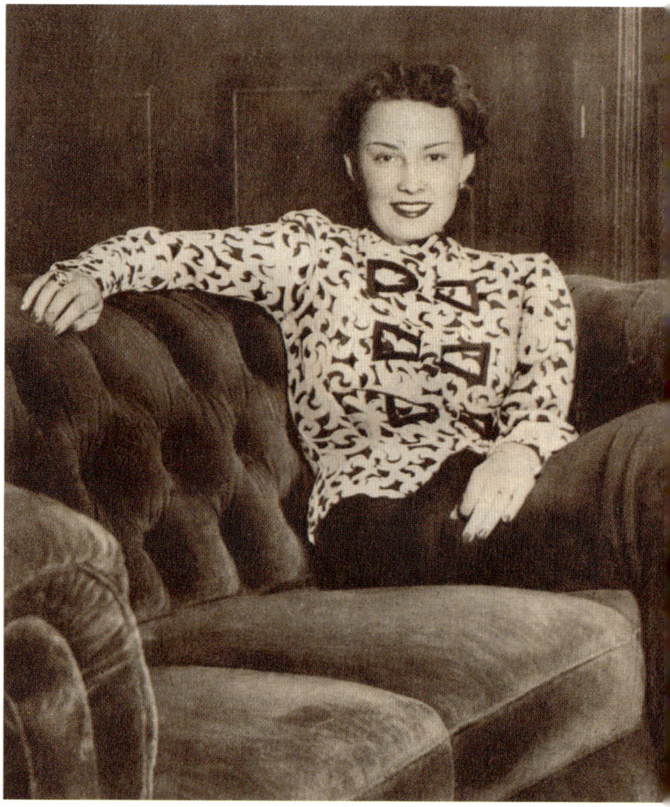

Porträt für eine Homestory (ca. 1937)

„Wir haben zu viele Ausländer im deutschen Film. Ich muss das stoppen"

5. Januar 1938

Für Lída Baarová beginnt das neue Jahr mit einem persönlichen Waterloo: sie leidet unter Erschöpfungszuständen und muss nach nur wenigen Auftritten als „Josephine" alle weiteren Vorstellungen absagen. „Ich habe zuerst gedacht, ich hätte die Schlafkrankheit. Immer war ich müde (...) und das Spielen bedeutete eine solche Anstrengung für mich, dass ich ganz verzweifelt war."[386] Der Arzt stellt Arbeitsüberlastung fest und verschreibt ihr einen Monat absolute Ruhe und Erholung. Tatsächlich dürfte ihr Zustand eher die Folge einer gleichzeitigen Überforderung mit ihrer Bühnenrolle wie mit ihrem ungeregelten, strapaziösen Privatleben sein. Baarovás plötzlicher Ausfall bringt auch die Jahresplanung ihrer Filmprojekte durcheinander und kommt in der ersten Ufa-Vorstandssitzung des neuen Jahres zur Sprache: „Die Darstellerin (...) sollte am 2. Januar bei der Tobis mit dem Film ‚Stimmen aus dem Äther' beginnen. Dieses Drehbuch soll jedoch nicht fertiggestellt sein. Anschließend sollte sie in dem Tobis-Film ‚Spieler' mitwirken. Daraufhin soll sie ab 1.5.1938 der Ufa zur Verfügung stehen zur Mitwirkung an zwei Filmen während der restlichen Vertragszeit von sieben Monaten. Es ist mit Wahrscheinlichkeit anzunehmen, dass der Termin des 1.5.1938 von Frau B. nicht eingehalten werden kann."[387] Ärgerlicher ist, dass die Ufa die Ausfallkosten tragen muss und, lt. Vertrag mit Baarová, für deren gesamte Vertragsgage aufzukommen hat.[388]

Nach zwei Jahren ununterbrochener Arbeit verabschiedet sich Lída Baarová, begleitet von ihrer Mutter, bis Ende Januar in einen Ski-Erholungsurlaub nach St. Moritz. Auch Joseph Goebbels hat Berlin verlassen und besucht mit der Familie seine Mutter im rheinischen Rheydt.

8. Januar 1938

Kaum ist der Propagandaminister einige Tage von seiner Geliebten getrennt, fällt ihm auf: „Wir haben viel zu viele Ausländer im deutschen Film. Und neue Anträge treffen ständig ein. Ich muss das stoppen."[389] Er wird diese Feststellung drei Tage später fast wortgleich wiederholen, ebenso, was die von ihm kontrollierten Theater angeht: „Ich werde jetzt ein paar Ausländerinnen von den Berliner Operettenbühnen herauspfeffern, damit die Deutschen wieder mal Platz haben."[390]

Ansonsten verbringt Goebbels viel Zeit mit seinen Kindern und seiner Frau. Magda ist im sechsten Monat schwanger und wird einmal mehr von damit einhergehenden Herzproblemen geplagt. Außerdem lässt er sich im Ministerium eine kleine Wohnung einrichten, um dort, wie er findet, „konzentrierter arbeiten" zu können. Es ist, neben der Goebbels'schen Stadtresidenz, Schwanenwerder und Lanke sein vierter Standort und es wird nicht sein letzter sein. Als er dieser Tage wieder mal an den Bogensee fährt, ist er wirklich allein: „Spät am Abend draußen. Dieser tiefe Frieden! Geschrieben. Gelesen: Fallada ‚Wolf unter Wölfen', ein tolles, spannendes Buch. Und Musik. Ewige, schöne Musik."[391]

20. Januar 1938
Miloš Havel, Mitbegründer der Prager Barrandov-Studios und einer der führenden Filmproduzenten dort, schlägt der Ufa einen deutsch-tschechischen Gemeinschaftsfilm vor, in dem Lída Baarová die Hauptrolle spielen soll. „Der Vorstand nimmt hiervon Kenntnis und davon, dass die Angelegenheit wegen Frau B.'s Krankheit nicht spruchreif ist."[392]

24. Januar 1938
Neben zahlreichen Büroterminen, in denen es u. a. um eine Lockerung der Polizeistunde in Berlin, einen Fall versuchter Sterilisierung in seinem Ministerium und um die Vorbereitung des anstehenden Presseballs („mit Fernsehen") geht, empfängt Goebbels die Schauspielerin Ursula Grabley. In Filmen wie *Das Tankmädel* (1933) oder *IA in Oberbayern* (1936) verkörpert die junge Berlinerin selbstbewusste Frauen urbaner Milieus, deren Erkennungszeichen Pagenkopf und burschikose Figur sind. Seit über einem Jahrzehnt mit ihrem Kollegen Viktor de Kowa verheiratet, gesteht sie dem Minister, dass sie in ihrer Ehe unglücklich ist und sich neu verliebt hat: „Ursula Grabley will wieder heiraten. So ist das bei den Frauen: Zu Tode betrübt und himmelhoch jauchzend. Aber nett sind sie doch."[393]

27. Januar 1938
Wieder geheiratet hat Mitte des Monats Feldmarschall Werner von Blomberg. Der neunundfünfzigjährige, verwitwete Kriegsminister und Oberbefehlshaber der Wehrmacht ist ein enger Vertrauter Hitlers. Dieser und Hermann Göring waren Trauzeugen von Blombergs Eheschließung mit der dreißig Jahre jüngeren Luise Gruhn. Ein, laut Goebbels, „junges Mädchen aus dem Volke."[394] Wenige Tage nach der Hochzeit des ungleichen Paares taucht ein Polizeidossier auf, aus dem hervorgeht, dass Gruhn eine Prostituierte ist, vorbestraft wegen Diebstahls und des Vertriebs pornographischer Fotos, auf denen sie abgebildet ist („gemein und ekelhaft"[395]). Die seit dem Röhm-Putsch größte Krise des Regimes nimmt ihren Lauf. Goebbels fühlt sich „ganz zerschmettert. Der Führer sieht aus wie eine Leiche".[396] Blomberg tritt an diesem Donnerstag zurück, aus gesundheitlichen Gründen, wie es heißt. Doch statt sich komplett aus der Öffentlichkeit zurückzuziehen, unternimmt er mit seiner Frau eine von der ausländischen Presse viel beachtete Weltreise; erste Station ist Capri.

Blombergs Nachfolge soll General Werner von Fritsch, Oberbefehlshaber des Heeres, übernehmen. Doch sein Bewerbungsgespräch endet in einem Fiasko. Der misstrauisch gewordene Hitler befragt ihn nach einem Vorgang, der Jahre zurück liegt, jetzt aber aus der Schublade geholt wird und plötzlich Bedeutung erlangt: im November 1933 beobachtete der 27-jährige Berliner Kleinkriminelle Otto Schmidt seinen Stricher-Freund Martin Weingärtner (Spitzname: Bayern-Seppl), wie er im U-Bahnhof Potsdamer Platz gemeinsam mit einem älteren Herrn in einer Herrentoilette verschwand. Wenig später gab der Fremde Weingärtner Geld und überreichte ihm seine Visitenkarte. Schmidt entwendete sie dem Freund, suchte den Mann auf, dem er sich als SA-Mitglied ausgab, und erpresste ihn. Dazu verfertigte die Gestapo ein vertrauliches Dossier, in dem der Mann als General von Fritsch identifiziert wurde. Nun, vier Jahre später, wird der inzwischen wegen Betrug, Diebstahls und Zuhälterei inhaftierte „Stalljunge"[397] Schmidt aus einem Straflager geholt und Fritsch gegenübergestellt. Er

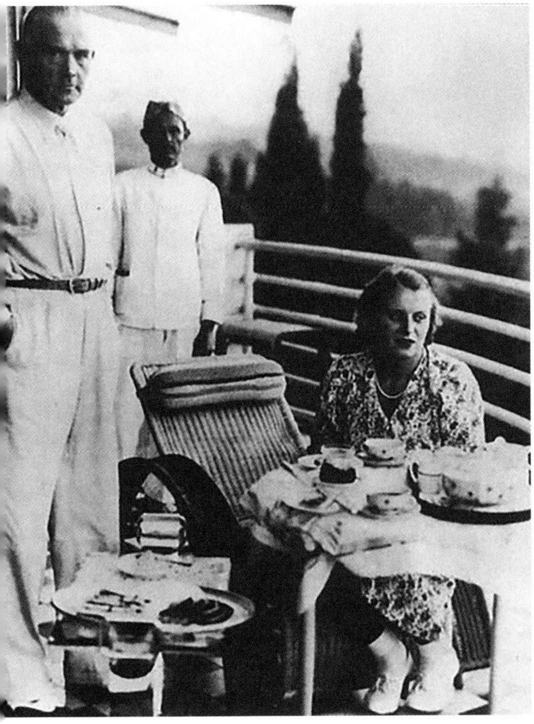

Ex-Generalstabschef Werner von Blomberg mit Gattin auf Capri

behauptet, Fritsch wieder zu erkennen, der dies energisch abstreitet. Fritsch erscheint nicht nur als Nachfolger Blombergs, er scheint überhaupt als Chef des Heeres untragbar. Der doppelte Skandal lähmt in den nächsten Tagen die Führungsriege des NS-Staates. Hitler „ist ganz fahl und grau geworden",[398] ist „ganz einsam",[399] ist „müde und grau."[400] Und auch den Propagandaminister befällt kurz vor dem fünften Jahrestag der Machtergreifung Schlaflosigkeit und „lähmender Pessimismus."[401]

Am 3. Februar wird Werner von Fritsch ebenfalls aus „gesundheitlichen Gründen" als Oberbefehlshaber des Heeres zurücktreten. Einen Monat später räumt nach langen Verhören Otto Schmidt ein, dass er sich wohl geirrt hat. Und seitens der Gestapo kommt heraus, dass die gegen Fritsch erhobenen Vorwürfe aus der Akte eines gewissen Rittmeisters a. D. Joachim von Frisch stammten – möglicherweise eine gezielte Intrige aus Gestapokreisen gegen den General. Doch da hat Hitler im Handstreich bereits die Krise zu seinen Gunsten genutzt: er löst Anfang Februar das Reichskriegsministerium auf und setzt an dessen Stelle das Oberkommando der Wehrmacht (OKW) mit Wilhelm Keitel als Chef und sich selbst als oberste Instanz. Zum Oberkommandierenden des Heeres (OKH) ernennt er General Walther von Brauchitsch. Den geschassten Werner von Fritsch bittet er um Entschuldigung. Trotz all des Ärgers dieser Tage, zu dem auch noch die Meldung vom Unfalltod Bernd Rosemeyers, des erfolgreichsten und bekanntesten deutschen Rennfahrers kommt, bleibt Hitler Zeit, sich über einige osteuropäische Staaten auszulassen: „Ungarn darf nicht groß werden. Besser ist Jugoslawien, tapfer und männlich. Und es behandelt unsere Minderheiten gut. Die Tschechei ist ein wahrer Dreckhaufen. Dagegen die Feindschaft von allen Seiten zu schüren liegt nur in unserem Interesse,"[402] vermerkt Goebbels. Eine Bürgerin dieses „Dreckhaufens" ist seit eineinhalb Jahren seine Geliebte. Deren jüngster deutscher Film *Patrioten* werden die tschechischen Behörden nach sechsmonatigem Zensurverbot in den kommenden Tagen zur Vorführung in der ČSR freigeben.[403]

Bei der internen Aufarbeitung des Blomberg- und Fritsch-Skandals wird offenkundig, dass Himmlers Gestapo versagt hat. Im ersten Fall hat sie die Staatsführung nicht rechtzeitig über den Leumund der Generalsbraut in Kenntnis gesetzt, im zweiten Fall hat sie sich auf die Aussagen eines zweifelhaften Kronzeugen gestützt, wissentlich oder fahrlässig ein Dossier verwechselt und damit einen Rufmord herbeigeführt: „Himmler ist sehr deprimiert."[404] Er weiß, dass seine Behörde gründlicher arbeiten muss, will er politisch keinen Schaden nehmen. Die Folgen von Himmlers Effizienz-Offensive bekommt Goebbels bald am eigenen Leib zu spüren.

10. Februar 1938

In dieser Phase massiven politischen Ärgers und der wochenlangen Abwesenheit seiner Geliebten, die in der Schweiz ihren Burnout kuriert, gewinnt für Goebbels die eigene Familie sprunghaft an Bedeutung. Ihr schenkt er scheinbar seine ganze Aufmerksamkeit. Es vergeht keine Woche, in der er Frau und Kinder nicht mehrmals sieht oder wenigstens schwärmerisch erwähnt. „Nachmittags kommt Magda mit den Kindern. Wie ich mich freue! Die Kinder sind süß und lieb. Wir spielen und toben. Ich schaue mit Magda Pläne und Modelle für unser neues Berliner Haus an. (...) Und die Kinder – mein Sonnenschein."[405] „Magda und die Kinder sind sehr lieb. Ich freue mich so!"[406] Besonders verzaubert ihn seine jüngste Tochter, die in diesem Monat ein Jahr alt wird: „Die Holde ist so anmutig und zierlich und macht ihrem Namen alle Ehre. Magda geht's gut. Wir suchen den Namen für unser kommendes Kind aus. (...) Mit Helga, Hilde und Helmut gespielt. Ich kann mich nur schwer von ihnen trennen."[407] Häufig verlässt Goebbels bereits mittags sein Ministerium und lässt sich nach Schwanenwerder fahren, um dort „wieder mal unter Menschen zu sein."[408] Oder er empfängt in seiner Stadtwohnung: „Wir machen so einen richtigen Familientag. Die Kinder waren so lange nicht bei mir. Das ist jetzt immer ein Fest, wenn ich sie wiedersehe. Holde ist wie eine Blume. Wir schauen einen Film an. ‚Das Mädchen mit dem guten Ruf' mit Tschechowa, Attila Hörbiger, Eichheim und Dohm. Sehr nett und lustig gemacht. Es tut mir leid, als die ganze Familie abends wieder nach Schwanenwerder zurückfährt."[409] Über den anderen Teil seines Privatlebens hat Goebbels sehr bald Anlass, beunruhigt zu sein.

22. Februar 1938

In einem vertraulichen Gespräch mit dem Propagandaminister beklagt sich der Berliner Polizeipräsident Graf von Helldorff über die Spitzelmethoden der Gestapo, die Goebbels „skandalös" findet: „Denunziantentum und Moralriecherei (sic!) werden die Folgen sein."[410] Die Ahnung, dass er selbst davon betroffen sein könnte, verrät unfreiwillig offenherzig die Bemerkung: „Wir werden da auch unser blaues Wunder erleben."[411] Wenige Wochen zuvor hat Goebbels sich über die Staatspolizei Kassel und deren „dumme und alberne Methoden zur Beschnüffelung" ausgelassen und selbstgewiss verkündet: „Ich lasse das abstellen."[412] Bald darauf jedoch muss er nicht nur seine Machtlosigkeit erkennen, sondern auch, dass für ihn selbst Gefahr droht. Was ihm SA-Stabschef Viktor Lutze, Graf von Helldorff und sein Staatssekretär Hanke berichten, klingt alarmierend: „Sie erzählen mir Schauerdinge von Himmlers Geheimdienst. Ich kann das alles nicht glauben. Danach wären wir alle von einem einzigen System von Spitzelei umgeben."[413] Also auch er. Der gemeinsame Besuch der drei Männer beim Propagandaminister kann nur einem Motiv folgen: ihn zu warnen. Er ist gezwungen, Konsequenzen zu ziehen.

4. März 1938

Auf der Jahrestagung der Reichsfilmkammer, die im Reichstagssitzungssaal der Berliner Krolloper stattfindet, hält Joseph Goebbels vor Produzenten, Regisseuren und Schauspielern eine programmatische Rede über das gegenwärtige Filmschaffen. Auch Lída Baarová, die von ihrem Erholungsurlaub zurück ist, sitzt unter den Anwesenden. Der Schirmherr spricht über den Unterschied von „Dialog- und Handlungsfilm," geißelt den Versuch, schlechte Filme durch den Einsatz guter Schauspieler aufwerten zu wollen, bekennt sich zur Nachwuchspflege, die durch die heutige Grundsteinlegung einer Filmakademie in Babelsberg dokumentiert werde und lobt die Konkurrenzfähigkeit des deutschen Films auf dem Weltmarkt.[414] Ein Satz des Ministers lässt Baarová besonders aufhorchen: „Wir sind keine Versorgungsanstalt für verkrachte Existenzen aus Hollywood. Das kommt in Zukunft nicht mehr in Frage. Geht jemand nach Hollywood, wird er nicht wieder nach Deutschland zurückkehren können, wenn er dort keinen Erfolg hat. Jeder kann weggehen – bitte sehr – aber dann gibt es kein Zurück!"[415] Der Satz ist als Warnung an all diejenigen zu verstehen, die damit liebäugeln, nach Hollywood zu gehen. Die Branchenpresse warnt in diesem Zusammenhang vor einschlägigen Angeboten, die auch an Filmschaffende anderer europäischer Länder (etwa Frankreich) gehen, und mit denen lediglich versucht werde, die Konkurrenz wegzukaufen und damit zu schwächen, ohne dass Karriereversprechungen eingelöst würden. Zum Abschluss der Reichsfilmkammertagung findet am folgenden Abend in den Zoo-Festsälen der traditionelle Filmball statt. Auf einem Zeitungsfoto sieht man eine gut gelaunte Lída Baarová im Zentrum einer Gruppe von Kolleginnen und Kollegen, darunter Hilde Körber, Albrecht Schoenhals und Willy Fritsch.[416]

14. März 1938

Eigentlich sollen an diesem Montag in den Tobis-Studios von Johannisthal die Dreharbeiten für Gerhard Lamprechts Film *Der Spieler* beginnen. Eigentlich sollten sie schon vor vier Wochen beginnen, mussten aber wegen Lída Baarovás Ausfall verschoben werden. Aber auch heute ist an einen geordneten Arbeitsablauf nicht zu denken. Vor zwei Tagen ist Hitler in Österreich eingetroffen und lässt sich unter beispiellosem Jubel der dortigen Bevölkerung für den „Anschluss" an das Deutsche Reich feiern, den in seinem Auftrag die kurz zuvor installierte nationalsozialistische österreichische Bundesregierung unter Arthur Seyß-Inquart an diesem Wochenende vollzieht. Auch in Berlin herrscht eine Art Ausnahmezustand. Goebbels ist in Berlin geblieben, hat die Stadt in ein Fahnenmeer tauchen lassen und verliest eine Führerproklamation im Rundfunk, die über Lautsprecher auf die großen öffentlichen Plätze übertragen wird. „Auf dem Wilhelmplatz tobt das Volk. Alles ist in Aufruhr. Eine herrliche, kampfentschlossene Begeisterung".[417] Den Abend des 12. März verbringt Goebbels bei Veit Harlan und seiner Familie in deren Haus in der Tannenbergallee. Gemeinsam verfolgen sie am Radio den triumphalen Einzug Hitlers in dessen Heimat. Mit dabei: Lída Baarová. Seit Goebbels von den umfassenden Bespitzelungen der Gestapo weiß, kann er sich nicht mehr sicher fühlen und weicht zunehmend auf unverdächtige Orte aus, um sich mit seiner Geliebten zu treffen. Denn offiziell bespricht der Filmminister mit Harlan Änderungen an dessen jüngsten Film *Jugend* für den er einen neuen Schluss geschrieben hat: „Der sitzt aber!"[418] Außerdem ist Baarová mit Harlans Noch-Ehefrau Hilde Körber befreundet, und die beiden stehen für *Der Spieler* gemeinsam vor der Kamera. Parallel beginnen für Harlan dieser Tage die Dreharbeiten für *Verwehte Spuren*, seinen zweiten Film mit Kristina Söderbaum, zu der sich seine Beziehung inzwischen vertieft hat, und wegen der seine Ehe mit Hilde Körber vor dem Aus steht.

Der Minister wird in den kommenden Wochen und Monaten von der Ausweichmöglichkeit auf Harlans Haus häufiger Gebrauch machen. „Goebbels kam sehr oft. Auch in unserer

Straße wusste man, wie oft er da war, denn das Auto mit der Standarte stand vor der Tür und ein SS-Mann stand Wache.“[419] Veit Harlan ist es peinlich, zum Mitwisser und Komplizen der Liaison zwischen Goebbels und Baarová gemacht zu werden, lässt die beiden aber gewähren. „Da wir im Hause von Goebbels immer wieder dessen Frau trafen, waren die Umstände ganz besonders bedrückend.“[420]

Hitler spricht am 15. März auf dem Wiener Heldenplatz vor rund 250.000 Österreichern, die ihn frenetisch feiern. Am nächsten Tag kehrt er über München nach Berlin zurück. Goebbels ruft alle Bewohnerinnen und Bewohner auf, dem „Führer“ einen Empfang zu bereiten, „wie ihn die Reichshauptstadt noch nie sah. Schließt die Geschäfte, schließt die Betriebe!“[421] Deren Belegschaften (also auch die der Filmstudios) ist heute ebenso frei gegeben wie Schülern, Studenten oder Beamten. Hunderttausende säumen die Straßen. „Nicht mehr zu zählen. Und ein Jubel, dass fast die Trommelfelle platzen. (...) Das ist eine singende und jubelnde Stadt! Am Wilhelmplatz ein lebensgefährliches Gedränge. Das wogt wie Meereswellen. (...) Auf Umwegen ins Ministerium, um Magda und die Kinder zu begrüßen. Wir sind alle so glücklich. Unten schunkeln die Massen und singen: ‚Nach Hause gehen wir nicht, bis dass der Führer spricht.‘ Das sind unsere Berliner!“[422]

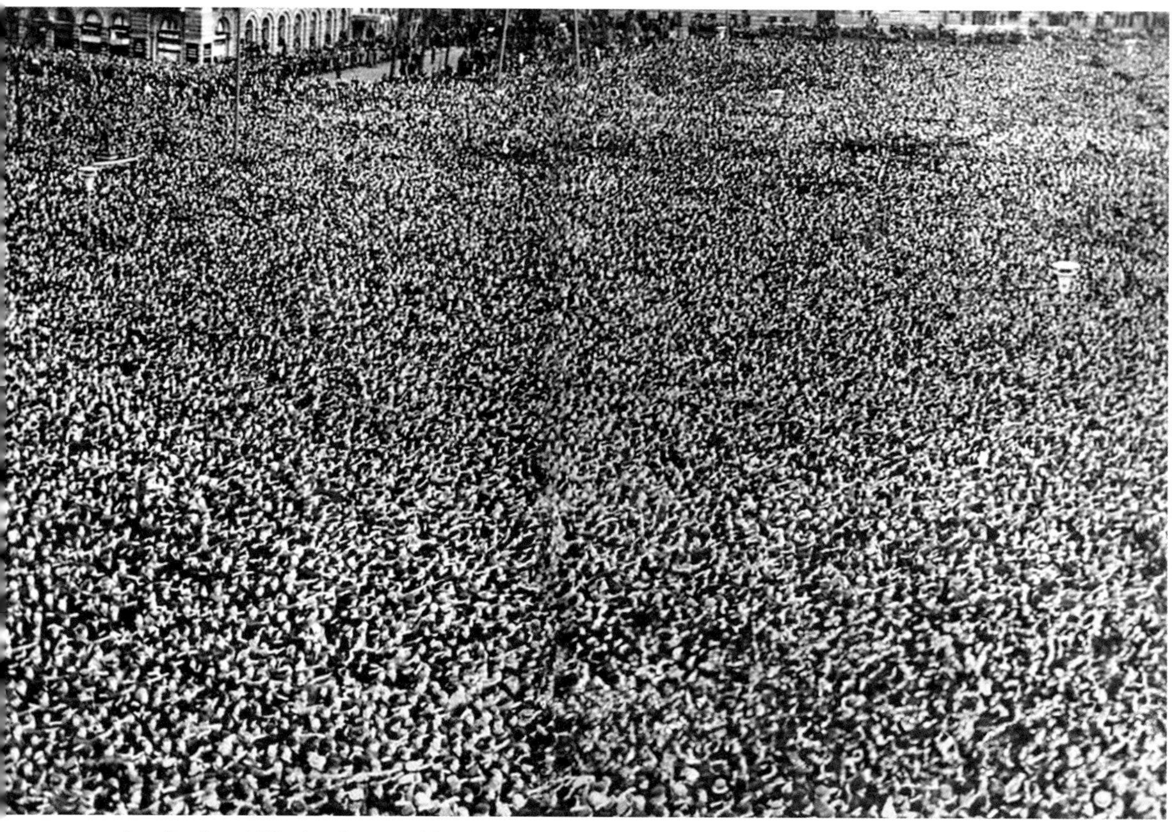

Der Berliner Wilhelmplatz am 16. März 1938

19. März 1938
Gestern hat Hitler die handstreichartige Übernahme Österreichs vor dem Reichstag gerechtfertigt, der darauf seine Auflösung und Neuwahlen für 10. April unter Einschluss des erweiterten Staatsgebietes und ein Plebiszit darüber beschließt. Heute wird Goebbels von seinem Chef über dessen weitere Pläne ins Vertrauen gezogen: „Zuerst kommt nun Tschechei dran. Das teilen wir mit den Polen und Ungarn. Und zwar rigoros bei nächster Gelegenheit."[423] Als Reaktion auf die Ereignisse in Österreich kämen die Tschechen zwar den Sudetendeutschen entgegen: „Nur zu langsam. Und lediglich aus taktischen Gründen. Helfen wird es ihnen nicht viel mehr. Sie sind geliefert."[424] „Memel wollten wir jetzt schon einsacken. (...) Dann noch das Baltikum, Stück von Elsaß und Lothringen. Frankreich soll immer tiefer in seiner Krise versinken. Nur keine falschen Sentimentalitäten. (...) Nun sitzt er stundenlang über der Landkarte und brütet. Ergreifend, wenn er sagt, er möchte das große deutsche Reich der Germanen noch einmal selbst erleben."[425]

21. März 1938
In den Johannisthaler Tobis-Studios beginnen die Dreharbeiten für Gerhard Lamprechts Film *Der Spieler*. Nach *Barcarole* und *Einer zuviel an Bord* ist es die dritte Zusammenarbeit des Regisseurs mit Lída Baarová, die als Nina Kirileff die weibliche Hauptrolle spielt. Weiter besetzt sind Eugen Klöpfer als ihr spielsüchtiger Vater, Hannes Stelzer als dessen Sekretär Alexej Nikitin, der Nina hoffnungslos verfallen ist sowie Hilde Körber als Comtesse de Blanchet sowie Karl Martell als Hochstapler Vincent. Wie schon bei den vorhergehenden beiden Produktionen entsteht unter dem Titel *Le Joueur* auch von der Dostojewski-Adaption parallel eine französische Fassung. In ihr spielt Suzet Maïs das Pendant der Rolle Ninas. In einem Drehbericht meint der Regisseur über die Vorlage und ihren Autor: „Darin spürt man, wie in all seinen Werken, etwas vom Zerfall einer müde gewordenen, überalterten Zivilisation und ahnt eben die Entstehung eines neuen Weltgefühls, einer neuen religiösen Bindung an die letzten und höchsten Mächte ..."[426] Und über Lída Baarová heißt es in dem Bericht: „Sie spielt hier vielleicht *die* Rolle ihrer bisherigen Laufbahn. Die Entwirrung eines Menschen, der zwischen den Männern steht, zwischen Konvention und innerem Adel. (...) Lída Baarová bringt als großen Einsatz ihre schöne Jugend. Sie gibt noch mehr, die dunkle Melodie ihrer Augen, ein Moll, wie es die Rolle verlangt, das ohne Kitsch, ohne traurigen Akzent ist. (...) Lída Baarová spielt schwere Szenen, die nie Pathos haben sollen. Nina fragt, ob der Mann vor ihr im Stande sei, einen Mord zu begehen. Eben sprach sie leichthin, man wolle sie verkaufen, ein Angebot läge vor. Sieben, acht Sätze der Baarová wie Floretthiebe, ohne dass man die Fechterstellung sieht."[427]

Im Visier der Gestapo: Der Filmminister

22. März 1938

Weitere Veränderungen von Goebbels' Wohnsituation stehen an: Das neue Apartment im Ministerium wird dieser Tage fertig. Es soll als Ausweichquartier dienen, wenn die Ministerwohnung in der benachbarten Hermann-Göring-Straße durch einen repräsentativen Neubau ersetzt wird, in dem die ganze Familie samt Personal unterkommen soll. Daneben steht der Kauf eines weiteren Hauses auf Schwanenwerder bevor, es befindet sich auf dem Nachbargrundstück des Goebbels-Anwesens und gehörte dem jüdischen Bankdirektor Samuel Goldschmidt („Goldschmidt-Rotschild-Bank"), der dabei ist, Deutschland zu verlassen. Der Berliner Oberbürgermeister Julius Lippert, einschlägig erfahren mit „Arisierungen" jüdischen Eigentums, hat als Mittelsmann die Immobilie weit unter Wert für 117.000 Reichsmark für die Stadt Berlin erworben und möchte sie nun mit beträchtlichem Aufschlag an Goebbels weiterverkaufen: „Schwierigkeiten beim Hauskauf Schwanenwerder. Ein Parteigenosse will mir Wucherpreise abfordern. Aber ich helfe ihm schon. Er wird dann ganz klein."[428] Eine Woche später wird Goebbels den Kauf klar machen, danach das Jugendstilgebäude renovieren und in dessen Remise ein privates Kino einbauen lassen. Ein weiterer Rückzugsort, nur für ihn und in noch größerer Distanz zur Familie aber quasi in Rufweite. Er wird ihn seine „Burg" nennen. Zusammen mit der Ministerwohnung in der Hermann-Göring-Straße, der Villa auf Schwanenwerder mit ihrem Kavalierhaus, dem Privatapartment im Propagandaministerium, dem Refugium am Bogensee sowie der „Burg" in Nachbarschaft der Sommerresidenz auf Schwanenwerder und zuletzt der von ihm mitbewohnten Stadtwohnung von Magda Goebbels am Reichskanzlerplatz wird Goebbels in diesem Jahr über sechs verschiedene Arbeits- und Schlafplätze verfügen. Nicht zu vergessen, die Harlan-Villa an der Tannenbergallee, in der er wiederholt mit oder ohne Lída Baarová unterschlüpft, weil er bald rund um die Uhr bespitzelt wird.

Der neunjährige Thomas Harlan, ältester Sohn des Ehepaares Harlan/Körber, erlebt die Überwachung von Goebbels mit: „Das war damals eine sehr schwierige Zeit, (...) die fiel zusammen mit der Scheidung meiner Eltern, mit den zerstrittenen Eltern. Und da war Goebbels für mich der liebe Onkel, er war mir einfach sehr sympathisch. Ich fand ihn so gescheit. Er war auch boshaft komisch, scharfzüngig, und konnte Menschen mit einer einzigen brillanten Bemerkung definieren. Und er hat mit Kindern gut umgehen können. Wie er mich behandelt hat! Wie er mich ins Vertrauen nahm! Wenn er mich ins Zimmer holte, unter seiner Bettdecke liegend, und dann zu mir sagte: ‚Geh mal ans Fenster und schau nach, ob die Gestapo immer noch da ist mit dem schwarzen Auto und der und der Nummer. Das machte mich stolz, ich fühlte mich jetzt erwachsen, geadelt."[429]

2. April 1938

Der Propaganda- und Filmminister wird durch die Gestapo aber nicht nur physisch bespitzelt, sondern auch abgehört. „Forschungsamt des Reichsluftfahrtministeriums" (FA) lautet der unverfängliche Name einer Behörde, die im Frühjahr 1933 mit hundertdreißig Beamten ihre Arbeit aufnahm und Hermann Göring unterstellt ist. Inzwischen ist das Forschungsamt auf dreieinhalb Tausend Mitarbeiter angewachsen, die in einem Bürogebäude in der Charlottenburger Schillerstraße 116-124 rund um die Uhr Telefongespräche abhören sowie die Berichte ausländischer Zeitungen, Nachrichtenagenturen und Rundfunksendungen auswerten. Im Fokus der Aufmerksamkeit stehen oppositionell eingestellte, aber auch unbescholtene Bürger, besonders aber ausländische Diplomaten und Journalisten, Politiker, Wirtschaftsmanager und Filmschaffende. Ebenso, und umso mehr seit dem Blomberg/Fritsch-Skandal: Funktionäre des NS-Staates bis in höchste Ebenen. Selbst Hitler und Göring können sich nicht sicher sein, abgehört zu werden – wenn auch nur als „Beifang“, wenn sie mit anderen telefonieren. Die Gesprächsinhalte werden auf Meldebögen aus braunem Papier, sog. „braunen Blättern“ protokolliert. Sie existieren nur einmal, dürfen nicht kopiert werden und sind in wichtigen Fällen Hermann Göring vorzulegen, der sie gegebenenfalls persönlich an Hitler weiterreicht. Dem Prinzip „Teile und herrsche“ folgend, ist der Abhörbereich dem Reichsluftfahrtminister (und offiziell zweiten Mann im NS-Staat) und nicht Himmlers Gestapo zugeordnet, die erst während des Krieges Zugriff auf einige Horchposten des Forschungsamtes erhalten wird.

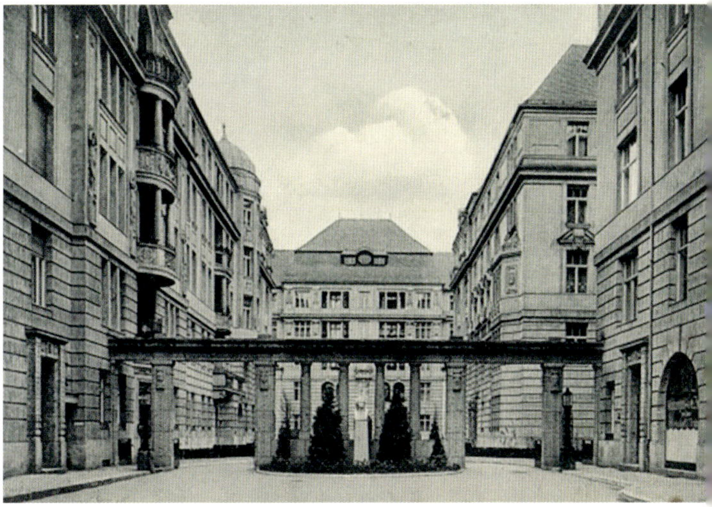

Unauffällige Adresse: Die ehemalige Wohnresidenz Schillerkolonnade, seit 1935 Sitz des Forschungsamts des Reichsluftfahrtministeriums

Seitdem durchgesickert ist, dass der Propagandaminister eine Liebesbeziehung zu Lída Baarová unterhält, die als Tschechin unter generellem Spionageverdacht steht, werden die Telefonate der beiden rund um die Uhr erfasst. Für die nahtlose Überwachung sind eigens drei Beamte des Amtes abgestellt, die in einem gesonderten, abgeschlossenen Raum vor ihren Konsolen sitzen.[430] Sie haben in diesen Tagen jede Menge zu tun. Denn Goebbels ist nach den Turbulenzen rund um den „Anschluss“ fast pausenlos unterwegs auf Wahlkampftournee. So in den letzten drei Tagen in Wien, Breslau und Düsseldorf. Obwohl er sich bei seiner Geliebten stets als „Herr Müller“ meldet, wird er ihr in einem unbedachten Moment sagen: „Ich wäre jetzt lieber bei Dir im Bett als auf dieser langweiligen Parteikundgebung.“[431]

20. April 1938

Am Abend von Hitlers neunundvierzigstem Geburtstag findet im üppig dekorierten Ufa-Palast am Zoo die Premiere von Leni Riefenstahls *Olympia*-Film statt. Fast die gesamte Staatsspitze, Botschafter und Gesandte aus vierzig Ländern, Vertreter des deutschen Organisationskomitees, der Wehrmachtsführung und sämtliche 239 olympischen deutschen Medaillengewinner sind gekommen, um die zweiteilige Dokumentation der Berliner Spiele von 1936 erstmals zu erleben und dem „Führer“ zu huldigen. Vierzig Kameraleute haben daran mitgewirkt und rund 400.000 Meter Filmmaterial belichtet, aus denen die Regisseurin in eineinhalbjähriger

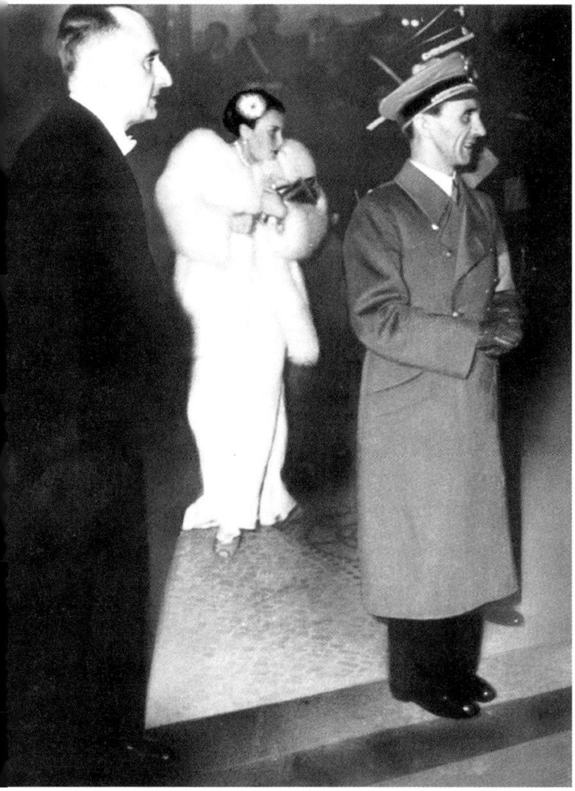

Warten auf Abholung nach der Premiere von *Olympia*. In gebührlicher Distanz: L. B.

Arbeit ein fast vierstündiges Werk geschaffen hat. Es kommt ohne Kommentar aus, lebt ausschließlich von den Originalgeräuschen der Wettkämpfe, von den Stimmen vier verschiedener Reporter sowie von der Musik Herbert Windts und Walter Gronostays. Die Logen des Zoo-Palasts sind mit grünen Girlanden behängt, das Podium schmückt ein Sockel, auf dem in einer Schale offenes Feuer lodert, die Leinwand ist rechts und links von langen Hakenkreuzbannern eingefasst. Zu der Gala erscheinen die männlichen Gäste in Frack oder Uniform, die Damen in ausladender Abendgarderobe. Leni Riefenstahl kommt ganz in Weiß, trägt ein schlichtes langes Kleid mit V-Ausschnitt und einer goldenen Schärpe um die Hüften. Darüber ein weißes Polarfuchsjäckchen. Ansonsten keinen Schmuck.

Joseph Goebbels, in Hitlers Namen Auftraggeber des vollständig aus Staatsgeldern finanzierten Films, weicht an diesem Abend seinem Chef nicht von der Seite. Er ist ohne seine Frau erschienen, die kurz vor der Geburt ihres fünften Kindes steht. Ehe sich der Vorhang öffnet, stimmen Fanfarenbläser Herbert Windts Eröffnungshymne zu *Olympia* an. Es folgt als Ouvertüre die antreibende Musik der Marathonsequenz des Films, gespielt von Mitgliedern der Berliner Philharmoniker, dirigiert vom Komponisten. Dann beginnt das Hauptprogramm. „Beide Teile des Filmes rollen ab. Sie hinterlassen einen einzigartigen Eindruck. Man ist hingerissen von der Wucht, der Tiefe und Schönheit dieses Wurfs."[432] Unter den rund zweitausend geladenen Gästen befindet sich auch eine Riege prominenter Filmstars, darunter Lilian Harvey, Willy Fritsch, Marianne Hoppe, Gustav Gründgens und Luise Ullrich. Ebenfalls dabei: Lída Baarová. Sie gehört auch zu den 500 handverlesenen Gästen des anschließenden Empfangs in Goebbels' Ministerium, auf dem bis 4 Uhr gefeiert wird.

25. April 1938

Die Schauspielerin Luise Ullrich hat ein Angebot aus Hollywood erhalten und ist gewillt, es anzunehmen. Seit ihrem Spielfilmdebüt in Luis Trenkers *Der Rebell* (1932), gefolgt von Max Ophüls' Schnitzler-Verfilmung *Liebelei*, ist die 27-jährige Wienerin mit Rollen, in denen sie bevorzugt Mädel aus dem Volk verkörpert, rasch zu einer der beliebtesten Nachwuchsdarstellerinnen aufgestiegen. Jetzt möchte sie, sehr zum Unbehagen des Filmministers, Deutschland den Rücken kehren: „Ich bügele Frau Ullrich auf, die nach Hollywood gehen will. Ich mache ihr die schwersten Vorwürfe. Sie ist ein egoistisches Biestchen. Aber ich werde ihr das austreiben."[433] Es ist die gleiche Luise Ullrich, mit der der Filmminister im Sommer vor drei Jahren heftig flirtete und wahrscheinlich ein Verhältnis hatte, das ein schweres Zerwürfnis mit seiner Frau provozierte.

Nachdem auch Lída Baarová unlängst Hollywood-Ambitionen verfolgte, die in Goebbels' Tagebuch unerwähnt bleiben, hat sein jetziger Wutausbruch etwas von „Man schlägt den Sack und meint den Esel". Offensichtlich ist Luise Ullrich kein Einzelfall: „Ich werde jetzt rigoroser gegen die Frechheiten der Amerikaner vorgehen. Sie suchen uns alle Talente wegzuengagieren. Ich verbiete für Deutsche Vertragsverhandlungen ohne meine Genehmigung. Neue Talente und Ausländer werden im deutschen Film nur mit langfristigen Optionsverträgen herausgestellt. Die Amerikaner sollen sich ihre Talente im eigenen Lande suchen."[434] Luise Ullrich lässt nicht locker und wird drei Tage später erneut vorstellig werden: „Ich geige Frau Ullrich die Meinung. Sie ist ganz gebrochen. Aber sie hat auch diese Stäupung verdient."[435]

Dieses Mal wirkt die ministerielle Standpauke: Luise Ullrich wird nicht nach Hollywood gehen. Stattdessen wird sie weiterhin in Deutschland Filme drehen und in diesem Jahr eine längere Südamerikareise antreten, deren Eindrücke sie in einem Roman veröffentlichen wird, Titel: „Sehnsucht, wohin führst du mich?"[436]

2. Mai 1938

Als erste Besucher in seiner neuen Ministeriumswohnung empfängt Goebbels seine Familie. Möglicherweise haben sich alle vorher das Areal für das neue Stadthaus in der nahen Hermann-Göring-Straße angesehen. Es soll Magda Goebbels' im Westend gelegene Stadtwohnung aus ihrer Ehe mit Günther Quandt ablösen. „Magda ist ganz beim Neubau unseres Hauses. An ihr ist ein Architekt verloren gegangen."[437] Zuvor hat Goebbels sein persönliches Inventar aufgelöst und nur was ihm erhaltenswert erscheint an seinen neuen Wohnsitz bringen lassen. Dort ist „alles schön und gemütlich zurechtgemacht, sodass ich mich gleich zu Hause fühle."[438] Magda und die Kinder „bewundern meine neue Wohnung" – wie höfliche Gäste es eben tun. Dass Goebbels nur Besuchsvater ist, registriert er bei seiner jüngsten Tochter, die ihm gegenüber fremdelt und dies nur langsam überwindet. „Auch Holde freundet sich nun allmählich mit mir an."[439] Im Übrigen steht der Minister kurz vor der Abreise zu einem Staatsbesuch an der Seite Hitlers nach Italien. Sein dortiger Amtskollege Dino Alfieri, Minister für „Volkskultur" unter Mussolini, „stand kürzlich sehr schlecht. Er hatte eine böse Weibergeschichte mit einer französischen Journalistin."[440] Das jedenfalls berichtet ihm scheinbar arglos, jedoch sicher nicht ohne Hintergedanken Heinrich Himmler. Magda Goebbels, deren Niederkunft unmittelbar bevorsteht, „ist so traurig, dass ich sie nun allein lassen muss. Ich schenke ihr noch ein Goldmedaillon mit meinem Bild. Sie weint beim Abschied, die Gute."[441] Es wird für lange Zeit die letzte Liebesgabe an seine Frau sein, die drei Tage später ihre Tochter Hedda zur Welt bringen wird – in Abwesenheit des Vaters, der vor Reiseantritt nocheinmal Zeit für eine Nacht am Bogensee findet: mit „Lektüre, Musik und Schlaf, Schlaf."[442]

15. Mai 1938

Nach der Rückkehr von seiner Italienreise mit einem strapazierenden Besuchsprogramm absolviert Goebbels gemeinsam mit den Kindern einen Klinikbesuch bei seiner Frau und nimmt seine zehn Tage alte vierte Tochter Hedwig Johanna, genannt Hedda, in Augenschein. Seine Hoffnungen auf einen Sohn haben sich einmal mehr nicht erfüllt. Immerhin: „Welch eine große Familie wir nun sind!"[443] In Berlin herrscht seit Tagen hochsommerliche Hitze. Gleich im Anschluss übergibt er die Kinder wieder ihren Betreuerinnen und fährt an den Bogensee: „Da ist es wenigstens erträglich. Sonnenbad genommen, Gelesen, gefaulenzt, Kraft geschöpft und Atem geholt."[444] „Herrlicher Abend am Bogensee" notiert er auch am nächsten Tag dieses Erholungswochenendes.[445] Dieser Tonfall legt nahe, dass er es zusammen mit seiner Geliebten verbringt, die nach den gerade beendeten Dreharbeiten zu *Der Spieler* ebenfalls ausspannen kann. Allerdings nur vorübergehend: „Lída Baarová wurde als Hauptdarstellerin für den neuen Terra-Film ‚Die goldene Stimme' verpflichtet, dessen Drehbuch von Edgar Kahn und Harald Paulsen geschrieben wird", meldet der „Film-Kurier".[446] Doch dann wird umdisponiert: „Herr Correll berichtet, dass Frau Baarová nunmehr zunächst für einen Film nach dem Stoff ‚Radziwill' (d.i. *Preußische Liebesgeschichte*) unter der Regie von Paul Martin eingeteilt ist. Der Film soll schon zwischen dem 25. und 28. Juni d.J. beginnen. Danach soll sie in dem Film ‚Es war eine rauschende Ballnacht' spielen."[447] In dem aufwendig produzierten Melodram über Peter Tschaikowskis unglücklich verheiratete Jugendliebe und Mäzenatin Katharina Murakina wird Zarah Leander die weibliche Hauptrolle übernehmen. In zweiter Position ist Lída Baarová als Tänzerin Nastassja vorgesehen, der einzigen Frau, die an das Genie des noch erfolglosen Komponisten glaubt.

17. Mai 1938

Fast zwei Wochen nach ihrer Niederkunft kehrt Magda Goebbels aus der Klinik nach Schwanenwerder zurück, wo sie ihr Mann mit den Kindern erwartet: „Das ist eine Freude. Das ganze Haus jubiliert. Magda ist so glücklich. Wir sprechen uns lange aus. Nun fängt ein neues Leben an. Hedda sieht schon süß aus. Die Kinder sind ganz außer sich vor Freude."[448] Gemeinsam wird auf dem Nachbargrundstück das neue Haus besichtigt, dessen Umbau bald abgeschlossen ist, und eine Bootsfahrt über den Wannsee unternommen. Doch es gibt Stimmungsschwankungen. Schon am nächsten Tag, als Goebbels nach Berlin zurückfährt, heißt es: „Draußen Ärger. Dazu graues Regenwetter."[449] Er liest das Drehbuch für Lída Baarovás neues Filmprojekt mit dem Arbeitstitel „Fürstin Radziwill" und findet es „sehr gut

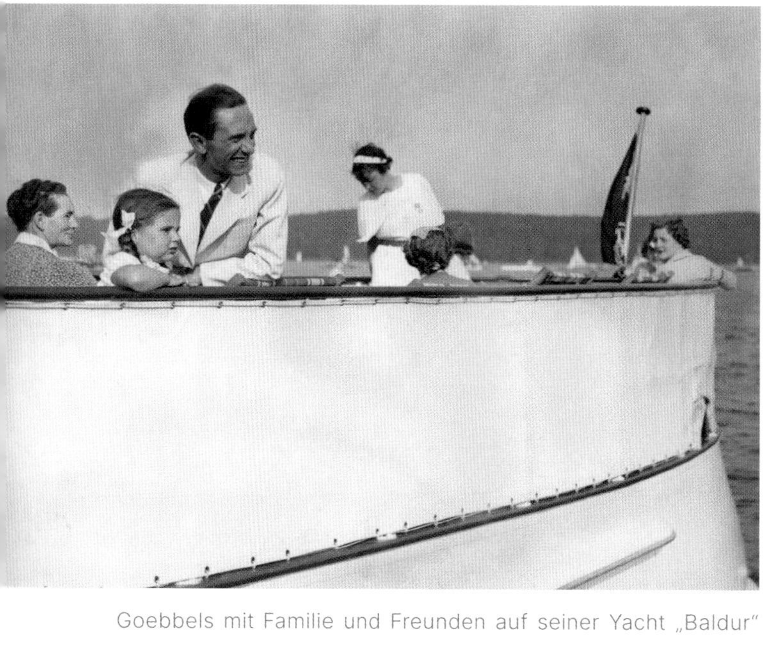

Goebbels mit Familie und Freunden auf seiner Yacht „Baldur"

und ansprechend. Das können wir machen."[450] Außerdem befasst er sich mit einem Sex-Skandal am Saarbrückener Theater. Dort hat eine ungenannt gebliebene Schauspielerin ihrem Intendanten Bruno von Niessen („keine erfreuliche Figur") „übel mitgespielt. Moralisch Anstoß genommen an einem tête à tête. Aber erst drei Wochen später."[451] Zu letzterem vermerkt er sarkastisch: „Das ist sehr nobel."[452]

Immer wieder gibt es offenbar Unstimmigkeiten und Diskussionen zwischen den Eheleuten: „Mit Magda ausgesprochen. Das war nötig."[453] Über einen nach langer Zeit wieder einmal gemeinsamen öffentlichen Auftritt notiert er: „Ohne rechte Laune. (...) Bis spät abends. Dann noch zu Hause langen Parlaver mit Magda. Heute so müde."[454]

Die Einträge der folgenden Wochen verraten Goebbels' innere Zerrissenheit, wenn er einerseits seinen neuen Besitz preist: „Ich bin so glücklich, endlich wieder ein Zuhause zu haben"[455] und: „Da finde ich nun hoffentlich Ruhe und Frieden"[456], bald danach aber wieder an den Bogensee flieht, wo er vermutlich abermals nicht allein bei „Ruhe, Schlaf, Sonne, Wasser, Bootsfahrt, Faulenzerei!"[457] seine Pfingstferien verbringt und die Familie nur besuchsweise sieht: „Spät zu einer kleinen Stippvisite nach Schwanenwerder. Mit Magda geplaudert, mit den süßen Kindern gespielt, die sehr lieb und drollig sind. Durch unseren Park spaziert, der jetzt ganz in Grün und Blumen leuchtet. Zu Hause! Ein herrliches Zuhause!"[458] Ein Zuhause, das er zwar rühmt, aber selten nutzt.

1. Juni 1938

Der Ton seines Chefs gegenüber seinem nächsten strategischen Ziel und dessen Bevölkerung wird zunehmend aggressiv: „Beim Führer zu Mittag. Er charakterisiert die Tschechen als frech, verlogen, devot und kriecherisch. Das stimmt haargenau. Er hat noch viel mit der Tschechei vor."[459] Und: „Unser Militärattaché schildert das Leben in Prag: schauderhaft. Fast nur Juden. Ein ekelerregendes Gemisch. Die Tschechen haben kein aufbauendes Organisationstalent. Sie sind am Ende doch ohne staatsbildnerische Kraft. Musiker und Vaganten, aber keine konstruktiven Menschen."[460] Schließlich: „Der Führer ist fest entschlossen, bei der nächsten besten Gelegenheit Prag anzufassen. Und das ist auch richtig so."[461]

Dass die wochenlange von Goebbels forcierte Pressekampagne gegen die Tschechei das dortigen Kinopublikum keineswegs gleichgültig lässt, registriert der Ufa-Vorstand: „Herr Meydam berichtet von den Schwierigkeiten, die sich beim Abspiel der deutschen Filme in der Tschechei ergeben. Die Theaterbesitzer verlangen vielfach Streichung der Abschlüsse, Verlegung der Termine und dergl. Die Ufa-Wochenschau wurde vom tschechischen Publikum mit Pfeifen und Trommeln aufgenommen, sodass die Ufa-Prag vorgeschlagen hat, die Ufa-Marke am Anfang der Wochenschau durch eine neutrale Marke zu ersetzen, was aber abgelehnt worden sei."[462]

Finden Goebbels' gehässige Parolen Eingang in die privaten Gespräche zwischen Goebbels und Lída Baarová? Würde seine Geliebte sich gegen diese Hetze zur Wehr setzen? Einmal versucht sie es offenbar in Gegenwart Max Schmelings und Anny Ondras, als sie sich dagegen ausspricht, die natürlichen Grenzen ihrer durch Gebirgszüge umgebenen Heimat korrigieren zu wollen. Goebbels soll sie daraufhin „in einer Weise, wie er es noch nie getan hatte" aufgefordert haben, den Tisch zu verlassen.[463]

13. Juni 1938
Goebbels ist nach Wien geflogen, wo heute die Reichstheaterwoche beginnt. Seine Frau erholt sich bei Hitler auf dem Obersalzberg von den Nachwirkungen der Geburt ihrer Tochter Hedda. Eröffnet wird die Veranstaltung im Burgtheater mit einem Gastspiel des Preußischen Staatstheaters. In einer Inszenierung von Lothar Müthel wird Shakespeares „Hamlet" aufgeführt. Die Titelrolle spielt Gustaf Gründgens. Goebbels findet: „Ein großartiger Theaterabend. Wundervoll abgestimmtes Spiel. Gründgens zwar hin und wieder etwas dekadent. Aber im Ganzen Höhepunkt der deutschen Theaterkunst. (...) Genie Shakespeare! Wie klein ist alles andere dagegen!"[464]

Gleich nach der Vorstellung, noch in derselben Nacht, fliegt er zurück nach Berlin, um am nächsten Tag gemeinsam mit Hitler die Grundsteinlegung für das „Haus des Fremdenverkehrs" an der Potsdamer Straße vorzunehmen, die die Umgestaltung Berlins nach den Plänen Albert Speers einläutet. Hier hält er Oberbürgermeister und Parteifreund Julius Lippert seinen Mangel an Aktivität vor („aber man redet bei ihm wie gegen eine Wand (...), er ist eine gänzlich passive Natur"[465]); bespricht die Vorbereitungen für den Reichsparteitag im September; staucht seinen Finanzstaatssekretär Fritz Reinhardt zusammen, der sich einer von Hitler verfügten, massiven finanziellen Entlastung für Künstler verweigert, nach der 40 Prozent ihrer Einnahmen steuerfrei bleiben sollen; nimmt abends an einem Empfang der „alten Garde" teil; hat in den folgenden Tagen auch noch zu Hause eine „Unmenge von Arbeiten zu erledigen",[466] ehe er am 17. Juni für einen halben Tag nach Königsberg fliegt: „Dieses ewige Reisen ist zum Kotzen."[467] Immerhin findet er am Vorabend noch Zeit, zum Bogensee zu fahren, wo er die Nacht verbringt.

19. Juni 1938
Zum Wochenausklang ist Goebbels erneut nach Wien gekommen. Dieses Mal zum Abschluss der Reichstheaterwoche und in Begleitung seiner Frau, die vorausgeflogen ist und ihn am Flugplatz abholt. Gemeinsam wohnen sie in der Staatsoper Aufführungen des „Zigeunerbaron" und „Lohengrin" bei, besuchen ein nächtliches Künstlerfest in Schönbrunn („Eine Symphonie von Farben und Licht"[468]) und ein Volksfest auf der Jesuitenwiese, bei dem Goebbels vor hunderttausend Wienern spricht, die ihm „Stürme von Beifall"[469] zollen. Am folgenden Tag fliegt er nach Berlin zurück, wobei er unterwegs in Dresden seine Frau absetzt, die sich einige Wochen im Sanatorium Weißer Hirsch erholen wird. „Sehr herzlicher Abschied."[470]

Nach verfrühter Beendigung eines ermüdenden Arbeitstages, an dem er unter anderem eine Rede zur Verkehrserziehung diktiert („sie wird sehr scharf"), den Wunsch des „Führers" entgegennimmt, „im Film weniger Berufsprobleme und mehr menschliche Probleme zu sehen",[471] und die aktuelle antijüdische Aktion in Berlin nach Protesten des Auslands bremst („Unsere Parteigenossen gehen auch etwas scharf heran"), lässt er sich zum Bogensee fahren: „Untergehende Sonne, Musik, Lektüre. Da lässt es sich aushalten, nach so viel Strapazen."[472]

Ein böses Omen, ein seltsames Engagement und eine drängende Entscheidung

30. Juni 1938

In Abwesenheit seiner Frau, mit der er fast täglich telefoniert, verbringt Goebbels einen einwöchigen Urlaub am Bogensee. Abgesehen von kurzen Abstechern nach Schwanenwerder, wo er bei den Kindern vorbeischaut und erstmals das fertiggestellte Privatkino seiner „Burg" nutzt, verbringt er die Tage in Lanke bei „Ruhe und Entspannung". Wenn er „niemanden herauskommen"[473] lässt, so gilt das sicher nur für den dienstlichen Bereich. Täglich preist er seine „herrlichen Ferien", genießt bei Bootsfahrten, Spaziergängen und Musik „wunderbare Ferien! Die schönsten meines Lebens!"[474] Solche fortgesetzten Ausrufe verraten nicht gerade Einsamkeit, sondern lassen auf Stunden gemeinsamen Glücks schließen.

Das Glücksgefühl bleibt nicht ungetrübt, als die beiden Liebenden beobachten, wie eines von zwei Tieren eines Schwanenpaares, das auf dem Bogensee einträchtig seine Runden drehte, verendet. Baarová sieht darin ein Omen. Sie wird von einer diffusen Angst erfasst, die in die fixe Vorstellung mündet: „Es ist alles vorbei."[475] Dann muss sie zu den Vorbereitungen ihres nächsten Films und lässt ihren Geliebten allein zurück. Der reagiert darauf so: „Gestern: ein ganz verregneter, kalter Tag. Mitten im Juli. Ich habe den ganzen Tag gelesen und bin dann abends durch den nassen Wald spaziert. Melancholie! (...) Es ist hier draußen allmählich ein wenig einsam. Aber das macht wohl auch das scheußliche Wetter."[476]

11. Juli 1938

Auf Schloss Ruhberg bei Schmiedeberg in Schlesien beginnen die Dreharbeiten für *Preußische Liebesgeschichte*. In der von Paul Martin inszenierten Ufa-Produktion spielt Lída Baarová die weibliche Hauptrolle. Seinen Durchbruch erlebte Martin gleich mit seinem Regie-Debüt *Ein blonder Traum* (1932). Der Erfolg dieser romantischen Komödie über zwei Berliner Fensterputzer (Willy Fritsch, Willi Forst), die sich beide in die von einer Hollywood-Karriere träumenden Artistin eines Wanderzirkus (Lilian Harvey) verlieben, brachte Martin einen Hollywood-Vertrag ein. 1935 kehrte er nach Deutschland zurück, wo ihm mit der Harvey/Fritsch-Screwball-Komödie *Glückskinder* (1936) sein größter Coup gelang. Nach einem weiteren Lustspiel mit dem Traumpaar des deutschen Films (*Sieben Ohrfeigen*, 1937) wechselt er nun das Genre: *Preußische Liebesgeschichte* ist ein historisches Melodram über die (verbürgte) Jugendliebe zwischen Prinz Wilhelm von Preußen (Willy Fritsch), dem zweiten Sohn König Friedrich Wilhelms III., und Elisa Radziwill (Lída Baarová) aus dem Haus des polnisch-litauischen Adelsgeschlechts. Besonders angetan ist der Preußenprinz (und spätere erste deutsche Kaiser Wilhelm I.) von Elisas wundervollem Gesang. Doch die Berater des Preußenkönigs samt Hofgesellschaft lehnen eine Verbindung zwischen Wilhelm und Elisa als nicht standesgemäß ab. Ebenfalls dagegen ist der russische Zar. In dessen Nichte, Prinzessin Marie von Sachsen-Weimar (Marina von Dittmar), hat sich Wilhelms älterer Bruder Karl (Dieter Borsche) verliebt. St. Petersburg wird einer Ehe zwischen Marie und Karl jedoch nur zustimmen, wenn Elisa als Spross der von den Romanoffs bekämpften Radziwills vom Preußischen Hof ferngehalten wird. Da beugt sich König Friedrich Wilhelm (Karl Günther) der Staatsräson. Er bestellt seinen

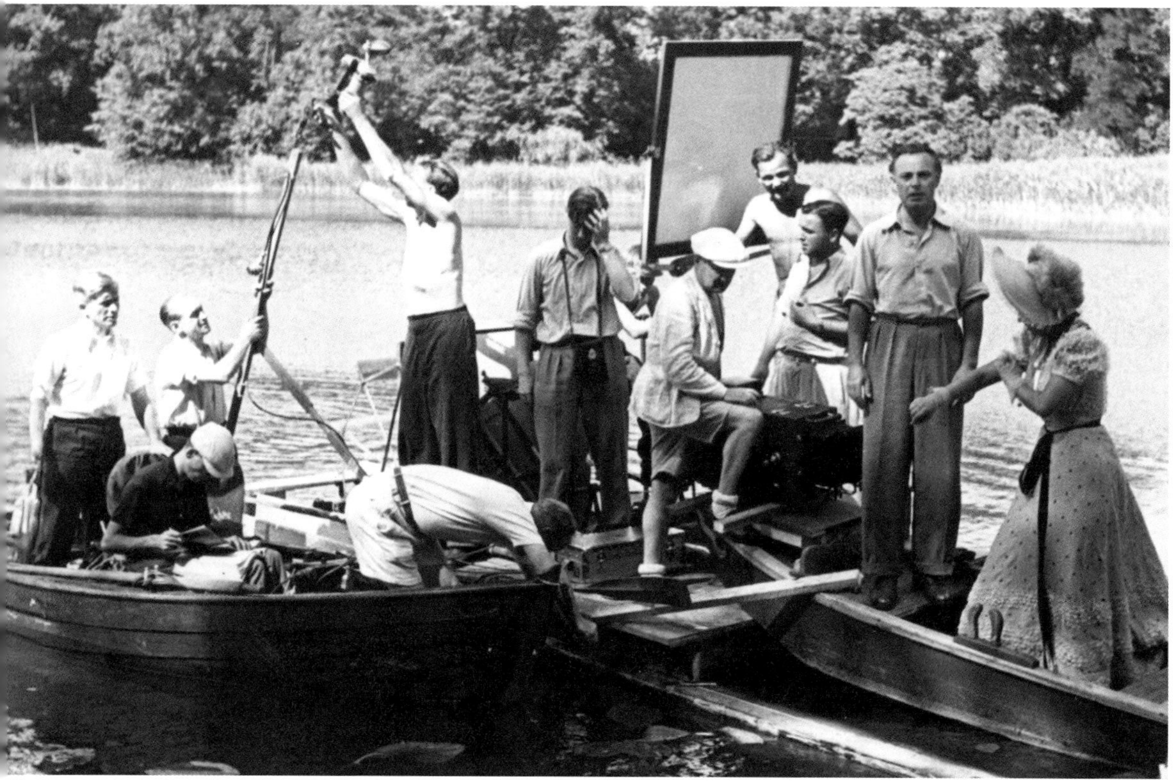

Außenaufnahmen zu *Preußische Liebesgeschichte* (1938)

Sohn zu sich und verlangt von ihm „das größte Opfer seines Lebens. (...) Auch Elisa weiß, dass sie verzichten muss, denn sie ist schwer krank. (...) So trägt Elisa tapfer ihr Schicksal und singt noch einmal für ihre große Liebe, dann bricht sie zusammen und stirbt."[477]

„Manchmal bin ich so fröhlich, dass ich singen möchte, und dann ist mir wieder so bang, da weine ich halbe Nächte."[478] Mit diesem Geständnis offenbart sich Elisa ihrer Freundin Lulu von Kleist (Suse Graf) in einer Szene im Garten des Schlosses. Im Juli 1938 berichtet die Fachpresse von den Außenaufnahmen zu *Preußische Liebesgeschichte* auf Schloss Ruhberg. Die Sommerresidenz der Radziwills befand sich bis vor wenigen Jahren noch im Besitz der Familie. „Wir sind durch das schöne Schlesien gefahren, je näher wir zum Riesengebirge kamen, desto wunderbarer wurde die Landschaft – jeder Blick aus dem Wagen ein Bild von Caspar David Friedrich. Wir stehen vor dem Schloss, gehen über die Wiesen. – Dort sind die Filmleute. Wagen, Kabel, Mikrophon, Kamera, ein paar Aufheller (...) Es wird gedreht. Elisa (Baarová) und Lulu (Graf) liegen im Gras und sprechen von der Freude und von der Melancholie. Elisa sehnt den Tag herbei – und fürchtet ihn zugleich – an dem Wilhelm hierher nach Ruhberg kommen wird. Die schöne, junge Prinzessin und ihre anmutige Freundin wissen nicht, was kommen wird. Noch hat das Schicksal nicht vollends entschieden, noch hofft sie ..."[479] Prinz Wilhelm, der von seinem Vater auf Reisen geschickt wurde, um alternative, ebenbürtigere Heiratskandidatinnen kennenzulernen, besucht bei seiner Rückkehr Schloss Ruhberg. „Wieder verbringen die Liebenden glückliche Stunden, was den König veranlasst, das sofortige Ende dieser

Beziehung zu verlangen."[480] „Wir von heute vermögen zwar kaum mehr die Bedeutung zu begreifen, die damals einer standesgemäßen Heirat beigemessen wurde, (...) aber der tiefe Sinn und die Größe des Opfers, das Prinz Wilhelm durch seinen Verzicht gebracht hat, ist dennoch auch heute und gerade heute wieder als Beispiel zu werten für die innere Kraft eines großen Menschen, der um einer Idee willen sich selber überwindet."[481]

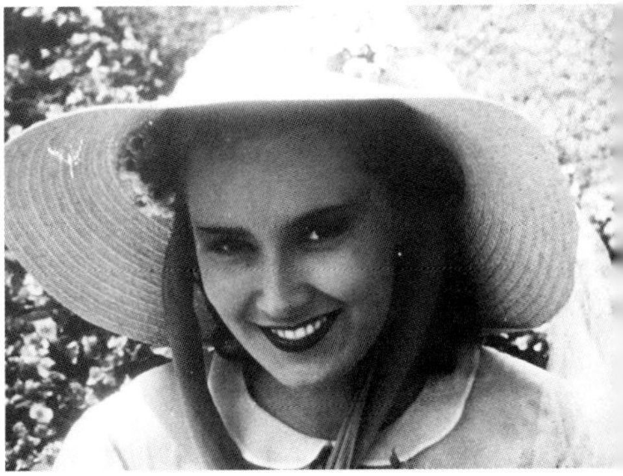

Als Elisa Radziwill

16. Juli 1938

Im neuen Privatkino seiner „Burg" auf Schwanenwerder prüft Goebbels zwei eben fertiggestellte Filme: Veit Harlans *Verwehte Spuren* („Eine clever hingeworfene Leistung, mit Elan und Schmiss"[482]) und die Dostojewski-Adaption *Der Spieler* „mit Schönhals (sic!), Baarová, Klöpfer, Stelzer, Körber. Eine ganz grossartige Ensembleleistung. Herrlich im Milieu, gekonnt in der psychologischen Durchführung. Ich bin begeistert."[483] Er wird beide Filme, neben einem halben Dutzend weiterer, darunter Leni Riefenstahls *Olympia*, als deutsche Beiträge für die diesjährige Biennale in Venedig auswählen.

Goebbels' Kinder besuchen an diesem Samstag ihre Mutter in Dresden. Er selbst ist nicht dabei, unternimmt stattdessen nachmittags eine längere, scheinbar ziellose Autofahrt „hinaus ins Land. Über Cottbus hinaus. Gewitter. Erst spätabends zurückgekehrt."[484] Vielleicht will er einfach nur allein sein, um nachzudenken. Zum Beispiel über seine fortgesetzte Anti-Tschechen-Kampagne und ihre Wirkung auf die deutsche Bevölkerung: „Im Übrigen wächst im Lande die Kriegspanik. Man glaubt, dass der Krieg unvermeidlich geworden sei. Wohl ist keinem dabei. Dieser Fatalismus ist das Gefährlichste von allem. So war es auch im Juli 1914. Wir müssen also mehr aufpassen. Sonst schliddern wir eines Tages in eine Katastrophe hinein, die niemand will und die trotzdem kommt."[485] Am folgenden Tag wird Goebbels über Heidelberg, wo er an den Schlossfestspielen teilnimmt, zu einem einwöchigen Staatsbesuch nach Österreich aufbrechen.

23. Juli 1938

In der neu zum „Altreich" hinzugekommenen „Ostmark" besucht Goebbels u.a. Innsbruck („Die Massen toben"[486]), Kitzbühel („Durch endlose Menschenmassen. Es spielen sich überall ergreifende Szenen ab"[487]), Klagenfurt („endloser Jubel"[488]), Graz („Ca. 80.000 Menschen auf den Straßen. Das übersteigt alle Vorstellungen."[489]) und Linz, wo im nahen Leonding Hitler seine Jugend verbracht hat: „Gleich gegenüber dem Friedhof liegt das Haus, in dem der Führer gewohnt hat. Ganz klein und primitiv. Man führt mich in das Zimmer, das sein Reich war. Klein und niedrig. Hier hat er Pläne geschmiedet und von der Zukunft geträumt. Unten die Küche, in der die gute Mutter kochte. Dahinter der Garten, in dem der kleine Adolf sich nachts Äpfel und Birnen pflückte. Ein paar Schulkameraden von ihm erzählen mir von seiner Jugend. Er war immer der Anführer. Erzählte seinen Freunden aus der Geschichte und war ihr bester Kamerad. Hier also wurde ein Genie."[490]

Letzte Station von Goebbels' Österreichreise ist Salzburg. Dorthin hat er Lída Baarová bestellt, die, um keinen Verdacht zu erregen, nach München geflogen ist, wo sie von seinem Chauffeur Rach abgeholt und nach Salzburg in ein separates Hotel gebracht wird. Die Stadt steht ganz im Zeichen der Sommerfestspiele. Abends gibt es eine Aufführung der „Meistersinger von Nürnberg" unter Wilhelm Furtwängler mit anschließendem Empfang. Goebbels ist heute schlecht gelaunt: Das Festspielhaus „ist scheußlich. Muss abgerissen werden."[491] Die „Meistersinger" musikalisch zwar „wunderbar, aber gesanglich, szenisch und dekorativ unter aller Kritik. Ich habe eine unbeschreibliche Wut und schnauze alle Verantwortlichen zusammen. (...) Ein schlechter, verpfuschter Tag."[492] Auslöser seiner schlechten Laune dürfte ein Gespräch mit seiner Geliebten sein, die er nachmittags ins Hotel beordert hat und die genervt ist, ein weiteres drehfreies Wochenende für diesen Besuch opfern zu müssen. Goebbels befragt sie nach dem Stand der Dreharbeiten zu *Preußische Liebesgeschichte*. „Als ich besonders lebhaft und bewundernd von der Personenführung unseres Regisseurs Paul Martin berichtete und ihn dann auch noch mehrmals lobend erwähnte, wurde Goebbels misstrauisch: (...) ‚Hast du ein neues Verhältnis?' ‚Vielleicht', antwortete ich spontan. (...) ‚Hm', machte Goebbels, und ich sah, wie ihm die Zornesröte ins Gesicht stieg."[493] Später sieht sie Goebbels im Festspielhaus während der Pause und beim anschließenden Empfang wieder. „Wir sprachen jedoch kein einziges Wort miteinander."[494] Goebbels, eifersüchtig geworden, spürt: Will er seine Geliebte nicht verlieren, muss er sein Versteckspiel beenden und sich zu ihr bekennen.

24. Juli 1938

Nach vierwöchiger Trennung trifft Goebbels seine Frau in Bayreuth zur Eröffnung der Wagner-Festspiele wieder, wohin er aus Salzburg gekommen ist und sie aus Berlin. Er findet sie „wunderbar erholt und wir sind beide froh, uns wiederzuhaben."[495] Weniger euphorisch klingt dann: „Wir finden uns wieder zurecht, waren so lange getrennt."[496] Die nächste Trennung steht schon 24 Stunden später an: Goebbels wird nach zehntägiger Abwesenheit im Ministerium alleine nach Berlin zurückfliegen. Dort empfängt er u. a. Vittorio Mussolini, Filmproduzent und Sohn des „Duce", der die Zusammenarbeit mit Deutschland sucht. Gemeinsam besuchen die beiden die Ufa-Studios in Babelsberg, wo inzwischen die Atelieraufnahmen für *Preußische Liebesgeschichte* stattfinden. „Goebbels lächelte jedem zu, für jeden hatte er ein kurzes Wort der Aufmerksamkeit übrig, nur mich würdigte er keines Blickes."[497] Immerhin sieht er sich abends zum zweiten Mal innerhalb von zehn Tagen *Der Spieler* an – „mit gleich großem und hinreißendem Eindruck."[498]

3. August 1938

Die Atelieraufnahmen zu *Preußische Liebesgeschichte* sind beendet. In den kommenden Wochen sollen (u. a. auf der Pfaueninsel) einige Szenen nachgedreht werden und die Produktion zum Monatsende abgeschlossen sein. Lída Baarová hat Regisseur Paul Martin und Tonmeister Fritz Thiery zu sich nach Hause eingeladen, um die Arbeit ausklingen zu lassen. Die drei sitzen beim Kaffee auf der Terrasse von Baarovás Wohnung, als Baarovás Haushälterin kommt und meldet: „Herr Müller ist am Telefon". Baarová entschuldigt sich bei ihren Gästen und nimmt drinnen das Gespräch entgegen: „‚Liduschka, etwas Bedeutsames ist geschehen – ich habe meiner Frau

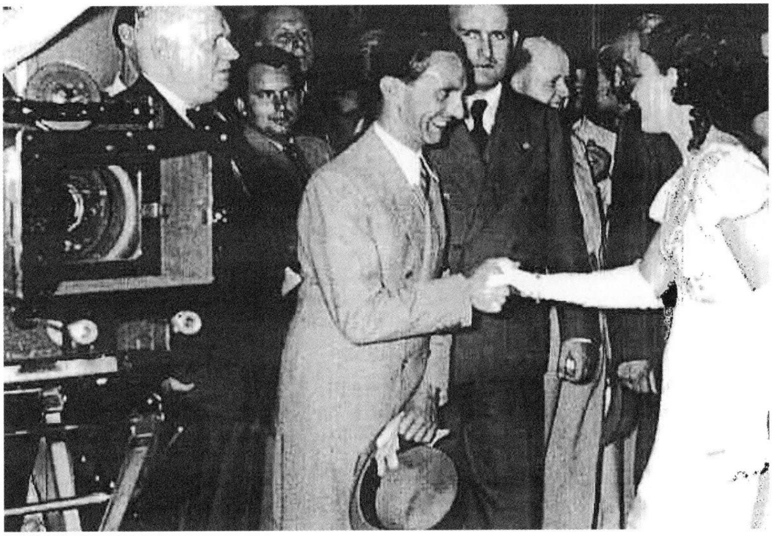
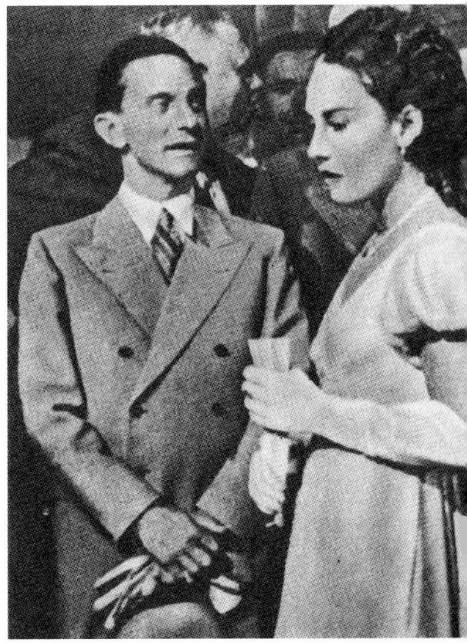

Eine Begrüßung für die Fotografen und danach keines Blickes gewürdigt. Goebbels besucht die Dreharbeiten zu *Preußische Liebesgeschichte*

alles gesagt. Sie weiß nun, dass ich dich liebe und ohne dich nicht leben kann.' Ich dachte, ich höre nicht richtig – Das war eine unvorhergesehene, furchtbare Wendung. ‚Warum schweigst du?' ‚Weil das ganz schrecklich ist.' ‚Wie kannst du nur sagen, dass das schrecklich ist, wo ich dabei nur an dich gedacht habe. Ich habe das doch für uns getan!'"[499]

Für den Tag zuvor notiert Goebbels: „Lange Aussprache mit Magda. Sie ist sehr lieb und gütig zu mir. Ich liebe sie auch sehr. Es ist so gut, einen Menschen zu besitzen, der einem ganz und gar gehört."[500] Magda Goebbels reagiert anders als von ihrem Mann befürchtet: verständnisvoll. Seiner Geliebten sagt er am Telefon: „Meine Frau hat es sehr edelmütig, ja geradezu ruhig aufgenommen."[501] Für Baarová nicht weniger überraschend klingt, dass Magda Goebbels sie angeblich treffen will, um sich mit ihr auszusprechen. Er bekniet seine Geliebte, ihr diesen Wunsch zu erfüllen.

4. August 1938

Morgens fährt Lída Baarová nach Schwanenwerder, begegnet in der Halle der Familienvilla den vier Goebbels-Kindern, die sie höflich begrüßen und wird in das Esszimmer geführt, wo sie deren Mutter bereits erwartet. Die 37-Jährige fordert ihre 23-jährige Rivalin auf, Platz zu nehmen. Auf dem Tisch stehen eine Kanne Tee und Likörgläser. „Als wir uns setzten, schien sie leicht zu schwanken. Sie beobachtete mich und ihre Augen hatten einen ganz eigentümlichen Glanz. Es kam mir so vor, als hätte sie schon etwas getrunken. Auf der Anrichte konnte ich eine Karaffe mit Kognak entdecken. Hatte sie vielleicht schon etwas getrunken, um sich Mut zu machen? In diesem Augenblick fühlte ich mich ihr überlegen – sie tat mir leid. Ich spürte deutlich, dass alles zu Ende war – das wollte ich ihr auch sagen. Aber sie ließ mich nicht zu Wort kommen. Sie fragte mich: ‚Sie lieben meinen Mann?'"[502]

Als Baarová bejaht, erwidert sie „Ich liebe meinen Mann auch. Doch er liebt Sie!"[503] Magda Goebbels weiter: „Er will mich als Mutter seiner Kinder haben, aber Sie möchte er als Geliebte." Darauf Baarová: Das wolle sie nicht länger sein. Doch Magda Goebbels, die ihr zuvor das ‚Du' anbietet und mit Likör darauf anstößt, widerspricht: „Er ist ein bedeutender Mann und braucht uns beide: Dich und mich! (...) Ich bin die Mutter seiner Kinder, mich interessiert nur dieses Haus, in dem ich lebe. Was draußen geschieht, ist mir gleichgültig. Ich werde mich da nicht einmischen. Eins musst du mir aber versprechen: Du darfst nie ein Kind von ihm bekommen!" Darauf will sich Baarová nicht einlassen. Magda Goebbels fürchtet, ihren Mann zu verlieren, sollte die 14 Jahre jüngere Geliebte ihres Mannes von ihm schwanger werden. Magda Goebbels legt ihr angeblich nahe: „Wir müssen beide bei ihm ausharren. Er ist ein bedeutender Mann und hat eine große Aufgabe zu erfüllen." Doch Baarová hält nichts von einem solchen Arrangement. Die beiden Frauen sprechen zwei Stunden ergebnislos miteinander, als plötzlich die Türe aufgeht: „Und nun betrat der Minister selbst die Arena des Geschehens – mit einem Gesichtsausdruck, als wäre nichts geschehen, als wüsste er nicht, zu welchem Zweck ich mich in seinem Hause aufhielt. Er lächelte mir wie gewohnt zu, und ich war nur froh, dass diese schreckliche Szene mit Magda nun ein Ende nahm. ‚Setzen wir uns doch', forderte Goebbels uns auf, ‚habt Ihr Euch ausgesprochen? Versteht ihr euch – ist nun alles geklärt?' Jetzt verstand ich gar nichts mehr – hatte er seine Frau zu alledem angestiftet?"

Vermitteln die beiden Frauen wirklich den Eindruck, alles zwischen sich geklärt zu haben? Oder redet Goebbels sich dies ein? Jedenfalls überreicht er seiner Frau einen Amethystring und seiner Geliebten eine Brillantbrosche. Geschenke, die besiegeln sollen, dass nun alles gut und zu seinen Gunsten entschieden sei: dass alle drei fortan eine Ehe zu Dritt führen würden. Goebbels notiert: „Zu Hause hatte Magda eine wichtige Unterredung. Sie ist für mich von großer Bedeutung. Ich bin froh, dass es nun soweit ist."[504]

Doch bereits am nächsten Tag mischen sich Zweifel in seine Gewissheit: „Lange Aussprache mit Magda. Es ist noch nicht alles im Reinen, aber vieles klar. Ich hoffe, dass nun bald wieder ein neues Ziel aufgestellt ist. Ich habe es nötig. Die letzten Monate haben viel an mir gezehrt."[505] In der folgenden Woche durchläuft Goebbels ein emotionales Wechselbad: Einerseits ist sie „so lieb und gut zu mir",[506] andererseits vergeht kein Tag, an dem er nicht von anhaltenden Diskussionen mit seiner Frau (manchmal zusätzlich auch mit deren Schwägerin Ello Quandt) berichtet, meist euphemistisch als „parlavert" oder „geplaudert" umschrieben, dann aber auch: „Lange Aussprache mit Magda. Nun sind wir einig. Hoffentlich auf Dauer."[507] Es verbirgt sich hinter diesem Satz ein Arrangement, das Goebbels seiner Frau abgerungen hat: Sie kann weiterhin ihre öffentliche Rolle als Erste Frau und Vorzeigemutter des Dritten Reichs wahrnehmen, soll aber künftig seine Geliebte akzeptieren. Und er schwört seine Frau darauf ein, Hitler nichts verlauten zu lassen, das wolle er selbst übernehmen. Dafür freut es ihn, dass seine Frau wieder eigene, lange vernachlässigte Interessen reaktiviert. Gönnerhaft vermerkt er: „Sie lernt jetzt wieder Klavierspielen. Bei Prof. Raucheisen. Ein sehr netter und sympathischer Künstler."[508] Der bekannte Pianist und Liedbegleiter prominenter Sänger wie Hans Hotter, Leo Slezak, Erna Berger oder Elisabeth Schwarzkopf wurde von Hitler, zu dessen Wahl er im März 1936 aufrief, zum Professor ernannt und arbeitet u. a. an einer umfassenden Dokumentation über das deutsche Liedgut, die auf Schallplatte veröffentlicht werden soll.

8. August 1938

In der französischen Tageszeitung „L'Intransigeant" (dt.: Der Kompromisslose) erscheint heute ein Artikel mit der Überschrift: „Protegée par Hitler: Une Étoile Tchécoslovaque monte au firmament du cinéma Allemand: Lída Baarová. Détrônera-t-elle la Führerin Leni Riefenstahl?" (Von Hitler protegiert: Ein tschechoslowakischer Star steigt am deutschen Kinohimmel auf: Lída Baarová. Wird sie dessen ‚Führerin' Leni Riefenstahl entthronen?) Es folgt ein Bericht über die Ufa-Schauspielerin, die Hitlers Protektion genieße und sich anschicke, Riefenstahl als Nummer Eins des deutschen Films zu verdrängen, die angeblich in Ungnade gefallen sei. Das konservative Blatt mit einer täglichen Auflage von rund 130.000 Exemplaren vergisst nicht zu erwähnen, dass Baarová aus der Tschechoslowakei stammt, ein Land, gegen das Hitler politisch zu Felde zieht und fragt: „Eine Art deutsch-tschechische Versöhnung"?[509] Zwei Tage später gelangt der Inhalt des Artikels in abgeschwächter Form auch nach Deutschland: In den monatlichen „Informationen des Geheimen Staatspolizeiamtes", die an einen Verteiler höherer Partei- und Regierungskreise gehen, heißt es, „dass Lída Baarová ähnlich wie Leni Riefenstahl in auffälliger Weise protegiert werde."[510]

12. August 1938

Die Ehe zwischen Veit Harlan und seiner Frau Hilde Körber ist seit dieser Woche rechtskräftig geschieden. Harlan wurde für schuldig befunden, die Ehe durch seine Beziehung zu der dreizehn Jahre jüngeren Kristina Söderbaum gebrochen zu haben. Körber hat das gemeinsame Haus in der Tannenbergallee längst verlassen und mit ihren Kindern Thomas (9), Maria (8) und Susanne (6) ein Haus in der Grunewalder Lassenstraße 1a bezogen. Während das Scheidungsverfahren noch läuft, wird Harlan von Baarová um ein Gespräch gebeten. Darin schlägt sie ihm vor, sie nach seiner Scheidung zu heiraten. Harlan ist perplex. Schnell stellt sich heraus: Eigentlich ist es nicht ihre Bitte, sondern die ihres Geliebten, formuliert in einem von Baarová überreichten Brief, in dem Harlan um diesen Gefallen gebeten wird. Durch eine zeitlich befristete Scheinheirat mit Veit Harlan soll Lída Baarová zur Deutschen gemacht werden, um nicht länger als Ausländerin und noch dazu als Bürgerin eines verfeindeten Landes behandelt zu werden. Harlan antwortet Baarová: Der gesamten deutschen Filmindustrie und zahllosen anderen Menschen sei ihr Verhältnis zu Goebbels bekannt. Viele wüssten ebenso von Harlans Liebe zu Kristina Söderbaum. Es sei daher eine „niederträchtige Zumutung, mich vor der Öffentlichkeit und vor meinen Kollegen zu einem solchen Affen machen zu wollen. Außerdem ist es eine Grausamkeit gegenüber Kristina."[511] Harlan bleibt dabei und wird Kristina Söderbaum im April 1939 heiraten, kurz vor der Geburt ihres ersten gemeinsamen Sohnes Kristian.

13. August 1938

An diesem Samstag hat das Ehepaar Goebbels zu einer zweitätigen Wochenendgesellschaft nach Schwanenwerder geladen. Unter den Gästen: Ello Quandt, Staatssekretär Karl Hanke – und Lída Baarová. Ab Sommer 1936 war sie wiederholt zu ähnlichen Runden geladen, seit Monaten aber nicht mehr, was eigentlich Magda Goebbels' Argwohn hätte wecken können. Heute ist sie also nach langer Pause wieder dabei und soll in einem Kreis vertrauter Menschen quasi offiziell als Geliebte des Ministers eingeführt werden. Eine Art Praxistest, der Goebbels zeigen soll, dass das Arrangement zwischen ihm und seiner Frau funktioniert.

Abends will der Minister den Gästen neueste Erzeugnisse der unter seiner Führung wieder erstarkenden deutschen Filmindustrie vorführen und stellt drei Produktionen zur Auswahl: die unmittelbar vor dem Kinostart stehende Anny Ondra-Komödie *Narren im Schnee*; die Rühmann/Moser-Komödie *13 Stühle* sowie Lída Baarovás aktuellen Film *Der Spieler*, dessen Start im nächsten Monat ansteht. Obwohl die Mehrheit der Anwesenden eine der beiden Komödien favorisiert, wird auf Drängen des Hausherrn *Der Spieler* gezeigt. Im Heimkino seiner „Burg" platziert er demonstrativ Lída Baarová neben sich. Seine Frau nimmt in der hintersten Reihe Platz, daneben Karl Hanke, der, als das Saallicht erlischt, ihre Hand ergreift, wie Baarová beobachtet.[512] Goebbels sieht den Film zum dritten Mal in drei Wochen. Die Geliebte an seiner Seite kann ihre bislang stärkste Leistung, die sie selbst erstmals am Stück erlebt, nicht richtig genießen. Spürt sie doch mit zunehmender Befangenheit auf den Nebensitzen „aufeinandergepresste Lippen, neiderfüllte und feindselige Blicke."[513] Als das Licht wieder angeht, bekommt sie von den Zuschauern nur „allgemeine Bemerkungen zu hören, als seien sie alle stillschweigend übereingekommen, der Tschechin zu zeigen, wie wenig sie hier willkommen sei. Die weiblichen Gäste hielten offensichtlich alle zu Magda ..."[514] Goebbels erlebt den Abend anders: „Nochmal ‚Spieler' mit ganz großem Erfolg. Und dann Musik und alte Volkslieder."[515] Den musikalischen Ausklang macht Lída Baarová nicht mehr mit: Weil sie sich der vermeintlich feindseligen Haltung der Gäste nicht länger aussetzen will, gibt sie vor, Migräne zu haben und zieht sich in ein Schlafzimmer zurück, das ihr von Magda Goebbels zugewiesen worden war, denn morgen soll es eine Bootspartie auf dem Wannsee geben. Zu ihrer Verwunderung stellt sie fest, dass sie nicht der einzige Gast in diesem Zimmer ist: Magda Goebbels hat Ello Quandt bei ihr mit einquartiert.

Am nächsten Tag begegnet Goebbels seiner Geliebten in der Halle und wünscht ihr einen guten Morgen. „‚Er ist nicht gut' erwiderte ich. ‚Warum, hast du auch schlecht geschlafen?' wollte Goebbels wissen. ‚Ja', antwortete ich, ‚warum konnte ich nicht alleine schlafen? Musste mich Frau Ello bewachen, damit du nicht zu mir kommen konntest? Ich komme mir wie eine Gefangene vor – so geht das nicht weiter!' ‚Magda steckt dich mit Ello in ein Schlafzimmer?' staunte er, und seine Verwunderung schien echt zu sein. Er schüttelte den Kopf: ‚Sie kann sich nicht ändern ...'"[516]

15. August 1938

In der Tat. Als Hitler abends von seinem Urlaub auf dem Obersalzberg nach Berlin zurückkehrt, bittet ihn Magda Goebbels um eine dringende Unterredung. Dann berichtet sie ihrem

„Führer“, mit dem sie ein besonderes Vertrauensverhältnis verbindet, von den Vorgängen des vergangenen Wochenendes, an dem ihr Mann in ihrer und in Gegenwart Außenstehender verliebt mit seiner tschechischen Geliebten turtelte, sie damit bloßstellte und demütigte. Es reicht ihr, und sie verlangt von Hitler, der Scheidung von ihrem Mann zuzustimmen.

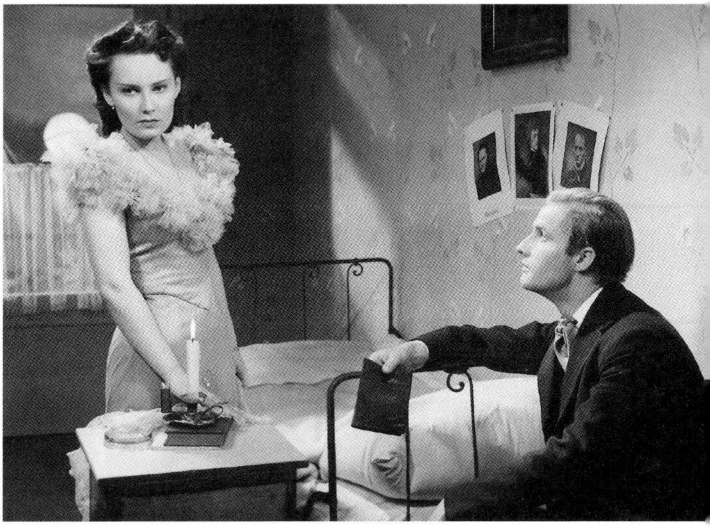

In Geldnöten: Mit Hannes Stelzer in der Dostojewski-Verfilmung *Der Spieler* (1938)

Lída Baarová sitzt am Abend dieses 15. August erneut in Gesellschaft von Paul Martin auf der Terrasse ihrer Grunewalder Wohnung, als das Telefon klingelt und ihr „Herr Müller“ gemeldet wird. Bevor sie zu sprechen anhebt, hört sie Goebbels‘ niedergeschlagene Stimme: „Meine Frau ist ein Teufel. Sie ist zum Führer gegangen. Sie hat unsere Vereinbarung gebrochen. Sie hat ihm eine Menge Unwahrheiten erzählt und beschuldigt dich, du hättest dich in unsere Ehe eingeschlichen. Der Führer hat mich bereits zu sich bestellt. Ich werde hingehen müssen. Es ist furchtbar…“[517] Wenig später sitzt Goebbels vor Hitler: „Dann habe ich mit ihm eine sehr lange und ernste Unterredung. Sie erschüttert mich auf das Tiefste. Ich bin davon ganz benommen.“[518] Hitler verlangt von seinem Propagandaminister nichts Geringeres, als sich unverzüglich von Lída Baarová zu trennen und sie auch nicht wieder zu sehen. Mehr noch, er verlangt, dass er darauf sein Ehrenwort gibt. Ob es stimmt, was Goebbels später angeblich seiner Geliebten berichtet: Hitler habe ihm eine „Standpauke“ gehalten, habe „gebrüllt“?[519] Wie auch immer – in dem Verhältnis des Ministers zu seinem Chef schwingt einmal mehr mit: „Der Führer ist zu mir wie ein Vater. Ich bin ihm so dankbar dafür. In dieser schweren Stunde kann ich das gut gebrauchen. Ich fasse sehr schwere Entschlüsse. Aber sie sind endgültig.“[520]

Goebbels setzt sich in sein Auto und fährt eine Stunde aus Berlin heraus: „Ganz weit und ohne Ziel. Ich lebe fast wie im Traum. Das Leben ist so hart und grausam. Wo soll ich anfangen, wo soll ich aufhören? Aber die Pflicht steht über allem. Und ihr muss man in den schwersten Stunden gehorchen. Außer ihr ist alles wankend und wandelbar. Also werde ich mich ihr beugen. Ganz und ohne Klage. Ich habe dann noch ein sehr langes und sehr trauriges Telephongespräch.“[521] Darin versichert er laut Baarová „weinend“, „dass er mich doch so liebe und ohne mich nicht leben könne.“[522] Auch Baarová weint und erwidert seinen Satz, leicht abgeändert: dass sie ohne ihn nicht länger leben wolle. „Aber ich bleibe hart, wenn mir das Herz auch zu brechen droht.“[523] Dann legt er auf, ruft Baarovás Freundin Hilde Körber an und bittet sie, sich um seine Geliebte zu kümmern, von der er sich gerade getrennt hat, und die deshalb droht, sich umzubringen. Daran denkt Goebbels selbst erst einmal nicht: „Und nun fängt ein neues Leben an. Ein hartes, grausames, nur der Pflicht ergebenes. Die Jugend ist nun zu Ende.“[524] Einfacher gesagt als getan.

16. August 1938
„Nach einer schweren, schlaflosen Nacht zum müden Tageswerk aufgestanden. Ich bin so ruhig und gelassen. Es kann nun kommen was will. Wenn nur die Sonne nicht scheinen wollte. Wenn nur der Tag nicht so hell und strahlend wäre! Ich mache die Fenster dunkel und versuche zu arbeiten.“[525]

17. August 1938
„Ein schwerer Tag. Am Abend vorher eine lange Aussprache mit Magda, die für mich eine einzige Demütigung ist. Ich werde ihr das nie vergessen. Sie ist so hart und grausam. Ich kann nur mit starken Mitteln schlafen. Und gegessen habe ich seit drei Tagen gar nichts. Und dabei ewig in dem alten Arbeitstrott. Ich kann das kaum noch ertragen. Ich habe niemanden, der mir hilft. Ich will auch keinen haben. Man soll auch den Schmerz ganz auskosten. Und sich vor nichts feige zurückziehen. Ich durchlebe augenblicklich die schwerste Zeit meines Lebens. (...) Beim Führer. Er ist sehr nett zu mir. Beschäftigt sich fast ausschließlich mit militärischen Fragen. (...) Nachmittags zum Bogensee heraus. Der Wind braust und der Regen fällt. Mein Herz ist todwund. Es ist alles so traurig hier. Mich umgibt nur Leid und Kummer. Etwas gelesen. Aber ich bin mit den Gedanken anderswo. Früh schlafen gegangen. Ich will keinen Menschen sehen und hören. Einsamkeit!“[526]

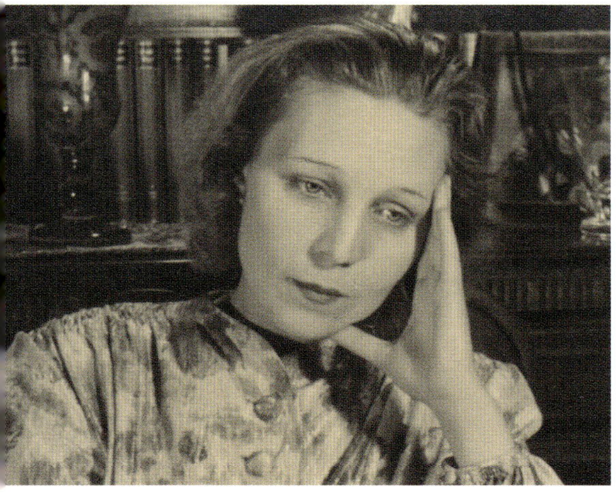

Vertraute in der Not: Die Schauspielerin Hilde Körber

18. August 1938
„Gestern: am Abend vorher noch von Lanke nach Schwanenwerder. Lange Aussprache mit Magda. Sie ist sehr hart und grausam mit mir. Aber das schadet ja nun auch nichts mehr.“[527] Anschließend fährt er zu seiner Schwester und trifft dort auch seine Mutter, die gerade zu Besuch bei ihr ist und „so lieb und gut zu mir ist. Dort bin ich richtig zu Hause. Maria steht ganz zu mir. Ello hat sich sehr unfair benommen. Aber hatte man je etwas anderes von ihr erwartet.“
Ansonsten geht Goebbels seinen Tagesgeschäften nach, interveniert scharf bei den „österreichischen Stellen“, die an den Salzburger Festspielen „herummurksen“. Wundert sich, dass es bei der Premiere von Veit Harlans *Verwehte Spuren* in Venedig „Pfiffe und Demonstrationen“ gab, aber nicht etwa gegen den Regisseur und das Herstellungsland, sondern verblüffenderweise „gegen Frankreich“. Dessen Behörden kommen in dem am Rande der ersten Pariser Weltausstellung von 1867 spielenden Film nicht gut weg, vertuschen sie doch, dass in der Stadt eine Seuche ausgebrochen ist. Goebbels beschließt an diesem Tag außerdem, dass die Gehälter der Berliner Philharmoniker als „Sonderklasse“ zu führen und damit überdurchschnittlich zu erhöhen sind. Und er empfängt im Ministerium Hilde Körber, die ihm „etwas vorweint“, übersetzt: ihm über ihre liebeskranke, suizidale Freundin Baarová berichtet. Auch wenn er sich Körbers

Klagen gegenüber unzugänglich zeigen mag: „Ich fühle mich (...) so einsam, dass ich es gar nicht aushalte. Ich schlafe nur noch mit Schlafmitteln und esse gar nichts mehr."

19. August 1938

Erneut wird Goebbels von seiner Frau nach Schwanenwerder zitiert, wo sie ihn mit Vorwürfen überhäuft: „Aussprache mit Magda. Sie ist sehr hart und grausam. So habe ich sie noch nie gesehen."[528] Magda Goebbels eröffnet ihrem Mann, dass sie die Scheidung einreichen und das Sorgerecht für die vier Kinder beantragen wird. Goebbels: „Die Kinder sind so lieb und gut. Ich drücke sie fest an mein Herz." Auf dem Rückweg in die Stadt macht er wehmütig gestimmt Station bei seiner Schwester: „Lange noch bei Mutter und Maria gesessen. Es ist ein sehr trauriger Abend. Spazierfahrt über Potsdam nach Berlin. Im Ministerium gearbeitet. Grausame, tödliche Nacht! Wie ich dich hasse und fürchte! Und heute ein neuer, grauer Tag!"

20. August 1938

Die seelischen Belastungen dieser Tage gehen nicht spurlos an Goebbels' Mutter vorüber: sie erleidet eine Herzschwäche. Ihr Sohn notiert: „Ich sitze lange an ihrem Bett und überlege mit ihr. Sie steht mir doch am nächsten."[529] Was ‚überlegt' Goebbels mit seiner Mutter und engsten Vertrauten, die selbst, als Halbwaise mit fünf Geschwistern aufgewachsen, vor ihrer eigenen Ehe mit einem Prokuristen als Bauernmagd und Dienstmädchen gearbeitet hatte? Sollte sich Magda Goebbels tatsächlich von ihrem Mann scheiden lassen, wäre er frei für Lída Baarová. Aber würde er dann noch das Vertrauen seines „Führers" genießen und dessen Propagandaminister bleiben können?

Seit heute gibt es einen neuen Stand im Rosenkrieg der Goebbels: Hitler hat für die kommenden vier Wochen eine „Gefechtspause" verfügt. Nach der Blomberg-Krise im Februar kann er keinen weiteren Eheskandal gebrauchen. Ebenso wenig kann er mitten in den Vorbereitungen eines Krieges gegen die Tschechoslowakei auf seinen fähigsten Propagandisten verzichten. Geradezu sadistisch klammert er in Goebbels' Anwesenheit dessen private Probleme aus, ist demonstrativ nett zu ihm und: „Es wird über militärpolitische Fragen disputiert."[530] „Überhaupt beherrscht augenblicklich die Tschechei das ganze Gesprächsthema. Auch der Führer lässt sich darüber ausführlich aus. Er charakterisiert die handelnden Personen: Masaryk ein Geschichtsprofessor, Benesch ein raffinierter und verlogener aber fanatischer Deutschenhasser, der immer gegen uns stand und am liebsten die ganze Welt gegen uns mobil machen möchte. Hodža ein slowakischer Renegat, der natürlich nur, wenn auch mit sanfteren Methoden, Prager Politik macht. Und der Berliner tschechische Gesandte Mastný: eine armselige Wurscht, die auf Abruf wartet. Das ist die Galerie schöner Tschechenköpfe."[531]

Von seinem ganz persönlichen, schönen Tschechenkopf ist Goebbels erstmal abgeschnitten, gleichzeitig ist das Scheidungsverfahren mit seiner Frau ausgesetzt. Dafür sollen beide Parteien bis Ende September untereinander klären, ob und wie es mit ihrer Ehe weitergeht. „Bis dahin kann sich vieles ändern, im Guten und im Bösen. Hoffentlich nur im Guten. Es muss Gras über die ganze Sache wachsen. Und Zeit dahingehen, die bekanntlich alles heilt."[532] Doch je länger Goebbels seine Geliebte entbehrt, desto weniger vermag er sich an sein Versprechen einer endgültigen Trennung zu halten. Weil er weiß, dass er rund um die Uhr bespitzelt wird,

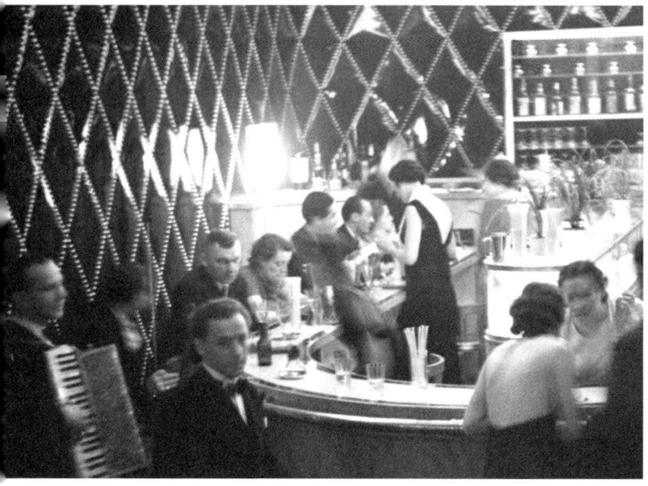

Frasquita-Bar in Berlin-Charlottenburg

versucht er, den Überwachungsschirm zu unterlaufen. Dafür benutzt er Hilde Körber, die er nachts zu einem Waldparkplatz am Wannsee bestellt. Dort lässt er sie zu sich ins Auto steigen und über den Zustand seiner Geliebten berichten. Anschließend instruiert er Körber, die ebenfalls gerade eine Trennung hinter sich hat, wie sie sich am unauffälligsten verhalten solle. Für den nächsten Abend vereinbart er ein Treffen zu dritt in einer kleinen Bar. Gegen Mitternacht wird Körber ausgerufen und vom Kellner ans Telefon zu einem Herrn „Müller" geholt. Nachdem sie kurz miteinander gesprochen haben, reicht Körber den Hörer an Baarová weiter. „Ich war so aufgeregt, dass ich nicht wusste, was ich sagen sollte und brachte nur ein ‚Hallo!' zustande. Schon vernahm ich seine Stimme: ‚Liduschka, fürchte dich nicht, alles wird sich wieder richten! Hab' Vertrauen. Bleib vernünftig und tu Dir ja nichts an!'"[533]

Um sich auf andere Gedanken zu bringen, unternimmt Goebbels dieser Tage lange einsame „Spazierfahrten" außerhalb Berlins, einmal fast bis Magdeburg. Nicht immer ist er allein. Heute begleitet ihn sein Staatssekretär Hanke, den er ins Vertrauen zieht: „Mit Hanke Fahrt nach Potsdam, über den Ring nach Berlin zurück. Es tut gut, etwas frische Luft zu schöpfen und sich einmal auszusprechen."[534] Was Karl Hanke von Goebbels über dessen persönliche Situation erfährt, scheint ihn nicht weiter zu überraschen. Auch über den gegenwärtigen Zustand der Frau seines Chefs ist der Staatssekretär bestens informiert. Möchte Goebbels ihn als Vermittler gewinnen?

25. August 1938

Als Verbündeten gewinnen will Hitler Miklós Horthy. Der ungarische Präsident ist mit seiner Frau und einer offiziellen Delegation zu einem Staatsbesuch nach Deutschland gekommen, u.a. um sich über die Aufteilung der Tschechoslowakei nach der erwarteten Besetzung durch die Wehrmacht zu verständigen. Der autokratisch regierende Horthy soll den südlichen, magyarischen Teil der Tschechoslowakei erhalten. Da bleibt es nicht aus, dass das Ehepaar Goebbels gemeinsame Repräsentationspflichten wahrnimmt. Aber das Verhältnis ist auf dem Tiefpunkt: „Abends holt Magda mich ab. Das alte Lied. Ich habe Herzschmerzen vor lauter Leid. ‚Lohengrin' Festaufführung in der Staatsoper. Glänzende Leistung. Über alles Lob erhaben. Ich bin hingerissen. Und dann wieder müde und abgespannt ins Bett. Könnte ich nur durchschlafen, um nicht mehr aufzuwachen!"[535]

Auch die folgenden Tage verbringt Goebbels in tiefer Niedergeschlagenheit. Ein Besuch bei seinen Kindern wird ein „traurig-wehmütiger Nachmittag. Die Kinder sind so lieb. Ich bin ganz tief von Trauer erfüllt. Wie schwer und grausam manchmal das Leben ist."[536] Ein Ausflug an den Bogensee, wo ihn Erinnerungen an süß verlebte Tage heimsuchen, verschärft sein

Verlassenheitsgefühl: „Ein grauer, trauriger Sonntag. Es ist zum Kotzen! Ich bleibe in Lanke bis zum Nachmittag. Ganz zerschmettert und deprimiert. Dann nach Berlin zurück. Etwas Autofahrt. (...) Den Nachmittag allein und mit mir selbst im Ministerium verlebt. Furchtbare Stunden. Aber auch die gehen vorbei. Abends mit ein paar Leuten in die Scala. Ich halte es einfach in meiner Wohnung nicht mehr aus."[537] Die aktuelle politische Situation ist nicht dazu angetan, seine Stimmung aufzuhellen: „Im Lande herrscht schwere Beunruhigung wegen der Lage. Alles spricht von Krieg."[538]

1. September 1938

Im Stuttgarter Universum-Kino wird *Der Spieler* in einer Vorpremiere gezeigt. Nach allen Vorschusslorbeeren, die Goebbels dem Film zuteilwerden ließ, überrascht es, dass seine Uraufführung nicht in Berlin, sondern in einer Stadt stattfindet, die eher zur Kinoprovinz des Reiches zählt. Eine nicht seltene Verleihpraxis, um die Reaktion des Publikums zu testen, über die man sich offenbar nicht sicher ist. Gibt es seitens der Tobis, die den Film herausbringt, etwa Bedenken, unmittelbar vor der allgemein erwarteten Invasion der Tschechoslowakei dem deutschen Publikum einen Film mit einer tschechischen Hauptdarstellerin zu präsentieren? Oder ist dies möglicherweise auf die Intervention „höherer Stellen" zurückzuführen? Warum der Film keine prominente Premiere in Berlin bekommt, bleibt vorerst rätselhaft. Immerhin erscheint zwei Wochen später ein Porträt Lída Baarovás auf der Titelseite der „Filmwelt" aus *Der Spieler*, dessen Starttermin als „demnächst" angekündigt wird.[539]

Goebbels befindet sich seit gestern auf dem Obersalzberg bei Hitler, der seinen Urlaub dort verbringt. Doch die Hoffnung, Abstand von Berlin und seiner persönlichen Krise zu bekommen, durchkreuzt unter anderem schlechtes Wetter: „Nur Regen, Nebel, Melancholie. Es ist zum Verzweifeln."[540] Er gratuliert seiner ältesten Tochter Helga telefonisch zu ihrem sechsten Geburtstag, findet sie „süß und rührend. Magda weiterhin kalt und hartherzig. Ich kann mit ihr nicht mehr reden. Von irgendwoher wird man sie aufhetzen. Also nicht mehr anrufen!"[541]

Sein Abschied von der Familie in Schwanenwerder verlief dramatisch: „Es ist wieder ein sehr erregender Nachmittag. Magda fühlt sich garnicht wohl. Auch ist sie wie ich vollkommen mit den Nerven herunter."[542] Auf dem nebelverhangenen Obersalzberg im Dauerregen findet Goebbels Erlösung nur im „Schlaf, Schlaf, Schlaf! Das Beste vom Leben!"[543] Auch als das Wetter sich langsam bessert, ändert das wenig an seiner Gemütslage. Bei einem Ausflug nach Salzburg überkommen ihn „wehmütige Erinnerungen."[544] Eine Rundfahrt auf dem Königssee verläuft „in einer endlosen Melancholie."[545] Was die Stimmung zusätzlich trübt, ist die politische Krise rund um die Tschechoslowakei und sind Ängste seiner Mitarbeiter vor einem drohenden Krieg: „Ich spreche noch lange mit Hanke und Dr. Dietrich über die Lage. Ich muss meine beiden Staatssekretäre aufrichten, weil sie sonst schlapp machen. Und das darf es in der jetzigen Krise nicht geben." Allein Hitler ist „von einem unerschütterlichen Optimismus erfüllt. Und den überträgt er auf uns alle. (...) Er wird niemals kapitulieren. Das kann uns allen ein Trost und ein Ansporn sein."

5. September 1938

Goebbels ist nach Nürnberg gekommen, wo heute der Reichsparteitag beginnt. Die Hoffnung, dass seine Frau für einen Tag dazu kommen würde, um gemeinsame Repräsentationstermine wahrzunehmen, muss er begraben: Magda Goebbels ist seelisch schwer angeschlagen und wird nicht reisen. Am Telefon reagiert sie „nervös und ausfällig."[546] Nach dem zweiten ergebnislosen Telefonat an diesem Tag macht er sich „große Sorgen um sie."[547] Er bittet seine Mutter, sich um ihre Schwiegertochter zu kümmern. Im Hotel und inmitten hektischer Eröffnungsvorbereitungen des Reichsparteitags „Großdeutschland" vertieft er sich in die Lektüre eines neuen Drehbuchs. Titel: *Die Geliebte*. Darin geht es um eine Blumenverkäuferin, die sich nach einer verunglückten Bootspartie in einen Oberleutnant verliebt. Weil sie ihn wegen des Standesunterschieds nicht heiraten kann, findet sie sich damit ab, seine Geliebte zu sein. Doch je mehr Zeit Adalbert mit Therese verbringt, desto mehr wünscht er sich, sie zur Frau zu nehmen und ist bereit, auf seine Karriere zu verzichten. Als Adalbert Zeuge einer zufälligen Begegnung Thereses mit ihrem früheren Liebhaber wird, zieht er sich enttäuscht zurück. Verzweifelt nimmt sich daraufhin seine Geliebte das Leben. Goebbels findet das Drehbuch zu Gerhard Lamprechts Folgeprojekt nach *Der Spieler* „ausgezeichnet"[548]. Und er weiß auch schon, wer die weibliche Hauptrolle darin spielen wird.

7. September 1938

An ihrem 24. Geburtstag, der mit der letzten Drehwoche von *Preußische Liebesgeschichte* zusammenfällt, erhält Lída Baarová einen Anruf von Gerhard Lamprecht. Er gratuliert ihr und berichtet, ihm sei von „höherer Stelle" der Wunsch übermittelt worden, dass sie die Hauptrolle in *Die Geliebte* spielen solle. Ein schöner Geburtstagsgruß aus der Ferne. An seiner eigenen Ehefront kommuniziert Goebbels inzwischen ebenfalls über Bande: „Mit Mutter telefoniert. Magda bleibt starr und hart. Ich kann nichts machen."[549] Übersetzt: Seine Frau möchte partout die Scheidung. Im Übrigen dreht sich auf dem zehnten Reichsparteitag in Nürnberg alles um die Frage: Krieg oder Frieden in Europa. Frankreich beruft die Reservisten ein, England mobilisiert seine Flotte, die Regierung in Prag gibt sich kämpferisch und ist ebenfalls bereit zu mobilisieren. Gerüchte machen die Runde, Communiqués veröffentlicht, Dementis verlesen, Vieraugengespräche geführt – so zwischen dem in Nürnberg anwesenden britischen Botschafter Henderson und dem deutschen Propagandaminister. „Der Ernst der Situation ist nun jedem klar. Alle stehen vor schweren Fragen. Der Parteitag hat damit eine außerordentlich dramatische Note bekommen. Jede Stunde kann einen neuen Alarm bringen."[550] Weil der Krieg der Worte bereits ausgebrochen ist, steht Goebbels in seinem Zentrum. Dazwischen telefoniert er mehrmals täglich mit seiner Mutter über das Befinden seiner Frau: „In Berlin ist mal wieder der Teufel los". Eines allerdings bringt ihn auf völlig andere Gedanken: „Ich begrüße 100 reizende österreichische Mädel, die sich vor Begeisterung garnicht zu fassen wissen."

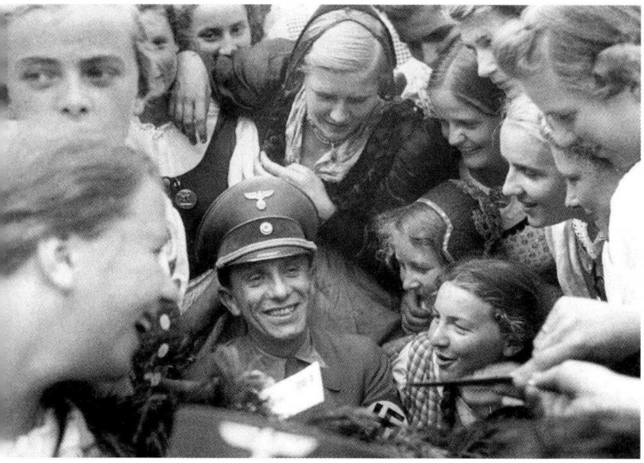

The show must go on: umlagert von weiblichen Fans auf dem Nürnberger Reichsparteitag 1938

„Ich komme aus den privaten Miseren nicht mehr heraus"

15. September 1938

Auf Bitten des britischen Premierministers Chamberlain kommt es auf dem Obersalzberg zu einem überraschenden Treffen zwischen diesem und Hitler. In einer vierstündigen Unterredung werden die Grundlagen für ein Abkommen geschaffen, das, nach einer zweiten, erweiterten Verhandlungsrunde in Bad Godesberg, Ende des Monats in München von den Regierungschefs Großbritanniens, Frankreichs und Italiens unterzeichnet werden soll. Darin wird die Tschechoslowakei verpflichtet, die sudetendeutschen Gebiete an das Deutsche Reich abzutreten. Ähnliches ist für die von polnischen und ungarischen Minderheiten besiedelten Regionen der Tschechoslowakei vorgesehen.

An diesem bedeutsamen Tag, an dem sich „in diesen Stunden das Schicksal Europas"[551] entscheidet, sitzt Goebbels im fernen Berlin und befasst sich mit Alltagskram. Er spricht mit Wilhelm Furtwängler über die Zukunft der Salzburger Festspiele („Er will eine Front gegen Bayreuth bilden. Aber das dulde ich nicht!"), verlangt von seinem Pressechef eine bessere mediale Präsenz auf der Biennale, prüft einen neuen Film, *Unsere kleine Frau* von Paul Verhoeven, den er für *Die Fledermaus* noch so gelobt hatte und der ihn nun enttäuscht („Die Regie von Verhoeven versagt hier vollkommen"). Und er empfängt die Schauspielerin Olga Tschechowa, die sich scheiden lassen will. Goebbels resignierend: „Ja, das Leben!" Tags zuvor bereits hatte ihn sein Lieblingsregisseur in ähnlicher Angelegenheit genervt: „Aussprache mit Harlan. Er will mir seinen ganzen Ehestreit erzählen. Ich schneide das aber kurz ab und ersuche ihn nur, sich seiner geschiedenen Frau gegenüber als Kavalier zu benehmen."[552] Angesichts seiner eigenen familiären Situation ist Goebbels' Interesse an dergleichen Themen begrenzt: „Habe ein langes, entnervendes Telephongespräch mit Mutter. Ich komme aus den privaten Miseren nicht mehr heraus."[553]

20. September 1938

Goebbels ist glücklich. Hitler hat ihn mit einem kleinen Stab engster Mitarbeiter auf den Obersalzberg gerufen, um seinen Durchbruch in der Sudetenfrage medial auszuschlachten. Damit befreit er den Propagandaminister aus seiner Berliner Depression. Goebbels genießt es heute besonders, das Vertrauen Hitlers zu besitzen, der ihn in diesem als historisch empfundenen Moment an seiner Seite haben will und zu dem er einmal mehr eine intime Verbindung spürt. Auch Hitler ist glücklich: „Er schreit laut vor Triumph und Freude."[554] Einträchtig gehen die beiden Männer auf der Terrasse des Berghofs auf und ab. Hitlers Euphorie wirkt ansteckend: „Er ist wunderbar gelöst und befreit. Über uns hängt ein klarer, sternenübersäter Himmel. Ich bin so glücklich und dankbar. Er schwärmt von der großen, großen Zukunft. Welch ein Tag! Welch ein Abend! Ich lebe wie im Traum. (...) Ich kann kaum schlafen vor Freude und Erregung."[555]

Goebbels befindet sich in einem emotionalen Ausnahmezustand. Er hat seit vier Wochen seine Kinder nicht mehr gesehen und seit drei Wochen keinen Telefonkontakt mehr zu seiner Frau, mit der er nur noch auf dem Umweg über seine Mutter kommuniziert. Nicht weniger leidet er darunter, dass er seit über einem Monat seine Geliebte weder zu

Gesicht bekommen noch mit ihr gesprochen hat. Neben dem politisch erregenden Tagesgeschäft nutzt er die Zeit für ein wenig Erholung: „Sonst kuriere ich hier in der Ruhe der Berge meine Nerven etwas aus. Sie sind in den letzten Wochen ein bisschen ramponiert worden."[556]

22. September 1938
„Im Hamburger Filmclub ‚Blauer Peter' zeigte die Tobis ihren neuesten Spitzenfilm ‚Der Spieler' nach dem Roman von Dostojewski. Zu der Veranstaltung hatten sich aus allen Sparten des Hamburger Kulturschaffens zahlreiche Freunde des Films eingefunden, die diese neue Arbeit des Regisseurs Gerhard Lamprecht mit großem Beifall aufnahmen."[557] Eine weitere, diesmal eher unübliche Testvorführung in kleinstem Rahmen, die seitens des Verleihs nicht gerade von großem Vertrauen in die Erfolgschancen des Films zeugt. Immerhin mag der „große Beifall" die Bedenken der Tobis zerstreuen, die den offiziellen Kinostart von *Der Spieler* nun auf den 27. Oktober festlegt.

30. September 1938
Nach den politischen Turbulenzen der letzten Wochen, die Europa in die Nähe eines Krieges brachten und gestern Nacht durch die Unterzeichnung des Münchner Abkommens vorläufig beendet wurden, gönnt sich Goebbels in Berlin zur Abwechslung mal wieder einen Abend im Theater. Er geht in die Kammerspiele des Deutschen Theaters und sieht dort Somerset Maughams „Mein Freund Jack": „Eine witzige, spritzige Komödie mit glänzender Gesellschaftskritik. Hervorragend unter Hilperts Regie gespielt."[558] Er ist „ganz hingerissen" von der Satire über den Standesdünkel des britischen Adels und die Ambitionen neureicher Geld-Aristokraten und bewundert die Leistungen der beiden Hauptdarsteller Elisabeth Flickenschildt und Karl Ludwig Diehl. Und sein Blick schweift aus seiner Loge immer wieder ins Parkett. Dort sitzt neben ihrer Freundin Hilde Körber – seine Geliebte. Weil er weiß, dass er abgehört wird, hat er Körber um dieses Arrangement gebeten. Lída Baarová: „Wir saßen im dunklen Zuschauerraum. Goebbels hatte seine Loge erst betreten, nachdem sich der Vorhang öffnete und schaute mich wahrscheinlich die ganze Zeit an. Ich konnte seine Blicke förmlich spüren, traute mich aber einfach nicht, mich umzudrehen. So sah ich ihn noch nicht einmal, geschweige denn, dass sich die Möglichkeit ergeben hätte, ihn von Angesicht zu Angesicht zu sprechen. Wieder dachte ich, wie unsinnig doch alles sei."[559] Immerhin weiß sich Goebbels nach Wochen der Trennung mal wieder in der Nähe seiner Geliebten, hinterlässt der Abend das Gefühl, wenn auch unerkannt und nur im gleichen Raum, ein paar gemeinsam erlebte Stunden verbracht zu haben: „Das war heute ein trauriger, wehmütiger Tag für mich."[560] Und angesichts des politischen Triumphs in München: „Aber sonst ein großer Erfolgstag. Einmal fehlt uns der Wein – und einmal fehlt uns der Becher."[561]

Eine abendliche Einladung des Ministers an die zwanzigjährige Schauspielerin Anneliese Uhlig nach Lanke, wo er sie, laut Uhlig, vergeblich zu verführen suchte, lässt sich für dieses Wochenende ebenso wenig belegen wie eine daraufhin von Goebbels angeblich vollzogene Blockade ihrer Karriere.[562]

7. Oktober 1938

Nach dem quasi gemeinsamen Theaterbesuch versucht auch Lída Baarová mit Goebbels wieder Verbindung aufzunehmen. Noch im Zuschauerraum der Kammerspiele kam ihr die Idee, es über ihre Kollegin Grethe Weiser zu versuchen. Grethe Weiser kennt Karl Hanke gut, ist mit ihm per Du. Weiser arrangiert mit Hanke ein gemeinsames Treffen in dessen Villa. Baarová bittet den Staatssekretär um Hilfe. Nach Tagen des Wartens übermittelt ihr Grethe Weiser im Auftrag Hankes eine Bitte seines Chefs: Der möchte ein Andenken von ihr, das er bei sich tragen kann. Sie kauft bei einem Antiquitätenhändler eine Gemme und lässt den geschliffenen Edelstein über Weiser und Hanke ihrem Geliebten zukommen. Einige Tage vergehen, ehe ihr die Nachricht übermittelt wird, der Empfänger lasse danken. Dann erreicht sie tags darauf die gleiche Bitte, diesmal nach einem persönlicheren Gegenstand. Da zieht Baarová den Ring vom Finger, den ihr Goebbels geschenkt hat und überlässt ihn ihrer Kollegin. Ein Omen?

Gleichzeitig sucht sie höheren Beistand. Dies verrät eine handschriftliche Notiz, die sie eine Woche später an Julius Schaub, den persönlichen Adjutant Hitlers schickt: „Es war mir trotz vieler Versuche nicht möglich, Sie zu erreichen. Ich nehme an, dass es Ihnen in den schweren Tagen nicht möglich war, dem Führer meinen Brief zu übermitteln – und ich bitte Sie deshalb noch einmal, es zu tun. Ich wäre unbeschreiblich glücklich, wenn der Führer meinen Wunsch erfüllen würde. Ich lebe die ganze Zeit in der Sorge und in der Hoffnung über diese Entscheidung. Ich danke Ihnen für alle Mühe und bitte Sie mir Nachricht zu geben. Mit deutschem Gruß Lída Baarová.“[563]

Sehr wahrscheinlich hat Schaub den Brief Baarovás, den sie vermutlich bereits in der zweiten Augusthälfte schrieb, nicht an Hitler weitergegeben. Dazu wird es in den „schweren Tagen“ der Sudetenkrise, auf die die Absenderin Bezug nimmt, kaum eine Gelegenheit gegeben haben. Und selbst wenn Schaub das Schreiben an Hitler ausgehändigt haben sollte, dürfte dieser es kaum beachtet haben. Ohnehin hütet sich Schaub derzeit besonders davor, den „Führer“ mit unangenehmen Dingen zu behelligen. Er ist bei ihm vor vier Monaten in Ungnade gefallen und befindet sich in einer Bewährungsphase. Goebbels damals: „Er ist ganz gebrochen und weint. Zudem geht es noch seinem Sohn sehr schlecht. Aber im Augenblick ist beim Führer nichts zu machen. Er ist ganz hart. Göring wollte für Schaub plädieren, ist aber übel angefahren worden.“[564]

Um was bat Baarová den „Führer“? Welchen Wunsch soll er ihr erfüllen, welche Entscheidung treffen? Da ihr Brief an Hitler nicht überliefert ist, kann nur gemutmaßt werden: Vermutlich ersucht die Absenderin den Chef ihres Geliebten, seinen Befehl rückgängig zu machen und das Kontaktverbot zwischen Goebbels und ihr aufzuheben. Vermessen genug.

8. Oktober 1938

Seit Beilegung der Sudetenkrise, die ihn als Chefpropagandisten wochenlang über alle Maßen beschäftigte, findet Goebbels wieder mehr Zeit, sich in seinem Ministerium um kulturelle Angelegenheiten zu kümmern. Doch die Hoffnung, dass es dort nach dem Trommelfeuer seiner Anti-Tschechen-Kampagne etwas ruhiger werden würde, verfliegt schnell: „In der Tat wird es von Tag zu Tag mehr. Aber die Arbeit hilft einem über manches hinweg.“[565] Er besucht häufiger Theateraufführungen, findet, „die letzten Filme, die wir herausgebracht haben, waren nicht besonders gut"[566] und gelobt Abhilfe. Fast täglich bespricht er sich mit seinem Reichsfilmdramaturgen Ewald von Demandowsky über strukturelle Verbesserungen, die eine noch direktere Einflussnahme auf laufende Projekte ermöglichen sollen. Doch trotz aller Ablenkung durch sein Tagesgeschäft plagen ihn „wieder eine Reihe von nerventötenden privaten Angelegenheiten. Das reißt nie ab."[567] Die seelische Belastung durch die doppelte Trennung von Familie und Geliebter schlagen auf seine Gesundheit durch. Schlaflosigkeit und Herzbeschwerden sind die Folgen: „Ich lasse mich von Prof. Munk untersuchen. Mein Herz ist nicht ganz in Ordnung."[568]

Er sorgt dafür, dass die 22-jährige Irene von Meyendorff, eine blonde, elfenhafte Erscheinung baltischer Herkunft, einen neuen Vertrag bekommt und vermerkt: „Ich werde jetzt etwas auf sie aufpassen. Ich glaube, sie verdient es."[569] Von Meyendorff begann eine Lehre als Schnittmeisterin bei der Ufa, wechselte später zur Schauspielerei und trat neben Lída Baarová in *Verräter* auf.

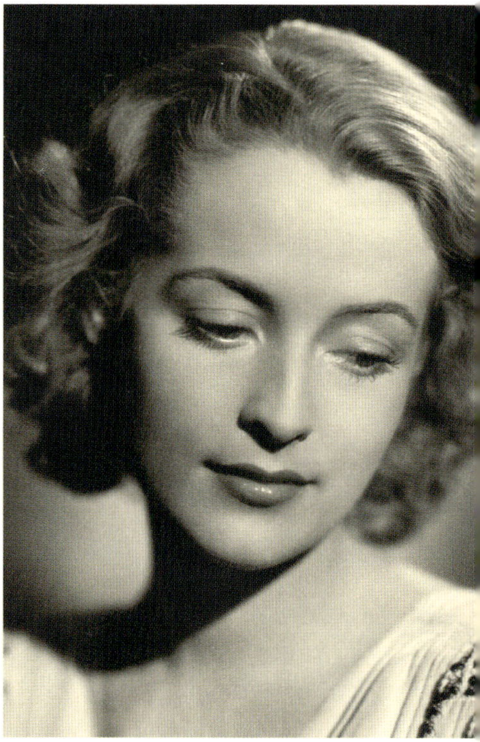

Irene von Meyendorff

In seiner Ehekrise gibt es keinerlei Fortschritt. Goebbels' Mutter stößt als Vermittlerin zunehmend an ihre Grenzen. Die Gespräche stocken. Doch es tut sich ein Hoffnungsschimmer auf: „Ich rede ausführlich mit Hanke über meine private Lage. Er erweist sich als sehr brauchbar und verständnisvoll." Goebbels bittet seinen Staatssekretär, dahingehend auf seine Frau einzuwirken, dass sie ihre Scheidungsabsichten aufgebe, weiß er doch, dass Hanke das Vertrauen seiner Frau genießt. Hanke verspricht, sein Bestes zu tun, was seinem Chef „eine sehr große Beruhigung bereitet. (...) Ich bin froh, dass ich nun wenigstens einen Menschen habe, mit dem ich sprechen kann. Ich war in den letzten Wochen so einsam und verlassen, dass ich manchmal nicht mehr aus noch ein wusste." Goebbels weiß zwar um das vertrauensvolle Verhältnis seines Staatssekretärs zu seiner Frau. Was er jedoch nicht ahnt: Dass die beiden offenbar mehr verbindet. Und dass Karl Hanke nur nach außen hin auf seiner Seite steht.

9. Oktober 1938

Bereits am nächsten Tag ist alle Hoffnung dahin. Goebbels ist mit Hitler nach Saarbrücken gefahren, um den von Paul Baumgarten entworfenen, neoklassizistischen Neubau des dortigen „Gautheaters Saarpfalz" einzuweihen. Zwischen der „triumphalen Fahrt zum Theater. Der Führer ist begeistert von dem Neubau. Da hat Prof. Baumgarten ein Meisterstück geliefert"[570], einer Rede Hitlers vor 150.000 Saarländern und offiziellen Empfängen findet Goebbels Zeit für ein Telefonat mit Hanke: „Er war in Schwanenwerder und hat dort gesprochen. Es ist anscheinend alles aus. Ich kann auch nichts mehr daran ändern. Ich habe mir alle Mühe gegeben. Aber was nicht geht, das geht nicht. Ich bin wie zerschmettert."[571]

10. Oktober 1938

Zurück in Berlin berichtet Hanke seinem Chef ausführlich über seine Unterredung in Schwanenwerder und macht ihm keine Hoffnung auf ein Einlenken von Magda Goebbels. Der ist darüber „sehr erschüttert“[572] und neigt zu Überhöhung: „Eine große menschliche Tragödie spielt sich ab, in der es weder Schuldige noch Unschuldige gibt. Das Schicksal selbst hat eingegriffen und gesprochen. Nun soll es denn auch seinen Lauf nehmen.“[573]

Nach der von Hanke überbrachten Botschaft, dass Magda Goebbels definitiv die Ehe mit ihrem Mann beenden und den Kontakt zu ihm abbrechen will, fasst Goebbels einen Entschluss: Die von Hitler erzwungene Trennung von seiner Freundin und die von seiner Frau herbeigeführte Trennung von seiner Familie sind für ihn ein unhaltbarer Zustand. Er möchte deshalb seine Entlassung als Minister anbieten und schickt Karl Hanke vor, dies bei Hitler an seiner Stelle zu tun. Dieser ist von Saarbrücken aus zunächst nach Bad Godesberg weitergefahren. Von dort aus will er die Arbeiten am Westwall inspizieren und sich nach den Strapazen der vergangenen Wochen im Rheinhotel Dreesen erholen. „Ich spreche mit Hanke nochmal ausführlich meinen privaten Fall durch. Er ruft dann in Godesberg an und wird heute dem Führer darüber berichten. Ich weiß nicht, wie das ausgehen wird. Ich bin auf alles gefasst. Komme, was kommen mag, so wie jetzt kann es ja doch nicht weitergehen.“[574] Ungebremst weiter gehen die Arbeiten am neuen Stadthaus der Familie Goebbels in der Hermann-Göring-Straße. Als stünde nicht das gesamte Projekt zur Disposition bespricht der Bauherr bereits die Inneneinrichtung des neuen gemeinsamen Domizils mit dem Architekten Baumgarten und mit Paul Paepke, der die Vereinigten Werkstätten in München leitet, und macht beiden sogar Druck.

12. Oktober 1938

Den ganzen Tag über wartet Goebbels vergeblich auf eine Nachricht seines Staatssekretärs, der zu Hitler nach Bad Godesberg gereist ist. Die Entscheidung über die weitere politische wie private Zukunft des Propagandaministers soll sein „Führer“ treffen: in seine Hände legt er sein Schicksal. In den Stunden der Ungewissheit arbeitet es in ihm: „Die tollsten Gedanken und Pläne gehen mir durch den Kopf.“[575] Sollte Hitler sein Rücktrittsgesuch annehmen, möchte er nicht länger in Berlin bleiben, sondern nach der Scheidung von seiner Frau mit Lída Baarová ins Ausland ziehen. In einen möglichst weit entfernten, befreundeten Staat wie Japan, wo er einen Botschafterposten übernehmen könnte.

Goebbels‘ seelische Verfasstheit grenzt an Kontrollverlust. Seine Angst zeigt einmal mehr seine ganze Abhängigkeit von Hitler: „Wenn nun der Führer in all seiner Last und Verantwortung keine Zeit oder kein Verständnis dafür hätte. Das wäre sehr, sehr schlimm“. Er verbringt den Abend in Unruhe, setzt sich in sein Auto und fährt ziellos durch den Berliner Südwesten, in die Gegend seiner Familie und seiner Geliebten, die er beide seit Wochen nicht gesehen hat. Zurück in seiner Ministerwohnung klingelt spät abends das Telefon und Karl Hanke meldet sich aus Bad Godesberg – ohne Ergebnis: „Der Führer will noch mit mir sprechen und sich daher eine Entscheidung vorbehalten.“ Wann es dieses Gespräch geben wird, von dem Hitler seine Entscheidung abhängig machen will, bleibt offen.

16. Oktober 1938

Die folgenden Tage geraten zur Tortur. Es sind Herbstferien in Berlin, die Politik ruht, die Ministerien haben dienstfrei. „Die Sonne scheint. Und mir ist zum Verzweifeln. Ich stehe in einer furchtbaren, mich fast erdrückenden Einsamkeit."[576] Er verliert das Interesse an seiner Arbeit, an der er, um sich abzulenken, trotzdem festhält, hat „tausenderlei Kleinigkeiten zu erledigen. Aber was hat das im Augenblick für mich überhaupt für eine Bedeutung!"[577] Phasen der Agonie („Auf meinem Zimmer gesessen und gebrütet"[578]) wechseln mit solchen der Hyperaktivität, in denen er gleichzeitig den Plan fasst, sämtliche Berliner Theater renovieren zu lassen, den Ausbau des Rundfunks zu forcieren oder den Zustrom ausländischer Theaterschauspieler einzuschränken: „Es besteht sonst die Gefahr, dass sie vor allem die Berliner Bühnen vollkommen überfluten."[579] Er besucht kurz seine Mutter und seine Schwester („Sie sind beide so gut zu mir. Es wird mir dabei ganz weh und schwer ums Herz.") und kehrt entkräftet in seine Wohnung im Ministerium zurück: „Den ganzen Nachmittag gesessen und gebrütet."

Noch fordernder wird die nächste Begegnung: „Ich lasse mir die Kinder kommen: Helga, Hilde und Helmut. Sie sind alle so lieb und gut zu mir. Helga weint und sagt mir lauter Zärtlichkeiten. Sie ist ein so süßes Wesen. Ich bin glücklich, die lieben Kleinen um mich zu haben. Ich kann mich nicht satt sehen an ihnen und nicht satt hören an ihrem süßen Geplauder. Leider müssen sie bald wieder nach Hause fahren." Danach verfällt er wieder in tiefe Niedergeschlagenheit: „Ich sitze den ganzen Abend alleine zu Hause. Die Einsamkeit erdrückt mich fast. Die Menschen, die mich lieben, dürfen mich nicht sehen. Die mich sehen dürfen, lieben mich nicht mehr. Es ist ein Jammer ohne Ende." Seine Depression wächst: „Ich habe den ganzen Kram satt. Ich mag nicht mehr. (...) Nachmittags heraus nach Bogensee. Ganz allein und einsam. Ich bin weit von allen Menschen weg. Ich habe die Welt und das Leben satt. Die Sonne scheint so schön. Aber in mir ist alles grau in grau."[580]

18. Oktober 1938

Ein „betäubtes" Wochenende liegt hinter Goebbels. An diesem Samstag unternimmt er mit seinem Chauffeur Rach von Lanke aus eine Fahrt ins Blaue, lässt sich von ihm bis nach Stettin bringen. Auf dem Rückweg zum Bogensee überkommt ihn starkes Fieber. Er nimmt Schlaftabletten, die er mit Alkohol runterspült. „Von da ab weiß ich nichts mehr. Ich schlafe an einem Stück 24 Stunden. Meine Leute sorgen sich sehr um mich und geben sich rührende Mühe. Aber alle Mittel helfen nichts: ich bin nicht wach zu kriegen. Dabei habe ich irrsinnige Herzschmerzen."[581] „Meine Leute", das sind außer Rach sein Diener Kaiser. Eine reine Männergesellschaft also, ohne weibliche Wärme, ohne kindliche Zartheit. Voller Selbstmitleid notiert Goebbels: „Kaiser und Rach passen die Nacht etwas auf mich auf. Sonst kümmert sich kein Mensch um mich. Das ist auch gut so. Wenn der Mensch leidet, soll er allein sein." Auch die folgende Nacht bleibt Goebbels am Bogensee: „Wie in einer Narkose geschlafen. Es geht mir ganz schlecht. Mein Herz droht manchmal stehen zu bleiben. Aber ich halte mich krampfhaft und mit Gewalt aufrecht. Sie sollen nicht das Schauspiel erleben, dass ich zusammenbreche."[582] Nachmittags fährt er nach Berlin zurück, um im menschenleeren Ministerium ein wenig zu arbeiten und abends Filme zu prüfen. Er sieht erstmals Paul Martins eben fertiggestellte *Preußische Liebesgeschichte*. „Ein Film, der mich auf das Tiefste ergreift und erschüttert.

Ich hätte nicht gedacht, dass es so schwer für mich wäre, ihn anzuschauen. Und Bilder von einer Pracht und einer Schönheit, die unbeschreiblich ist. Das waren für mich zwei schöne Stunden."[583] Nicht zuletzt durch den Schluss des Films muss Goebbels sich persönlich angesprochen fühlen: Nach dem Diktum seines Vaters, des Königs von Preußen, sich aus Gründen der Staatsraison von seiner Geliebten Elisa Radziwill zu trennen, sucht Prinz Wilhelm ihre Mutter, die Fürstin Luise von Radziwill (Hermine Körner) auf. Die preußischstämmige Prinzessin hat sich eine Verbindung zwischen ihrer Tochter und dem Preußenprinz sehnlichst gewünscht und ist jetzt ebenso verzweifelt wie ihr verhinderter Schwiegersohn:

Prinz Wilhelm: *„Ich will auf alles gern verzichten. Nur nicht..."*
Fürstin: *„Du wirst Deinem Vater gehorchen müssen, Wilhelm. Schaff Dir Arbeit, vergiss..."*
Wilhelm: *„Ich kann nicht!"*
Fürstin: *„Du musst, Wilhelm! Du hast anderen Gesetzen zu folgen. Selbst wenn sie dir widersinnig erscheinen. Und du wirst erstarken an dieser Härte gegen dich selbst."*
Wilhelm: *„Kann ich nicht noch Abschied nehmen von ihr?"*
Fürstin: (schüttelt verneinend den Kopf) *„Jetzt nicht, später einmal."*

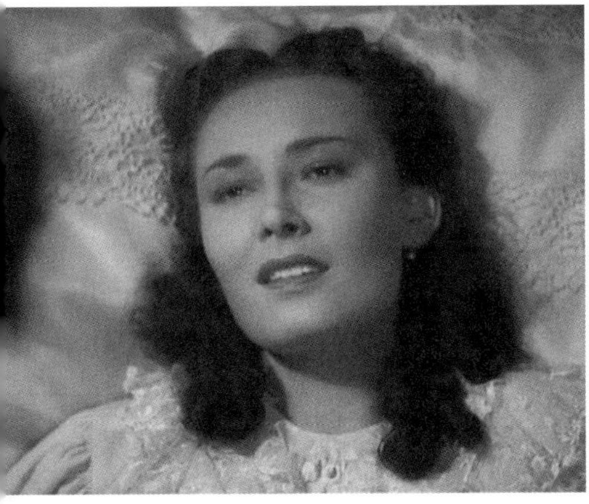

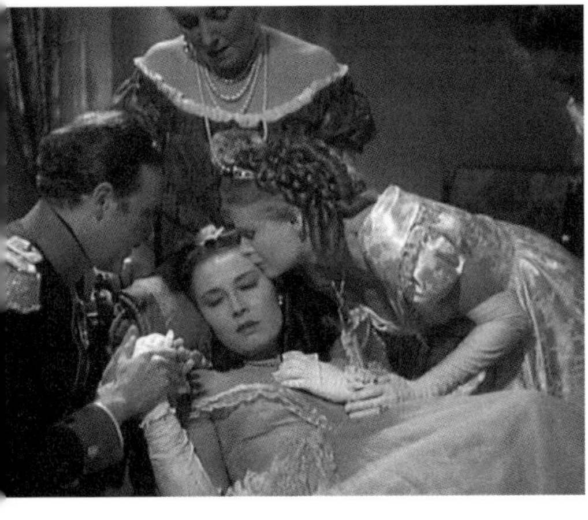

Finale in *Preußische Liebesgeschichte*

Die Fürstin möchte vermeiden, dass ihre schwer kranke Tochter durch ein Wiedersehen mit ihrem Geliebten gesundheitlichen Schaden nimmt. Ohne sich voneinander verabschiedet zu haben und nach einem letzten Lied im engsten Familienkreis, stirbt Elisa. Ihr Geliebter kommt zu spät, sieht sie nur noch auf dem Totenbett.

In keinem ihrer deutschen Filme kommt Lída Baarová wirkungsvoller zur Geltung, spielt sie souveräner auf als in Paul Martins *Preußische Liebesgeschichte*. Seit sie sich vor dreieinhalb Jahren in *Barcarole* noch backfischhaft ungelenk und mit unüberhörbar slawischem Akzent erstmals dem deutschen Kinopublikum präsentierte, ist sie zu einer ausdrucksstarken Schauspielerin herangereift, die über ein weitgestecktes Register emotionaler Töne verfügt, von übermütiger Verliebtheit bis hin zu unsentimentaler Trauer.

Am selben Tag, an dem Joseph Goebbels sich abends vom Spiel seiner Geliebten in *Preußische Liebesgeschichte* erschüttern lässt, tagt vormittags der Ufa-Vorstand. Das Protokoll vermerkt unter Tagesordnungspunkt 12 „Lída Baarová: Der Vertrag mit dieser Künstlerin läuft am 30.11. dieses Jahres ab. Der Vorstand erklärt sich mit der Aufnahme von neuen Vertragsverhandlungen einverstanden."[584]

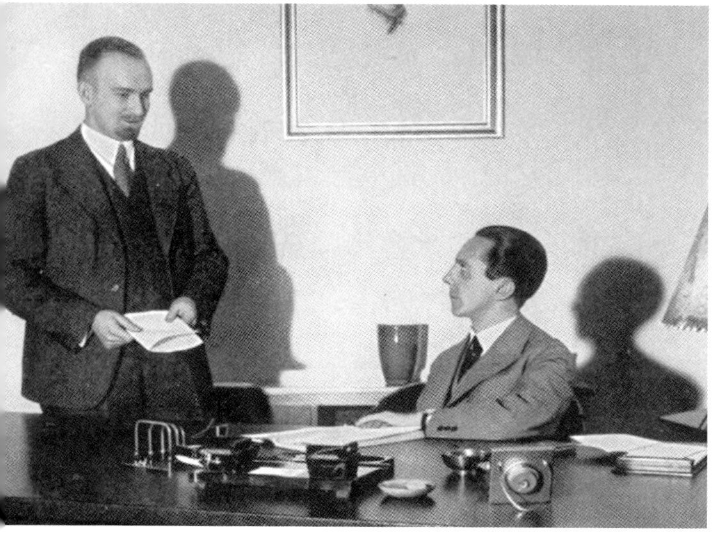

„Er ist meine grausamste Enttäuschung": Goebbels und Karl Hanke

19. Oktober 1938

Goebbels' Staatssekretär Hanke ist seit Tagen urlaubsbedingt abgetaucht. Weil er aber dringend jemanden benötigt, mit dem er sich aussprechen kann, zieht der Minister den Berliner Polizeipräsidenten Wolf-Heinrich von Helldorff ins Vertrauen. Der langjährige Freund der Familie ist selbst schon mit eigenen privaten Problemen zu Goebbels gekommen und hat den Minister über die Bespitzelungsmaßnahmen von Himmlers Geheimdienst informiert.[585] Auch diesmal weiß der Polizeipräsident mehr: „Ich bin abends noch mit Helldorff zusammen. Er macht mir grausamste Eröffnungen, die mich auf das Tiefste erschüttern. Wir gehen lange am Stadion spazieren. Ich bin ganz erschlagen."[586] Was genau Helldorff dem Minister berichtet, ist nicht überliefert. Allerdings führen Helldorffs Informationen dazu, Goebbels' Vertrauen in Staatssekretär Hanke, den Mittelsmann in seiner Ehesache und engsten Verbündeten der letzten Jahre, schwer zu beeinträchtigen. Zur Rede stellt er Hanke nicht und wird ihn auch weiter beschäftigen, doch ab heute kühlt ihre Freundschaft ab.

Erst neun Monate später wird Magda Goebbels ihrem Mann gestehen, dass sie ein Verhältnis mit seinem Staatssekretär hatte: „Ich hatte mir das alles schon so gedacht. Hanke hat sich als Filou erster Klasse erwiesen. Mein Misstrauen gegen ihn war also vollauf berechtigt."[587] Was Goebbels nicht weiß und womöglich nie erfahren hat: Es war Karl Hanke, der für Hitler ein Dossier mit vierzig bezeugten Fällen von Untreue des Propagandaministers zusammenstellte. Außerdem holte er die Zusage einer Reihe von Schauspielerinnen ein, in einem möglichen Scheidungsprozess gegen Goebbels auszusagen und von ihren beruflichen Nachteilen zu berichten, nachdem sie sich ihm verweigert hatten.[588]

20. Oktober 1938

Goebbels bittet seinen ehemaligen Staatssekretär Walther Funk zu sich, der Anfang des Jahres von Hitler zum Wirtschaftsminister ernannt wurde und als solcher Hermann Göring, dem Beauftragten des Vierjahresplanes, untersteht. Er hat noch immer einen engen Draht zu Funk und weiß um dessen gutes Verhältnis zu Göring. Goebbels gibt Funk „einen rückhaltlosen Bericht über meine Lage. Er hat dafür das größte und kameradschaftlichste Verständnis und benimmt sich mir gegenüber wie ein richtiger Freund. Wie wohl das tut in meiner Lage! Ich bin auf das Tiefste davon ergriffen. Er erbietet sich sofort, zu Göring hinauszufahren."[589] Funk soll Göring als zweiten Mann im Staat über Goebbels' verfahrene private Situation und dessen Rücktrittsabsichten unterrichten. Zur Verstärkung soll er auf Goebbels Drängen von Helldorff mitnehmen, der „am besten über alles Bescheid weiß.“ Göring, der gerade auf seinem Landsitz Carinhall in der Schorfheide weilt, ist sofort bereit, die beiden Männer zu empfangen und lässt Goebbels zu dessen Überraschung „ein paar wohltuende Freundlichkeiten ausrichten.“ Das Verhältnis zwischen Goebbels und Göring war bislang alles andere als freundschaftlich, sondern vielmehr von Rivalität geprägt. Deren augenfälligster Austragungsort sind die Berliner Bühnen, dic, soweit sie staatlich sind, Göring als Preußischem Ministerpräsidenten unterstehen, während Goebbels mit dem Rest vorliebnehmen muss. Hitlers Gunst gegenüber Göring ist für Goebbels ein stetes Ärgernis. Obwohl er diese notgedrungen akzeptiert, ignoriert er den Konkurrenten oder stichelt gegen ihn. Gleiches gilt für Göring, der den für das Beiwerk der Macht zuständigen Trommler schon von seiner Statur her nicht wirklich als Bedrohung empfinden kann.

Während sich die beiden Emissäre Funk und Helldorff bei Göring in dessen Landsitz aufhalten, um ihn in Goebbels‘ private Lage und seine Rückzugspläne einzuweihen, setzt sich Goebbels in sein Auto und rast „fast bis Stettin heraus, in einem irrsinnigen Tempo, mache kurz Halt am Bogensee, wo alles so still, friedlich und ruhig ist. Aber auch dort finde ich keinen Augenblick Ruhe. Ich fahre dann nach Berlin zurück und warte endlos lange auf einen Anruf von Funk. Endlich, endlich, nach grausamen Stunden des Wartens kommt er: Göring hat mich verstanden.“ Später trifft er die beiden Männer im Hotel Kaiserhof auf quasi neutralem Boden, wo sie ihm Näheres über ihre Unterredung berichten: „Göring hat sich als wirklicher Kamerad benommen. Fair, anständig nobel, freundschaftlich.“ Was macht ihn da so sicher?

21. Oktober 1938 (Freitag)
Nach seinem Urlaub will sich Karl Hanke routinemäßig bei seinem Chef zurückmelden. Doch der spricht nicht mehr mit ihm, friert den Kontakt ein: „Er ist meine grausamste Enttäuschung.“[590] Mittags fährt Goebbels nach Carinhall. Das gargantueske Anwesen inmitten der Schorfheide liegt auf einer Halbinsel zwischen Wuckersee und Döllnsee und wurde von Werner March, dem Architekten des Berliner Olympiastadions, im Stil eines altgermanischen Gutshofs entworfen. Um das wuchtige Haupthaus gruppieren sich etliche langgestreckte Nebengebäude mit tief herabhängenden Walmdächern, im Park befindet sich das Mausoleum von Görings erster Ehefrau Carin (1888–1931). Obwohl die Anlage nur eine halbe Autostunde nördlich vom Bogensee entfernt liegt, ist Goebbels offenbar zum ersten Mal hier. „Er wohnt draußen in der Schorfheide wunderbar. Wir reden 2½ Stunden miteinander. Ich kann ihm meinen ganzen Fall darstellen. Er ist auf das Tiefste ergriffen davon und zu mir von einer rührenden Menschlichkeit. Das werde ich ihm nie vergessen.“ Nachmittags fährt Goebbels nach Hamburg, um die „Reichstheatertage der HJ“ zu eröffnen, deren Schirmherrschaft er übernommen hat. Mit dabei ist Graf von Helldorff, der als engster Vertrauter und „wahrer Freund“ an Hankes Stelle gerückt ist. Im Hotel erreicht ihn die telefonische Nachricht, dass die lang ersehnte Aussprache mit Hitler bereits am Sonntag stattfinden soll. Ort: Obersalzberg. Darüber hinaus erfährt er, „dass Magda auch oben ist und die Kinder nachkommen sollen. Na, das gibt ja einen Fall.“ Nach einem Abend mit repräsentativen Verpflichtungen sitzt er mit Helldorff bis morgens um vier in seinem Hotelzimmer und überlegt, wie er sich bei Hitler durchsetzen kann: „Ich fasse den festen Entschluss, zu kämpfen.“

23. Oktober 1938 (Sonntag)
Als Goebbels morgens mit dem Nachtzug in Berchtesgaden ankommt, liegt dort bereits Raureif. Zu seiner Unterstützung hat er Helldorff mitgenommen. Hitlers Chefadjutant Brückner holt die beiden Männer am Bahnhof ab und fährt sie die vier Kilometer lange Strecke zum Berghof hinauf. Dort erwartet sie bereits Hitler, der seinen Propagandaminister zunächst alleine sprechen will. Ohne dass er ihn zu Wort kommen lässt, gibt Hitler „nochmal eine lange Darstellung des ganzen Falles. Er beharrt auf seiner Ansicht, ist aber dabei sehr gütig und menschlich." Jetzt ist es an Goebbels, seinen Standpunkt vorzutragen und seine Rücktrittsabsichten zu untermauern. Dabei erwähnt er auch den Ehebruch seiner Frau. „Bis dann der Führer an Solidarität, Staat und gemeinsame Sache appelliert. Diesem Appell kann und will ich mich nicht versagen."[591] Als seine letzte Waffe bittet Goebbels darum, Helldorff hinzuzuziehen. Er „muss einige von mir gemachte Behauptungen ausdrücklich bestätigen. Er tut das mit großer und imponierender Festigkeit. Das stimmt den Führer etwas bedenklich. Aber es gibt der Sache noch keine entscheidende Wende. In der Kardinalfrage bleibt sein Standpunkt fest und unverrückbar. Dann wird Magda hinzugerufen. Sie ist zuerst etwas angreiferisch, dann aber müssen wir uns beide unter den Wunsch des Führers bringen."[592] Diesem Wunsch folgend, soll die endgültige Entscheidung über den Fortbestand der Goebbels-Ehe auf drei Monate vertagt werden. Keine Rede mehr von den „radikalen Lösungen,"[593] für die sich Göring bei Hitler einsetzen wollte, nichts ist übrig geblieben von Goebbels mehrmals bekräftigten „festen Entschlüssen".

Auch wenn an diesem Wochenende für die Hauptbetroffenen der Anschein geweckt worden sein mag, durch die Einräumung einer weiteren Probezeit die Illusion eines andersgearteten Laufs der Dinge zu nähren: Die „Kardinalfrage", ob Goebbels weiter Propagandaminister bleibt, ist für Hitler nicht verhandelbar. Er braucht ihn angesichts der aktuellen politischen Entwicklungen, über die er sich im Anschluss an das Gespräch näher auslässt: „Der Führer hält mich dann noch lange alleine bei sich. Er vertraut mir seine tiefsten und menschlichen Geheimnisse an. Seine Anhänglichkeit zu mir ist von einer wohltuenden Wärme. Er sieht für die weitere Zukunft einen ganz schweren Konflikt voraus. Wahrscheinlich mit England, das sich konsequent darauf vorbereitet. Dazu müssen wir uns stellen, und dabei wird dann die europäische Hegemonie entschieden."[594]

Eingehüllt in eine Wolke exklusiver Aufmerksamkeit und vertraulicher Einblicke in das tiefste Innere seines „Führers" zerschmelzen alle Wünsche des Liebhabers nach seinem privaten Glück und schrumpfen angesichts der bevorstehenden Aufgaben weltgeschichtlicher Dimensionen auf eine vernachlässigbare Größe. Für einen der engsten Mitarbeiter des genialen Gestalters grandioser Umwälzungen, als den Goebbels seinen Chef wahrnimmt, „haben auch alle persönlichen Wünsche und Hoffnungen zu schweigen. Was sind wir Einzelne dem großen Staats- und Völkerschicksal

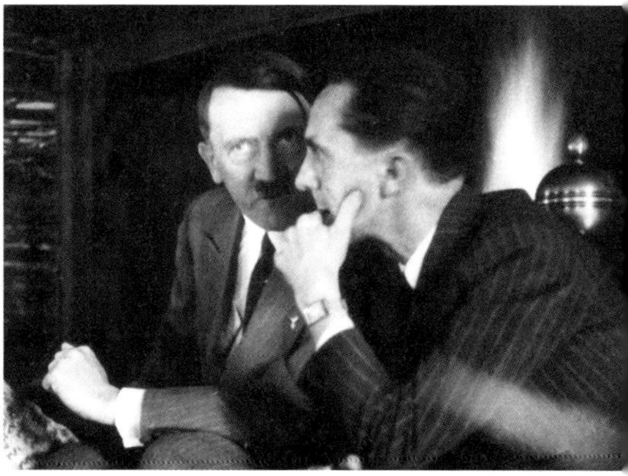

Berghof, Obersalzberg am 23. Oktober 1938

gegenüber? Ich füge mich und ordne mein persönliches Wohl und Glück dem Volke und dem Staate unter." Beim anschließenden Mittagessen in wieder vergrößerter Runde kann es sich Magda Goebbels nicht verkneifen, gegen ihren Mann zu sticheln, was dieser als „Peinlichkeiten" registriert. „Aber der Führer überbrückt sie mit seiner gleichbleibenden Wonne und Menschlichkeit. Das macht mich innerlich sehr glücklich und froh. Die folgenden Stunden wie das gesamte weitere Geschehen dieses Wochenendes erlebt Goebbels nicht als aktiv Gestaltender, sondern beobachtet sich selbst als passives Objekt einer verschobenen Realität, die wie ein Film an ihm vorbeizieht. „Im übrigen ist es mir, als lebte ich in einer anderen Welt. Mir ist alles, Umgebung, Menschen, Gegenstände, so fern und so verschleiert." In der Tat entpuppt sich die Zusammenkunft auf dem Obersalzberg bald als Inszenierung, in der dem Protagonisten der Affäre die Rolle eines Statisten zugewiesen wird: „Nachmittags fahren wir dann zum Kehlstein herauf. Die Kinder, die schon bei der Unterredung mit dem Führer dabei waren, sind ganz besonders lustig und süß. Helga und Hilde küssen mich ununterbrochen und sind froh, den Papa wieder unter sich zu haben. (...) Wir fahren dann wieder herunter. Es werden Photos gemacht mit der ganzen Familie und dem Führer für die Presse. Der Führer selbst wünscht das."[595] Magda Goebbels bleibt mit den Kindern noch ein paar Tage länger auf dem Obersalzberg. Goebbels und von Helldorff nehmen abends den Zug zurück in die Reichshauptstadt.

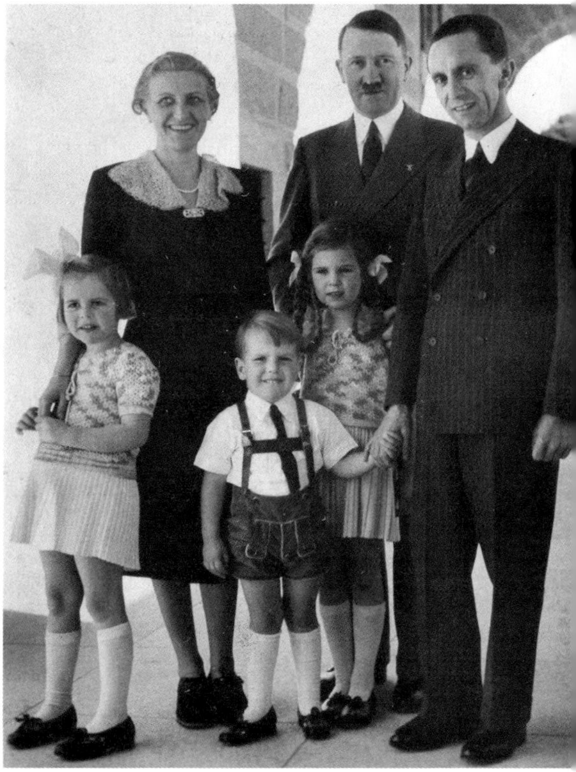

Das arrangierte Versöhnungsfoto für die Presse

24. Oktober 1938

Wieder im Büro ruft Goebbels seine engsten Mitarbeiter zusammen und gibt eine „kurze, zurückhaltende Erklärung ab."[596] Längst brodelt im Ministerium und auch außerhalb die Gerüchteküche. Er ermahnt die Beamten, einschlägigen Redereien keinen Glauben zu schenken, diese nicht weiterzuverbreiten und Klatsch und Tratsch in ihren Abteilungen strikt zu unterbinden. Abschließend fordert er die Männer auf, mit voller Kraft an die Arbeit zu gehen. Dann stellt er für die Presse frühere Fotos von sich im Kreis seiner Familie zusammen, die einen entspannteren Eindruck vermitteln als die verkrampft wirkenden Bilder vom Obersalzberg.

Gleich nach seiner Rückkehr in die Hauptstadt lässt Polizeipräsident Graf von Helldorff Lída Baarová ins Präsidium einbestellen; der Schritt ist mit Goebbels abgesprochen. Baarová schwant nichts Gutes, daher bittet sie ihre Freundin Hilde Körber, bei der sie zeitweise wohnt, sie zu begleiten. In dem wuchtigen Bau am Alexanderplatz empfängt von Helldorff die beiden

Frauen in seinem Sekretariat, bedeutet aber Körber, dass er Baarová alleine sprechen müsse. Hilde Körber verabschiedet sich und fährt nach Hause zurück. Von Helldorff bittet Lída Baarová in sein Dienstzimmer und kommt gleich zu Sache: Es tue ihm leid und er tue es auch ungern, aber er müsse ihr schlechte Nachrichten überbringen. Dann berichtet der Polizeipräsident von dem Treffen auf dem Obersalzberg. Dort sei beschlossen worden, dass sie sich aus der Öffentlichkeit zurückzuziehen habe – sowohl vom Film wie von der Bühne. Ebenfalls sei ihr die Teilnahme am gesellschaftlichen Leben untersagt. Sie dürfe aber auch das Staatsgebiet des Deutschen Reichs nicht mehr verlassen.

Baarová erleidet einen Nervenzusammenbruch. Dass sie ihren Geliebten nicht mehr sehen darf, hatte sie schon befürchtet. Schwerer wiegt das Arbeitsverbot und der erzwungene Rückzug aus der Öffentlichkeit. In drei Tagen steht die Berliner Premiere von *Der Spieler* an. Hysterisch weinend verlangt sie, Goebbels zu sprechen, der ihr die Verbotsgründe auseinandersetzen soll, sie habe ein Recht dazu. Von Helldorff erwidert, dies sei ein Führerbefehl, an dem Goebbels nichts ändern könne. Nun droht Baarová sich umzubringen, falls ihr Wunsch nicht erfüllt werde: „Dann habt ihr den Skandal!“[597] Um die Tobende zu beruhigen, lässt von Helldorff ihr eine Beruhigungsspritze verabreichen und sie anschließend zu ihrer Freundin nach Hause fahren.[598] Anschließend fährt er an den Wilhelmplatz, um dem Minister zu berichten: „Er hat meinen schweren Auftrag ausgeführt, mit erschütterndem Ausgang. Da gibt es nun fast keinen Ausweg mehr. Von Helldorff ist tief erschüttert.“[599] Nachmittags kommt von Helldorff erneut zu Goebbels. Die beiden Männer überlegen weiter, wie sie die Situation entschärfen können, ohne öffentliches Aufsehen zu provozieren, das im Falle eines Selbstmords Baarovás groß wäre. Da ruft Göring an und lädt Goebbels erneut zu sich nach Carinhall ein. Der zögert nicht lange und verbringt den Abend in der Schorfheide. „Ihm kann ich mein ganzes Herz ausschütten. Er hat für alles Verständnis. Und ist dabei so gütig und rührend zu mir, dass ich ihm von Herzen dankbar sein muss. In der kritischen Frage weiß er sofort einen Ausweg und eröffnet ihn mir auch.“[600] Gegen 22 Uhr klingelt bei Hilde Körber das Telefon und Goebbels, der sich aus Carinhall meldet, verlangt, seine in Tränen aufgelöste Geliebte zu sprechen: „Liduschka, ich bitte dich, werde kein böser Mensch!“[601] Er beschwört sie, sich nichts anzutun, und bittet sie um Geduld: Nach Ablauf der Bedenkzeit, deren von Hitler diktierte Bedingung es ist, dass Goebbels seine Geliebte weder sehen noch sprechen darf, werde es zur Scheidung von seiner Frau kommen. Sie müsse die drei Monate irgendwie durchhalten. Baarová widerspricht: Er solle nicht naiv sein, Hitler werde niemals einer Scheidung zustimmen. Für sie ist das Ende der Beziehung gekommen. „Mir wurde ganz schwarz vor Augen, und ich ließ den Hörer fallen. Hilde nahm ihn auf und sprach mit dem Minister weiter. Als ich den Hörer erneut in die Hand nahm, konnte ich kaum noch Goebbels letzte Worte vernehmen. Seine letzten Worte in meinem Leben waren: ‚Ich liebe Dich!‘“[602]

Spät am Abend verlässt Goebbels das Haus seines neuen Freundes Göring und fährt „sehr erleichtert und glücklich nach Hause“.[603]

25. Oktober 1938

Mit Staatssekretär Hanke und dem Reichsfilmdramaturgen Ewald von Demandowsky bespricht Goebbels vormittags einige ressortrelevante Themen. Der vor wenigen Tagen erst zweiunddreißig gewordene Demandowsky trägt dem Minister Besetzungsfragen vor: „Die Tobis benimmt sich etwas renitent. Ich werde ihr eins auf den Deckel geben."[604] Dann beschließt Goebbels: „Im Übrigen liquidiere ich." Erneut empfängt er Graf von Helldorff und weist ihn an, „über die ganze Angelegenheit nicht mehr zu reden." Die „Angelegenheit" müsse auf Eis gelegt werden. Je weniger davon gesprochen werde, desto schneller werde sie sich beruhigen. Auch seinen früheren Mitarbeiter und jetzigen Wirtschaftsminister Walter Funk „orientiert" er entsprechend. Doch trotz aller Appelle um Verschwiegenheit laufen die Gerüchte in seinem Haus weiter und verlassen dieses. Goebbels vermutet: „Wir haben einen Spitzel im Ministerbüro, der alles nach draußen trägt." Gemeinsam mit seinen Referenten Werner Naumann und seinem Personalchef Erich Müller versucht er, den Verräter zu entlarven und ihn „dann so zu behandeln, wie er das verdient".

Nachmittags holt Goebbels seine Frau und die Kinder von Berchtesgaden kommend am Flughafen Tempelhof ab. Gemeinsam fährt die zwangsvereinigte Familie nach Schwanenwerder, wo Goebbels seit zwei Monaten nicht mehr war. „Die Kinder sind sehr lieb und nett zu mir. Magda gibt sich Mühe." Abends kommt es dann zwischen den Eheleuten zu einer Aussprache, die die ganze Nacht über bis morgens um sechs Uhr dauert. Magda Goebbels macht reinen Tisch und konfrontiert ihren Mann offenbar mit intimen Details seines ausschweifenden Liebeslebens, deren Kenntnis er bei seiner Frau niemals vermutet hätte, und die sie nur aus bestens unterrichteter Quelle (sprich: Hitler) bezogen haben kann: „Es kommen entsetzliche Dinge zutage. Ich bin in manchen Augenblicken wie zerschmettert. Nur mit äußerster Nervenkraft halte ich das durch. Wenn ich nicht darunter zusammenbreche, dann ist das ein Wunder. Wie gebrochen gehe ich ins Bett. Das war der schlimmste Tag." Der mächtige Film- und Propagandaminister, Herr über zweitausend Mitarbeiter in siebzehn Abteilungen und einen Jahresetat im dreistelligen Millionenbereich, Sprachrohr seines „Führers", eiskalter Demagoge und antisemitischer Hetzer sieht sich in der schlimmsten Krise seines Lebens. „Ob ich sie überwinden werde? Das steht in den Sternen."

26. Oktober 1938

Goebbels beginnt einen neuen Band seines Tagebuchs. Er stellt ihm den Leitspruch voran: „Nur das Leid macht uns reif!" Gegen Mittag wacht der Leidgeprüfte in seiner „Burg" auf Schwanenwerder auf. Seine Frau ist gekommen und sitzt an seinem Bett. Gemeinsam überlegen sie, wie sie aus ihrer Misere herauskommen. Nach allem, was Magda Goebbels inzwischen über ihren Mann weiß, muss sie ihre Ehe als gescheitert empfinden. Goebbels' Beziehung zu Lída Baarová ist ebenfalls vorbei, er hat sie „liquidiert". Doch emotional ist er längst nicht frei von ihr. Und über allem steht das Diktat Hitlers, sich zusammenzuraufen. Beide sind ratlos: „Es ergibt sich vorläufig noch kein Ausweg. Was soll ich tun?"[605] Nachmittags fährt er ins Ministerium. Dort wird er gleich mit „entnervender Arbeit" behelligt: Soll nach dem eben ausgesprochenen Verbot gegen Lída Baarová *Der Spieler* abgesetzt werden? Der Film hat bereits am 27. Juli unbeanstandet die Zensur passiert und das Prädikat „künstlerisch wertvoll" erhalten. Die Premiere ist für den morgigen Abend angesetzt. Sie kurzfristig abzusagen, würde für mehr öffentliche Aufregung sorgen als die Sache laufen zu lassen. Bei einem Verbot des Films müssten zudem Produktionskosten von fast einer Million Reichsmark abgeschrieben werden. Andererseits gibt es Hitlers Verdikt gegen Lída Baarová. Den

Abend also ausfallen lassen? „Alle Instanzen verneinen das. Ich entscheide mich dann auch mit einigem Sorgen dazu." Die erwähnten „Instanzen" wissen offenbar noch nichts von den jüngsten Entwicklungen in Sachen Baarová – und sorgen muss sich der Minister in der Tat. Denn mit seiner Genehmigung der Premiere setzt er sich über den Befehl seines „Führers" hinweg. Seine einzig mögliche Ausrede ist die Kurzfristigkeit des Vorgangs. Was Goebbels derzeit überhaupt nicht gebrauchen kann, ist öffentlicher Spott. Daher weist er Hanke an, Willi Schaeffers zu verwarnen, dessen „Kabarett der Komiker", wieder politische Witze mache. Außerdem ersucht er Polizeipräsident Graf von Helldorff erneut um Stillschweigen in seiner privaten Angelegenheit. „Denn nur so kann sie zur Ruhe kommen."

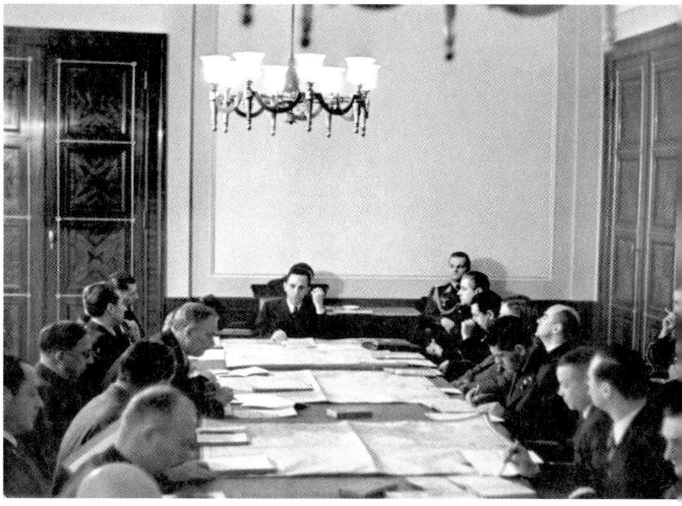
„Wir haben einen Spitzel im Ministerbüro, der alles nach draußen trägt". Goebbels und sein Mitarbeiterstab bei der Montagskonferenz.

Inzwischen hat Goebbels auch die undichte Stelle in seinem Ministerium lokalisiert. Es ist der 28-jährige Diether von Wedel, einer seiner Referenten: „Wedel hat mich verraten, wo er konnte. Ich lasse ihn nun allmählich abfallen und werde ihn bei geeigneter Gelegenheit in die Wüste schicken." Es dauert keine vierundzwanzig Stunden, bis sich eine „geeignete Gelegenheit" findet: „Wedel wird von mir geräuschlos schachmatt gesetzt. Ich mag ihn nicht mehr um mich sehen. Er hat sich als maßlos untreu erwiesen."[606]

Abends kommt ihn seine Frau abholen, um sich nach langer Zeit mal wieder gemeinsam mit ihm in der Öffentlichkeit zu zeigen. Die beiden besuchen die Ausstattungsoperette „Himmelblaue Träume". Darin geht es um ein Schweizer Alpenhotel, in dem sich ein Filmteam zu Dreharbeiten angemeldet hat. Die drei Söhne des Hauses kommen gerade vom Militärdienst zurück und verlieben sich in die neue Sekretärin Gritli. Doch diese bandelt lieber mit den interessanten Leuten vom Film an. Die Musik stammt von Robert Stolz, das Libretto u. a. von den jüdischen Textdichtern Robert Gilbert und Armin L. Robinson, die unter den Pseudonymen Georg Burkhard und Rudolf Bertram firmieren. Die Aufführung findet in dem nach Renovierung und Umbau wiedereröffneten Theater des Volkes, dem früheren Großen Schauspielhaus Max Reinhardts, am Schiffbauerdamm statt. Als wisse dieses Volk mehr über den gegenwärtigen Zustand seiner Ehe und wolle das demonstrativ zum Ausdruck bringen, vermerkt der Propagandaminister: „Das Publikum ist sehr nett zu uns." Vielleicht ist es aber auch nur erfreut, Joseph und Magda Goebbels nach langer Zeit einmal wieder gemeinsam zu sehen. Bei Repräsentationsanlässen wie diesen sind die beiden professionell genug, sich von ihrer makellosen Seite zu zeigen. Sobald sie wieder unter sich sind, fällt die Fassade: „Noch mit Magda zusammengesessen. Wir sind beide sehr müde und innerlich ganz wund. Ich kann kaum noch denken. Schlafen! Schlafen!"

„Ministerhure raus!"

27. Oktober 1938

Nachdem er ein paar Besprechungen absolviert und lustlos seine Rede zur jährlichen Buchwoche in Weimar „herunterdiktiert" hat, beendet Goebbels bereits mittags seinen Bürotag: „Dann kann ich nicht mehr. Ich fahre nach Schwanenwerder heraus, lege mich gleich ins Bett und schlafe 18 Stunden hintereinander. Zwischendurch wache ich hin und wieder auf. Dann ist Magda bei mir und macht mir Vorhaltungen oder examiniert mich. Es möchte kein Hund so länger leben!"[607] Warum macht Magda Goebbels ihrem Mann auch heute und ganz besonders heute Vorhaltungen? Sollte es wegen einer abends stattfindenden Galaveranstaltung im Berliner Zentrum sein?

Fünf Monate nach Beendigung der Dreharbeiten und drei Monate nach seiner Fertigstellung findet im Gloria-Palast endlich die Premiere von Gerhard Lamprechts *Der Spieler* statt. Neben dem Regisseur und einigen Teammitgliedern sind auch der Hauptdarsteller und die Hauptdarstellerin erschienen. Der Propagandaminister, der sonst keine ihm wichtige Filmpremiere auslässt, fehlt. Nach der Privatvorführung in Schwanenwerder sieht Lída Baarová *Der Spieler* zum zweiten Mal, aber erstmals vor großem Publikum. „Ich verfolgte kritisch meine eigene und die Leistung der anderen Darsteller und war alles in allem zufrieden."[608] Unruhe im Publikum kommt auf, als Nina Kirileff den Studenten Alexej Nikitin, der sie unglücklich liebt, auffordert, sich für sie an den Spieltisch zu setzen, um mit dem Gewinn ihrem spielsüchtigen Vater unter die Arme greifen zu können: „Ich brauche Geld! Ich brauche 67.000 Mark!" Nikitin lehnt ab und verweist sie an seinen Rivalen, den reichen Arzt Dr. Tronka: „Bitte den Doktor darum!" „Also, du willst, dass ich dich verlasse, um zum Doktor zu gehen?" Baarová erinnert sich: „Aus einigen Reihen des Publikums ertönte ein Hohngelächter, und unverständliche Rufe waren zu vernehmen. Dann beruhigte sich jedoch alles wieder, doch eine unklare Befürchtung ging mir nicht aus dem Kopf – etwas Bedrohliches lag in der Luft." Unruhe und Hohngelächter könnte es auch bei folgenden, Nina geltenden Sätzen gegeben haben: „Sie müssen Ihre Sorgen besser anlegen. Nicht bei einem blassen Idealisten, der keinen Tropfen interessantes Blut hat. Dazu nur eine langweilige ethische Muskulatur. Finden Sie nicht, dass ich diesen Doktor trefflich charakterisiere?" Und später: „Aber ich an Ihrer Stelle würde doch den Doktor heiraten!" Von einem Satz muss sich die Hauptdarstellerin besonders angesprochen fühlen:

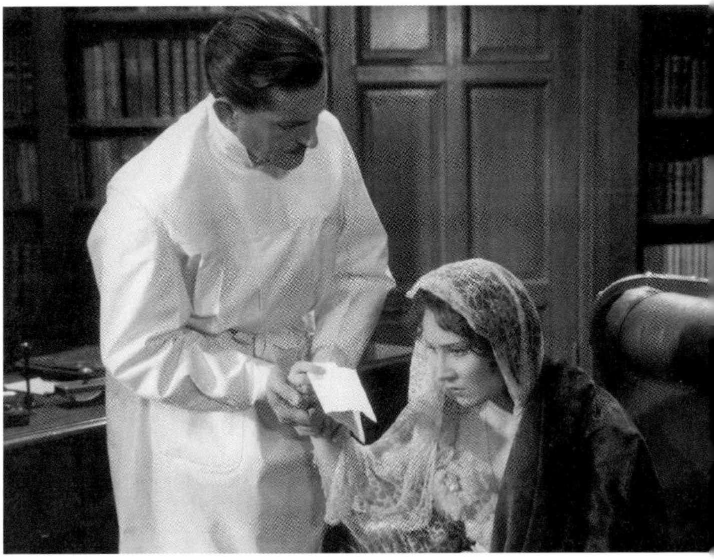

„An Ihrer Stelle würde ich doch den Doktor heiraten!" Mit Albrecht Schoenhals in *Der Spieler* (1938)

„Es ist doch sinnlos, was Sie tun. Der Einsatz ist zu hoch und glauben Sie mir: Bei diesem Spiel gibt es keinen Gewinner!“

„Nachdem der Film geendet hatte, wurden wir Darsteller wie üblich gebeten, auf die Bühne zu kommen und uns zu verneigen. Ich stand unter den anderen, verneigte und bedankte mich für den Applaus. Aber aus den Reihen, aus denen ich schon zuvor die Unruhe vernommen hatte, ertönten erneut Rufe des Hohns und Gelächter. Ich blickte dorthin. Im hellerleuchteten Saal erkannte ich einige finster blickende Männergesichter, die gewöhnlich auf Premieren nicht vertreten waren. Die Leute riefen ununterbrochen etwas, aber erst nach einer Weile konnte ich die Worte verstehen.“ Was Baarová hört, lässt ihr Bühnenlächeln gefrieren: „Raus! Ministerhure raus!“ ertönt es aus den hinteren Reihen des Gloria-Palasts. „Sofort wurde mir klar, dass es sich um eine bestellte Provokation handelte. Mir wurde heiß und kalt, und ich bekam Herzrasen.“ Regisseur Gezá von Cziffra, der neben Baarovás Agenten Joschi Fischer im Publikum sitzt, bestätigt den Vorfall, dramatisiert ihn aber: „Am Schluss der Vorstellung, als die Baarová auf der Bühne erschien, ertönten Pfiffe, Buh-Rufe, schließlich rief eine hysterische Frauenstimme ‚Hure‘ und wie auf Befehl brüllte auf einmal das ganze Publikum rhythmisch abgehackt: ‚Hu-re!, Hu-re!, Hu-re!‘, Sprechchöre: ‚Ministerhure raus!‘“[609] Tatsächlich ist zu vermuten, dass die Provokation mit bezahlten Störern inszeniert ist. Inszeniert von parteiinternen Gegnern des Propagandaministers (u. a. Rosenberg, Himmler), dessen Beliebtheitswerte nach Bekanntwerden seiner Affäre mit der Tschechin im Keller sind. Am folgenden Tag wird ein Beamter des Reichssicherheitshauptamtes in einer internen „Kurzinformation“ den Vorfall seiner vorgesetzten Stelle melden: „Bei der gestrigen Uraufführung des Films ‚Der Spieler‘ im Gloria-Palast Berlin ist es zu einem Theaterskandal gekommen. Der Führer und Reichskanzler hatte während der gespannten Lage die Aufführung der Filme, in denen die Schauspielerin Lida Baarova mitspielt, verboten. Der oben genannte Film war bereits während der gespannten Lage im Reiche angelaufen und wurde später abgesetzt. Gelegentlich der Uraufführung in Berlin protestierte das Publikum gegen die Beteiligung der Baarová in diesem Film und verlangte auch die Entfernung der Bilder aus den Schaukästen des Lichtspieltheaters. Dazu wurde gerufen: ‚Fort mit der verdammten Hure!‘ Von Maßnahmen seitens der Reichsfilmkammer bzw. des Reichsministeriums für Volksaufklärung und Propaganda zu dem Skandal ist noch nichts bekannt.“[610]

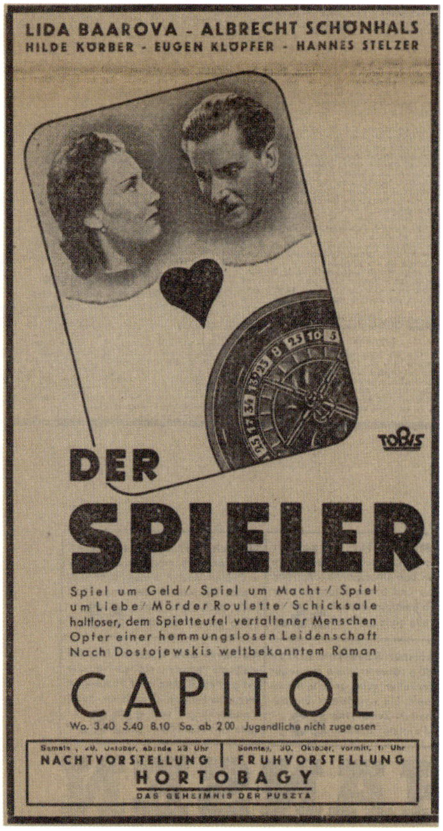

Mit der in dem Bericht erwähnten „gespannten Lage“ ist zweifellos die Sudentenkrise des zurückliegenden Sommers gemeint, in der es Hitler offenbar für nicht opportun hielt, einen

Film mit einer tschechischen Hauptdarstellerin groß herauszubringen: der Angehörigen eines Staates, gegen den und dessen Bevölkerung Goebbels seit Monaten eine fortgesetzte Hetzkampagne betrieb. Diese holte ihn jetzt persönlich ein: Die Schmähungen gegen Baarová galten sowohl der Tschechin als auch seiner Geliebten, deren Liaison mit ihm sich zumindest in Berlin weitgehend herumgesprochen hat. Goebbels notiert: „Die Premiere des ‚Spieler' ist so halbwegs glimpflich verlaufen. Das war eine ununterbrochene Nervenmarter."[611]

Pünktlich zum Kinostart von *Der Spieler* erscheint im Berliner Verlag Robert Mölich als dritte Folge der Reihe „Künstlerbiographien" ein Porträtbändchen über Lída Baarová. Verfasst von dem Filmjournalisten Hans-Joachim Schlamp und zum Preis von 30 Pfennig erhältlich, erfährt der Leser auf rund vierzig Seiten Informatives und Unterhaltsames über den Filmstar. Fazit: „Sicher ist, dass das deutsche Mädchengesicht in unserem Film viele Vertreterinnen aufzuweisen hat. Jener Typus aber, in dem sich weibliche Reife und frauliche Klugheit in einem schönen Antlitz treffen, ist seltener. Lída Baarová gehört zu ihm."[612]

28. Oktober 1938

Nach der von Goebbels abgeschafften und durch „Kunstbetrachtungen" ersetzten Filmkritik fallen die Pressereaktionen auf *Der Spieler* ungewöhnlich verhalten, ja kritisch aus. Das maßgebliche Branchenblatt „Film-Kurier" schreibt: „Lída Baarová spielt diese Nina, kühl. Sie soll zwar ein Mädchen sein, das sich über ihre Gefühle noch nicht im Klaren ist. Hier erscheint sie aber zunächst fast herzlos, und es gelingt ihr dadurch nicht, nachher das Mitleid für ihr Schicksal zu erwecken, dass ihrer in den Brennpunkt des Films gerückten Gestalt entgegengebracht werden müsste."[613] Die „B. Z. am Mittag" kreidet Lamprecht die Dialoglastigkeit des Films an: „Um die psychologischen Hintergründe und Entwicklungen aufzuhellen, war es wohl notwendig, sehr viele Dialoge zu bringen. Dennoch ist es verwunderlich, dass ein Regisseur wie Gerhard Lamprecht, der ja auch schon viele Stummfilme gedreht hat, sich diesmal gänzlich in den Dienst des Sprechtextes gestellt und die Kamera Otto Baeckers fast ausschließlich auf das Fotografieren ausgiebiger Gespräche festlegt. Dadurch wird das Tempo der Entwicklungen nicht eben beschleunigt. Eine lebhaftere Schlußsteigerung und einzelne schauspielerische Höhepunkte führten den Film dennoch zu einem freundlichen Erfolg."[614] Nicht gerade viel für ein Werk, das sich der Filmminister aus lauter Begeisterung gleich mehrmals vorführen ließ. Dem deutschen Kinopublikum bleibt kaum Zeit, die Beurteilung der Presse zu überprüfen: Drei Tage nach der Premiere des Films und einen Tag nach Goebbels' 41. Geburtstag wird die Vorführung von *Der Spieler* im Deutschen Reich verboten. Das Verbot, das in seinem Tagebuch unerwähnt bleibt, wird nicht vom Propagandaminister ausgesprochen, sondern kann nur von „höherer Stelle" verfügt sein.[615]

Auch am Vorabend seines Geburtstags ruht das verbale Trommelfeuer seiner Frau nicht: „Das alles ist so nerventötend und marternd für mich. Aber ich darf jetzt nicht die Geduld verlieren. Und dann Schlaf, Schlaf! Da finde ich Ruhe in all dem wüsten Treiben."[616]

29. Oktober 1938

Goebbels erlebt „den traurigsten Geburtstag meines Lebens. Ich durchlebe ihn als eine wahre Nervenmarter. (...) Ich weiß nicht, ob es noch irgendeinen Ausweg gibt. Es ist mir auch so ziemlich

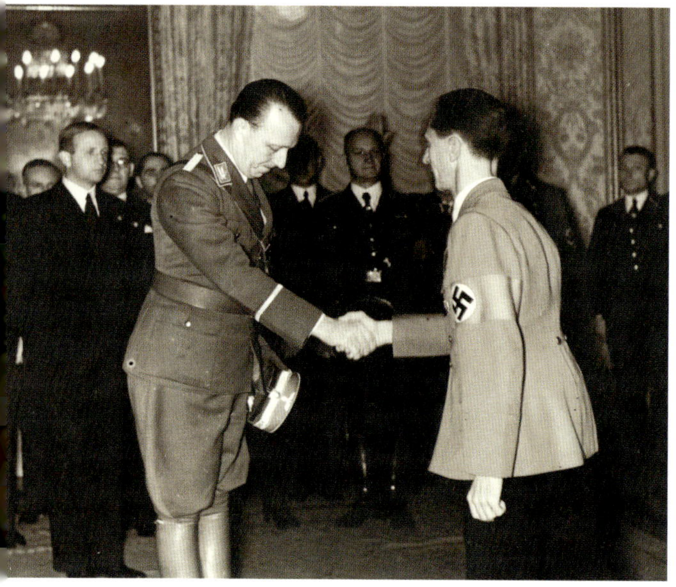

Graf Helldorf gratuliert einem sichtbar abgemagerten Minister und Gauleiter am „traurigsten Geburtstag meines Lebens"

gleichgültig. Wenn der Staat keinen Schaden nimmt, dann kümmert es mich nicht, was aus mir wird. Nach langem narkotischem Schlaf aufgewacht. Zuerst gratuliert Magda mit den Kindern. Magda sehr frostig, die Kinder sind süß und herzig. Helga und Hilde sagen Gedichte auf, Helmut und Holde produzieren sich. Aber über allem liegt der Schleier der Trauer und der Wehmut."[617] Dass sein Geburtstag in der heutigen Presse besonders herausgestellt wird, plagt ihn wie eine „körperliche Qual." Als er später ins Ministerium fährt, erwarten ihn dort Empfänge am laufenden Band. Rund ein Dutzend Redner verschiedener Bereiche feiert seine Leistungen und lässt ihn hochleben, angefangen von seinen Abteilungsleitern (Karl Hanke) über die Polizei (Graf von Helldorff) bis zur Kunstwelt (Eugen Klöpfer) ist alles vertreten, was in irgendeiner Form beruflich oder über die Partei mit ihm verbunden ist, gefolgt von „ungezählten Gratulanten". Einer schließt sich dem nicht an: „Der Führer schickt ein kurzes, frostiges Telegramm." Mittags zieht er sich in seine Ministerwohnung zurück, ist froh, dass der „Rummel" vorbei ist und er in seine „vier Wände zurückkriechen" kann. Dort verlebt er Stunden „in einer bleiernen Einsamkeit", fühlt sich „am Ende meiner Kraft. (...) Das ist ein Geburtstag, der etwas Gespenstisches an sich hat. Ich komme kaum noch darüber hinweg. Was bleibt mir eigentlich auf dieser Welt noch zu tuen übrig? Ich sehe keine Aufgabe mehr für mich."

Bei allem Selbstmitleid laufen die beruflichen Verpflichtungen weiter. Nachmittags muss er mit seiner Frau und Philipp Bouhler nach Weimar zur Eröffnung der Buchwoche. In seiner Funktion als „Reichskultursenator" ist Bouhler zuständig für die „Parteiamtliche Prüfungskommission zum Schutze des nationalsozialistischen Schrifttums" und selbst Autor mehrerer, den Nationalsozialismus und seinen Führer verherrlichenden Bücher. Die Zugfahrt im Salonwagen der Reichsregierung in Gegenwart eines unbeteiligten Dritten verläuft in verkrampfter Stimmung und beschert dem Jubilar „eine frostige, langweilige Unterhaltung. Ich leide Qualen, kann nichts sagen, mich nicht verteidigen." In Weimar wird er am nächsten Tag zum Ehrenbürger ernannt, legt an den Särgen von Goethe und Schiller Kränze nieder, führt einmal mehr eine „frostige Unterhaltung mit Magda" im frisch modernisierten Hotel Elephant und besucht mit ihr abends eine Festaufführung von Heinrich von Kleists „Penthesilea". Das Drama über die antike Amazonenkönigin handelt vom Konflikt zwischen einem stark fühlenden Individuum und einer in archaischen Regeln verharrenden gesellschaftlichen Ordnung. Danach untersagt das Amazonengesetz individuelle Partnerwahl.

Penthesilea jedoch setzt sich darüber hinweg und verliebt sich in Achill, den Helden der Griechen, gegen den die Amazonen Krieg führen. Ungewollt verletzt Penthesilea ihren Geliebten tödlich und bringt sich aus Verzweiflung darüber um. „Ich bin davon tief ergriffen. Großer Kleist! Welch ein Konflikt, welche Leidenschaften!"[618] Zurück in Berlin empfängt den eben noch Gefeierten „frostig-kalte Stimmung", wie sie ihn seitens seiner Frau schon die ganze Reise über begleitete. An den vielen Geschenken und Glückwunschtelegrammen, die er dort verspätet vorfindet, hat er „kein Interesse und keine Freude". Stattdessen registriert er: „Der Klatsch bleibt weiter. Ich stelle mich taub und abwesend."[619]

Um wieder eine Aufgabe für sich zu finden, beginnt Goebbels mit der Arbeit an einem neuen Buch. Arbeitstitel: „Adolf Hitler – ein Mann, der Geschichte macht." Unverkennbar der Versuch, die Gunst seines Chefs wiederzuerlangen. Eine weitere, fatalere Gelegenheit dazu findet sich schon bald.

2. November 1938

Entgegen der Jahreszeit ist das Wetter „leider schön. Grau und Regen wäre mir jetzt lieber."[620] Schlaf findet Goebbels nur mithilfe von Tabletten. Neben Routineangelegenheiten bespricht er „mit Hanke einige Peinlichkeiten meinen Fall betreffend. Ich komme und komme aus der Sache nicht heraus." Noch immer hofft er in seiner „Sache" auf Görings versprochene Unterredung mit Hitler. Er kann darauf lange warten. Ansonsten arbeitet und schreibt er über die Feiertage in seinem neuen Zwangszuhause Schwanenwerder und stöhnt: „Was sind das für frostige Mittagessen. Ich bin froh, wenn ich wieder an meine Arbeit gehen kann. Ich möchte so gerne, dass alle Vergangenheit vergessen wäre!" Am liebsten ist er mit seinen Kindern zusammen: „Sie wissen nichts, sie fragen nichts, und sie verschweigen auch nichts."[621] Ansonsten gibt er „eine Unmenge von Terminen frei" und besetzt die nächste Zeit mit Arbeit: „Das ist doch die beste Medizin."[622] Sein Lieblingsrefugium Lanke, wo er so gerne „alleine" und von der Welt abgeschieden Ruhe und Entspannung fand, bleibt seit Wochen ungenutzt.

8. November 1938

Auf seiner heutigen Sitzung bespricht der Ufa-Vorstand die Personalie Lída Baarová. Anders als noch vor drei Wochen beschlossen, werden keine Verhandlungen mit der tschechischen Schauspielerin über eine Verlängerung ihres Vertrages, der Ende des Monats ausläuft, aufgenommen. Laut diesem Vertrag hat sie noch Anspruch auf Mitwirkung in einem weiteren Film. Davon möchte der Vorstand jetzt keinen Gebrauch mehr machen. Die Gage für den noch unrealisierten Film ist Baarová aber bereits zusammen mit ihrer Monatsgage ausbezahlt worden. Es entstehe damit für die Ufa ein Verlust von 35.000 Reichsmark. „Die Propagierung tschechischer Schauspieler ist im übrigen behördlicherseits durch Rundruf untersagt."[623] Die ursprünglich für Lída Baarová vorgesehene Hauptrolle in dem von Goebbels hochgelobten Ufa-Melodram *Die Geliebte* unter der Regie von Gerhard Lamprecht wird mit Baarovás Kollegin Viktoria von Ballasko besetzt.

Eine willkommene Gelegenheit

9. November 1938 (München)
Goebbels ist seit zwei Tagen in der Stadt, um die Gedenkfeierlichkeiten rund um den fünfzehnten Jahrestag des Hitlerputsches zu begleiten, an dem er bekanntlich nicht teilgenommen hatte. Als er sich zu Hause verabschiedet, ist sein Eindruck: „Magda freut sich, glaube ich, dass ich abfahre."[624] Als angenehm empfindet er, dass ihn in München ein vorbehaltlos freundliches Publikum empfängt, das offenbar nichts von den Berliner Gerüchten um ihn weiß: „Ich bin jetzt so hellhörig in diesen Dingen."[625]

Am nächsten Morgen kommt aus Paris die Nachricht, dass ein polnischer Jude in der deutschen Botschaft auf den Diplomaten Ernst vom Rath geschossen und ihn schwer verletzt hat. Abends werden Goebbels aus Hessen offenbar spontane antisemitische Kundgebungen gemeldet. „Jetzt wollen wir Fraktur reden. Synagogen werden niedergebrannt. Wenn man jetzt den Volkszorn einmal loslassen könnte!"[626] Bei diesem Wunsch bleibt es zunächst. Denn der 8. November ist voller Termine. So bespricht er mit dem Leiter der bayerischen Landesstelle seines Propagandaministeriums Otto Nippold den Umbau der Münchner Kammerspiele. Auch trägt er ihm auf, sich um deren Intendanten Otto Falckenberg zu kümmern, der wegen Behinderungen seiner Arbeit durch die lokalen Behörden mit Rücktritt droht. „Sonst verliert die Kunststadt München ihren einzigen Theaterkünstler." Nachmittags findet er sogar Zeit, an seinem neuen Buch zu arbeiten, dessen Umrisse stehen. Abends dann erlebt er im Bürgerbräukeller einen entfesselten Hitler, der gegen Churchill, den britischen Außenminister Eden und den königlichen Kriegsminister Duff Cooper austeilt: „Die Versammlung rast in Begeisterungsstürmen." Fernab von Berlin und seiner dortigen Malaise und inmitten der „alten Kämpfer" und Kameraden, die ihn „herzlich" aufnehmen, fühlt Goebbels sich wohl. Anschließend empfängt Hitler im neuen „Führerbau" am Königsplatz, später feiert und diskutiert man noch bis drei Uhr früh in seinem Stammtreff, dem Café Heck am Hofgarten. Seit dem Treffen auf dem Obersalzberg vor mehr als zwei Wochen gab es – von dem „frostigen" Geburtstagstelegramm abgesehen – keinen Kontakt mehr zwischen Hitler und seinem Propagandaminister. Im kleinen Kreis nimmt er jetzt die Gelegenheit wahr, die Sendepause zu beenden: „Ich erzähle dem Führer von unseren Film- und Theaterplänen und unseren Erfolgen auf diesem Gebiet. Das freut ihn sehr." Andere bedeutsame Themen werden besprochen: „Inbezug auf Strafen für rücksichtslose Autofahrer ist er sehr streng. Ich habe auch nicht viel dagegen vorzubringen."

Am folgenden Morgen findet dann der traditionelle Marsch vom Bürgerbräukeller am Gasteig zur Feldherrnhalle statt, verlängert zu den Ehrentempeln am Königsplatz, wo eine Totenfeier für die „gefallenen Kämpfer" des 9. November 1923 stattfindet. „Unübersehbare Menschenmassen umsäumen die Straßen."[627] Nach der Moderation parteiinterner Querelen und Eifersüchteleien findet Goebbels nachmittags erneut Zeit, im Hotel an seinem Buch zu schreiben. „Das macht mir jetzt richtig Spaß." Noch kann er nicht ahnen, dass Hitler später die Veröffentlichung verbieten wird. Aus Kassel und Dessau erreichen ihn Nachrichten über antijüdische Demonstrationen, bei denen die örtlichen Synagogen in Brand gesteckt und Geschäfte demoliert wurden. Dann wird aus Paris der Tod des Diplomaten Ernst vom Rath gemeldet. Goebbels macht sich auf den Weg zum alten Rathaus am Marienplatz, wo gerade ein

Parteiempfang der NSDAP läuft. Im Getümmel der alten Kämpfer und Funktionäre aus dem ganzen Reich findet er Hitler, überbringt ihm die aktuellen Nachrichten aus Paris und die Reaktionen darauf. „Er bestimmt: Demonstrationen weiterlaufen lassen. Polizei zurückziehen. Die Juden sollen einmal den Volkszorn zu verspüren bekommen. Das ist richtig. Ich gebe gleich entsprechende Anweisungen an Polizei und Partei. Dann rede ich kurz dementsprechend vor der Parteiführerschaft. Stürmischer Beifall. Alles saust gleich an die Telephone. Nun wird das Volk handeln.“ Es sind Teile des durch die Parteipresse der vergangenen Tage aufgeputschten Volkes. Und es ist Goebbels größter Triumph, in diesen Stunden das Heft des Handelns in die Hand nehmen zu können, sich nach der Agonie der vergangenen Wochen zu seiner bewährten Rolle des Trommler aufzuschwingen und damit verloren geglaubtes Terrain zurückzuerobern. Vor allem aber, sich bei seinem „Führer“ wieder als das zu zeigen, was dieser an ihm am meisten schätzt: als den Aufwiegler, den Einpeitscher. „Einige Laumänner machen schlapp. Aber ich reiße immer wieder alles hoch. Diesen feigen Mord dürfen wir nicht unbeantwortet lassen. Mal den Dingen ihren Lauf lassen. Der Stoßtrupp Hitler geht gleich los, um in München aufzuräumen. Das geschieht denn auch gleich. Eine Synagoge wird in Klump geschlagen. Ich versuche sie vor dem Brand zu retten. Aber das misslingt.“ Den „Dingen ihren Lauf lassen“ ist das Letzte, was Goebbels wirklich will. Vielmehr soll die Partei, soll er stets die Fäden in der Hand behalten, ohne dass dies nach außen und vor allem im Ausland offenbar wird. So treten die Rädelsführer der Kampfgruppen in Zivil auf, um den Eindruck spontanen Volkszorns zu vermitteln und nicht den eines organisierten Pogroms. Um ein solches handelt es sich jedoch. Mit dem Gauleiter Adolf Wagner begibt er sich zur Gauleitung, die im ehemaligen Sitz des Bayerischen Landtags in der Münchner Prannerstraße residiert. Von dort steuert Goebbels das Geschehen, gibt ein „präzises Rundschreiben heraus, in dem dargelegt wird, was getan werden darf und was nicht. Wagner bekommt kalte Füße und zittert für seine jüdischen Geschäfte. Aber ich lasse mich nicht beirren. Unterdess verrichtet der Stoßtrupp sein Werk. Und zwar macht er ganze Arbeit.“ Telefonisch weist Goebbels Werner Wächter, seinen engsten Mitarbeiter in der Gaukreisleitung Berlin an, die Synagoge in der dortigen Fasanenstraße niederbrennen zu lassen. Der spricht von einem „ehrenvollen Auftrag“.

Während Hitler weiterhin das Programm des Gedenktages absolviert und um Mitternacht SS-Einheiten vor der Feldherrnhalle vereidigt, lässt er seinem Propagandaminister freie Hand. Dieser erlebt um Mitternacht einen blutroten Himmel: „Die Synagoge brennt. (...) Wir lassen nur soweit löschen, als das für die umliegenden Gebäude notwendig ist. Sonst abbrennen lassen. Der Stoßtrupp verrichtet fürchterliche Arbeit. Aus dem ganzen Reich laufen nun die Meldungen ein: 50, dann 75 Synagogen brennen. Der Führer hat angeordnet, dass 25–30 000 Juden sofort zu verhaften sind. Das wird ziehen. (...) Wagner ist noch immer etwas lau. Aber ich lasse nicht locker. Jetzt rast der Volkszorn. Man kann für die Nacht nichts mehr dagegen machen. Und ich will auch nichts machen. Laufen lassen. Als ich ins Hotel fahre, klirren die Fensterscheiben. Bravo! Bravo! In allen großen Städten brennen die Synagogen. Deutsches Eigentum ist nicht gefährdet.“

Am nächsten Morgen setzt Goebbels eine Verordnung an die Partei- und Gauleiter auf, die die Aktion der vergangenen Nacht beenden soll und legt sie Hitler vor. Der ist „mit allem einverstanden. Seine Ansichten sind ganz radikal und aggressiv.“[628] Bilanz der Nacht: 191 zerstörte

Synagogen (von 1.400), rund 7.500 zerstörte jüdische Geschäfte (von insgesamt rund 100.000) und 32 ermordete Juden (von rund einer halben Million, die in Deutschland verblieben bzw. nach dem Anschluss Österreichs zugewandert waren).[629] Zwei Tage später erlässt Goebbels eine Verordnung, die Juden den Besuch von Theatern und Kinos untersagt. Auch nimmt er an einer Konferenz bei Göring teil, bei der es um die Aufarbeitung des Pogroms und um „die Judenfrage geht. Heiße Kämpfe um die Lösung. Ich vertrete einen radikalen Standpunkt."[630] Ergebnis: Die Kosten für die Schäden der Pogromnacht sollen der jüdischen Bevölkerung selbst auferlegt werden. Dazu wird eine Kollektivstrafe von einer Milliarde Reichsmark als „Sühneleistung" verhängt. Weitere Maßnahmen, um die jüdische Bevölkerung völlig aus dem Wirtschaftsleben auszuschließen, werden folgen.

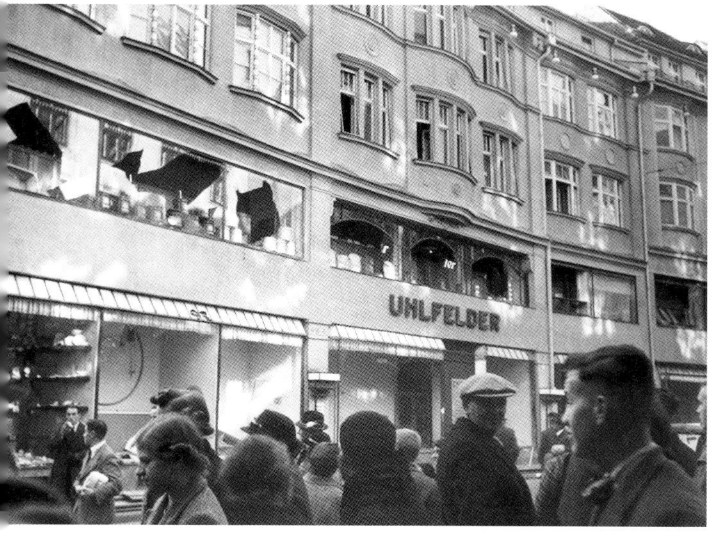

Der Morgen danach: München am 10. November 1938

Die Ereignisse um den 9. November kommen Goebbels auch deshalb so gelegen, weil dadurch seine in Parteikreisen vieldiskutierten privaten Turbulenzen durch ein neues „großes" Thema verdrängt werden, das die ganze Aufmerksamkeit der Führung bindet und die Tratschereien im Nu erstickt.

Auch wenn der Propagandaminister über die eliminatorische Judenpolitik der Partei triumphierend feststellt: „Die ganze Frage ist nun ein gutes Stück weitergekommen"[631] und „die radikale Lösung hat gesiegt",[632] so mag er sich damit vielleicht bei Hitler wieder Respekt verschafft haben. Viele seiner Ministerkollegen hat er wegen seines eigenmächtigen, blindwütigen Voranstürmens vor den Kopf gestoßen. Nicht wenige Berliner vor allem bürgerlicher Kreise verabscheuen den fanatischen Demagogen. Den kümmert es äußerlich wenig. Für ihn ist der Trennungsschmerz der vergangenen Wochen wie weggeblasen. Er attestiert sich: „Wir sind schon wieder in der Offensive." Die von ihm angestachelten Pogrome haben ihm neuen Elan gebracht, er fühlt sich wie in der Kampfzeit der 20er und frühen 30er Jahre. Und auch sonst: Er hat bereits zwei Kapitel seines neuen Hitler-Buchs fertig, findet „es wird großartig".

Wer in diesen Tagen dagegen einmal mehr leidet, ist seine Frau, die zwei Tage nach der Pogromnacht „sehr still" ihren siebenunddreißigsten Geburtstag feiert. „Sie ist etwas krank, muss zur Erholung weg."[633]

10. November 1938

Die der kommunistischen Partei Frankreichs nahestehende Boulevardzeitung „Ce Soir" meldet auf ihrer ersten Seite, dass Lída Baarová bei der Führung des Dritten Reichs in Ungnade gefallen und durch La Jana ersetzt worden sei. „Was sind die Gründe für die plötzliche Missgunst gegenüber einem Star, der noch vor wenigen Tagen von offiziellen Kreisen vergöttert wurde, was in Filmkreisen Berlins und Prags für beträchtliche Unruhe sorgt?"[634] fragt die Zeitung und fährt fort: Während einer ihrer letzten Besuche in ihrer Heimatstadt Prag, die in Berlin Missfallen erregten, habe Lída Baarová intime Details über Joseph Goebbels ausgeplaudert, ohne an die Folgen zu denken. Anlass sei ein Telefonat zwischen Goebbels und ihr im vergangenen Mai gewesen, in dem es um „romantische" Inhalte ging, die Baarová Wort für Wort ihren Kollegen weitererzählt habe. Wenig später kannte angeblich die gesamte Künstlerszene Prags die Geschichte. Freunde Baarovás hätten sich verwundert darüber gezeigt, dass der Star, dessen Indiskretionen seit Frühjahr in Berlin hätten bekannt gewesen sein müssen, erst so spät in Ungnade gefallen sei. Inzwischen werde die Tänzerin La Jana offiziell von Goebbels protegiert. „Man darf gespannt sein, ob sie länger amtieren wird als ihre Vorgängerin: die schöne Lída ..." Der Erwähnte kommentiert: „Gemeiner Artikel gegen mich persönlich in der französischen Presse. Aber das muss ich nun mal über mich ergehen lassen. Ich werde mich schon auf andere Weise zur Wehr setzen."[635]

15. November 1938
Als Zeichen seiner wiedergewonnenen Gunst bei Hitler deutet es Goebbels, dass der „Führer" mal wieder zu Besuch nach Schwanenwerder kommt und sogar über Nacht bleibt. Nach dem gemeinsamen Premierenbesuch von Schillers „Kabale und Liebe" im nach Renovierung wieder eröffneten Schillertheater („Die Aufführung ist meisterhaft. George als Miller ganz groß"[636]), sitzt man plaudernd bis drei Uhr früh im Wohnzimmer von Schwanenwerder. „Dann parlavere ich noch lange mit Magda. Auf einmal ist es acht Uhr morgens. Nur eine Stunde Schlaf." Immerhin kommunizieren die Eheleute wieder miteinander und, zumindest in Gegenwart ihres hohen Gastes, offenbar ohne Vorwürfe.

Auch den folgenden Tag bleibt Hitler auf Schwanenwerder, wo er „militärische Besprechungen" mit Keitel, Brauschitsch und Göring führt. Dazwischen spielt „der Führer noch etwas mit den Kindern, die er sehr gerne hat. Er bewundert ihre Phantasie und meint, alle großen Pläne würden in der Jugend gefasst, weil man da noch Phantasie habe. Das sei auch bei ihm so gewesen." Erst abends fährt Hitler zum Staatsbegräbnis von Ernst vom Rath nach Düsseldorf. Was die Beteiligten peinlichst vermeiden zu erwähnen – so sie es überhaupt wissen: Der einunddreißigjährige Botschaftssekretär Ernst Eduard vom Rath lebte in Paris offen homosexuell. Vor seinem gewaltsamen Tod durch Herschel Grynszpan litt er an einer durch Analverkehr übertragenen Geschlechtskrankheit, die in Berlin von einem jüdischen Arzt behandelt wurde, möglicherweise, um Denunziation zu vermeiden.[637]

17. November 1938
Weite Teile der Berliner Bevölkerung stehen noch immer unter dem Schock der Pogromnacht. Für diese wird zu Recht Goebbels als Hauptantreiber verantwortlich gemacht. Der Inkriminierte versteht und betreibt aktive Imagepflege. Im „12-Uhr-Blatt" erscheint heute ein Interview mit ihm: „Die Kenntnis des Volkes und das Klingen der Volksseele muss ich als Propagandaminister Tag für Tag aufs Neue erwerben. So gehe ich zum Beispiel täglich zum Volk, um das Volk zu studieren. Ich sehe abends das Volk während der Stunden der Erholung. Auch in den Stunden

der Krise blieb das Geheimnis des Erfolges: Das Volk kennen, um seine Sorgen wissen."[638] Zwei Wochen später legt er noch eins drauf. In seiner Funktion als Berliner Gauleiter beschäftigt ihn neuerdings die desolate Wohnsituation in der Reichshauptstadt. Am 30. November erfahren die Leser der von ihm gegründeten und kontrollierten Berliner Gauzeitung „Der Angriff", dass „der Doktor" zwei Tage zuvor einen Problembezirk des Berliner Nordens aufgesucht hat. Genauer: die Mietskasernen in der Ackerstraße 115, in der Borsigstraße 1 und in der Mehnerstraße 6/7. Eine Skizze unterrichtet detailliert über den Weg des Gauleiters. Ein zweiseitiger Text berichtet von seinen volksnahen Plaudereien mit Arbeitern und ihren Kindern. Goebbels: „Heil Hitler, Frau Boy. Ich möchte nur mal ihre Wohnung ansehen. Warum sieht es hier so furchtbar aus? Sorgt denn nicht der Hauswirt für die Wohnungen?" Und er teilt aus – anders als man es verbal von ihm gewohnt ist: Schokolade für die Kleinen, hier einen Volksempfänger, da einen 50-Mark-Schein, dort einen neuen Anzug. Oder eine Sommerfrische für die Großen. Die Beschenkten sind, laut „Angriff" begeistert.[639] Goebbels selbst kommentiert seinen Besuch so: „Besichtigung einiger Elendswohnungen im Berliner Proletarierviertel. Grauenvolles Bild. Soviel Armut habe ich noch nicht auf einem Haufen gesehen. Und trotzdem hängt überall ein Führerbild."[640]

24. November 1938

Bei allem Elan, aller wiedergewonnenen Schaffenskraft, die sich in übersteigertem Aktionismus zeigen, erleidet Goebbels auch unvermittelte seelische Einbrüche. Seine Frau weilt wieder einmal zur Erholung auf dem Weißen Hirsch in Dresden. Er genießt seine „süße Einsamkeit", arbeitet neben dem Tagesgeschäft, in dem die anhaltend negativen Reaktionen insbesondere der englischen und amerikanischen Presse auf den 9. November und überhaupt die „Judenfrage" alles dominieren, an seinem Buch – da erreichen ihn „schlechte Privatnachrichten."[641] Sie lassen ihn wieder in seine alte Klagelitanei verfallen: „Ich komme aus den Sorgen nicht mehr heraus."[642] Hat er am Rande einer Theaterprobe, die er zuvor besucht hatte, von Hilde Körber Neuigkeiten über den desolaten Zustand seiner Geliebten erfahren? Er jammert über fortgesetzte Schlaflosigkeit, seufzt „Man möchte wieder glücklich sein!"[643] und kann sich allein über den Fortschritt seines Buches freuen: „Sonst ist das Leben grau und leer."[644] Auch plagen ihn akute Magenschmerzen, die auf „schwere nervöse Störungen"[645] zurückzuführen sind.

3. Dezember 1938

Seit der verunglückten Premiere von *Der Spieler*, gefolgt vom Verbot des Films, hat sich Lída Baarová, wie befohlen, aus der Öffentlichkeit zurückgezogen und verkriecht sich in ihrer Wohnung im Grunewald. Ihre Bekannten oder Kollegen schneiden sie. Auch auf der Straße, in Geschäften oder Restaurants scheint niemand Notiz von ihr nehmen zu wollen. Viel Zeit verbringt sie bei Hilde Körber, der einzig verbliebenen Freundin. Sie verzehrt sich vor Sehnsucht nach ihrem Geliebten und heute bietet sich die Chance, ihm unbemerkt nahe zu kommen. Es ist der „Tag der nationalen Solidarität", an dem erneut für das Winterhilfswerk gesammelt wird. Angeblich einer Idee ihres Agenten Joschi Fischer folgend, setzt sich Baarová eine blonde Perücke und eine Brille auf, zieht sich einen alten Ledermantel und hohe Winterschuhe an und krönt alles mit einem alten Hut, den sie tief in die Stirn zieht. Dann lässt sie sich von ihrem

Agenten ins Stadtzentrum fahren. Vor dem Hotel Adlon steht der Propagandaminister mit einer Sammelbüchse. Vor ihm eine lange Schlange von Menschen, die, von der Polizei bewacht, ihre Spende mit der Hoffnung auf einen Handschlag des Ministers verbinden: „Ein wogendes Menschenmeer. Unübersehbar. Ich scheffele nur so Geld. Die Leute sind rührend. Zeitweilig helfen mir auch Helga und Hilde beim Sammeln. Das Publikum rast.“[646] Baarová reiht sich ein und arbeitet sich langsam vor. „Ohne den Leuten in die Augen zu sehen, reichte ihnen der Minister die Hand und sie warfen artig ihre Münzen in die Sammeldose. In meinen Fingern hielt ich einen gefalteten Hundertmarkschein und streckte ihn absichtlich etwas länger über seine Büchse. Ich hoffte, er werde meine Ringe an der Hand, die er doch schon so oft gesehen hatte und den Ring, den er mir geschenkt hatte, erkennen. Und tatsächlich, Goebbels schaute auf und blickte in mein Gesicht, und es hatte den Anschein, als sei er über diese plötzlich unerwartete Begegnung erschrocken. Mein Herz hämmerte so laut, dass ich dachte, er müsse es hören, aber er zeigte keine weitere Reaktion. Die Leute hinter mir drängten nach und ich musste unverrichteter Dinge weiter gehen.“[647] Goebbels: „Das Sammelergebnis ist überwältigend. Über 15 Millionen. Das hatten selbst wir nicht erwartet. Eine blonde Dame gab mir 50 Mk.“[648]

9. Dezember 1938

Unter Tagesordnungspunkt 14 lässt sich der Ufa-Vorstand über die hauseigene Produktion *Preußische Liebesgeschichte* auf den neuesten Stand bringen: „Herr Podehl teilt mit, dass die vom Propagandaministerium seinerzeit gewünschten Änderungen des Films nunmehr fertiggestellt sind. Das seinerzeit erlassene Verbot des Films ist inzwischen aufgehoben worden. Der Film soll nunmehr der Zensur vorgelegt werden.“[649]

14. Dezember 1938

Vermutlich unter Hinweis auf seine tschechische Hauptdarstellerin verweigert die Filmprüfstelle *Preußische Liebesgeschichte* die Freigabe. Laut ihren Statuten kann sie Filmwerke verbieten, die angetan sind, „das nationalsozialistische, religiöse, sittliche oder künstlerische Empfinden zu verletzen, verrohend oder entsittlichend zu wirken, das deutsche Ansehen oder die Beziehungen Deutschlands zu auswärtigen Staaten zu gefährden.“[650] Da die Prüfstelle vom Propagandaministerium kontrolliert wird, könnte hier abermals nur Hitler als oberster Zensor gesprochen haben. Nach *Der Spieler* ist dies innerhalb von sechs Wochen der zweite Film mit Lída Baarová, der weder im Deutschen Reich noch im Ausland gezeigt werden darf. Der Zensurbescheid hat sich nicht erhalten.[651] Die überdurchschnittlich hohen Herstellungskosten in Höhe von rund 900.000 Reichsmark müssen abgeschrieben werden. Goebbels Kommentar an diesem Tag: „Im Büro viel zu tuen. Einigen persönlichen Ärger gehabt.“[652]

18. – 30. Dezember 1938

Zwei Wochen lang schreibt Goebbels nichts in sein Tagebuch. Am Freitag, dem 17. Dezember hatte er die Arbeit an seinem Manuskript zu „Hitler – Ein Mann schreibt Geschichte“ abgeschlossen. Am Abend desselben Tages zwangen ihn starke Magenbeschwerden ins Bett. Den darauffolgenden Tag verbringt er mit „unerträglichen Schmerzen.“[653] Professor Sauerbruch wird aus Dresden herbeigerufen. Der lässt ihn noch nachts in die Charité bringen, um ihn zu operieren. Dies lehnt Goebbels ab. Den ganzen Sonntag über widersetzt er sich den Ärzten, die zu einem Eingriff raten. Er beobachtet „schreckliches Krankenhausmilieu in der Charité." Der Propagandaminister wird geröntgt. Statt des befürchteten Magengeschwürs stellt sich aber nur eine nervöse Magenverstimmung psychosomatischen Ursprungs heraus. Währenddessen empfängt Hitler Magda Goebbels einmal mehr zu einem Gespräch über ihre Ehe. Über dessen Inhalt schweigt sie sich aus. Ihr Mann frustriert: „Ich erfahre nichts." Am folgenden Tag, sein Zustand hat sich leicht gebessert, besucht sie ihn: „Eine Flut von Vorwürfen. Das fehlte mir noch." Höchstwahrscheinlich hat Hitler Magda Goebbels einmal mehr mit einschlägigen Informationen munitioniert, die er zuvor von Himmler und Göring erhalten hatte. Nach fünftägigem Klinikaufenthalt wird der Propagandaminister Mitte der Woche entlassen und nach Schwanenwerder zurückgebracht. „Eine schneidende Kälte. Magda empfängt mich. Na, dieser Empfang!"

Abgesondert von seiner Familie verbringt er in seiner „Burg" „entnervende Tage. Ich halte das nicht mehr lange aus. In der Politik nichts Neues. Ich interessiere mich auch nicht dafür." Er muss seinen Besuch der jährlichen Volksweihnacht absagen. „Wieder ein Anlass zu tollsten Gerüchten." Schließlich verbringt er auch den Heiligabend alleine. „Die Familie feiert drüben. Dann kommen alle zu mir herüber. Es ist zum Weinen. Und dann liege ich den ganzen Abend allein." In der Woche nach Weihnachten steht er etwas auf und prüft Filme: „Aber ohne richtiges Interesse. Ich mag einfach nicht mehr."

20. Dezember 1938

Nach dem Verbot von *Preußische Liebesgeschichte* glaubt Lída Baarová weder an eine berufliche noch an eine private Zukunft in dem Staat, in dem sie während der vergangenen vier Jahre zum Filmstar aufgestiegen ist und der sie nun fallen gelassen hat. Sie möchte zurück nach Prag, doch die Ausreise ist ihr untersagt. Hitlers Adjutant Schaub warnt sie, es könne ihr etwas zustoßen, falls sie sich dem Verbot widersetze. Obwohl seit dem Einmarsch der Wehrmacht in die Tschechoslowakei die Staatsgrenze zum Deutschen Reich gefallen ist, wird diese weiterhin kontrolliert. Baarová plagen Angstvisionen von Gestapogreifern, die ihr auf dem Bahnhof oder Flughafen auflauern würden, um sie abzuführen. Sie ist inzwischen zur Unperson geworden. Ihre Wohnung in der Taubertstraße wird rund um die Uhr beschattet, ihr Telefon abgehört. Die einzigen Menschen, zu denen sie Kontakt hält, sind ihre Freundin Hilde Körber und ihr Agent Joschi Fischer. Mit ihm bespricht sie heimlich ihren Fluchtwunsch. Er beschließt, ihr zu helfen. Eine Stunde vor Mitternacht kommt er durch den Hintereingang des Hauses zu ihr, die außer Geld und ein paar Habseligkeiten nur mitnimmt, was in ein Handköfferchen passt. Ihr Agent hilft ihr, durch ein rückwärtiges Flurfenster in den Garten zu springen und über den Zaun zu klettern. Dann begleitet er sie zu Hilde Körbers nahe gelegenem Haus, vor dem ihr kleiner BMW abgestellt ist. Sie setzt sich ans Steuer, Joschi Fischer nimmt neben ihr Platz. Die beiden fahren los, Richtung Süden. Fischer navigiert sie über Nebenstraßen, lässt sie größere Ortschaften meiden und erreicht mit Baarová in den frühen Morgenstunden schließlich das Grenzgebiet. Dort wechseln sie die Plätze. Nun lenkt Fischer das Sportcabrio über Feldwege. Regen setzt ein, der in höheren Lagen in Schnee übergeht. Die Fahrt scheint endlos, Fischer fährt mit abgeblendeten Scheinwerfern. Baarová kämpft gegen Müdigkeit, nickt auf

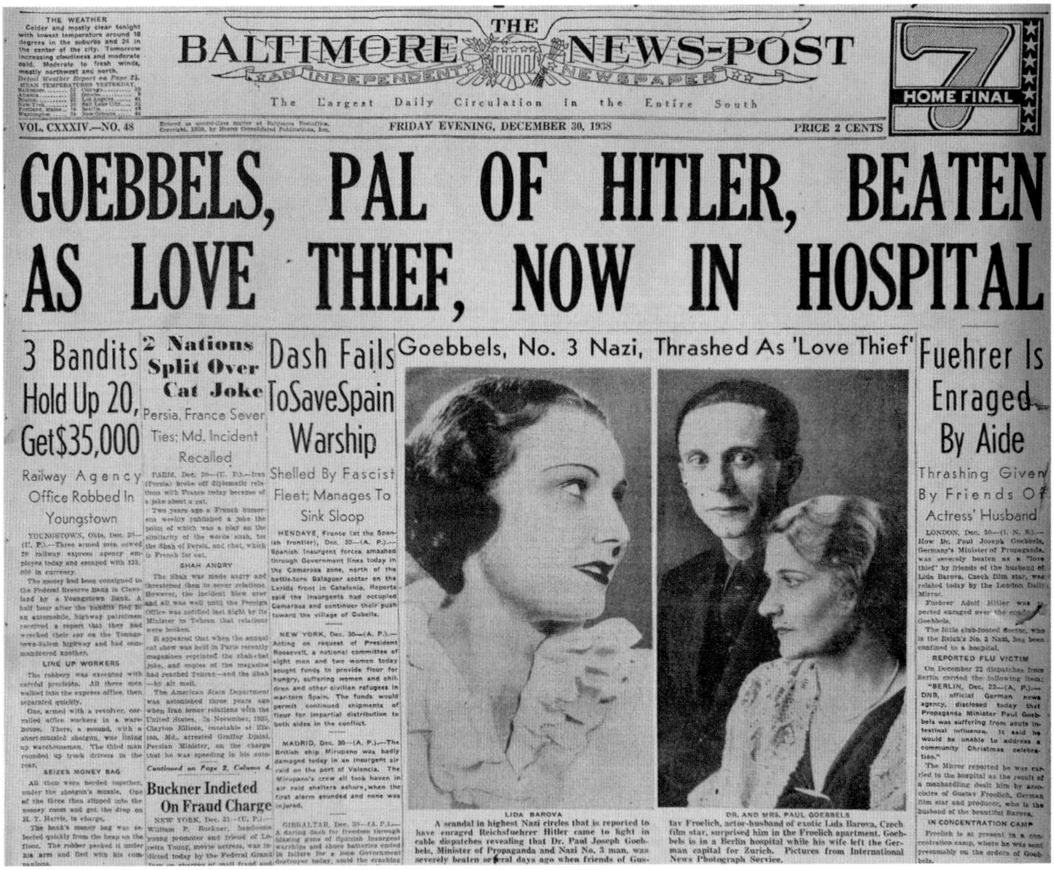
THE BALTIMORE NEWS-POST

The Largest Daily Circulation in the Entire South

HOME FINAL

VOL. CXXXIV.—NO. 48 FRIDAY EVENING, DECEMBER 30, 1938 PRICE 2 CENTS

GOEBBELS, PAL OF HITLER, BEATEN AS LOVE THIEF, NOW IN HOSPITAL

3 Bandits Hold Up 20, Get $35,000

Railway Agency Office Robbed In Youngstown

2 Nations Split Over Cat Joke

Persia, France Sever Ties; Md. Incident Recalled

Dash Fails To Save Spain Warship

Shelled By Fascist Fleet; Manages To Sink Sloop

Goebbels, No. 3 Nazi, Thrashed As 'Love Thief'

Fuehrer Is Enraged By Aide

Thrashing Given By Friends Of Actress' Husband

Buckner Indicted On Fraud Charge

LIDA BAROVA

DR. AND MRS. PAUL GOEBBELS

Internationales Interesse: Die Tageszeitung „Baltimore News-Post" vom 30.12.1938

dem Beifahrersitz immer wieder ein. Plötzlich meldet Fischer: „Wir sind über die Grenze". Ihr Fluchthelfer fährt noch eine halbe Stunde weiter bis zur nächsten Bahnstation. Dort steigt er aus, um den ersten Zug nach Berlin zurück zu nehmen, damit sein nächtlicher Ausflug unbemerkt bleibt. Baarová drückt ihm das meiste Geld, das sie mitgenommen hat, in die Hand: „Er lächelte und nahm es. Weil noch Zeit war, blieb Joschi noch eine Weile bei mir im Wagen sitzen und meinte: ‚Hoffentlich findest Du in Prag das, wonach du suchst. Vielleicht kannst du sogar wieder filmen. Vergiss Berlin!'"[654]

22. Dezember 1938

Am 22. Dezember 1938 macht die amerikanische Tageszeitung „The Baltimore News Post" ihre Abendausgabe mit der Überschrift auf: „Goebbels, Pal of Hitler, Beaten as Love Thief, Now in Hospital" (Hitlers Kumpel Goebbels als Nebenbuhler krankenhausreif geschlagen).[655] Die Zeitung beruft sich dabei auf einen Bericht des britischen „Daily Mirror" über den deutschen Propagandaminister, der laut Deutschem Nachrichten Büro (DNB) mit einer schweren Darmgrippe ins Krankenhaus eingeliefert worden sei. Der „Daily Mirror" meint es besser zu wissen: „He was carried to the hospital as a result of a manhandling dealt him by associates of

Gustav Fröhlich, (...) who is the husband of the beautiful Baarová. Fröhlich is at present at a concentration camp where he was sent presumably on the orders of Goebbels.“ (Er wurde nach einer schweren Misshandlung ins Krankenhaus gebracht, die ihm von Kollegen Fröhlichs zugefügt wurden, dem Ehemann Lída Baarovás. Fröhlich selbst ist derzeit in einem Konzentrationslager, vermutlich auf Befehl von Goebbels).

31. Dezember 1938

Über das zu Ende gehende alte und bevorstehende neue Jahr schreibt der Propagandaminister: „Schauderhaft! Man möchte sich am liebsten aufhängen!“[656]

2. Januar 1939

Das neue Jahr hat zwischen den Eheleuten mit eisigem Schweigen begonnen. Statt Neujahrs- und Genesungswünschen seiner Frau registriert der rekonvaleszente Goebbels: „Kein Wort von Magda.“[657] Am folgenden Tag kommt es dann doch noch zu einer „Aussprache mit Magda. Aber sie beginnt wieder mit Vernehmungen. Zwecklos. So kommen wir nicht weiter.“[658] Neben seinen Kindern, mit denen er spielt, ist Hitler der Auslöser des einzigen Lichtblicks dieser Tage. Der schreibt ihm „einen langen und sehr ergreifenden Brief. Ich bin darüber tief gerührt. Ich antworte ihm sofort brieflich und lege ihm dabei meine Lage ganz vertrauensvoll dar.“[659] Ebenfalls bedankt sich Goebbels für die Einladung seines Chefs, einige Tage zu ihm auf den Obersalzberg zu kommen, und sagt zu.

5. – 16. Januar 1939

Gleich nach seiner abendlichen Ankunft in Berchtesgaden empfängt Hitler den Propagandaminister auf dem Berghof. „Er ist rührend zu mir. So ganz menschlich. Ich bin sehr glücklich darüber. Die Einzelheiten will ich übergehen.“[660] Auch am Abend des folgenden Tages treffen sich die beiden Männer zu einem Gespräch über die Goebbels-Ehe, das diesmal volle vier Stunden dauert: „Er ist ganz Freund zu mir. Ob es noch einen Ausweg gibt, das weiß ich nicht. Das muss die Zukunft zeigen. Ich bin auf alles vorbereitet und gefasst.“ Danach verabschiedet sich der „Führer“ wegen Terminen in München und Berlin und lässt Goebbels alleine zurück. Der hat das frisch renovierte Bechstein-Haus in der Nachbarschaft bezogen und genießt es, dort „wunderbar einsam“ zu wohnen. Von seiner Frau aus Berlin hört er nichts, was ihn tagsüber nicht weiter kümmert. Nur nachts, wenn er in dem großen, leeren Haus wach liegt, „kommt der Zorn, der Grimm und der Hass. Aber auch das wird ja allmählich vergehen.“[661] Eine Woche später hat er genug von der ewigen Schönheit und „Majestät“ der Berge: „Ich kriege fast den Tropenkoller. Nicht auszuhalten. Ich tobe nun bald.“[662] Noch immer hat er nichts aus Berlin gehört und zwingt sich dazu, nicht daran zu denken. Dafür erfährt er von seinem Verleger Max Amann, der ihn besuchen kommt, dass sein Hitler-Buch, in das er in den vergangenen Wochen so viel Arbeit investiert hat, vorläufig nicht erscheinen kann: „Aber das kommt hoffentlich auch noch.“[663] Die nächsten Tage verschlimmert sich sein Seelenzustand: „Ich bin von einer brennenden Unruhe erfüllt. Gestern: fast gar nicht geschlafen. Ich kann nun nicht mehr. Ich bin einem Nervenzusammenbruch nahe. Nur mit äußerster Energie kann ich mich noch halten.“[664] Am folgenden Tag fährt er nach Berlin zurück.

„Der gehassteste Mann in Deutschland"

17. – 25. Januar 1939

Am Mittag nach seiner Rückkehr in die Reichshauptstadt trifft Goebbels Hitler zu einer Unterredung, ist aber frustriert darüber, dass dort nur allgemeine Fragen besprochen werden und er keine Möglichkeit hat, ihm seine privaten Probleme vorzutragen: „Es ist schrecklich, das alles so lange mit sich herumschleppen zu müssen. Aber ich habe nun zu bezahlen."[665] Nach Hitlers massivem Eingreifen in sein Privatleben ist Goebbels mehr denn je auf dessen emotionalen Zuspruch angewiesen. Weil Magda offenbar den Kontakt zu ihm abgebrochen hat, bittet Goebbels seine Schwester um Vermittlung. Er sitzt und wartet den Nachmittag über auf ein Zeichen. Das kommt dann gegen Abend und stimmt ihn hoffnungsvoll: Seine Frau ist zu einem Treffen bereit, „Wenigstens ein Lichtblick in dieser Finsternis."[666] Am folgenden Nachmittag fährt er nach Schwanenwerder, sieht seine Kinder nach langer Abwesenheit wieder und bespricht sich mit seiner Frau. Offenbar ist sie bereit zu einer Einigung. Umgehend berichtet er Hitler über den von Magda Goebbels und ihm eingebrachten Lösungsvorschlag. „Er ist damit einverstanden und will mitbürgen."[667] Drei Tage später und nach einem weiteren Gespräch mit Hitler, in dem alle Lösungsoptionen nochmal durchdekliniert werden, schickt Magda Goebbels ihrem Mann einen Vertragsentwurf: „Er ist so akzeptabel. Ich glaube, wir kommen damit zu Rande."[668] Ehe die Eheleute unterschreiben, wird die Vereinbarung noch Hitler vorgelegt, der sein Einverständnis gibt. Am 22. Januar, einem Sonntag, wartet Goebbels in seiner Ministerwohnung grübelnd und „in einer trostlosen Stimmung" auf seine Frau. Sie kommt gegen Mittag. „Wir unterzeichnen den neuen Vertrag. Ein anderer Lebensabschnitt beginnt. Ich bin noch ganz benommen davon."[669] Weitere drei Tage später schreibt Hitler einen ausführlichen Brief an Magda Goebbels, die dieses Schreiben als Teil der Vereinbarung mit ihrem Mann erbeten hat, und in dem er offenbar den Inhalt der getroffenen Übereinkunft zwischen den Eheleuten noch einmal bestätigt. Was genau die Vereinbarung regelt, welche Gebote und Verbote sie enthält, welche Erläuterungen, Hinweise oder Kommentare auch Hitler selbst hinzufügt, ist nicht überliefert. Doch lässt Goebbels' Seelenverfassung am Tag der Unterzeichnung darauf schließen, dass der Vertrag nicht nur die Affäre mit Lída Baarová offiziell beendet, sondern auch seinen erotischen Eskapaden einen Riegel vorschiebt, sein Privatleben überhaupt einem strikten Regelwerk unterwirft.

Als Entschädigung beginnt er ein neues Projekt, das ihn auf andere Gedanken bringen soll: Er verlässt den Ort seiner Liebe zu Lída Baarová, ohne ihn ganz aufzugeben. Am gegenüberliegenden Ufer des Bogensees, in Sichtweite seines ehemaligen Liebesnestes, möchte er ein größeres Anwesen für sich errichten: „Ein guter Plan!"[670] In den nächsten Tagen spricht er mit Julius Lippert, dem Bürgermeister der Reichshauptstadt, der das Terrain gehört. Die Gespräche bringen rasch den gewünschten Erfolg. Bereits zwei Wochen später wird mit den Verantwortlichen der Bauplatz festgelegt: „Jetzt geht es mit Hochdruck an die Arbeit. Sie wollen alles bis zu meinem Geburtstag fertig haben. Ich werde schon dahintersitzen und antreiben. Und wie ich mich darauf freue, eine Zufluchtsstätte zu finden."[671]

Auch drei Monate nach Beendigung der Baarová-Affäre belasten Goebbels noch immer deren Nachbeben: „Die Gerüchte und Tratschereien wollen kein Ende nehmen. Ich leide

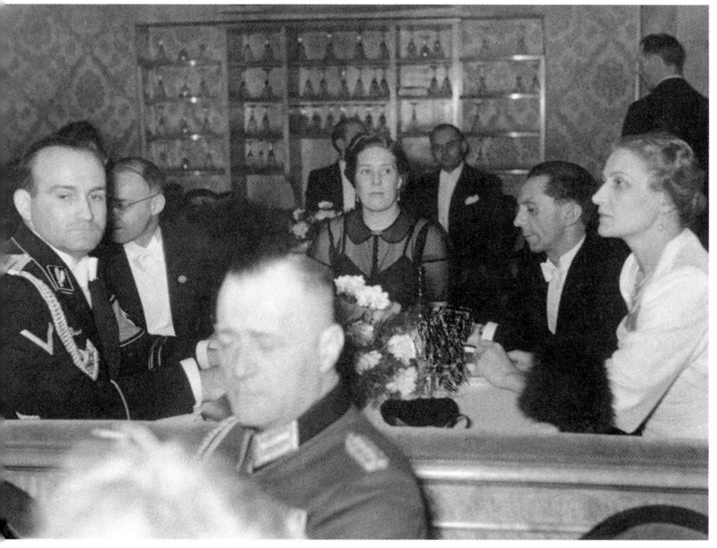

Nichts mehr zu sagen: Joseph und Magda Goebbels auf dem Berliner Presseball 1938. Links außen: Karl Hanke

entsetzlich darunter. Aber ich muss versuchen, das durchzustehen. Aber es zehrt an den Nerven."[672] Als der Klatsch in seinem Ministerium nicht aufhört, erstattet er Anzeige gegen Unbekannt: „Ich werde nun doch in ein paar Fällen von schwerster Verleumdung Klage erheben lassen. Schließlich kann ich mir nicht alles gefallen lassen. Es ist mir das zwar zum Kotzen, aber gemacht werden muss es."[673] Die Entfremdung der Eheleute sitzt unverändert tief: „Langes Parlaver mit Magda. Sie erzählt mir von ihren Bällen, Gesellschaften und was weiß ich was. Aber mich interessiert das nicht."[674] Sein Gefühl der Entfremdung überträgt sich auch auf andere, was sich am deutlichsten bei gesellschaftlichen Anlässen offenbart: „Abends spät auf kurze Zeit mit Magda zum Presseball. Aber schweigen wir davon. Ich fühle mich unter all den Menschen gänzlich einsam."[675] Wenigstens beginnt sich nach langer Zeit sein Alltag wieder zu normalisieren: „Gestern: lange geschlafen. Endlich mal wieder. Langsam scheint es bergauf zu gehen."[676] Seine seelische Grundstimmung jedoch bleibt unverändert düster. Die Feierlichkeiten zum sechsten Jahrestag der Machtergreifung, die mit Hitlers Krolloper-Rede und der darin vorgebrachten Kriegsdrohung ihren denkwürdigen Höhepunkt finden, erinnern Goebbels daran, dass es einmal anders war – für ihn privat, aber vielleicht auch allgemeinpolitisch: „Triumphfahrt zur Reichskanzlei zurück. Dann Fackelzug der Berliner Kampfformationen. Bis weit nach Mitternacht. Grandioser Zug. Ich denke an die Zeit vor 6 Jahren zurück. Da war es noch schön. Jetzt ist alles furchtbar und schrecklich."[677]

6. Februar 1939

Gestapo-Chef Heinrich Himmler besucht Reichsleiter Alfred Rosenberg, den Chefideologen der NSDAP, zu einem Vieraugengespräch. Dieser notiert in sein Tagebuch: „Zunächst erzählte er die ganze Angelegenheit von Fritsch und von Blomberg und machte sein persönliches Unbeteiligtsein klar. Dann kam das Gespräch auf Dr. Goebbels. Wir waren einer Meinung, dass dieser die moralisch schwerste Belastung des Nationalsozialismus sei. Himmler sagte mir, er habe in der fraglichen Angelegenheit der Tschechin Baarová dem Führer gesagt: ‚Sie wissen, mir ist der Typus Dr. G. stets fremd gewesen, aber ich habe mich im Urteil zurückgehalten. Er ist aber heute der gehassteste Mann in Deutschland. Früher schimpften wir über die jüdischen Generaldirektoren, die ihre Angestellten sexuell zwangen. Heute tut es Dr. G. Es ist ja klar, dass dies bei ihm nicht aus Liebe geschieht, sondern weil er Propagandaminister ist.' Dem Führer sei das sehr schrecklich gewesen. Ich teilte Himmler den Fall, den mir Göring erzählte, mit, ohne ihn zu nennen. Himmler: ‚Die Fälle sind Dutzende. Die Frauen geben jetzt nacheinander ihre Nötigung zu Protokoll. Bei Frau Goebbels und bei der Geheimen Staatspolizei. Einige Protokolle habe ich dem Führer gegeben.' Ich: ‚Es hilft ja alles nicht, der Führer hat aus Staatsraison die Sache wieder geleimt.' Himmler: ‚Frau G. hat aber nur auf drei Monate nachgegeben; sie wolle es noch einmal versuchen. Es sieht aber nicht nach Frieden aus.' Ich: ‚Aber G. schreibt ja sein Buch über den Führer: Ergebnis seines täglichen Zuhörens am Tisch.' H: ‚Ich glaube nicht, dass der Führer die Herausgabe gestatten wird.' Ich: ‚Die Sache mit dem Judenpogrom war doch aber staatsschädigend. Dr. G. hat nur auf Grund einer allgemeinen Anordnung des Führers gleichsam in seinem Namen die Aktion geboten. Görings Gegenbefehl kam zu spät. Schaden am Volksgut: fast 2 Winterhilfswerke: 100 Millionen!' H: ‚Ja, alles wird jetzt auf andere geschoben.' Ich: ‚Für alles das, was G. macht, müssen wir bezahlen. Es ist furchtbar.' Wir waren uns in der Beurteilung der Sachlage und der Person völlig einig. Dr. G. ist moralisch in der Partei isoliert, verachtet. Er hat sich als einer erwiesen, als den ich ihn vor 12 Jahren durchschaut hatte. Er hat auch unter seinen Mitarbeitern keine Kameraden, nur Kreaturen und Männer, die die Pflicht in dem Amt hält, in das sie eingesetzt wurden. Auch in den Kreisen der Künstler herrscht einmütige Wut."[678]

Ende März 1939

Lída Baarovás Mutter ist nach Berlin gekommen, um die Wohnung ihrer Tochter aufzulösen. Sie bringt ein Schreiben Lídas mit, das sie per Einschreiben an die „Reichsfilmkammer Fachschaft Film" schickt. Dort erscheint wenige Tage später ein handschriftlicher Vermerk in der Personalakte „Babkowa, Ludmilla, geb. 7.9.1914": „Am 31.3.39 nach Prag abgemeldet".

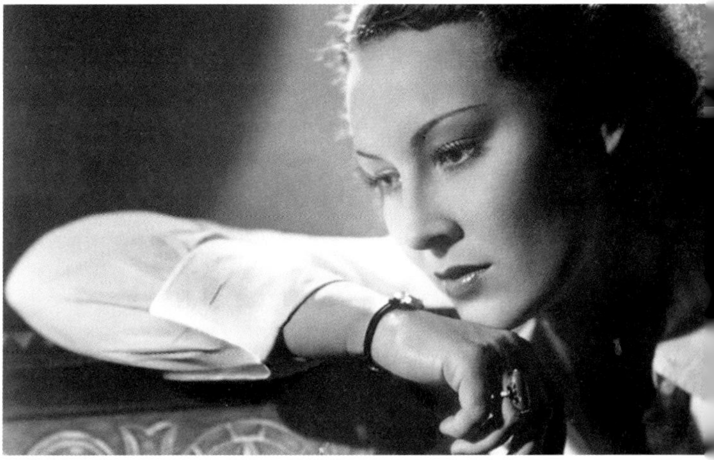

Porträt Ende der 1930er Jahre

Zwei Wochen vor dieser Amtshandlung hatte die deutsche Wehrmacht die Tschechoslowakei und deren Hauptstadt Prag besetzt. Den Befehl für die Okkupation gab Hitler nach einer wochenlangen, von Goebbels gesteuerten und befeuerten Pressekampagne, die das angeblich „tschechische Terrorregime" gegen Sudetendeutsche anprangerte. Am 16. März erklärte Hitler das Ende der Tschechoslowakei und rief das „Protektorat Böhmen und Mähren" aus. Es machte die Tschechoslowakei für die nächsten sechs Jahre zu einem deutschen Satellitenstaat.

Lída Baarovás Karriere bleibt davon zunächst unbehelligt. Nach ihrer Rückkehr in die Heimat frischt sie umgehend ihre beruflichen Kontakte wieder auf, die nie ganz abgerissen sind. Ihr letzter tschechischer Film *Panenství* (dt.: Jungfernschaft) liegt immerhin über ein Jahr zurück. Durch die Fürsprache Miloš Havels, Chef der Barrandov-Studios[679], dreht sie unter der Regie von František Čáp und Václav Krška *Ohnivé Léto* (dt.: Lodernder Sommer). Ein Beziehungsdrama um die Irrungen und Wirrungen dreier junger Menschen, die in der Idylle eines abgelegenen Landschlosses dem Einfluss eines Prager Studenten verfallen. So auch Lída Baarová als weltläufige, mondäne Tochter der Verwalterin. Die seelischen Belastungen der vergangenen Monate haben Spuren auf ihrem Gesicht hinterlassen, es wirkt verschattet. Sie singt die wunderschön melancholische Ballade „Milujem to, co ztrácíme" (dt.: Ich liebe, was wir verlieren …), ist in einer Badeszene nackt zu sehen und spielt gemeinsam mit ihrer jüngeren Schwester Zorka (im Vorspann als Zorka Janů genannt), die sich im Verlauf des Films aus Liebeskummer umbringt. *Ohnivé Léto* kommt im Herbst 1939 in die Kinos, wird von der Kritik gefeiert und zu einem großen Publikumserfolg. Eine Auskoppelung ihres Liedes „Milujem to, co ztrácíme" erscheint auf Schallplatte, ebenso die Noten mit Baarovás Porträt auf dem Umschlag.

1940, im Jahr darauf, ist Lída Baarová in gleich vier Filmen mit Hauptrollen zu sehen: *Dívka v modrém* (dt.: Das Mädchen in Blau) erzählt die Geschichte einer schönen Frau auf einem Gemälde, die durch den Kuss eines jungen Grafen zum Leben erweckt wird und danach nicht mehr in ihren Bilderrahmen zurückkehren will. Die romantische Komödie *Artur a Leontýna* (dt.: Artur und Leontine) handelt von der Wandlung eines notorischen Playboys in einen loyalen Ehemann, nachdem er eine Jugendfreundin (L. B.) wieder trifft. *Maskovana Milenka* (dt.: Die maskierte Geliebte) ist die Verfilmung des Balzac-Romans „Die falsche Geliebte" (1841) über eine unglücklich verheiratete Adlige, die den Verwalter und besten Freund ihres Mannes heimlich liebt. In der romantischen Komödie *Život je krasný* (dt.: Das Leben ist wunderbar) schließlich verliebt sich ein älterer Erfolgsautor in eine angehende, junge Malerin (L. B.) und hilft ihr aus einer ganzen Kette unverschuldeter Probleme heraus.

Als Joseph Goebbels im November 1940 zu einem zweitägigen Besuch nach Prag kommt, wird Baarová von Karl Hermann Frank, dem SS- und Polizeichef des Protektorats, aufgefordert, vorübergehend die Stadt zu verlassen. Sie fügt sich. Weil *Die maskierte Geliebte* auch in Deutschland anlaufen soll, fährt Lída Baarová im Frühjahr 1941 zu Synchronaufnahmen erstmals wieder nach Berlin. Im Hotel trifft sie Emil Jannings, der sie auf ihr plötzliches Karriereende in Deutschland anspricht. Bei einer weiteren Begegnung berichtet er ihr, bei Goebbels ein gutes Wort für sie eingelegt zu haben, was Baarová unangenehm berührt und was sie angeblich nicht wollte. Jannings berichtet, das Gesicht des Ministers sei erstarrt, als er ihren Namen erwähnte. Immerhin habe er sich bei der Verabschiedung nach ihrem Befinden erkundigt und ihm Grüße von „Herrn Müller" aufgetragen.[680]

Durch ihr erfolgreiches Comeback in Prag gewinnt Baarová den Eindruck, dass sie dort unbeeinträchtigt weiterarbeiten kann. Nach drei weiteren Produktionen eröffnet ihr Miloš Havel jedoch im Sommer 1941, dass sie auf Anweisung aus Berlin keine weiteren Filme mehr im Protektorat Böhmen und Mähren drehen dürfe. Havel hilft ihr allerdings, indem er sie an den italienischen Filmproduzenten Giuseppe Amato vermittelt.[681] Der verschafft ihr eine Einladung zu den Filmfestspielen von Venedig. Dort nimmt sie am 4. September an der Premierenvorführung von Josef von Bákys *Annelie* teil. Sie sitzt im Festspielkino auf dem Balkon der Ehrengäste, als der deutsche Propagandaminister in Begleitung der Hauptdarstellerin Luise Ullrich erscheint, um in der ersten Reihe Platz zu nehmen. „Ich schaute direkt in Goebbels' Gesicht und unsere Blicke kreuzten sich für einen Moment. Er musste mich erkannt haben, aber kein Zucken verriet eine Reaktion darauf."[682]

1942 dreht sie in den römischen Cinecittà-Studios ihren ersten italienischen Film: Enrico Guazzonis *La Fornarina* (dt.: Die Bäckerin) erzählt von der Liebe des Malers und Architekten Raffaello Sanzio da Urbino, genannt Raffael (1483-1520) zur florentinischen Bäckerstochter Margherita Luti, deren natürliche Schönheit er in seinem gleichnamigen Gemälde und in seiner ungleich berühmteren „Sixtinischen Madonna" verewigt hat. In Rom trifft Baarová ihre deutsche Kollegin Anneliese Uhlig, die bei Goebbels angeblich in Ungnade gefallen ist[683] und in *La Fornarina* als Baarovás Gegenspielerin auftritt. Regisseur Enrico Guazzoni ist seit den 10er Jahren für populäre Monumental- und Sandalenfilme bekannt. Zu seinen größten Erfolgen zählen *La Gerusalemme Liberata* (1911), *I Maccabei* (1911) und besonders *Quo Vadis* (1913). Drei Jahrzehnte nach deren Entstehung wirkt sein theatralischer Inszenierungsstil der frühen Stummfilmzeit allerdings antiquiert. Lída Baarová als Titelheldin sitzt in einer Szene ihrem Geliebten Raffael mit entblößter Brust Modell. Sie und Anneliese Uhlig als ihre adelige Antagonistin Leonora d'Este, die sie entführen lässt, sind in dem Film italienisch synchronisiert, was auf Zuschauer seltsam fremd wirken muss, die mit dem leicht slawischen Timbre ihrer hellen Stimme vertraut sind. *La Fornarina* hat erst im Herbst 1944 in Rom Premiere und läuft mit einem weiteren Jahr Verspätung nur vereinzelt in Turiner und Mailänder Kinos. Inzwischen schöpft die beruflich Exilierte Hoffnung, sogar wieder in Deutschland drehen zu können. Sie sucht dafür den Beistand des stellvertretenden Reichsprotektors Karl Hermann Frank. Der erhält nach einem Gesuch an Goebbels tatsächlich überraschend die Zusage, dass sie in deutschen Filmen wieder ungehindert spielen darf und übermittelt ihr dies in einem persönlichen Gespräch Ende Juni."[684] Doch trotz mehrerer Nachfragen Baarovás bei Frank bleibt es bei dem Versprechen. Vielleicht spielt das wenige Wochen später erfolgte tödliche Attentat auf Reinhard Heydrich eine Rolle, dass tschechische Schauspieler, selbst wenn sie ihre Namen eindeutschten, auf deutschen Leinwänden nun doch nicht mehr erwünscht waren. Womöglich wurde dies auch von „höhere Stelle" untersagt – ebenso unter Hinweis an die schriftliche Vereinbarung zwischen dem Ehepaar Goebbels, die eine Rückkehr der Tschechin nach Deutschland ausschloss. So bleibt Baarová zunächst weiter in Italien. Fünf Filme entstehen 1943 in den Cinecittà-Studios, in denen sie Hauptrollen spielt; was bemerkenswert ist, da sie kein Italienisch spricht und synchronisiert werden muss. Möglicherweise wird sie von Goebbels' italienischem Amtskollegen

Dino Alfieri protegiert. Andererseits kommen ihre Rollen: Femmes fatales, später zunehmend Opferfrauen dem Geschmack des italienischen Kinopublikums entgegen.

Es sind überwiegend bescheidene Produktionen, in denen Lída Baarová in dieser italienischen Schaffensepisode mitwirkt. Darunter am ehesten erwähnenswert die Komödie *L'ippocampo* (dt.: Das Seepferdchen) nach einem Drehbuch des Schauspielers und Regisseurs Vittorio de Sica. Als treuer Ehemann widersteht er den Versuchungen einer schönen Verführerin (L. B.), bekommt aber durch eine Kette von Missverständnissen und Ungeschicklichkeiten dennoch die größten Schwierigkeiten mit seiner Frau. Auch dieser Film läuft erst mit zweijähriger Verspätung Anfang 1945 in italienischen Kinos an und wird von der Kritik verrissen.

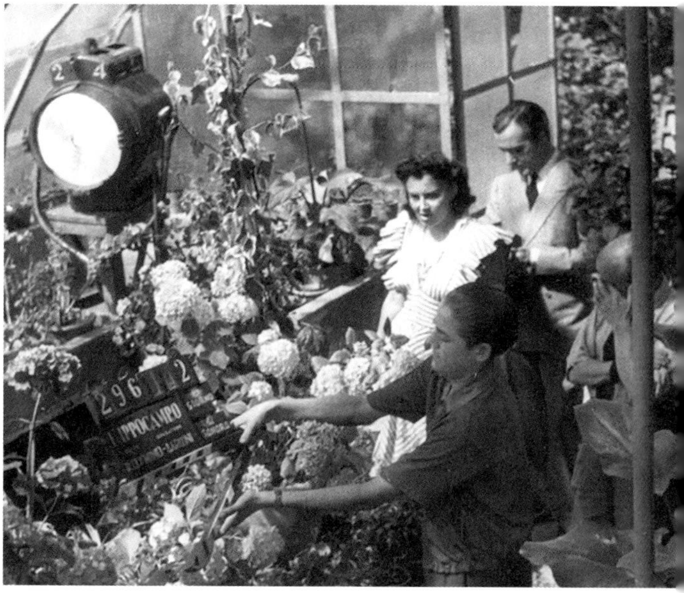
Bei den Dreharbeiten zu *L'ippocampo* (1943) in Italien

Nachdem im Sommer 1943 Rom zur offenen Stadt erklärt und durch die heranrückenden Alliierten das Kriegsende in Italien absehbar wird, kehrt Lída Baarová nach Prag zurück. Dort lernt sie ein halbes Jahr später Hans Albers kennen, der in den Barrandov-Studios unter Hans Steinhoffs Regie *Shiva und die Galgenblume* dreht. Albers lädt sie zu sich an den Starnberger See ein, wo er in einer Villa umgeben von einem großen Seegrundstück lebt. Als im April 1945 die Sowjets auf das Protektorat vorstoßen, sieht sie sich gezwungen, die Einladung anzunehmen und flieht unter abenteuerlichen Umständen Richtung Bayern. Kurz nachdem sie bei Albers in Garatshausen angekommen ist, wird sie vom amerikanischen Militärgeheimdienst CIC aufgespürt, der sie im nahen Feldafing festsetzt. Dort begreift der Vernehmungsoffizier, dass er die Goebbels-Geliebte vor sich hat und unterzieht sie einem tagelangen Verhör. Von ihm erfährt Baarová, dass ihr Geliebter tot sei, ebenso seine Frau und die sechs Kinder. Als die Vernehmungsmannschaft wechselt, wird sie ohne Angabe von Gründen ins Gefängnis München-Stadelheim gebracht, wo sie neunzehn Tage einsitzt. Später kommt ein Aufenthalt in der Psychiatrischen Klinik an der Münchner Nussbaumstraße hinzu. Zweieinhalb Monate bleibt sie im Gewahrsam des CIC, dessen Offiziere sie immer wieder über jeden Aspekt ihrer Beziehung zum Nationalsozialismus und seiner Führung befragen. Sie beruft sich darauf, sich nicht für Politik interessiert zu haben und Deutschland 1938 verlassen zu haben. Im Juli 1945 bringen die Amerikaner Baarová über Pilsen ins inzwischen sowjetisch besetzte Prag zurück. Dort steht sie auf einer Liste gesuchter Kriegsverbrecher, wird von einem „Sondervolksgericht" als Kollaborateurin mit dem NS-Regime des Hochverrats beschuldigt und in Untersuchungshaft genommen.[685]

Die nächsten sechzehn Monate verbringt Lída Baarová in wechselnden Gefängnissen, darunter dem berüchtigten Pancrác-Zuchthaus, das zuvor von der Gestapo genutzt wurde, und in dem auch jetzt, nach dem Wechsel der Machthaber, weiter gefoltert und hingerichtet wird. Auch Baarová, die ihre Zelle mit zehn anderen Frauen teilt, wird endlosen Verhören unterzogen und durch Schlafentzug gefoltert. Täglich erlebt sie, wie verurteilte Mithäftlinge, zur Exekution abgeführt werden. So wie Karl Hermann Frank, der u. a. wegen seiner Verantwortung für die Massaker von Lidice zum Tod durch den Strang verurteilt und im Mai 1946 vor einer unüberschaubaren Menschenmenge im Gefängnishof von Pancrác öffentlich hingerichtet wird.[686] Ein Los, das ihr ebenso bevorstehen könnte. Baarovás Familie wird quasi in Sippenhaftung genommen: Ihre Schwester Zorka erhält Berufsverbot, verfällt in Depressionen, magert ab und stürzt sich aus dem Fenster der von Lídas Filmgagen erbauten Familienvilla in den Tod. Ihre Mutter stirbt während eines harten Verhörs an einer Herzattacke. Ihrem Vater wird ein Fuß amputiert, nachdem er angeblich an einer schweren tuberkulösen Entzündung erkrankt ist. Im Laufe der Monate bessern sich für Baarová die Haftbedingungen. Sie kann in der Anstaltswäscherei arbeiten und erhält Unterstützung durch einen Rechtsbeistand. Am 23. Dezember 1946 stellt das Volksgericht das Verfahren gegen sie ein. Begründung: Es könne nicht nachgewiesen werden, dass sie während der Okkupationszeit jemanden denunziert oder den Nationalsozialismus durch eine Zusammenarbeit mit der Gestapo oder dem Sicherheitsdienst (SD) unterstützt habe.[687] Am folgenden Tag wird Baarová entlassen, ohne dass es zu einem Prozess gegen sie gekommen ist. Sie feiert Heiligabend in Freiheit.

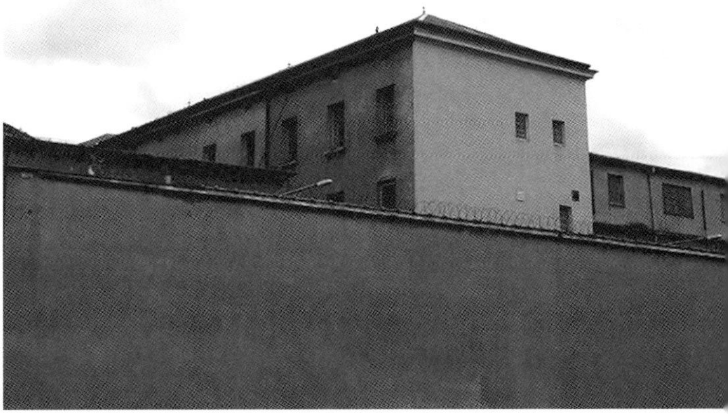

Das Pancrác-Gefängnis in Prag

Bald darauf lernt sie Jan Kopecký kennen. Der Spross einer bekannten Prager Puppenspielerdynastie hat sich im Kino in Lída Baarová verliebt, als er sie in den Filmen *Dívka v modrém* (dt.: Mädchen in Blau) und *Maskovaná milenka* (dt.: Die maskierte Geliebte) sah. Die beiden beschließen, ein neues Leben anzufangen, heiraten im Sommer 1947 und touren mit Kopeckýs Puppentheater durch die tschechische Provinz. Obwohl sie nur mit ihrer Stimme öffentlich in Erscheinung tritt, wird sie als Nazi-Kollaborateurin denunziert und erhält Berufsverbot – erste Vorzeichen der kommunistischen Machtübernahme im Februar 1948. Diese setzt eine neue Verhaftungswelle in Gang, die nicht nur Baarová, sondern auch ihren antikommunistisch eingestellten Mann akut bedroht. Die beiden beschließen, die Tschechoslowakei zu verlassen. Nach mehreren vergeblichen Versuchen schmuggelt sie ein Fluchthelfer über die Grenze nach Österreich. Über Wien und Linz, wo sie in einem Flüchtlingslager unterkommen, landen Baarová und Kopecký schließlich in Salzburg. Dass sie dort in einem Vorortgasthaus als Aushilfskellnerin arbeitet, findet lebhaften Niederschlag in der bundesdeutschen Presse.[688]

1949 wandert das Ehepaar nach Argentinien aus und erhält zwei Jahre später die Staatsbürgerschaft des südamerikanischen Landes. Nach einer Episode als Arbeiterin in einer Textilfabrik unternimmt Lída Baarová von dort aus mehrere Versuche, wieder in Deutschland zu drehen. Nach Gründung der Bundesrepublik formiert sich hier die Filmindustrie neu. Über ihren Kollegen Heinz Rühmann, der gerade in München die Comedia-Produktion gegründet hat, hofft sie auf ein Engagement. Ohne Erfolg. Auch ein Projekt der Göttinger Phoebus-Film mit dem Arbeitstitel „Würfel des Schicksals" zerschlägt sich. In dem Remake des Henry-King-Films von 1920 sollte Baarová als Partnerin des aus dem Londoner Exil zurückgekehrten Adolf Wohlbrück auftreten. Doch wegen ihrer Verbindung zum NS-Propagandaminister lehnt Wohlbrück es ab, mit Baarová zu arbeiten.[689]

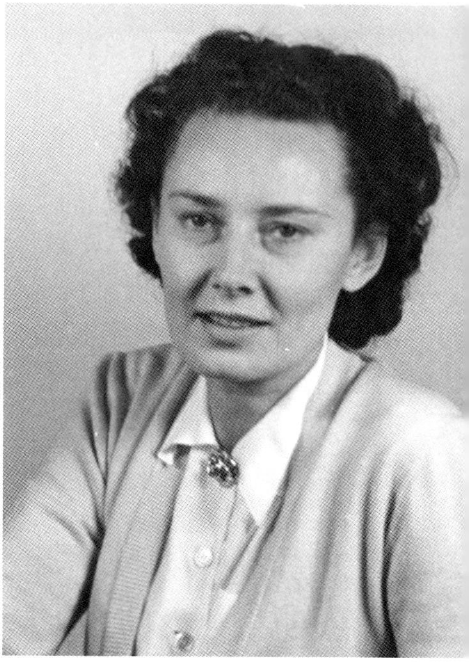

Porträt ca. 1947

Andererseits kommen im Frühjahr 1950 gleich zwei Baarová-Filme aus ihrer späten Ufa-Karriere in die westdeutschen Kinos: die seinerzeit verbotenen *Der Spieler* und *Preußische Liebesgeschichte*, neu betitelt in *Roman eines Spielers* und *Liebeslegende*. Bewusst verzichtet der Verleih darauf, mit dem Namen der Hauptdarstellerin zu werben. Von der unterschiedlich ausfallenden Kritik werden die Filme gleichermaßen als Dokumente einer untergegangenen Epoche abgelegt, einer Epoche, für deren Hervorbringungen manche Blätter nichts als Hohn und Spott übrighaben. So vernichtet etwa die Berliner „B. Z. am Abend" *Liebeslegende* mit den Worten: „Ein uralter Ufa-Schmachtfetzen im gefährlichsten Sinne."[690] Über die Protagonistin heißt es an anderer Stelle: „Lída Baarová stirbt den gepflegtesten Leinwandtod an gebrochenem Herzen, der je gestorben wurde."[691]

Angesichts solcher Häme und mehrerer vergeblicher Anläufe, Filmrollen zu bekommen, muss Baarová sich eingestehen, dass sie in Deutschland keine Chance mehr auf ein Comeback hat. „Soll eine gute Schauspielerin sich einbalsamieren lassen?" fragt eine westdeutsche Illustrierte.[692]

Nichtsdestotrotz lässt Baarová auch in den folgenden Jahren nichts unversucht, in westdeutschen Filmproduktionen unterzukommen. So ist sie 1953 zunächst im Gespräch für *Das Leben beginnt mit vierzig*, ein Projekt der Münchner Stapenhorst-Produktion mit Curd Jürgens, oder im folgenden Jahr für ein *Garde der Königin* betiteltes Vorhaben mit Adrian Hoven. Alles vergeblich. Unterdessen beginnt Baarovás Ehemann Jan Kopecký in Argentinien eine neue Karriere als Filmproduzent und wird Mitte der 1950er Jahre als Juan Kopecky nach Europa zurückkehren. In München gründet er eine eigene Firma und beteiligt sich u. a. an drei der spanisch-italienischen Baarová-Produktionen.

Immerhin gelingt es dem früheren Ufa-Star, ab 1950 in Italien erneut beruflich Fuß zu fassen. Auf Vermittlung Giuseppe Amatos entstehen in den kommenden drei Jahren zwölf Filme mit Baarová. Ihr neues Rollenfach: vom Leben gebeutelte Frauen, insbesondere Mütter. So ist sie u. a. die Protagonistin des kolportagehaften Melodrams *La vendetta di una pazza* (dt.: Die Blutrache einer Verrückten): Vom kriminellen Vater ihres ungeborenen Kindes wird sie zur Heirat mit einem Mörder gezwungen, verfällt nach der Niederkunft dem Wahnsinn und endet in der Psychiatrie. In dieselbe Kerbe schlägt Franceso de Robertis *Gli amanti di Ravello* (dt.: Die Liebenden von Ravello), der in der Zeit des Ersten Weltkriegs angesiedelt ist und im Stil eines Frauenromans von unehelicher Mutterschaft, kriegsbedingter Trennung, sozialem Abstieg und Inzestängsten erzählt, bis sich zuletzt alles in Wohlgefallen auflöst. Eine Ausnahme ist ein heiterer Kurzauftritt in der Musikkomödie *La Bisarca*, entstanden nach der erfolgreichen Schlagersendung gleichen Namens, die zwischen von 1949 bis 1951 im italienischen Radio läuft.

Die weibliche Hauptrolle spielt sie dagegen 1951 in Luigi Capuanos Drama *Gli innocenti pagano* (dt.: Die Unschuldigen müssen bezahlen). In ihm trifft der Kriegsheimkehrer Stefano (Otello Toso), den seine Frau für einen anderen verließ, auf Adriana Sereni (L. B.). Die alleinstehende junge Mutter wurde von Massimo (Mino Doro), dem Vater ihres unehelichen Kindes aus finanzieller Not verlassen, um eine reiche Erbin zu heiraten. Weil diese keine Kinder bekommen kann, versucht der Treulose Adrianas kleine Tochter an sich zu reißen, damit sie bei ihm und seiner neuen Frau aufwächst. Doch Spätheimkehrer Stefano, der sich längst in Adriana verliebt hat, kämpft gegen die Übergriffe ihres Ex und dessen Faktotum Giovanni (Ignazio Balsamo), der es ebenfalls auf Adriana abgesehen hat. Bei einer gemeinsamen Jagdgesellschaft kommt es zum Showdown, wird Massimo versehentlich von Giovanni erschossen, der eigentlich Stefano töten wollte. Dieser kann endlich ungehindert Adriana heiraten und mit ihr und der kleinen Alda eine neue Familie gründen. So kolportagehaft sich der Plot ausnimmt, so packend inszeniert Luigi Capuano das im ländlichen Milieu angesiedelte, neorealistische Melodram, in dem die Emotionen hoch kochen und rohe, physische Gewalt ungebremst aufeinandertrifft. Inmitten der rauen, bäuerlichen Welt mit ihren rivalisierenden Männern wird Adriana fast wie eine Heilige inszeniert. Mit Ende dreißig ist Lída Baarová keine junge Frau mehr. In einer Schlüsselszene beleuchtet nur ein Spotlight die herbe Schönheit ihres Gesichts, das sich dadurch vom dunklen Hintergrund abhebt und an Prägnanz gewinnt. Baarovás Spiel ist in ihren Nachkriegsfilmen noch freier, ausdrucksstärker geworden. Es wirkt, als würde es erst jetzt richtig zur Entfaltung kommen. Keine Spur mehr von der backfischhaften Ungelenkheit und Unbekümmertheit ihrer frühen Filme. Keine äußerliche Spur auch von den privaten wie beruflichen Enttäuschungen und Entbehrungen der letzten Jahre.

Eine ähnliche Geschichte wie *Gli innocenti paganno* erzählt 1953 Mario Costas *Pietá per chi cade* (dt.: Mitleid mit den Gefallenen) – wenn auch in einem anderen Milieu angesiedelt. Ein als vermisst geltender Spätheimkehrer (Amedeo Nazzari) findet seine Frau (Nadia Gray) mit ihrem Geliebten und bringt ihn um. Die Tat wirft die gemeinsame Tochter des Ehepaares (Antonella Lualdi) psychisch aus der Bahn: Sie entwickelt Hassgefühle gegen ihre untreu gewordene Mutter. In ihrer Not findet die musisch Begabte Trost bei ihrer Tante (L. B.). Baarová spielt hier eine venezianische Salondame in ausladenden, schulterfreien Kleidern, die ihrer Nichte seelischen Halt bietet. Den großbürgerlichen Habitus verkörpert Baarová in diesem Film ebenso überzeugend wie zuvor die Rolle der gedemütigten, für ihr Kind kämpfenden Bauernmagd. Auch wenn sie erstmals eine Tante spielt, überstrahlt die Schönheit ihrer Erscheinung, die erst jetzt zu voller Reife gelangt ist, die übrigen Akteure.

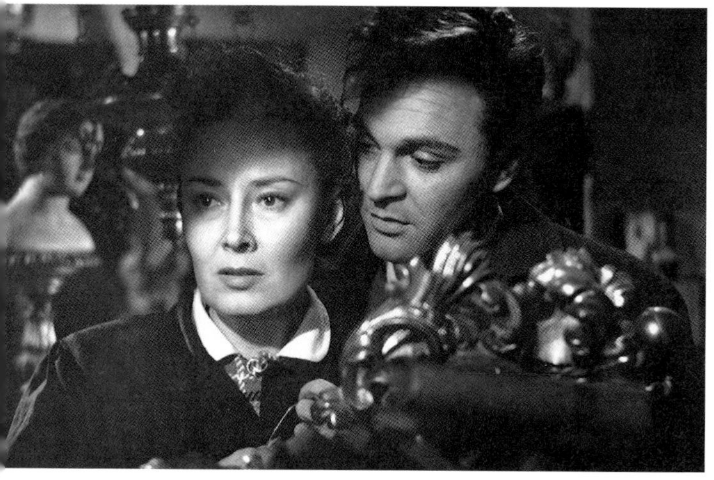

Mit Franco Fabrizi in Federico Fellinis *I Vitteloni* (1953)

Mit einer Episodenrolle besetzt sie Federico Fellini in *I Vitteloni* (*Die Müßiggänger*), der Hommage an seine Jugend in Rimini. Dort flirtet sie als Ehefrau eines Devotionalienhändlers mit einem der jungen Herumtreiber aus gutem Hause, der es aber nicht ernst mit ihr meint.

Ab Mitte der 1950er Jahre wird Baarová in Folge für sieben spanische Filme engagiert, an denen teilweise ihr Ehemann als Koproduzent beteiligt ist. Im Franco-Staat scheint Baarovás deutsche Vergangenheit kein Karrierehindernis. In *Miedo* (dt.: Angst, 1956), einem Film-Noir-Krimi des argentinischen Regisseurs Léon Klimovsky kämpft sie um das Leben ihres medikamentensüchtigen Ehemanns, der gemeinsam mit zwei Ganoven den Safe seiner Firma zu knacken versucht. Mütterliche Qualen vermittelt Lída Baarová in *Todos somos necesarios* (Die Ausgestoßenen). Begleitet von ihrem wenig verständnisvollen Mann, befindet sie sich mit ihrem schwer erkrankten Jungen in einem Nachtzug auf dem Weg zu einer Klinik. Mit an Bord: eine bunt zusammengewürfelte Gruppe unterschiedlichster Fahrgäste, darunter drei Ex-Häftlinge. Einer von ihnen ist Arzt, der wegen eines schweren Kunstfehlers im Gefängnis saß. Als der Zug in einem Schneesturm stecken bleibt, gilt es zu handeln, um das Leben des Jungen zu retten. Aus Furcht vor einem erneuten Versagen lehnt der Arzt zunächst die dringende Notoperation ab, überwindet sich dann aber und erlebt zuletzt eine dankbare Mutter, die ihren geretteten Jungen nach einem Wechselbad der Gefühle glücklich in die Arme schließt. Die italienisch-spanische Koproduktion unter der Regie von José Antonio Nieves Conde wird 1956 beim Filmfestival von San Sebastian mit vier Hauptpreisen für „Bester Film", „Beste Regie", „Bestes Drehbuch" und „Bester Hauptdarsteller" (Alberto Closas) ausgezeichnet und kommt 1958 in westdeutsche Kinos. Erneut unter Léon Klimovsky dreht Lída Baarová die Komödie *Viaje de Novios* (dt.: Die Hochzeitsreise) um eine in Blind-Date-Manier arrangierte Ehe mit Hindernissen. Ähnlich unbedeutend in jeder Hinsicht: *La Mestizia* (dt.: Die Mestizin) von José Maria Ochoa. Das Melodram um eine Barsängerin mit indigenen Wurzeln, in die sich ein erfolgreicher Geschäftsmann unglücklich verliebt, zeigt Baarová als Schwester der Protagonistin. Ebenso wenig prominent aber einprägsam ist Baarová in *Il cielo brucia* (Himmel in Flammen) besetzt, einem Hohelied auf die italienische Luftwaffe während des Zweiten Weltkriegs, in dem sie die Mutter eines an Kinderlähmung erkrankten Mädchens gibt. Der Zeitfilm *Rapsodia de sangre* (Blutige Rapsodie) über den gerade zurückliegenden Ungarnaufstand von 1956 zeigt Baarová als Frau des sowjetischen Konsuls, deren verhärteter Gesichtsausdruck unmissverständlich zeigt, dass sie ihren deutlich älteren Mann und die von ihm verkörperte Machtpolitik Moskaus verachtet. Anna Vladimira Solov sympathisiert vielmehr mit den freiheitsliebenden Ungarn. Insbesondere mit dem jungen, attraktiven Pianisten Borodin (Francisco Piquer), bei dessen Chopin-Klängen sie in Tränen ausbricht. Die fiktive Geschichte, versetzt mit dokumentarischen Aufnahmen der Straßenkämpfe in Budapest, gipfelt darin, dass Borodin durch sein Klavierspiel das Signal zum Aufstand gibt. Am Schluss wird die Frau des Konsuls als Verräterin von russischen Soldaten, also ihren eigenen Landsleuten, erschossen. Als *Blutige Rhapsodie* 1960 mit dreijähriger Verspätung in die deutschen Kinos kommt, urteilt die Münchner „Abendzeitung": „Ein blamabler Revolutionsreißer, dessen inhaltliche und formale Mängel grob zutage treten. Das falsche, hehre Pathos, die sentimentalen Gefühle, die edelschwülstigen Dialoge, das überschwänglich-verlogene Gebaren der Darsteller überwuchern. Der Film erschüttert nicht, er erregt nicht, ja, er rührt nicht einmal. Er langweilt einfach. Er ist ungemein geschwätzig und peinlich plakathaft."[693] Damit tritt Lída Baarová als Filmschauspielerin ab.

Im gleichen Jahr, in dem ihr letzter Film in die deutschen Kinos kommt, gibt es eine anderweitige Premiere zu feiern: Nach zweiundzwanzig Jahren ist Baarová erstmals wieder auf einer deutschen Bühne zu sehen. Im Herbst 1960 spielt sie in einem Düsseldorfer Privattheater die weibliche Hauptrolle in „Ein klarer Fall" („Monsieur Masure"), eine Boulevardkomödie des französischen Autors Claude Magnier. Das Dreipersonenstück zeigt sie als Frau zwischen zwei Männern, einer Zufallsbekanntschaft und ihrem Ehemann. Drei Jahre später spielt sie im Heidelberger Zimmertheater in Karel Čapeks Komödie „Die Sache Makropulos" eine Frau, die, nach Einnahme eines Zaubertranks, nicht mehr altert und ständig ihre Identitäten wechselt. Mitte der 1970er Jahre schließlich besetzt sie Rainer Werner Fassbinder für eine Tourneeproduktion seines Stücks „Die bitteren Tränen der Petra von Kant" als Petras Mutter.

Durch ihre berufsbezogenen monatelangen Abwesenheiten ab Anfang der 1950er Jahre hat sich Baarová von ihrem Ehemann Jan Kopecký entfremdet. Obwohl beruflich noch sporadisch verbunden, hat sich das Paar privat auseinandergelebt. 1958 wird die Ehe, die eher den Charakter einer Notgemeinschaft hatte, geschieden. Jetzt ist Lída frei für ihren Geliebten: Den Gynäkologen Dr. Kurt Lundwall, mit dem sie seit zehn Jahren eine heimliche Liaison verbindet. Baarová hat ihn 1948 kennen und lieben gelernt, als sie nach ihrer Flucht erkrankte und er sie unentgeltlich in seinem Salzburger Sanatorium behandelte. Lundwall, dessen Vorfahren aus Schweden kamen, wurde in der Tschechoslowakei geboren, ist verheiratet und Vater von vier erwachsenen Kindern, doch besteht seine Ehe nur noch auf dem Papier. Zehn Jahre lang haben sich Baarová und er heimlich geschrieben, haben sie sich in Rom oder auf halbem Weg zwischen Salzburg und der Tiberstadt getroffen. Nach ihrer Scheidung von Jan Kopecký kann zumindest Baarová ihre Verbindung zu dem deutlich älteren

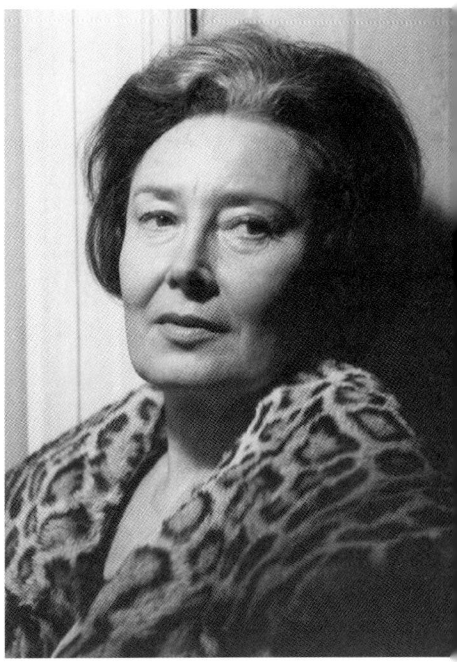

Porträt 1960er Jahre

Lundwall mehr oder weniger offen leben. Sie provoziert damit allerdings die Eifersucht von Lundwalls Frau, die ihr vorwirft, ihre Ehe zerstört zu haben und ihr mit Anzeige droht. Der Vergleich mit Begebenheiten, die sich zwei Jahrzehnte zuvor in Berlin auf Schwanenwerder zugetragen haben, drängt sich auf. Es wird weitere zehn Jahre dauern, bis Lundwalls Frau stirbt und ihr Mann ebenfalls frei wird. Nach einem Trauerjahr heiraten Lída Baarová und Kurt Lundwall 1970. Sie genießt die Zeit mit ihrem neuen Ehemann, den sie als gebildet und edelmütig beschreibt, mit „großem Interesse an der Kunst, besonders an der Musik."[694] Die beiden besuchen Ausstellungen, Konzerte, unternehmen gemeinsame Reisen. Doch nur drei Jahre später stirbt Lundwall, die zweite große Liebe ihres Lebens. Baarová ist wieder allein. Oder fand sie überhaupt erst in Kurt Lundwall eine gleichwertige Liebe?

Über den deutschen Propagandaminister, der die Tschechin Lída Baarová zwischen 1936 und 1938 liebte und seine Frau nannte, sagt sie viele Jahre später: „Ich habe einfach seine Liebe geliebt."[695] Und Joseph Goebbels? Als er Mitte April 1945 beginnt, seine persönlichen Papiere zu verbrennen, stößt er auf ein Porträtfoto Lída Baarovás. „Sehen Sie, das ist eine vollendet schöne Frau",[696] sagt er zu seinem Adjutanten. Dann wirft er das Foto ins Feuer.

Fünfundfünfzig Jahre nach dem Tod des Mannes, dessen Liebe ihr zum beruflichen Aufstieg verhalf und die danach für den Rest ihres Lebens zum Stigma wurde, stirbt Lída Baarová am 27. Oktober 2000 alkoholkrank und vereinsamt in Salzburg.

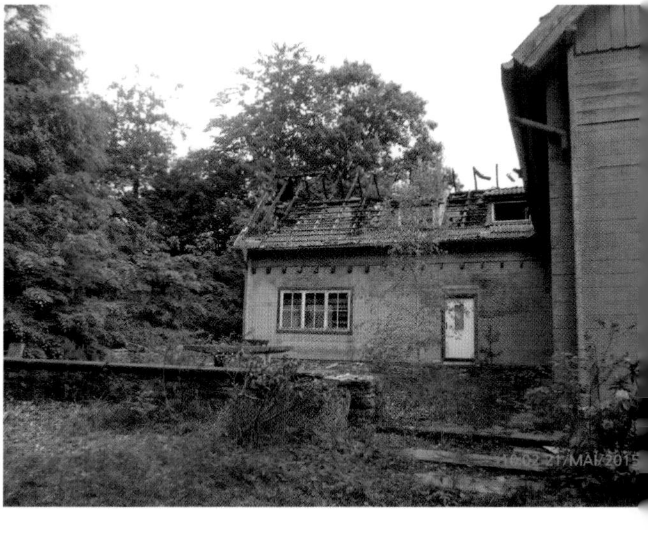

Goebbels' Holzhaus am Bogensee im Jahre 2015.
Zwei Jahre später wurde es abgerissen.

Anmerkungen

1 Curt Riess: Das gab's nur einmal. Das Buch der schönsten Filme unseres Lebens. Hamburg 1956

2 Baarová, 2001

3 Barcarolen sind ursprünglich venezianische Volksweisen und finden auch durch Komponisten wie Chopin (Op. 60) oder Mendelssohn Bartholdy („Lied ohne Worte", 1837) Eingang in die Kunstmusik des 19. Jahrhunderts.

4 Ufa-Vorstandsprotokoll Nr. 1001 v. 25.05.1934

5 Ufa-Vorstandsprotokoll Nr. 1020 v. 23.08.1934

6 Vgl. „Film-Kurier" v. 01.12.1934

7 Presseheft zu *Barcarole*. Schriftgutarchiv der Stiftung Deutsche Kinemathek (SDK)

8 Diese und die folgenden Angaben bei Spiker, J.: Film und Kapital. Der Weg der deutschen Filmwirtschaft zum nationalsozialistischen Einheitskonzern. Berlin 1975, S. 114

9 Ufa-Vorstandsprotokoll Nr. 1048 v. 14.12.1934 und Nr. 1053 v. 15.01.1935

10 Zwei Jahre später folgen etwa der Holländer Johannes Heesters und die Schwedinnen Zarah Leander und Kristina Söderbaum

11 Ufa-Vorstandsprotokoll Nr. 1043 v. 23.11.1934

12 Beschäftigungsnachweis der Reichsfachschaft Film, in: BArch (Bundesarchiv), R 9361-V/108258 (Personalakte Babkova, Ludmilla 07.09.1914)

13 Ufa-Vorstandsprotokoll Nr. 1044 v. 27.11.1934

14 *Lelíček ve službách Sherlocka Holmesa* (dt.: Lelicek in Sherlock Holmes' Diensten) und *Funébrak* (dt.: Der Leichenbestatter)

15 So in Svatopluk Innemanns *Maloštranští mušketýři* (1932, dt.: Die Musketiere von der Kleinseite) oder Leo Martens *Růžove kombiné* (dt.: Das rosa Hemd)

16 „Rozpravy Aventina" v. 23.06.1932

17 „Národní listy" (Volksblatt) v. 22.11.1932

18 *Okénko* (1933, dt.: Mattscheibe) mit Hugo Haas

19 Der deutsch-tschechischen Koproduktion *Annette im Paradies*, Regie: Max Obal. Mit Ursula Grabley, Hans Söhnker, Ida Wüst.

20 So in *Šenkýrka ‚Udivoké krásy'* (1932, dt.: Die Wirtin zur ‚Wilden Schönheit')

21 Carl Auen (1892–1972) bekannt geworden als Protagonist populärer Krimi-Reihen wie „Kriminalisten Rat Anheim" (ab 1917) oder „Detektiv Joe Deebs" (ab 1919) war ein viel beschäftigter Schauspieler vor allem der Stummfilmzeit. 1933 berief Goebbels den Nationalsozialisten zum Leiter der Reichsfachschaft Film.

22 Dieses und das folgende Zitat: BArch, R 9361-V/108258

23 Prager „Film-Kurier" v. 08.12.1934, Nr. 88-89

24 Schreiben v. 12.12.1934, BARCH, R 9361, 752

25 Dieses und das folgende Zitat: Presseheft zu *Barcarole*. Schriftgutarchiv SDK

26 Baarová, S. 50

27 Seiner politischen Gesinnung entsprechend verfasst Menzel Drehbücher für Propagandafilme wie *Flüchtlinge* (1933), *Heimkehr* (1941) oder *Wien 1910* (1942), schreibt aber auch die Vorlagen für Detlev Siercks *La Habanera* (1937) oder Gustav Ucickys *Der Postmeister* (1940).

28 Frz.: *La fille et le garçon* (1931), mit Lilian Harvey und Henri Garat

29 Koelbl, S. 8

30 Baarová, S. 53

31 Fröhlich 2000. Im Folgenden zitiert als GTB. Eintrag v. 06.01.1935

32 Dokumentiert in Leni Riefenstahls *Triumph des Willens* (1935). Schünzels Film kam im Juli 1935, vier Monate nach Riefenstahls Reichsparteitagsfilm in die Kinos.

33 Reinhold Schünzel drehte noch drei weitere Filme für die Ufa und emigrierte 1937, nach erfolglosen Verhandlungen über eine Fortsetzung seines Vertrages, in die USA.

34 Ufa-Vorstandsprotokoll Nr. 1056 v. 25.01.1935

35 Baarová, S. 60

36 Baarová, S. 62

37 Baarová, S. 67

38 „Film-Kurier" v. 18.02.1935

39 „Film-Kurier" v. 04.03.1935

40 „Film-Kurier" v. 05.03.1935

41 Garncarz, S. 286

42 „Film-Kurier" v. 29.04.1935

43 Baarová, S. 71

44 „Film-Kurier" v. 25.05.1935

45 „8-Uhr Abend-Blatt" v. 27.11.1935

46 Die sog. „Kontingentverordnung" über die Vorführung ausländischer Bildstreifen wurde bereits 1930 erlassen und sollte die Verbreitung von US-Filmen auf dem deutschen Markt einschränken. 1933 wurde sie u. a. dahingehend verschärft, dass sämtliche an der Produktion Beteiligten Deutsche zu sein hatten (vgl. hierzu: Benz).

47 BArch, R 9361-V/108258

48 Ebd.

49 Ebd.

50 s. hierzu: Fromm, S. 114

51 Stefan Zweig (1881–1942), österreichisch-jüdischer Autor und Librettist der Richard Strauss-Oper „Die schweigsame Frau", 24.06.1935 in Dresden uraufgeführt.

52 zit. nach Reuth S. 329

53 „Film-Kurier" v. 16.07.1935

54 GTB v. 15.07.1935

55 „Der Angriff" v. 15.07.1935

56 Longerich 2007, S. 80

57 Anlässlich der Ernennung Ludwig Becks zum Generalstabschef des Heeres nimmt Goebbels an einem offiziellen Galadiner teil. Außerdem besuchen ihn seine Mutter und Schwester aus dem Rheinland.

58 GTB v. 03.07.1935

59 Fromm, S. 114

60 GTB v. 13.07.1935

61 Nach seiner Emigration 1937 in die USA nannte er sich in Douglas Sirk um.

62 GTB v. 21.07.1935

63 GTB v. 25.07.1935

64 GTB v. 27.07.1935

65 Dem südlich des Brandenburger Tores gelegenen ehemaligen Palais der königlich-preußischen Hofmarschälle in der Hermann-Göring-Straße 20 (heute: Ebertstraße)

66 GTB v. 01.08.1935

67 GTB v. 03.08.1935

68 GTB v. 03.08.1935

69 Gathmann/Paul, S. 157

70 Fromm, S. 183 f.

71 GTB v. 25.08.1935

72 GTB a.a.O.

73 GTB v. 31.08.1935

74 „Licht-Bild-Bühne" v. 01.11.1935

75 „Film-Kurier" 01.11.1935

76 Ufa-Vorstandsprotokoll Nr. 1128 v. 06.12.1935

77 Ludwig Klitzsch (1881–1954) Ufa-Direktor, Ufa-Vorstandsprotokoll Nr. 1128 v. 06.12.1935

78 Regie: Robert Herlth und Walter Röhrig

79 Diese und die folgenden Angaben: Spieker, M., S. 340

80 *Pan na roztrhani* (dt.: Ein feiner Herr) und *Na ruzich ustlano* (dt.: Die Rosenhochzeit), beide 1934

81 s. hierzu: Reif, Schumacher, Übel: S. 112

82 Reif, Schumacher, Übel: S. 255

83 Barmat hatte die Villa 1924 aus den Gewinnen eines in der Inflation zusammengekauften Firmenimperiums gekauft. Ende desselben Jahres ging er in Konkurs, nicht ohne vorher umfangreiche, vom Staat gewährte Millionenkredite in Anspruch genommen zu haben. Die Darlehen wurden durch Politiker gegen Vorteilsnahme gewährt, der dafür verantwortliche Postminister Höfle musste zurücktreten. Der Barmat-Skandal lieferte Goebbels in den 20er Jahren eine propagandistische Steilvorlage. Im „Angriff" hetzte er nicht nur gegen Julius („Judko") Barmat und seinen ebenfalls involvierten Bruder Herschel als Prototypen jüdischer Gerissenheit, sondern auch gegen die Verkommenheit korrupter „Systempolitiker" der Weimarer Republik. In diesem Zusammenhang geißelte er die rauschenden Feste in Barmats Anwesen auf Schwanenwerder, das er als „Schweinewerder" und „Paradies der Judenjungen" bezeichnete (s. hierzu: Reif, Schumacher, Uebel: S. 98 f.).

84 Reuth, S. 343

85 s. Ufa-Vorstandsprotokoll Nr. 1140 v. 11.02.1936

86 s. hierzu: Gillespie S. 72

87 s. hierzu: Beyer, S. 30

88 Ufa-Vorstandsprotokoll Nr. 1138 v. 04.02.1936

89 So die offizielle Inhaltsangabe des Films, abgedruckt in: Klaus, Bd. 7 (Jg. 1936), S. 222

90 Im März 1935 wurde von der NS-Regierung die allgemeine Wehrpflicht wieder eingeführt. Zuvor hatte Göring die Existenz einer Deutschen Luftwaffe verkündet, die der Versailler Vertrag verboten hatte. Der Protest des Auslands gegen diesen Verstoß blieb ohne Folgen.

91 GTB v. 11.05.1936

92 Ebd.

93 GTB v. 03.06.1936

94 Baarová, S. 81 f.

95 GTB v. 10.06.1936 Derlei Erfahrungen mit dem Finanzamt machte Goebbels nicht allein: Der NS-Staat entlastete im Sinne seines sozialistischen Anspruchs Geringverdiener, während er Reiche hoch besteuerte. NS-Kulturprominente sprachen deshalb wiederholt bei Goebbels vor (s. hierzu auch: Aly 2005).

96 GTB v. 10.06.1936

97 Ufa-Vorstandsprotokoll Nr. 1172 v. 22.07.1936

98 Gillespie, S. 72

99 GTB v. 29.07.1936

100 GTB v. 01.08.1936

101 Ebd.

102 Lothar Machtan vermutet als Grund für Hitlers Nachsicht, dass Lüdecke ihn wegen seiner angeblich geheim gehaltenen Homosexualität erpresste (s. hierzu: Machtan).

103 Lüdecke, S. 537

104 GTB v. 02.08.1936

105 GTB v. 07.08.1936

106 Baarová, S. 82

107 GTB v. 16.08.1936

108 „Film-Kurier" v. 17.08.1936

109 Ebd.

110 GTB v. 19.08.1936

111 Baarová, S. 84 f.

112 s. hierzu: Rother, S. 79

113 „Film-Kurier" v. 24.08.1936

114 Baarová, S. 86

115 Baarová, S. 90

116 „Film-Kurier" v. 31.08.1936

117 Ebd.

118 GTB v. 01.09.1936

119 Dieses und die folgenden Zitate: GTB v. 06.09.1936

120 GTB v. 10.09.1936

121 Gillespie, S. 70

122 s. hierzu: Kater

123 GTB v. 10.09.1936

124 Baarová, S. 91 f.

125 Baarová, S. 94

126 GTB v. 11.09.1936

127 „Völkischer Beobachter" v. 11.09.1936. Auch abgedruckt in: Joseph Goebbels: Der Bolschewismus in Theorie und Praxis. Berlin 1936

128 GTB v. 11.09.1936

129 GTB v. 15.09.1936

130 Dieses und die folgenden Zitate: „Film-Kurier" v. 16.09.1936

131 Diese Zahlen in: „Film-Kurier" v. 09.11.1936, s. auch: Garncarz, S. 290

132 s. hierzu: Armin Jäger: Kein Morgenrot im Ausland. Die Einspielergebnisse der Ufa 1929-1936. In: Stiasny, Kasten, Lang (Hg.) S. 296

133 „New York Times" v. 22.11.1936, zit. nach: Gillespie, S. 73

134 GTB v. 02.10.1936. Gemeint ist die gleichnamige Hollywood-Produktion mit Clark Gable, Spencer Tracy und Jeanette MacDonald.

135 GTB v. 06.10.1936

136 GTB v. 08.10.1936

137 „Der Angriff" v. 31.10.1936

138 Dieses und die folgenden Zitate: GTB v. 30.10.1936

139 Zwei Jahre später wird Goebbels das Refugium durch den Bau eines weitläufigen, ebenerdigen Landhauses am gegenüberliegenden Ufer des Bogensees ersetzen lassen, den „Waldhof", der 1939/40 fertiggestellt wird. Für die Baukosten von 2,6 Millionen verwendet Goebbels teilweise einen Vorschuss des Amann-Verlages für die Veröffentlichung seiner Tagebücher, teilweise werden sie aber auch durch eine Spende der deutschen Filmindustrie bestritten.

140 Berkholz, S. 12/13

141 GTB v. 03.11.1936

142 Ebd.

143 Baarová, S. 102

144 GTB v. 06.11.1936

145 GTB v. 17.11.1936

146 GTB v. 22.11.1936

147 GTB v. 30.11.1936

148 Ebd.

149 so von Sonntag, den 07., auf Montag, den 08.12.36

150 GTB v. 10.12.1936

151 Ebd.

152 „Gesetz zur Verhütung erbkranken Nachwuchses" v. 14.07.1933. Das Gesetz basierte auf einem bereits 1932 vom preußischen-Gesundheitsamt ausgearbeiteten Entwurf, wurde aber nach der Machtübernahme Hitlers verschärft.

153 GTB v. 04.12.1936

154 Ebd.

155 deutscher Titel: *Hinaus in die Ferne* (Regie: Jean Boyer). Der Film kam am 08.12. in die deutschen Kinos.

156 Ufa-Vorstandsprotokoll Nr. 2002 v. 09.12.1936

157 Baarová, S. 146

158 Ebd.

159 GTB v. 17.12.1936

160 GTB v. 21.12.1936
161 Ebd.
162 GTB v. 29.12.1936
163 GTB v. 04.01.1937
164 GTB v. 19.01.1937
165 GTB v. 10.01.1937
166 Ebd.
167 GTB v. 13.1.1937
168 „Film-Kurier" v. 26.01.1937
169 Undatierter Werbeflyer Archiv William Gillespie
170 GTB v. 18.01.1937
171 Ebd.
172 Ufa-Vorstandsprotokoll Nr. 1206 v. 12.01.1937
173 GTB v. 20.01.1937
174 Fröhlich, S. 157
175 Baarová, S. 113
176 Ebd.
177 Fröhlich, S. 158
178 Baarová, S. 113
179 GTB v. 16.05.1937
180 Moeller, S. 421
181 Baarová, S. 113
182 GTB v. 03.02.1937
183 GTB v. 05.02.1937
184 GTB v. 14.02.1937
185 Ebd.
186 Dietrich wird im Oktober 1937 als Staatssekretär ins Propagandaministerium eingegliedert und damit Goebbels unterstellt.
187 GTB v. 22.02.1937
188 Baarová, S. 105
189 Als Reaktion auf diese Anmaßung wie auf die Erhebung des Nationalsozialismus zur Religion bei Unterdrückung Andersgläubiger wird Papst Pius XI. am 21.03. die Enzyklika „Mit brennender Sorge" veröffentlichen.
190 Baarová, S. 106
191 GTB v. 22.02.1937
192 Dieses und die folgenden Zitate: GTB v. 24.02.1937
193 Goebbels stößt sich mit anderen führenden Nationalsozialisten, darunter Hitler (vgl. GTB v. 11.09.1935: „Führer hält Streicher Fehler des Stürmer vor"), am Vulgärstil des Blattes, was 1938 zu einem kurzfristigen Verbot führen wird (s. hierzu: Roos).
194 Schreiben v. 22.07.1937, in: BArch, R 9361-V/108258
195 GTB v. 18.03.1937
196 Dieses und das folgende Zitat: GTB v. 08.03.1937
197 GTB v. 21.03.1937
198 GTB v. 27.03.1937
199 GTB v. 02.04.1937
200 Dieses und das folgende Zitat: GTB v. 20.03.1937
201 GTB v. 02.04.1937.
202 GTB v. 30.03.1937
203 GTB v. 04.04.1937
204 GTB v. 30.03.1937
205 GTB v. 10.04.1937
206 Ebd.
207 heute: Schaubühne am Lehniner Platz
208 GTB v. 13.04.1937
209 Dieses und die folgenden Zitate: GTB v. 16.04.1937
210 GTB v. 19.04.1937
211 Ebd.
212 GTB v. 21.04.1937
213 Ebd.
214 Ebd.
215 „Neue Zürcher Zeitung" v. 18.05.1937
216 Gesungen von Gustaf Gründgens in Hans Steinhoffs „Tanz auf dem Vulkan" (1938)
217 „B.Z. am Mittag" v. 28.04.1937
218 GTB v. 28.04.1937
219 Felix A. Dargel in: „Lokalanzeiger" v. 28.04.1937
220 „Berliner Tageblatt" v. 28.04.1937
221 GTB v. 16.5.1937
222 GTB v. 19.5.1937
223 Ebd.
224 GTB v. 20.05.1937
225 Baarová. S. 103
226 GTB v. 26.05.1937
227 Ebd.
228 s. hierzu: Hockerts
229 s. hierzu: GTB v. 29.05.1937
230 GTB v. 26.05.1937
231 GTB v. 04.06.1937
232 Baarová, S. 123, s. auch TV-Interview mit L. Baarová (WDR 1991)
233 Baarová, S. 118
234 GTB v. 09.06.1937
235 GTB v. 18.06.1937
236 GTB v. 20.06.1937
237 Ebd.
238 GTB v. 24.06.1937
239 GTB v. 28.06.1937
240 GTB v. 30.06.1937
241 Ebd.
242 GTB v. 02.07.1937
243 GTB v. 04.07.1937
244 GTB v. 06.07.1937
245 GTB v. 08.07.1937
246 GTB v. 06.07.1937
247 Ebd.
248 s. hierzu: Moeller, S. 252
249 GTB v. 17.06.1937
250 GTB v. 22.07.1938
251 GTB v. 07.08.1938
252 GTB v. 10.07.1937
253 GTB v. 13.07.1937
254 GTB v. 15.07.1937
255 GTB v. 14.07.1937
256 GTB v. 17.07.1937
257 GTB v. 19.07.1937
258 GTB v. 23.07.1937
259 Dieses und das vorherige Zitat: GTB v. 27.07.1937
260 s. Motl, S. 80
261 „Film-Kurier" v. 20.08.1937
262 „Film-Kurier" v. 16.08.1937
263 Fritz Olimsky in: „Bremer Nachrichten" vom 17.08.1937
264 „Il Regime Fascista" v. 17.08.1937
265 Die Bewegung, zit. nach: „Film-Kurier" v. 31.08.1937
266 GTB v. 27.08.1937
267 Ebd.
268 s. hierzu Beyer, Filmblatt Nr. 63, Herbst 2017, S. 21–35
269 Ufa-VS-Protokoll Nr. 1255 v. 31.08.1937
270 „B.Z. am Mittag" v. 06.09.1937

271 „Filmwelt" Nr. 38, v. 19.09.1937
272 „Film-Kurier" v. 04.09 1937
273 „Le Figaro" v. 04.09.1937. S. 3
274 GTB v. 05.09.1937
275 Die deutsche Version einer verwitweten Frau, die ihre verflossenen Verehrer besucht, entstand 1943 mit Olga Tschechowa, Margot Hielscher und Ferdinand Marian unter dem Titel *Reise in die Vergangenheit* (Regie: H.H. Zerlett), s. hierzu: Beyer, Filmblatt Nr. 84, Frühjahr 2024, S. 21-31
276 GTB v. 05.09.1937
277 Ebd.
278 GTB ebd., Birgitta Nestler, in Schweden geborene Gräfin Birgitta Wolf von Rosen, war die Nichte von Hermann Görings erster Ehefrau Carin und lebte nach ihrer Heirat mit dem Fabrikanten Albert Nestler zeitweise auf Schwanenwerder. Sie publizierte Kinderbücher und begann während des Zweiten Weltkriegs unter dem Namen Birgitta Wolf ihr jahrzehntelanges Wirken für die Belange von Verfolgten der NS-Regimes und später in der BRD von Strafgefangenen.
279 GTB v. 10. u. 14.09.1937
280 GTB v. 09.09.1937
281 GTB v. 10.09.1937
282 GTB v. 11.09.1937
283 GTB v. 19.11.1937, s. hierzu auch Sudendorf, S. 123
284 GTB v. 16.09.1937
285 Baarová, S. 108
286 GTB v.15.09.1937
287 s. hierzu: Kircheisen
288 GTB v. 16.09.1937
289 GTB v. 16.09.1937
290 so am 19.09.1937, vgl. GTB v. 20.09.1937
291 GTB v. 18.09.1937
292 GTB v. 21.09.1937
293 GTB v. 23.09.1937
294 GTB v. 24.09.1937
295 Ebd.
296 Baarová, S. 108
297 Ebd.
298 „Film-Kurier" v. 27.09.1937
299 Garncarz, S. 293
300 Baarová, S. 122
301 s. hierzu GTB v. 29.10.1937
302 GTB v. 04.10.1937
303 GTB v. 06.10.1937
304 GTB v. 05.10.1937
305 s. hierzu: Motl, S. 81
306 GTB v. 07.10.1937
307 *Ein idealer Gatte* (1935, Regie: Herbert Selpin), *Lady Windermeres Fächer* (1935, Regie: Heinz Hilpert), *Eine Frau ohne Bedeutung* (1936, Regie: Hans Steinhoff).
308 „B.Z. am Mittag" v. 06.10.1937
309 Ebd.
310 GTB v. 08.10.1937
311 GTB v. 07.10.1937
312 Baarová, S. 103
313 GTB v. 13.10.1938
314 GTB v. 15.10.1937. Dies geschieht offenbar umgehend. Denn bereits fünf Tage später vermerkt er: „‚Der Spieler' nach Dostojewski, mit Bombenrollen, aber ein uns fernliegender Konflikt." (GTB v. 20.10.1937)
315 GTB v. 15.10.1937
316 GTB v. 19.10.1937
317 GTB v. 20.10.1937
318 GTB v. 21.10.1937
319 „Lichtbild-Bühne" v. Okt./Nov. 1937
320 Ebd.
321 GTB v. 23.10.1937
322 GTB v.16.10.1937
323 GTB v. 27.10.1937
324 GTB v. 23.10.1937
325 GTB v. 27.10.1937
326 Ebd.
327 Ebd.
328 „Montag" v. 01.11.1937, bzw. „Večerní Moravské Slovo" v. 27.11.1937, zit. nach Motl, S. 81f.
329 „B.Z. am Mittag" v. 03.11.1937
330 Ebd.
331 „Film-Kurier" v. 03.11.1937
332 Ebd.
333 Ufa-Vorstandsprotokoll Nr. 1268 v. 3.11.1937
334 GTB v. 3.12.1937
335 GTB v. 25.01.1937
336 s. hierzu: Spieker
337 1938 verfilmt mit Zarah Leander (Regie: Viktor Tourjansky)
338 1938 verfilmt mit Kristina Söderbaum (Regie: Veit Harlan)
339 „B.Z. am Mittag" v. 03.11.1937, 04.11.1937, 27.11.1937
340 Hall, S. 280
341 Schreiben der Reichsfilmkammer v. 18.11.1937, in: BArch, R 9361-V/108258
342 s. S. 86
343 UFA-Vorstandsprotokoll Nr. 1271 v. 23.11.1937
344 Diese Zahlen bei Drewniak, S. 151. Nach heutigem Wert (2024) entspricht das etwa dem Fünffachen in Euro.
345 s. GTB v. 22.12.1937
346 GTB v. 24.11.1937
347 Ebd.
348 „Film-Kurier" v. 31.12.1937
349 „Film-Kurier" v. 27.11.1937
350 „B.Z. am Mittag" v. 06.11.1937
351 Baarová, S. 122
352 Nach Alexander Jasons Handbuch des Films (1935/36) standen 1932 im Filmbereich 70 Prozent aller deutschen Produktions- und 81 Prozent aller Verleihfirmen unter jüdischer Leitung. Sie produzierten 86 Prozent und verliehen 91 Prozent aller Filme. 45 Prozent aller Drehbuchautoren, 45 Prozent aller Filmkomponisten und 47 Prozent aller Regisseure waren demnach jüdischer Abstammung (zit. nach: Spiker, S. 114).
353 Joseph Goebbels anlässlich der Jahrestagung der Reichskulturkammer am 26.11.1937, zit. nach: „Völkischer Beobachter" v. 27.11.1937
354 „Völkischer Beobachter" v. 04.12.1937
355 Das Winterhilfswerk 1936/37 erbrachte rd. 419 Millionen Reichsmark.
356 GTB v. 05.12.1937
357 „Film-Kurier" v. 06.12.1937
358 GTB v. 05.12.1937
359 Ebd.
360 GTB v. 17.12.1937
361 GTB v. 07.12.1937
362 GTB v. 10.12.1937
363 GTB v. 11.12.1937
364 GTB v. 13.12.1937 u. 14.12.1937
365 Dieses und die folgenden Zitate: GTB v. 19.12.1937

366 GTB v. 20.12.1937
367 „Keiner blieb zu Hause“, in: „B.Z. am Mittag“ v. 20.12.1937
368 GTB v. 20.12.1937
369 Weichert (1880–1961) war seit 1935 Oberregisseur an der Volksbühne, zu der auch das Theater in der Saarlandstraße gehörte.
370 Rudolf Steiner in: „Magazin für Literatur“ 1899, 68. Jg., Nr. 51
371 Ebd.
372 Otto Ernst Hesse in: „B.Z. am Mittag“ v. 21.12.1937
373 Ebd.
374 Ebd.
375 GTB v. 21.12.1937
376 Ufa-Vorstandsprotokoll Nr. 1276 v. 21.12.1937
377 GTB v. 23.12.1937
378 GTB v. 24.12.1937
379 GTB v. 22.12.1937
380 GTB v. 27.12.1937
381 GTB v. 28.12.1937
382 „Filmwoche“ v. 26.01.1938 S. 104
383 GTB v. 27.12.1937
384 GTB v. 28.12.1937
385 GTB v. 01.01.1938
386 „Filmwoche“ v. 26.01.1938, S. 101
387 Ufa-VS-Protokoll Nr. 1278 v. 05.01.1938
388 Ebd.
389 GTB v. 08.01.1938
390 GTB v. 19.01.1938
391 GTB v. 14.01.1938
392 Ufa-Vorstandsprotokoll Nr. 1281 v. 20.01.1938
393 GTB v. 25.01.1938. Grabley, deren Ehe 1941 geschieden wird, macht ihren Vorsatz nicht wahr.
394 GTB v. 15.12.1937
395 GTB v. 27.01.1938
396 Ebd.
397 GTB v. 28.01.1938
398 Ebd.
399 Ebd.
400 GTB v. 29.01.1938
401 Ebd.
402 GTB v. 29.01.1938
403 „Film-Kurier“ v. 13.02.1938
404 GTB v. 31.01.1938
405 GTB v. 30.01.1938
406 GTB v. 06.02.1938
407 GTB v. 10.02.1938
408 GTB v. 06.02.1938
409 GTB v. 20.02.1938
410 GTB v. 23.02.1938
411 Ebd.
412 GTB v. 02.02.1938
413 GTB v. 01.03.1938
414 „Film-Kurier“ v. 05.03.1938
415 Baarová, S. 120 f.
416 „Film-Kurier“ v. 07.03.1938
417 GTB v. 13.03.1938
418 GTB v. 05.03.1938
419 Harlan, V., S. 83
420 Ebd.
421 „Film-Kurier“ v. 16.03.1938
422 GTB v. 17.03.1938
423 GTB v. 20.03.1938
424 GTB v. 21.03.1938
425 GTB v. 20.03.1938
426 „Film-Kurier“ v. 09.04.1938
427 Ebd.
428 GTB v. 22.03.1938
429 Harlan, T., S. 190
430 Gellermann. Siehe hierzu auch: Fuhrer.
431 Gellermann, S. 89. Goebbels erhielt erst 1942 Zugang zum kleinen Kreis derer, die in den Verteiler der „Braunen Blätter“ aufgenommen wurden. Siehe hierzu auch: Irving 1989.
432 GTB v. 21.04.1938
433 GTB v. 26.04.1938
434 GTB v. 27.04.1938
435 GTB v. 29.04.1938
436 Ullrich
437 GTB v. 23.04.1938
438 GTB v. 28.04.1938
439 GTB v. 25.04.1938
440 GTB v. 02.05.1938
441 GTB v. 03.05.1938
442 GTB v. 30.04.1938
443 GTB v. 16.05.1938
444 Ebd.
445 GTB v. 17.05.1938
446 „Film-Kurier“ v. 13.05.1938
447 Ufa-Vorstandsprotokoll Nr. 1313 v. 31.05.1938
448 GTB v. 18.05.1938
449 GTB v. 19.05.1938
450 GTB v. 24.05.1938
451 GTB v. 25.05.1938
452 Ebd.
453 GTB v. 27.05.1938
454 GTB v. 31.05.1938
455 GTB v. 04.06.1938
456 GTB v. 27.05.1938
457 GTB v. 10.06.1938
458 GTB v. 11.06.1938
459 GTB v. 01.06.1938
460 GTB v. 17.06.1938
461 Ebd.
462 Ufa-Vorstandsprotokoll Nr. 1314 v. 03.06.1938
463 Baarová, S. 126
464 GTB v. 14.06.1938
465 GTB v. 15.06.1938
466 GTB v. 17.06.1938
467 Ebd.
468 GTB v. 19.06.1938
469 GTB v. 20.06.1938
470 GTB v .21.06.1938
471 Ebd.
472 Ebd.
473 GTB v. 30.06.1938
474 GTB v. 02.07.1938
475 Irving 1996, S. 250
476 GTB v. 03.07.1938
477 Inhaltsangabe zit. nach www.filmportal.de
478 „Film-Kurier“ v. 18.07.1938
479 Ebd.

480 originale Inhaltsangabe s. www.filmportal.de
481 „Film-Kurier“ v. 16.07.1938
482 GTB v. 16.07.1938
483 Ebd.
484 GTB v. 17.07.1938
485 Ebd.
486 GTB v. 19.07.1938
487 GTB v. 20.07.1938
488 GTB v. 21.07.1938
489 GTB v. 22.07.1938
490 Ebd.
491 GTB v. 24.07.1938
492 Ebd.
493 Baarová, S. 127
494 Baarová, S. 128
495 GTB v. 25.07.1938
496 GTB v. 26.07.1938
497 Baarová, S. 127
498 GTB v. 28.07.1938
499 Baarová, S. 130
500 GTB v. 03.08.1938
501 Baarová, S. 131
502 Ebd.
503 Dieses und die folgenden Zitate: Baarová, S. 132 f.
504 GTB v. 05.08.1938
505 GTB v. 06.08.1938
506 Ebd.
507 GTB v. 10.08.1938
508 GTB v. 04.08.1938
509 „L'Intransigeant“ v. 08.08.1938
510 Informationen des Geheimen Staatspolizeiamtes Nr. 8 v. 10.08.1938, zit. nach: DBIS Nationalsozialismus, Holocaust, Widerstand.
511 Harlan, V., S. 84
512 Baarová, S. 134
513 Ebd.
514 Baarová, S. 135
515 GTB v. 14.08.1938
516 Baarová, S. 135
517 Baarová, S. 137
518 GTB v. 16.08.1938
519 Baarová, S. 138
520 GTB v. 16.08.1938
521 Ebd.
522 Baarová, S. 138
523 GTB v. 16.08.1938
524 GTB v. 16.08.1938
525 GTB v. 17.08.1938
526 GTB v. 18.08.1938
527 Dieses und die folgenden Zitate: GTB v. 19.08.1938
528 Dieses und die folgenden Zitate: GTB v. 20.08.1938
529 Dieses und die folgenden Zitate: GTB v. 21.08.1938
530 GTB v. 22.08.1938
531 GTB v. 26.08.1938
532 GTB v. 21.08.1938
533 Baarová, S. 139
534 GTB v. 21.08.1938
535 GTB v. 26.08.1938
536 GTB v. 28.08.1938
537 GTB v. 29.08.1938
538 GTB v. 28.08.1938
539 „Filmwelt“ Nr. 38 v. 16.09.1938
540 GTB v. 02.09.1938
541 Ebd.
542 GTB v. 31.08.1938
543 GTB v. 01.09.1938
544 GTB v. 02.09.1938
545 Dieses und die folgenden Zitate: GTB v. 03.09.1938
546 GTB v. 06.09.1938
547 Ebd.
548 GTB v. 06.09.1938
549 GTB v. 10.09.1938
550 Dieses und die folgenden Zitate: GTB v. 11.09.1938
551 Dieses und die folgenden Zitate: GTB v. 16.09.1938
552 GTB v. 15.09.1938
553 GTB v. 16.09.1938
554 GTB v. 20.09.1938
555 Ebd.
556 GTB v. 18.09.1938
557 „Film-Kurier“ v. 22.09.1938
558 GTB v. 01.10.1938
559 Baarová, S. 139
560 GTB v. 01.10.1938
561 Ebd.
562 s. hierzu: Uhlig, S. 70 ff. Anneliese Uhlig trat auch nach 1938 überwiegend als Hauptdarstellerin auf, ehe sie 1942 einen beruflichen Ausflug nach Italien unternahm, um nach ihrer Rückkehr weiterhin Hauptrollen zu spielen.
563 BArch, R 9361-V/108258
564 GTB v. 03.06.1938
565 GTB v. 03.10.1938
566 GTB v. 04.10.1938
567 Ebd.
568 GTB v. 08.10.1938
569 Dieses und die folgenden Zitate: GTB v. 09.10.1938
570 GTB v. 10.10.1938. Baumgarten (1900–1984) wird auch nach 1945 einer der renommiertesten Architekten (West-) Deutschlands bleiben, mit zahlreichen, der Moderne verpflichteten Bauten, etwa dem Eternit-Haus im Berliner Hansaviertel oder dem Neubau des Konzertsaals der Berliner Hochschule der Künstle (heute: UdK).
571 Ebd.
572 GTB v. 11.09.1938
573 Ebd.
574 GTB v. 12.10.1938
575 Dieses und die folgenden Zitate: GTB v. 13.10.1938
576 GTB v. 15.10.1938
577 GTB v. 14.10.1938
578 GTB v. 15.10.1938
579 Dieses und die folgenden Zitate: GTB v. 13.10.1938
580 GTB v. 16.10.1938
581 GTB v. 18.10.1938
582 GTB v. 19.10.1938
583 Ebd.
584 Ufa-Vorstandsprotokoll Nr. 1336 v. 18.10.1938
585 s. S. 71 und 131
586 GTB v. 20.10.1938
587 GTB v. 23.07.1939
588 Schrader, S. 517
589 Dieses und die folgenden Zitate: GTB v. 21.10.1938

590 Dieses und die folgenden Zitate: GTB v. 22.10.1938

591 GTB v. 24.10.1938

592 Ebd.

593 GTB v. 22.10.1938

594 Dieses und die folgenden Zitate: GTB v. 24.10.1938

595 Ebd. Das Foto mit Hitler und der für den Fotografen scheinbar glücklich vereinigten Goebbels-Familie mit einem zerquält lächelnden Minister erschien am 25.10.1938 im „Völkischen Beobachter"

596 GTB v. 25.10.1938

597 Baarová, S. 144

598 Baarová, S. 142 ff.

599 GTB v. 25.10.1938

600 Ebd.

601 Baarová, S. 145

602 Ebd.

603 GTB v. 25.10.1938

604 Dieses und die folgenden Zitate: GTB v. 26.10.1938

605 Dieses und die folgenden Zitate: GTB v. 27.10.1938

606 Dieses und die folgenden Zitate: GTB v. 29.10.1938

607 GTB v. 29.10.1938

608 Dieses und die folgenden Zitate: Baarová, S. 149

609 Cziffra, S. 150

610 United States Holocaust Memorial Museum: RG-11.0001M.01, Reichssicherheitshauptamt (Fond 500), Reich Main Security Office (RSHA) Berlin, Reel 1, Folder 88

611 GTB v. 29.10.1938

612 Schlamp, S. 4

613 „Film-Kurier" v. 28.10.1938

614 „B.Z. am Mittag" v. 28.10.1938

615 Zu dieser Einschätzung kommt auch Felix Moeller (Moeller, S. 199). „Der Spieler" lief aber ungehindert im europäischen Ausland, u.a. in Italien, Finnland, Schweden oder Belgien, wo er auch unter deutscher Besatzung zwischen 1940–1944 in zahlreichen Städten gezeigt wurde. Siehe hierzu Roel Vande Winkel: www.cinema-in-occupied-belgium.be/en/film/0729.html

616 GTB v. 29.10.1938

617 Dieses und die folgenden Zitate: GTB v. 30.10.1938

618 GTB v. 31.10.1938

619 GTB v. 01.11.1938

620 Dieses und die folgenden Zitate: GTB v. 03.11.1938

621 GTB v. 04.11.1938

622 GTB v. 05.11.1938

623 Ufa-Vorstandsprotokoll Nr. 1340 v. 08.11.1938

624 GTB v. 07.11.1938

625 GTB v. 08.11.1938

626 Dieses und die folgenden Zitate: GTB v. 09.11.1938

627 Dieses und die folgenden Zitate: GTB v. 10.09.1938

628 GTB v. 11.09.1938

629 Lt. Bericht Heydrichs an Göring. Nürnberger Dokumente 3058-PS; USA 508, zit. nach Irving 1996, S. 286

630 GTB v. 13.11.1938

631 GTB v. 12.11.1938

632 Dieses und die folgenden Zitate: GTB v. 13.11.1938

633 GTB v. 15.11.1938

634 Dieses und die folgenden Zitate: „Ce Soir" v. 10.11.1938, S. 1

635 GTB v. 18.11.1938

636 Dieses und die folgenden Zitate: GTB v. 17.11.1938

637 Nach vom Raths Tod verdichteten sich die Hinweise, dass er mit Herschel Grynszpan homosexuell verkehrt hatte und der Mordanschlag nicht politisch motiviert, sondern eine Beziehungstat war. Spekuliert wurde auch über einen Fall möglicher Erpressung. Um dies nicht an die Öffentlichkeit dringen zu lassen, wurde dem Attentäter nie der Prozess gemacht. Grynszpans Spur verliert sich nach 1943. Seine Familie überlebte den Zweiten Weltkrieg (s. hierzu: Fuhrer 2013).

638 „12-Uhr-Blatt" v. 17.11.1938

639 „Der Angriff" v. 30.11.1938

640 GTB v. 29.11.1938

641 GTB v. 25.11.1938

642 Ebd.

643 GTB v. 29.11.1938

644 GTB v. 03.12.1938

645 GTB v. 10.12.1938

646 GTB v. 04.12.1938

647 Baarová, S. 141

648 GTB v. 04.11.1938

649 Ufa-Vorstandsprotokoll Nr. 1345 v. 09.12.1938

650 Wikipedia: Filmprüfstelle

651 s. hierzu: Moeller, S. 199 und S. 328

652 GTB v. 15.12.1938

653 Dieses und die folgenden Zitate: GTB v. 30.12.1938

654 Baarová, S. 157

655 „The Baltimore News Post" v. 30.12.1938

656 GTB v. 01.01.1939

657 GTB v. 03.01.1939

658 GTB v. 04.01. 1939

659 GTB v. 03.01.1939

660 Dieses und die folgenden Zitate: GTB v. 08.01.1939

661 GTB v. 11.01.1939

662 GTB v. 15.01.1939

663 GTB v. 17.01.1939

664 Ebd.

665 GTB v. 18.01.1939

666 Ebd.

667 GTB v. 19.01.1939

668 GTB v. 22.01.1939

669 GTB v. 23.01.1939

670 Ebd.

671 GTB v. 07.02.1939

672 GTB v. 28.01.1939

673 GTB v. 18.02.1939

674 GTB v. 17.02.1939

675 GTB v. 29.01.1938

676 GTB v. 30.01.1938

677 GTB v. 31.01.1939

678 Seraphim, S. 65 f.

679 Onkel des Schriftstellers und späteren Staatspräsidenten Václav Havel (1936–2011)

680 Baarová, S. 166f.

681 Amato wird in den 40er und 50er Jahren mit *Rom, offene Stadt* (1945), *Fahrraddiebe* (1948) oder *Umberto D.* (1952) einige Schlüsselwerke des italienischen Neorealismus produzieren. 1960 wird er zudem der Schwiegervater Carlo Pedersolis alias Bud Spencer.

682 Baarová, S. 184

683 s. hierzu: Uhlig

684 Karl Hermann Frank an Goebbels, Brief v. 2. Juli 1942, zit. nach: Schrader, S. 518

685 s. Schrader, S. 519

686 s. https://www.youtube.com/watch?v=ozKf0yKTJLI

687 s. Motl, S. 198

688 „Die Kellnerin Lyda erzählt“, in: „Hamburger Abendblatt“ v. 12.10.1949

689 „Hamburger Abendblatt“ v. 25.11.1949

690 „B.Z. am Abend“ v. 14.07.1950

691 „Spandauer Volksblatt“ v. 13.07.1950

692 „Film- und Mode-Revue“ v. 15.03.1951

693 „Abendzeitung“ v. 21.04.1960

694 Baarová, S. 270

695 Baarová, S. 119

696 Oven, S. 646.

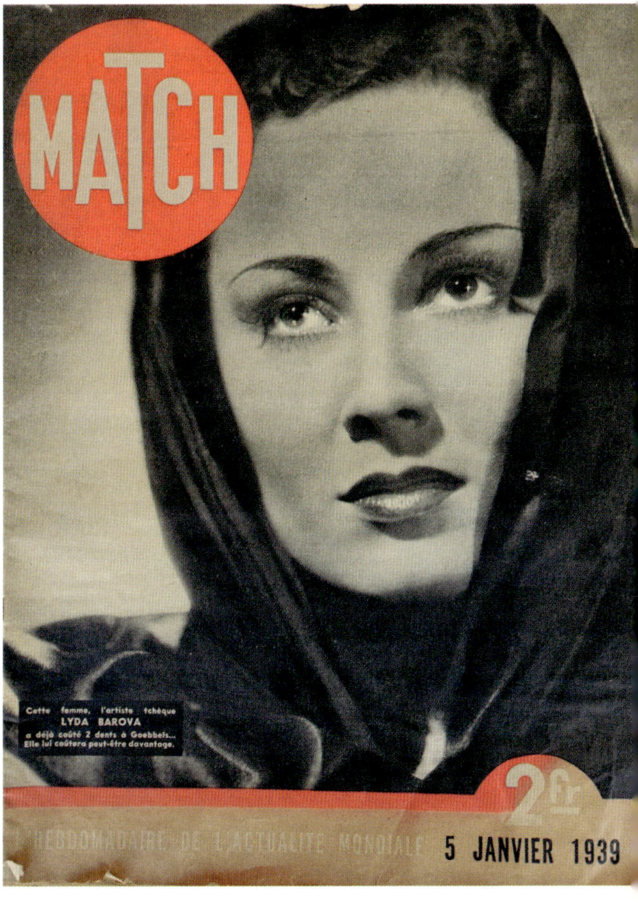

Cover der französischen Illustrierten „Match“

Bibliographie

Lída Baarová: Die süße Bitterkeit meines Lebens. Koblenz 2001. Deutsche Übersetzung und Bearbeitung der tschechischen Autobiografie von: Lída Baarová: Útěky (Fluchten). Aufgezeichnet von Josef Škvorecký. Prag 1999

Rudolf Banken: Hitlers Steuerstaat. Berlin 2018

Wolfgang Benz: Handbuch des Antisemitismus, Bd. 7, Film, Theater, Literatur und Kunst, Berlin 2014

Friedemann Beyer: Die Ära Hugenberg. Wegbereiter der Ufa unterm Hakenkreuz? In: Linientreu und populär. Das Ufa-Imperium 1933–1945, hrsg. v. Rainer Rother und Vera Thomas. Berlin 2017, S. 30–44

Ders.: Zwischen allen Stühlen. Der Autor und Regisseur Hans H. Zerlett. In: „Filmblatt" Nr. 63, 2017, S. 21–35

Ders.: Poetischer Realismus im Kriegsalltag. Hans H. Zerletts „Reise in die Vergangenheit" (1943) in: Filmblatt Nr. 84, Frühjahr 2024, S. 21–31

Stefan Berkholz: Goebbels' Waldhof am Bogensee. Vom Liebesnest zur DDR-Propagandastätte. Berlin 2004

Ingrid Buchloh: Hilde Körber. Berlin war ihre Bühne. Berlin 2012

Géza von Cziffra: Es war eine rauschende Ballnacht. Eine Sittengeschichte des deutschen Films. München 1985

Bogusław Drewniak: Der deutsche Film 1938–1945. Ein Gesamtüberblick. Düsseldorf 1987

Erich Ebermayer: Gefährtin des Teufels. Magda Goebbels. Hamburg 1952

Heinrich Fraenkel/Christopher Manvell: Goebbels, der Verführer. München 1960

Bella Fromm: Blood and Banquets. A Berlin social Diary. London 1943/New York 1990

Elke Fröhlich (Hg.): Die Tagebücher von Joseph Goebbels, München 1987ff.

Gustav Fröhlich: Waren das Zeiten. Mein Film-Heldenleben. München, Berlin 1983

Armin Fuhrer: Herschel. Das Attentat des Herschel Grynszpan am 7. November 1938 und der Beginn des Holocaust. Berlin 2013

Ders.: Görings NSA. Das Forschungsamt im „Dritten Reich". Die unbekannte Geschichte des größten Geheimdienstes der Nazis. Reinbek 2019

Joseph Garncarz: Begeisterte Zuschauer. Die Macht des Kinopublikums in der NS-Diktatur. Köln 2021

Peter Gathmann, Martina Paul: Narziss Goebbels. Eine psychohistorische Biografie. Wien 2009

Günther W. Gellermann: ... und lauschten für Hitler. Geheime Reichssache: Die Abhörzentralen des Dritten Reichs. Bonn 1991

William Gillespie: Karl Ritter. His Life and 'Zeitfilms' under National Socialism. Potts Point (Sydney) 2012

Henry Hall: I played in Nazi Germany. In: Rhythm, London April 1939, zit. nach: Berlin 1920–1950. Sounds of an era. Hg. von Marko Paysan (S. 280)

Veit Harlan: Im Schatten meiner Filme. Gütersloh 1966

Thomas Harlan: Das Gesicht deines Feindes. Ein deutsches Leben. Berlin 2007

Helmut Heiber: Joseph Goebbels. Berlin 1962

Ders.: Goebbels Reden

Hans Günter Hockerts: Die Sittlichkeitsprozesse gegen katholische Ordensangehörige und Priester 1936/37. Mainz 1971

David Irving: Goebbels. Mastermind of the Third Reich. London 1996

Ders.: Das Reich hört mit. Görings Forschungsamt. Der geheimste Nachrichtendienst des Dritten Reichs. Kiel 1989

Klaus Kanzog: „Staatspolitisch besonders wertvoll" – Ein Handbuch zu 30 Spielfilmen der Jahre 1934–1945. München 1994

Jean Noel Kapferer: Gerüchte. Das älteste Massenmedium der Welt, London 1990/Leipzig 1996

Michael H. Kater: Gewagtes Spiel. Jazz im Nationalsozialismus. Köln 1995

Gertrude Kircheisen: Die Frauen um Napoleon. München/Leipzig 1912

Anja Klabunde: Magda Goebbels. Annäherung an ein Leben. München 1999

Ulrich J. Klaus: Deutsche Tonfilme. 1929/30–1945. Berlin-Berchtesgaden 1989ff.

Herlinde Koelbl: Jüdische Portraits. Photographien und Interviews. Frankfurt/M. 1989

Klaus Kreimeier: Die Ufa-Story. Geschichte eines Filmkonzerns. München 1992

Peter Longerich: Goebbels. Biografie. München 2010

Ders.: „Davon haben wir nichts gewusst." Die Deutschen und die Judenverfolgung 1933–1945. München 2007

Kurt G. W. Lüdecke: I knew Hitler. The Story of a Nazi who escaped the Blood Purge. London 1938

Lothar Machtan: Hitlers Geheimnis. Das Doppelleben eines Diktators. Berlin 2001

Hans-Otto Meissner: Magda Goebbels. Ein Lebensbild. München 1978

Felix Moeller: Der Filmminister. Berlin 1998

Stanislav Motl: Lída Baarová & Joseph Goebbels. Die Schatten des Dritten Reichs. Prag 2009

Bill Niven: Hitler and Film. The Führers hidden Passion. New Haven and London 2018

Frank Noack: Veit Harlan. Des Teufels Regisseur. München 2000

Wilfried von Oven: Finale Furioso. Mit Goebbels bis zum Ende. Tübingen 1974

Arthur Maria Rabenalt: Joseph Goebbels und der „Großdeutsche Film". München 1985

Janin Reif, Horst Schumacher, Lothar Uebel: Schwanenwerder. Ein Inselparadies in Berlin. Berlin 2000

Viktor Reimann: Dr. Joseph Goebbels. Wien/München/Zürich 1971

Ralph Georg Reuth: Goebbels. München 1991

Daniel Roos: Julius Streicher und „Der Stürmer" 1923–1945. Paderborn 2014

Rainer Rother: Zeitbilder. Filme des Nationalsozialismus. Berlin 2019

Hans-Joachim Schlamp: Lída Baarová. Band 3 der Künstler Biografien. Berlin 1938

Bärbel Schrader: Jederzeit widerruflich. Die Reichskulturkammer und die Sondergenehmigungen in Theater und Film des NS-Staates. Berlin 2008

Rudolf Semler: Goebbels. The Man next to Hitler. London 1947

Hans-Günther Seraphim (Hg.): Das politische Tagebuch Alfred Rosenbergs. Göttingen 1956

Anna Maria Sigmund: Die Frauen der Nazis. München 1998

Markus Spiecker: Hollywood unterm Hakenkreuz. Der amerikanische Spielfilm im Dritten Reich. Trier 1999

Jürgen Spiker: Film und Kapital. Der Weg der deutschen Filmwirtschaft zum nationalsozialistischen Einheitskonzern. Berlin 1975

Philipp Stiasny, Jürgen Kasten, Frederik Lang (Hg.): Ufa International. Ein Filmkonzern mit internationalen Ambitionen. München 2021

Werner Sudendorf: Marlene Dietrich, München 2001

Anneliese Uhlig: Rosenkavaliers Kind. Eine Frau und drei Karrieren. München 1977

Luise Ullrich: Sehnsucht, wohin führst du mich? Mein südamerikanisches Tagebuch. Berlin 1941

Zeitgenössische Tages-/Fachzeitungen, Periodika

Baltimore News Post (USA), B. Z. am Mittag, Film-Kurier (Tageszeitung), Filmwelt, Filmwoche, Frankfurter Zeitung, Le Temps (Paris), L'Humanité (Paris), L'Intransigeant (Paris), Lichtbild-Bühne, Match (Paris), Mein Film, Salzburger Volkszeitung, Völkischer Beobachter

Personenregister

Wegen ihrer Häufigkeit in diesem Register nicht genannt sind die Namen Joseph und Magda Goebbels, Adolf Hitler und Gustav Fröhlich

Bildnachweis

Archiv des Autors: 14, 39, 47, 54, 67, 80, 95, 109, 112, 125 (beide), 138, 141 (beide), 161, 165, 169, 172, 186
Archiv Richard Kettermann: 19, 26, 29, 84, 90, 104
Archiv Werner Mohr: 28, 41, 42, 45, 63, 79, 106, 150, 168
Archiv Daniel Semler: 37, 130
Bayerische Staatsbibliothek – Bildarchiv Hoffmann: 33, 92, 144, 145
Bildarchiv Preußischer Kulturbesitz: 97 (beide), 132
Brandenburgisches Landesamt für Denkmalpflege: 175
Bundesarchiv: 24, 55 (li.), 142, 148, 152, 164
Deutsches Filminstitut und Fernsehmuseum: 21, 31, 122
Deutsche Kinemathek – Museum für Film und Fernsehen: Umschlagbild, 17, 22 (beide), 60, 71, 123, 170, 173
Landesarchiv Baden-Württemberg – Staatsarchiv Freiburg: 69
Museum Charlottenburg: 115
Museum Niesky: 57
Picture Alliance: 35
Stadtarchiv München: 156
Süddeutsche Zeitung: 27, 55 (re.), 77, 101, 103, 116, 118, 129, 134
Ullstein: 49, 91
Verlag für Filmschriften: 63

Impressum

Friedemann Beyer
Die Geliebte – Goebbels und die Baarová-Affäre

1. Auflage August 2024

www.morisel.de
ISBN 978-3-943915-68-6

Bibliografische Information der Deutschen Nationalbibliothek: Die Deutsche Nationalbibliothek verzeichnet diese Publikation in der Deutschen Nationalbibliografie; detaillierte bibliografische Daten sind im Internet über http://dnb.de abrufbar.

Gestaltung und Layout: Daniel Semler
Druck: Interpress, Budapest
Titelbild aus *Verräter* (Regie: Karl Ritter, 1936)

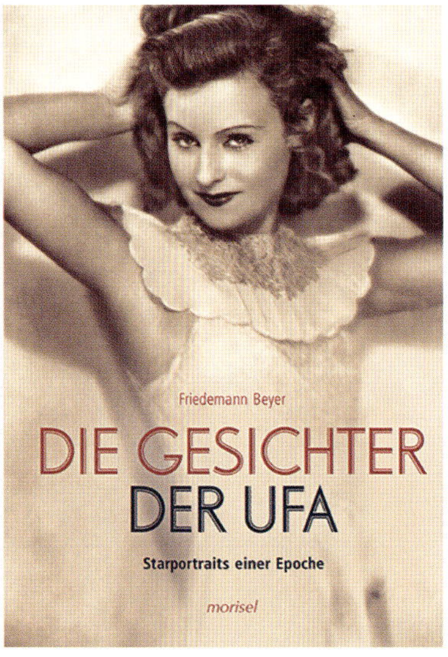

Hundert Porträts bedeutender Filmschauspieler der Ufa-Zeit dokumentieren die Vielfalt darstellerischer Persönlichkeiten der 1920er bis 1940er Jahre. Sie erinnern aber auch an eine Ära, als es in Deutschland ein funktionierendes Starsystem gab, das mit Hollywood konkurrieren konnte. Friedemann Beyer zeichnet in komprimierter Form die biografischen und künstlerischen Stationen der Künstler und ihrer Filme nach und ergänzt die Texte mit seltenen zeitgenössischen Porträtaufnahmen. Ein unverzichtbares Kompendium für Filmfreunde.

Die unterschiedlichen Persönlichkeiten mit ihren vielfältigen Physiognomien spiegeln ein halbes Jahrhundert deutscher Film- und Zeitgeschichte im Zeichen eines marktbeherrschenden, legendären Filmkonzerns wider. Sie evozieren eine Epoche, in der es, unabhängig von wechselnden politischen Systemen, in Deutschland ein funktionierendes Starsystem von internationaler Ausstrahlung gab – als Zeichen einer vitalen, künstlerisch ambitionierten wie kommerziell erfolgreichen Filmindustrie.

Friedemann Beyer
Die Gesichter der UFA – Starportraits einer Epoche
Paperback, 19,7 cm x 14,2 cm , 260 Seiten, 100 s/w Abbildungen
Preis: 18,00 €
ISBN: 978-3-943915-02-0

Meisterwerke der Filmkunst, Glamour und Propaganda: Die Ufa steht für eine beispiellos produktive Ära filmischen Schaffens in der ersten Hälfte des vergangenen Jahrhunderts. Mit ihren Filmen und Stars hat die Ufa die Kino- und Bewusstseinskultur in Deutschland und weit darüber hinaus geprägt. Jenseits ihrer künstlerischen Qualität sind Ufa-Produktionen ein Kaleidoskop deutscher Zeitgeschichte. Das Buch wirft einen Blick hinter die Kulissen des legendären Studios und enthält viele unveröffentlichte Fotos.

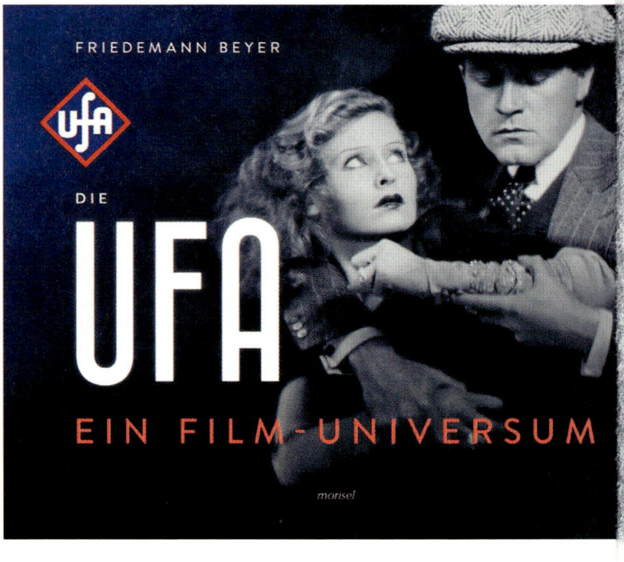

Friedemann Beyer
Die Ufa – Ein Film-Universum
Hardcover, 22 cm x 27 cm, 172 Seiten, ca. 200 Abbildungen
Preis: 29,90 €
ISBN: 978-3-943915-15-0

www.morisel.de